To the Instructor

Anders gedacht ... → Thinking Differently

Written entirely in German, ***Anders gedacht*** prepares intermediate-level German students for communicating meaningfully in **interpersonal**, **interpretive**, and **presentation** modes. With a stimulating comparative focus on topics such as contemporary politics, the environment, history, film, music, fine art, literature, and technology, this text encourages creative self-expression as well as critical thinking about the German language and about the contemporary cultures of the German-speaking world.

Anders gedacht means *thinking differently*, and thinking differently about the German language and the cultures of German-speaking countries is exactly what this textbook hopes to encourage among college students in intermediate German classes as well as among learners in high schools, community colleges, and adult education programs.

The title of this book, ***Anders gedacht: Text and Context in the German-Speaking World***, reflects our approach to studying German. We believe that true intercultural understanding is only possible when one puts oneself in someone else's shoes. To this end, we hope to engage students with a broad range of the cultural practices, products, and perspectives of German-speaking countries. We want to encourage students to think differently—to change their point of view as a result of cross-cultural interpretation, analysis, and comparison.

TEXTS AND CONTEXTS

Anders gedacht is based on up-to-date subject matter in film, history, politics, the fine arts, music, literature, and technology. These texts encourage interdisciplinarity as well as providing context. As students negotiate the texts—whether literary or realia-based—they experience them not as isolated entities but as integral components of culture, history, and language. Students learn grammar, vocabulary, and other mechanical aspects of language by learning about the cultural and historical contexts of the German language—by learning about the lives of native speakers of German.

THE GERMAN-SPEAKING WORLD

A contextualized and interdisciplinary approach to studying the German language has to recognize that German is spoken in several countries—primarily in Germany, Austria, and Switzerland. ***Anders gedacht*** therefore includes texts from all three of these German-speaking countries.

Main Features

1. A Learner-Friendly Textbook

Anders gedacht is learner-centered, learner-friendly, and easy to follow—for students and instructors alike. The textbook's step-by-step, task-oriented approach makes class preparation for instructors both easy and substantially less time-consuming.

Subject matter and language exercises are closely interwoven. Instructors and students need not supplement the textbook with other materials, because all the components of language learning—content, grammar, vocabulary, speaking, listening, viewing, reading, and writing—are covered within each learning unit. Additional contextualized grammar and vocabulary exercises and drills are presented in the Student Activities Manual (SAM); these are cross-referenced in the main text.

The following icons are used throughout the textbook to indicate cross-references and pair and group activities as well as to provide students with additional information relating to specific exercises.

 Pair icon: Students work in pairs.

 Group icon: Students work in groups of three or, when indicated in the direction line, small groups of three to five.

 Student Activities Manual icon: Indicates cross-references to grammar and vocabulary exercises in the SAM.

 Web icon: Indicates a Web-based activity.

 Listening icon: Indicates that the corresponding text or song is available on the Instructor Audio CD.

2. Components

Anders gedacht has the following components:

- a core textbook comprising one introductory learning unit (*Einstieg*) and ten regular learning units (*Einheiten*)
- an Instructor Audio CD for classroom use, bound into the Annotated Instructor's Edition
- a Student Activities Manual (SAM—*Übungsbuch*) with grammar explanations and grammar and vocabulary exercises for practicing and applying the

structures and forms from the textbook, as well as listening comprehension activities that correspond to the SAM Audio Program

- a Premium Website featuring assets such as the SAM Audio Program which corresponds to the *Hörübungen* in the SAM, vocabulary and grammar quizzes, and more.
- a password protected instructor website with teaching suggestions, testing and portfolio guidance, and transcripts of the SAM Audio Program

3. The German-Only Approach

Students learn more effectively and are better able to communicate with native speakers when they are not tempted to translate. We have avoided English glosses, grammar explanations, and direction lines in order to encourage students to draw understanding directly from the context by using and practicing the reading, listening, and viewing strategies presented in the learning units. This approach also enables students to practice circumlocution—a crucial skill for speakers of foreign languages. We have, however, added translations to the end-of-unit vocabularies to provide instant access to translations where needed.

4. Films and Art as Part of Language and Cultural Learning

Because **Anders gedacht** is built on cultural context, we have included films and visual art in addition to print texts in the learning units. The films *Der Baader-Meinhof Komplex* (2008; director: Uli Edel), *Comedian Harmonists* (1997; director: Joseph Vilsmaier), *Lola rennt* (1998; director: Tom Tykwer), *Das Leben der Anderen* (2006; director: Florian Henckel von Donnersmarck), *Good Bye, Lenin!* (2003; director: Wolfgang Becker), *Deutschland bleiche Mutter* (1980; director: Helma Sanders-Brahms), as well as paintings by Caspar David Friedrich and Anselm Kiefer, have been made into teaching activities for classroom use and form an integral part of this program. We hope these will help students develop their visual and cultural competency in connection with improved language comprehension and production.

5. Unique Unit-by-Unit Structure

Each unit has its own structure in which the main cultural and linguistic issues raised by the texts are presented in contextualized ways most suitable for those particular topics.

Approach

CONTENT-BASED LEARNING UNITS WITH CONTEXTUALIZED GRAMMAR: AN INTEGRATIVE TEXTBOOK

Anders gedacht proposes a shift from the typical language skills course to a holistic language and culture "content course." Our approach in this textbook is to create a balance between intellectually stimulating content and the language skills needed to communicate effectively in a foreign language—speaking, reading, viewing, writing, and listening. Language skills are closely tied to communicative intention and are contextualized within individual subject areas.

Thus, all the learning units are content-based. But the content, instructional tasks, and pedagogical approaches are carefully interwoven to maximize learning of the cultural and historical context *along with* the language skills. Students acquire language fluency while learning about history, art, feature films, politics, cultural history, the environment, technology, and music. And they accomplish this goal in speaking, reading, listening, viewing, and writing.

THE TOPICS

Cultural intersubjectivity is part of the background knowledge that enables speakers of a language to communicate with one another. People who grow up or are educated in Germany, Austria or Switzerland possess a common cultural knowledge including concepts, names, historical events, and cultural issues. Students of German are better able to speak German if they share in this cultural knowledge.

The principle of intersubjectivity has guided our selection of topics for the learning units. Just how our approach works is evident from the following example. The art of Anselm Kiefer, one of the most famous contemporary German conceptual artists, is featured in one of the later learning units (9) because he has confronted—and still confronts—himself and his viewers with the question of German identity. But Kiefer and the issues he raises can only be understood after students have worked through the topics in the preceding learning units— topics that are simply part of the identity of German-speaking people. Only after students have gained this cultural understanding can they read and interpret Kiefer's work as a native speaker might.

CONTEXTUALIZED GRAMMAR

Grammar is not presented as something that stands alone, isolated from context. *Anders gedacht* weaves grammar into authentic day-to-day communication. This integrated approach not only expands students' linguistic abilities but also links formal grammar to expression of personal interests. Grammar and vocabulary exercises in the SAM complement each unit.

CONNECTIONS TO OTHER SUBJECTS

Anders gedacht provides instructors and students with many opportunities to connect to other fields, such as art, music, political science, international and public affairs, or history. Tasks are organized around a subject matter that offers pertinent information through which cultural analysis and comparisons, as well as the connection to other disciplines, are possible.

GAINING AN INSIDER'S PERSPECTIVE

Anders gedacht guides students in studying the world view and unique way of life and patterns of behavior, as expressed through contemporary culture, of a group of people who are different from themselves. Through intense work with visual materials, students experience and analyze the similarities as well as the differences between their own culture and those of the German-speaking world. For example, in unit 3, *Multikulturelles Leben: Schmelztiegel oder multikulturelle Gesellschaft?*, students are encouraged to reflect on how and why their ancestors left their home countries and how they understand their own cultural identities.

In the units titled *Lola rennt: Ein Film der 90er Jahre* (unit 5) and *Kunst und Künstler: Anselm Kiefer* (unit 9), students use German as a vehicle for expressing their understanding of the cultural product. Through this process, students become observers and analysts of a different culture, while also learning to see their own culture from a new perspective.

AUTHENTIC MATERIALS

After the first year of language study, students develop fluency, accuracy, and a growing ability to engage in oral and written discussion. In doing so, they build on the basic communicative competency that is the main goal of beginning levels of language study.

In *Anders gedacht*, the development of linguistic skills is aligned with intellectually stimulating content made up of printed texts, originally developed for native German speakers, from a variety of genres:

- newspaper and magazine articles from publications such as *Die Zeit* (Germany)
- essays
- poetry, for example the poem "Todesfuge" by Paul Celan in unit 8
- fairy tales, for example "Der Räuberbräutigam," also in unit 8
- excerpts from cultural and literary histories and journals
- feature films, for example *Das Leben der Anderen* in unit 10
- material from the Internet, for example in the introductory unit, *Einstieg* (*Das Reisen: Die Erlebnisgesellschaft – Trends und Gegentrends*), where students prepare a project on the slow food movement or access a travel agency website to find a vacation package that they present to their classmates
- art exhibits

- political cartoons
- pop songs, for example in unit 3, *Multikulturelles Leben*, where students work with a song by Aziza-A, a German-Turkish hip-hop singer
- art songs, for example in unit 1, *Das Fernweh, das Wandern und der Mythos Wald*, where students work with the text and listen to the song "Das Wandern" from the Schubert song cycle "Die schöne Müllerin"
- book excerpts

INTEGRATION OF LEARNING STRATEGIES AND CRITICAL THINKING SKILLS

The learning units are designed with thinking skills in mind so as to foster students' awareness of the reading, speaking, writing, viewing, and listening strategies they employ to process new information. This process-oriented approach promotes effective student-directed learning and sets the stage for lifelong language skill development. The balance that is promoted here between different levels of awareness—concentration on a special field of study as well as general linguistic proficiency—gives students the opportunity to appreciate the many dimensions of the subject matter and to use critical thinking skills tied to the acquisition of knowledge.

The Pedagogy

MOTIVATION

A central concern of our profession as educators is how to motivate students to become engaged learners. In language learning, the beginner's thrill at being able to communicate in the target language often diminishes by year two or three, to be replaced by frustration, when ideas surpass linguistic ability, and a subsequent lack of motivation. We believe that in order to make language learning effective and meaningful for students, challenging content should become the primary focus. A content-based approach helps students acquire correct language forms and fluency along with learning about a special field of study.

INDUCTIVE LEARNING STRATEGIES

Throughout the textbook, our approach to both the cultural subject matter and the integrated linguistic material is inductive, proceeding from the ground up rather than from axiomatic assumptions. Students interact with each other through task- and content-based activities, typically accompanied by supporting activities or exercises that provide the vocabulary and structures necessary to complete the content-based task. Grammar—which serves as a vehicle for speaking, reading, listening, viewing, and writing—is also presented inductively. As students concentrate on the process, they become aware of the organization, structure, and strategies of learning and stop reproducing material in a mechanical input-output manner. The products of the target culture introduce students to that culture and to authentic, complex linguistic structures. Both the culture and the language are thematized and analyzed in the process.

STUDENT-DIRECTED LEARNING

The pedagogical approach underlying *Anders gedacht* is student-directed learning, as opposed to teacher-directed learning. Thus, students become responsible for the development of their own learning. *Anders gedacht* genuinely engages students in the subject matter, fosters their curiosity, and encourages them to interact with one another. We have endeavored to use a variety of teaching and learning strategies to accommodate different student learning styles.

TASK-ORIENTED LEARNING

Students work through tasks in a process-oriented way, individually, by twos, or in group settings, rather than being subjected to outcome-based teaching. With the help of the instructor, who assumes the role of facilitator, students develop a broad range of strategies that enable them to become independent learners—to go beyond the requirements of class work, pursue topics of personal interest, and develop enduring learning skills.

STRUCTURE OF EACH UNIT

Although each of the eleven units is structured differently, they do all follow a basic pattern:

Introduction → Presentation → Awareness → Systematization → Application

Introduction. An introduction activates the students' knowledge and vocabulary. New expressions and words are introduced through brainstorming or by describing a picture, cartoon, or painting.

Presentation. Content is presented through a text or visual device, such as a newspaper article, excerpt from a primary source, poem, film clip, material from the Internet, or art.

Awareness. Students collect data and gain awareness about a specific fact, condition, or problem concerning the culture and/or linguistic features through task-oriented activities.

Systematization. Students systematize their findings through diagrams or other visual aids.

Application. Students apply the acquired linguistic skills (vocabulary and structures) and at the same time use their cultural insights and acquired knowledge in role play, debates, writing activities, or projects.

NEW TO THIS EDITION

Updated with current content, **Anders gedacht**, **Third Edition** will continue to engage your students in the learning process through inductive grammar instruction and review, cultural interpretation, analysis and comparison with students' own culture, and interactive, task-based practice. We have made the following changes:

- **Re-sequencing of units:** The unit on *Lola rennt* was moved from the end to earlier in the book because it contains several basic grammar topics, such as the comparative and superlative, word order, and location and direction. A new unit, unit 7 (see immediately below), was also introduced.

- **NEW unit on political movements from the late sixties to the present day:** Unit 7, *Bewegungen und Gegenbewegungen*, was added because while teaching with the first two editions of **Anders gedacht** over the years and witnessing the many societal and political changes taking place in Europe, the United States, and the rest of the world, we realized that an important aspect of contemporary Germany was missing in our textbook. The student-led movement of 1968, along with other countercultural developments from that time, had a great impact on the attitude, values, and discourse of today's German society, so much so that we believe those movements can no longer be ignored as a means for gaining an insider's perspective.

- **Revisions and updates:** Several units have been significantly revised and updated to provide learners with fresh perspectives and the most current content. In unit 2, *Grüne Politik und andere Politik*, a whole segment was incorporated to highlight Germany's recent decision to do away with nuclear power and to entirely convert to alternative energies by the year 2022. In unit 3 we have added a text dealing with the recent influx of Spanish, Greek, and Portuguese youth coming to Germany for work.

- **Simplification and shortening:** Some readings and activities have been simplified, shortened, or cut, allowing for easier use both in and out of the classroom.

- **Streamlined, reorganized *Übungsbuch*:** The *Übungsbuch* was shortened in order to make it more realistic for students to complete all of the exercises in a timely manner. It has also been reorganized so that all three sections of each unit—*Schriftliche Übungen*, *Hörübungen*, and *Grammar explanations*—are now grouped together for easier reference.

- **NEW Premium Website:** The new Premium Website features the SAM Audio Program. *Ask your representative for packaging options.*

Anders gedacht

Text and Context in the German-Speaking World

Third Edition

Irene Motyl-Mudretzkyj
BARNARD COLLEGE AT COLUMBIA UNIVERSITY

Michaela Späinghaus
UNIVERSITÄT HEIDELBERG

HEINLE
CENGAGE Learning·

Australia • Brazil • Japan • Korea • Mexico • Singapore • Spain • United Kingdom • United States

HEINLE
CENGAGE Learning·

Anders gedacht: Text and Context in the German-Speaking World, **Third Edition**
Motyl-Mudretzkyj and Späinghaus

VP, Editorial Director: PJ Boardman

Publisher: Beth Kramer

Executive Editor: Lara Semones

Acquiring Sponsoring Editor: Judith Bach

Editorial Assistant: Gregory Madan

Senior Media Editor: Morgen Gallo

Executive Brand Manager: Ben Rivera

Market Development Manager:
Courtney Wolstoncroft

Senior Content Project Manager: Aileen Mason

Senior Art Director: Linda Jurras

Manufacturing Planner: Betsy Donaghey

Rights Acquisition Specialist: Jessica Elias

Production Service: PreMediaGlobal

Text Designer: Bill Reuter

Cover Designer: Wing Ngan

Compositor: PreMediaGlobal

For product information and technology assistance, contact us at
Cengage Learning Customer & Sales Support, 1-800-354-9706.

For permission to use material from this text or product,
submit all requests online at **www.cengage.com/permissions.**
Further permissions questions can be e-mailed to
permissionrequest@cengage.com.

Library of Congress Control Number: 2012949857

Student Edition:

ISBN-13: 978-1-133-60730-4

ISBN-10: 1-133-60730-6

Annotated Instructor's Edition

ISBN-13: 978-1-133-95880-2

ISBN-10: 1-133-95880-X

Heinle
20 Channel Center Street
Boston, MA 02210
USA

Cengage Learning is a leading provider of customized learning solutions with office locations around the globe, including Singapore, the United Kingdom, Australia, Mexico, Brazil, and Japan. Locate your local office at **international.cengage.com/region.**

Cengage Learning products are represented in Canada by Nelson Education, Ltd.

For your course and learning solutions, visit **www.cengage.com.**

Purchase any of our products at your local college store or at our preferred online store **www.cengagebrain.com.**

Instructors: Please visit **login.cengage.com** and log in to access instructor-specific resources.

Printed in the United States of America
1 2 3 4 5 6 7 16 15 14 13 12

Integrated Teaching and Learning Components

For Instructors and Students

Premium Website
Printed Access Card ISBN: 978-1-133-94900-8 Instant Access Code ISBN: 978-1-133-94899-5

This online suite of digital resources makes it easy for your students to access the available resources. Passkey-protected premium content includes the **SAM Audio Programs** in mp3 format; links needed to complete the search activities **(Internet-Aktivitäten)** presented in the text, and more. Students may access the **Premium Website** via a passkey packaged with new copies of the textbook. They can also purchase instant access at cengagebrain.com. *Please contact your representative for details.*

For Instructors

Annotated Instructor's Edition with Instructor's Audio CD
ISBN: 978-1-133-95880-2

The **Annotated Instructor's Edition** contains answers to all discrete-item activities. It also includes an **Audio CD** for classroom use that contains songs, poems, speeches, narratives, and interviews featured in the main text.

Instructor Website

This convenient resource assists instructors and teaching assistants with the integration of the program's multimedia components. The site is password-protected and includes the following resources: teaching suggestions, testing and portfolio guidance, SAM Audio Scripts, SAM Answer Keys, sample syllabi and lesson plans.

For Students

Übungsbuch/Student Activities Manual (SAM)
ISBN: 978-1-133-94269-6

Correlated with each textbook chapter, this essential study companion includes a comprehensive grammar review (in English) and provides a variety of activities, including **Schriftliche Übungen** (guided practice with grammar and vocabulary) and **Hörübungen** (listening comprehension exercises that correspond to the **SAM Audio Program**).

Scope and Sequence

Hör- und Sehtexte	Internet-Aktivitäten	Strukturen
Good Bye, Lenin! von Wolfgang Becker, 2003 (Film: Ausschnitte) 316 *Das Leben der Anderen* von Florian Henckel von Donnersmarck, 2006 (Film: Ausschnitte) 324	Ostprodukte: Ampelmännchen, Plattenbauten, Trabis 316 Die Stasi 324 Das Leben in der DDR 335 Joachim Gauck 335	Indirekte Rede, Konjunktiv I 329 Wiederholung: Relativsätze (*Übungsbuch*)

To the Student

Anders gedacht means *thinking differently*, and thinking differently about the German language and the cultures of German-speaking countries is exactly what we hope to encourage you to do with this textbook: to change your point of view by engaging in cross-cultural interpretation, analysis, and comparison.

Our approach in this textbook is to create a balance between intellectually stimulating content and the language skills you need to communicate effectively. You will learn grammar, vocabulary, and other aspects of language by learning about the cultural and historical contexts of the German language—in short, by learning about the lives of native speakers of German. Conceived in this way, **Anders gedacht** becomes a "content course," with many opportunities to connect your study of German to other fields, such as music, art, film, political science, or history.

Through discussion and written exercises based on film, the visual arts, and print texts, you will study the world views and unique ways of life and patterns of behavior of Germans, Austrians, and the Swiss as expressed through contemporary culture. This will deepen your understanding of the context of the German language—which in turn will help you to speak German better. We hope that in addition to further developing your language skills, this book will help you become a better observer and analyst of this different culture, while learning to see your own culture from a new perspective as well.

Anders gedacht is learner-centered, learner-friendly, and easy to follow. The textbook provides cross-references to the Premium Website and to the Student Activities Manual (*Übungsbuch*) as well as to the poems, songs, interviews, speeches, and author readings featured in the Student Text **(Anhang A)**. A list of irregular verbs and a German-German glossary are also provided in the reference section.

We hope you enjoy learning German with **Anders gedacht!**

Acknowledgments

We thank our colleagues and friends for their encouragement and valuable contributions: Miranda Emre, Wolfgang Büttner-Schmetzer, Jutta Schmiers-Heller, Alexander J. Motyl, Holger Breithaupt, Richard Korb, Sabine Dinsel, Andrew Homan, Rainer Schachner, Anne-Katrin Titze, Christina Frei, Claudia Lynn, and the Consortium for Language Teaching and Learning.

In particular we thank Uwe Moeller for his work as Development Editor, Acquiring Sponsoring Editor Judith Bach for guiding this book through development, and Senior Content Project Manager Aileen Mason for guiding it through production.

The authors and publisher thank the following reviewers for their comments and recommendations, which were invaluable in the development of all three editions of this program.

Gary L. Baker, Denison University

Claudia A. Becker, Loyola University, Chicago

Robert K. Bloomer, State University of New York, Stony Brook

Stefanie Borst, Texas Tech University

Christopher Clason, Oakland University

Andrea Dortman, New York University

Peter Ecke, University of Arizona

Nikolaus Euba, University of California, Berkeley

Susanne Even, Indiana University

Anke K. Finger, University of Connecticut

Lynne H. Frame, University of California, Berkeley

Christina Frei, University of Pennsylvania

Christa Gaug, Rice University

Carla Ghanem, Arizona State University

Senta Goertler, Michigan State University

Jan L. Hagens, University of Notre Dame

Maryanne Heidemann, Ferris State University

Heike Henderson, Boise State University

Janette C. Hudson, University of Virginia

Robin Huff, Georgia State University

Astrid Klocke, University of California, Los Angeles

Lutz Kube, North Carolina State University

Dwight E. Langston, University of Central Arkansas

Claudia Lynn, University of Pennsylvania

Michael Mullins, University of Minnesota Duluth

Cornelius Partsch, Western Washington University

Guenter Pfister, University of Maryland

Renate S. Posthofen, Utah State University

Hartmut Rastalsky, University of Michigan, Ann Arbor

Hans Rudolf Nollert, University of Central Oklahoma

Richard Rundell, New Mexico State University

Michael Schultz, New York University

Sylvia A. Smith, North Carolina State University

Carmen Taleghani-Nikazm, Ohio State University

Per Urlaub, The University of Texas at Austin

Marilya Veteto, Northern Arizona University

Matthias Vogel, University of Oregon

Eileen Wilkinson, Fairfield University

Das Reisen

DIE ERLEBNISGESELLSCHAFT – TRENDS UND GEGENTRENDS

:: IN DIESER EINHEIT

Sie erfahren etwas über das Reiseverhalten der Deutschen und vergleichen es mit dem Reiseverhalten der Menschen in Ihrem Land. Neue Trends beim Reisen werden vorgestellt und die Frage aufgeworfen, ob Nichtstun interessant sein kann.

Wenn jemand eine Reise tut,
so kann er was erzählen.
—Matthias Claudius

E

Einstimmung auf das Thema

 :: 1 :: Begriffe assoziieren

Schreiben Sie Assoziationen zum Thema Ferien auf. Arbeiten Sie mit Ihrer Partnerin/Ihrem Partner. Sammeln Sie dann die Ergebnisse an der Tafel.

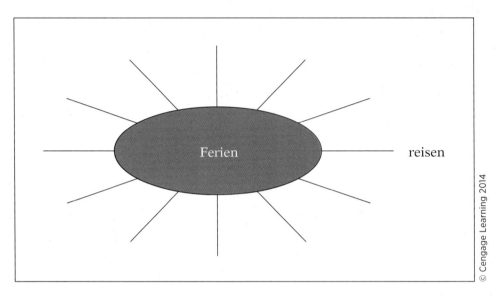

Ferien   reisen

© Cengage Learning 2014

 :: 2 :: Ein Gespräch führen

Arbeiten Sie in Kleingruppen (3–4 Personen). Fragen Sie Ihre Kommilitoninnen/Kommilitonen[1]:

a. Wohin möchtet ihr gern einmal in Urlaub fahren? Wo wart ihr schon?

b. Aus welchen Ländern kommen die meisten Touristen, was denkt ihr?

c. Findet ihr Touristen angenehm oder unangenehm? Habt ihr eine lustige Geschichte mit Touristen erlebt?

d. Welche Touristen sind eurer Meinung nach die Reiseweltmeister? Warum?

Redemittel

Ich möchte (gern) … *
Ich würde gern … *
Ich denke, … (+ *Hauptsatz*)
Ich denke, dass … (+ *Nebensatz*)
Ich finde …
Ich bin der Meinung, dass … (+ *Nebensatz*)
Ich glaube, dass … (+ *Nebensatz*)

:: 3 :: Zusammenfassen

Stellen Sie Ihre Antworten jetzt im Kurs vor.

---

[1]**der Kommilitone, -n; die Kommilitonin, -nen** die anderen Studenten   *Erinnerung: <u>nach</u> Deutschland, *aber* <u>in die</u> Schweiz

Deutschland ist Reiseweltmeister 2007

Lesestrategie • Schlüsselwörter markieren

Wenn man einen Text verstehen will, muss man nicht jedes Wort kennen.
Jeder Text hat **Schlüsselwörter**; das sind die wichtigsten Wörter im Text.

:: 1 :: Schlüsselwörter sortieren

In dem Text „Deutschland ist Reiseweltmeister 2007" gibt es folgende
Schlüsselwörter:

    der Weltmeister

    das Ausland

    Geld ausgeben

    die Fernreise

    die Einnahme

    beliebtes Reiseziel

    ausgabefreudig

Sind Ihnen die Schlüsselwörter bekannt? Sortieren Sie.

    Bekannte Wörter: _____

    Unbekannte Wörter: _____

:: 2 :: Unbekannte Wörter verstehen

Um die Bedeutung der unbekannten Wörter zu verstehen, haben Sie nun
drei Möglichkeiten:

- Sie können die Wörter von bekannten Wörtern ableiten.

- Sie können sie aus dem Kontext ableiten.

- Sie können im Wörterbuch nachschlagen oder Ihre Kursleiterin/Ihren
  Kursleiter fragen.

Leiten Sie die folgenden Wörter von bekannten Wörtern ab und notieren Sie die Erklärung.

BEISPIEL: das Ausland

Das Land, in dem ich lebe, sind die USA. Das Gegenteil von „in" ist „aus."

Die USA sind für mich das Inland, alle anderen Länder auf der Welt sind

für mich das Ausland.

der Weltmeister

_____

_____

_____

_____

Geld ausgeben

_____

_____

_____

_____

Lesen • Global- und Detailverständnis

:: 3 :: Schlüsselwörter aus dem Kontext verstehen

Lesen Sie jetzt den Internetartikel „Deutschland ist Reiseweltmeister 2007". Versuchen Sie, die folgenden Schlüsselwörter aus dem Kontext zu verstehen und schreiben Sie eine Definition. Wenn Sie ein Wort nicht aus dem Zusammenhang erschließen konnten, sehen Sie ins Wörterbuch oder fragen Sie jemanden.

die Fernreise

_____

_____

die Einnahme

_____

_____

beliebtes Reiseziel

_____

_____

ausgabefreudig

_____

_____

DEUTSCHLAND IST REISEWELTMEISTER 2007

Eine umfangreiche[1] Studie der
Dresdner Bank erklärte Deutschland
zum Reise-Weltmeister des Jahres
2007. Für diesen Titel mussten die
5 Deutschen mehr Geld im Ausland
ausgeben als die Reisenden aus
anderen Ländern. Die Deutschen
gaben 2007 84,7 Milliarden US-
Dollar für ihre Reisen aus, dahinter
10 folgen die USA (74,2 Mrd.) und
Großbritannien (70,6 Mrd.).

Urlaubsland Österreich: See im
Salzkammergut

Das meiste Geld der Deutschen
ging wie sonst auch nach Spanien, Österreich und Italien. Auch
Fernreisen waren weiterhin beliebt. Mehr als 20 Prozent der gesamten
15 Reiseausgaben wurden für Aufenthalte im außereuropäischen Ausland
verwendet.

Deutschland selbst hatte Einnahmen von knapp 26,5 Milliarden Euro
und liegt damit unter den beliebtesten Reisezielen auf Platz sieben.
Niederländer, Schweizer und Franzosen zeigten sich hierzulande am
20 ausgabefreudigsten.

---

[1]umfangreich groß

 :: 4 :: Hauptinformationen notieren

Lesen Sie den Text noch einmal und füllen Sie mit Ihrer Partnerin/Ihrem
Partner die Tabelle aus.

Reiseweltmeister	Beliebteste Reiseziele der Deutschen	Weitere beliebte Reiseziele der Deutschen	Häufige ausländische Touristen in Deutschland
Platz 1: Deutschland	Spanien	Fernreisen/Länder außerhalb Europas	Niederländer
Platz 2: USA	Österreich		Schweizer
Platz 3: Großbritannien	Italien		Franzosen

STRUKTUREN Verb-Konjugation

Sie werden gleich Ihre Ergebnisse von Aufgabe 4 im Plenum vergleichen. Zur Vorbereitung darauf konjugieren Sie die Verben **reisen, fahren, ausgeben** und **verreisen** in den vier Zeitformen.

das regelmäßige Verb *reisen*				
Person	**Präsens**	**Präteritum**	**Perfekt**	**Futur**
ich	*reise*	reiste	bin … gereist	werde … reisen
du	reist	reistest	*bist … gereist*	wirst … reisen
er/sie/es/man	reist	reiste	ist … gereist	wird … reisen
wir	reisen	*reisten*	sind … gereist	werden … reisen
ihr	reist	reistet	seid … gereist	werdet … reisen
sie/Sie	reisen	reisten	sind … gereist	*werden … reisen*

das unregelmäßige Verb *fahren*				
Person	**Präsens**	**Präteritum**	**Perfekt**	**Futur**
ich	fahre	fuhr	bin … gefahren	werde … fahren
du	*fährst*	fuhrst	bist … gefahren	wirst … fahren
er/sie/es/man	fährt	fuhr	*ist … gefahren*	wird … fahren
wir	fahren	fuhren	sind … gefahren	*werden … fahren*
ihr	fahrt	*fuhrt*	seid … gefahren	werdet … fahren
sie/Sie	fahren	fuhren	sind … gefahren	werden … fahren

das trennbare Verb *ausgeben*				
Person	**Präsens**	**Präteritum**	**Perfekt**	**Futur**
ich	gebe … aus	gab … aus	*habe … ausgegeben*	*werde … ausgeben*
du	gibst … aus	gabst … aus	hast … ausgegeben	wirst … ausgeben
er/sie/es/man	*gibt … aus*	gab … aus	hat … ausgegeben	wird … ausgeben
wir	geben … aus	gaben … aus	haben … ausgegeben	*werden … ausgeben*
ihr	gebt … aus	*gabt … aus*	habt … ausgegeben	werdet … ausgeben
sie/Sie	geben … aus	*gaben … aus*	haben … ausgegeben	werden … ausgeben

das untrennbare Verb verreisen				
Person	Präsens	Präteritum	Perfekt	Futur
ich	verreise	verreiste	*bin ... verreist*	werde ... verreisen
du	verreist	verreistest	bist ... verreist	wirst ... verreisen
er/sie/es/man	verreist	*verreiste*	ist ... verreist	wird ... verreisen
wir	verreisen	verreisten	sind ... verreist	werden ... verreisen
ihr	*verreist*	verreistet	seid ... verreist	werdet ... verreisen
sie/Sie	verreisen	verreisten	sind ... verreist	*werden ... verreisen*

:: 5 :: Informationen versprachlichen

Übungsbuch
Einstieg,
Teil A

Vergleichen Sie Ihre Ergebnisse von Aufgabe 4 jetzt im Plenum.

BEISPIEL: „In dem Artikel steht: Die Deutschen haben 2007 84,7
Milliarden US-Dollar für ihre Reisen ausgegeben. Die
Amerikaner haben im Vergleich dazu …"

Die Deutschen lieben das Reisen.

:: 6 :: Mit dem Internet arbeiten

Der Text „Deutschland ist Reiseweltmeister 2007" berichtet, dass
Deutschland unter den beliebtesten Reisezielen auf Platz 7 liegt. Vermuten
Sie, welche sechs Reiseziele beliebter sind.

1. _Frankreich_   3. _China_   5. _Italien_

2. _USA_   4. _Spanien_   6. _Großbritannien_

Recherchieren Sie anschließend im Internet, vergleichen Sie Ihre Ergebnisse
mit Ihren Vermutungen und berichten Sie im Kurs.

STRUKTUREN Komposita

Im Text gibt es einige zusammengesetzte Wörter. Man nennt sie Komposita. Komposita schreibt man immer zusammen, d.h. in einem Wort. Bei Nomen bestimmt das Wort am Ende den Artikel: **Reiseweltmeister (die Reise + die Welt + der Meister = <u>der</u> Reise<u>weltmeister</u>)**. Lesen Sie jetzt den Text noch einmal und notieren Sie alle Komposita.

BEISPIEL: der Reiseweltmeister / Reise-Weltmeister*

1. umfangreich _____
2. die Fernreise _____
3. die Reiseausgaben _____
4. außereuropäisch _____
5. die Einnahme _____
6. das Reiseziel _____
7. hierzulande _____
8. ausgabefreudig _____

(Eventuell werden die Studenten mehr als 8 Komposita finden. Das hängt davon ab, wie eng man „Kompositum" definiert.)

*Man kann lange Komposita mit Bindestrich schreiben.

Weiterführende Aufgaben

:: 7 :: Über eigene Erfahrungen sprechen

Sprechen Sie in kleinen Gruppen. Berichten Sie anschließend im Plenum.

a. Verreisen Amerikaner/Briten wirklich seltener als die Deutschen? Warum könnte das so sein?

b. Die Deutschen sind sehr reiselustig, Österreicher zum Beispiel eher reisefaul. Wie würden Sie Ihre Landsleute bezeichnen?

c. Was sind die beliebtesten Reiseziele Ihrer Landsleute im Inland und im Ausland?

d. Wie sieht Ihrer Meinung nach ein typischer Urlaub Ihrer Landsleute aus?

Urlaubstrends der Gegensätze

 :: 1 :: **Ein Quiz machen**

Testen Sie, welcher Urlaubstyp Sie sind. Gehen Sie dazu auf die *Anders gedacht* Website und bearbeiten Sie ein Quiz. Berichten Sie davon im Kurs.

Lesestrategie • Hypothesen zum Inhalt von Texten aufstellen

Sie werden gleich einen Text über einen aktuellen Reisetrend lesen. Der Titel eines Textes informiert über das Thema. Diese Information ist beim Verstehen des Textes hilfreich, da man bestimmte Erwartungen beim Lesen hat, also Hypothesen zum Inhalt aufstellt. Durch diese Erwartungen wird das Verständnis erleichtert. Überlegen Sie also am besten jedes Mal vor dem Lesen, was im Text stehen könnte.

:: 2 :: **Text auswählen und Hypothesen aufstellen**

Arbeiten Sie in Gruppen und wählen Sie die Reise aus, über die Sie mehr wissen wollen.

☐ A. Erlebnis-Urlaub im Iglu-Dorf

☐ B. Wellness-Urlaub in den Alpen

(mögliche Antworten): (A) Erlebnis-Urlaub im Iglu-Dorf Wo: In Davos, Engelberg, Gstaad und Zermatt in der Schweiz, sowie auf der Zugspitze in Deutschland und in Andorra gibt es Iglu-Dörfer. Was: In den Iglu-Dörfern kann man übernachten. Man kann dort auch Events und Incentives durchführen und Anlässe aller Art feiern. Am Tag kann man schneeschuhlaufen und Iglus bauen, am Abend Fondue essen und an der Iglu-Bar sitzen. In einigen Iglu-Dörfern steht auch ein Whirlpool und/oder eine Sauna zur Verfügung.

Stellen Sie nun in der Gruppe Hypothesen zum Inhalt Ihres Textes auf:

(B) Wellness-Urlaub in den Alpen. Wo: Das Juffing Hotel & Spa liegt hoch in den österreichischen Alpen, 15 km von Kufstein entfernt. Was: Es ist ein Viersterne-Wellnesshotel. Zum Programm gehören Alpine Wellness, Massagen und Ayurveda-Behandlungen; außerdem gibt es ein Hallenbad, Saunen, ein Sanarium, ein Dampfbad und einen modernst ausgestatteten Fitnessraum. Zudem wird großer Wert auf Qualität bei Essen, Wein und Einrichtung gelegt.

Lesen

 :: 3 :: **Selektives Lesen**

Sehen Sie sich zunächst die folgende Tabelle an. Dann wissen Sie beim Lesen schon, welche Informationen für Sie wichtig sein werden. Lesen Sie anschließend mit Ihrer Gruppe den gewählten Text und füllen Sie nach dem Lesen die Tabelle aus. Markieren Sie die Schlüsselwörter im Text.

Die Spalte *Wie teuer?* müssen Sie mit Hilfe des Internets ausfüllen.
Gehen Sie dazu auf die *Anders gedacht* Website.

Wo?	Was?	Wie teuer? Internetrecherche	Ihre Meinung

ERLEBNIS-URLAUB IM IGLU-DORF

Willkommen im Iglu-Dorf. Tauchen Sie ein in die Welt der Inuit …

In Davos, Engelberg, Gstaad und Zermatt in der Schweiz, sowie auf der Zugspitze in Deutschland und in Andorra können Sie unsere einzigartigen Iglu-Dörfer besuchen.

Nebst[1] dem herausragenden Übernachtungsangebot[2] eignet sich das Iglu-Dorf auch
5 allerbestens für Events, Incentives und Anlässe[3] aller Art. Natürlich kann der Tag, der Abend, die Nacht oder der Morgen im und um das Iglu-Dorf auf verschiedenste Weise genutzt werden, die Möglichkeiten sind vielfältig: Iglu-Bar, Iglu-Fondue, Schneeschuhlaufen und klassischer Iglu-Bau.

Im Iglu-Dorf kann man in
10 Standard-Iglus, die Platz für 6 Personen bieten, oder in Romantik-Iglus für Pärchen[4] übernachten. Nebst dem klassischen Romantik-Iglu bietet die Romantik-Iglu-
15 Suite in Gstaad, Davos und in Zermatt zusätzlich einen privaten Whirlpool! An einigen Standorten steht für alle Gäste ein Whirlpool oder eine Sauna zur
20 Verfügung[5]. Übernachtet wird auf Thermomatten, Matratzen und in Expeditions-Schlafsäcken bis –40 °C.

Iglus in der Schweiz

© Daniel Boschung/Corbis

Schmökern[6] Sie auf unserer Homepage, stöbern[7] Sie in unserer Welt aus Schnee und Bergen! Viel Spass[8] und bis bald in einem unserer Iglu-Dörfer.

Quelle: www.iglu-dorf.com

---

[1] *schweizerisch für neben*   [2] **das Übernachtungsangebot:** übernachten schlafen; **das Angebot** die Offerte   [3] **der Anlass** der Grund für ein Fest   [4] **das Pärchen** ein romantisches Paar   [5] **zur Verfügung stehen** es gibt   [6] **schmökern** lesen   [7] **stöbern** sich umsehen   [8] *schweizerische Schreibweise für Spaß*

WELLNESS-URLAUB IN DEN ALPEN

Juffing Hotel & Spa: Weit weg von Sensationen ist das Juffing schlicht[1] und klassisch schön. Alte, edle Materialien, viel Holz, Naturstein und transparentes Glas vermitteln zwischen Tradition und Moderne. Das Vierstern Superior Wellnesshotel wurde 2007 neu eröffnet und liegt 856 m über dem Meer auf einem Hochplateau, 15 km von
5 Kufstein entfernt. Das moderne Design fügt sich[2] harmonisch in die herrliche Natur des Thierseetals mit seinem großartigen Panorama.

In 43 Zimmern und Suiten mit höchstem Wohnkomfort sowie in einem traumhaft
10 schönen Spa findet man Qualität fernab vom Üblichen[3]. Die Verwöhnprogramme[4] für Beauty und Wohlbefinden[5] umfassen Massagen und
15 Spezialbehandlungen von Alpiner Wellness bis Ayurveda. Hallenbad, Saunen, Sanarium, Dampfbad sowie ein modernst ausgestatteter Fitnessraum runden das Relax-
20 Angebot ab[6]. Kulinarische Genüsse bieten die exzellente Gourmetküche und der gut sortierte Weinkeller.

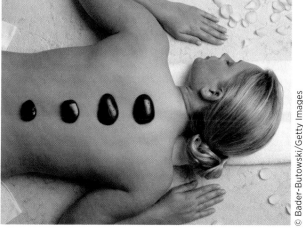
Wellness

Im Speisesaal[7] reicht das Glas bis zum Boden, wodurch sich ein freier Blick aufs
25 Alpenglühen[8] ergibt. Die fantastische Beleuchtung[9] wurde von der Tiroler Weltfirma Swarovski entworfen.

Willkommen im Leben. Willkommen bei uns.

Quelle: www.juffing.at

[1]**schlicht** einfach   [2]**sich fügen** sich integrieren   [3]**das Übliche** das Normale   [4]**das Verwöhnprogramm: sich verwöhnen** (*verb*) sich Gutes tun   [5]**das Wohlbefinden** das gute Gefühl   [6]**abrunden** komplettieren   [7]**der Speisesaal** der Essraum   [8]**das Alpenglühen** der Sonnenuntergang über den Alpen   [9]**die Beleuchtung** das Licht

:: 4 :: Hypothesen überprüfen

Lesen Sie den Text noch einmal und überprüfen Sie Ihre Hypothesen aus Aufgabe 2.

:: 5 :: Ergebnisse präsentieren

Berichten Sie nun Ihren Kommilitoninnen/Kommilitonen von „Ihrer Reise". Benutzen Sie die Schlüsselwörter und folgende Redemittel:

1. … liegt/liegen in …

2. Man kann dort …

3. Eine Übernachtung mit Frühstück / Ein Wochenende kostet …

4. Unserer Meinung nach ist diese Reise …

:: 6 :: Wortschatz

Welche Wörter und Ausdrücke in Ihrem Text gehören zum Thema Reisen im Allgemeinen, welche zum neuen Trend beim Reisen? Notieren Sie und erklären Sie Ihre Auswahl im Kurs.

a. Wörter und Ausdrücke zum Thema Reisen im Allgemeinen:
die Übernachtung

die Übernachtung, übernachten, besuchen, der Whirlpool, Welt aus Schnee und Eis, das Panorama, das Zimmer, die Suite, der Wohnkomfort, das Hallenbad, die Sauna, das Alpenglühen.

b. Wörter und Ausdrücke, die den neuen Trend beim Reisen beschreiben:
die Wellness

das Event, das Incentive, das Spa, das Verwöhnprogramm, Ayurveda, die Massage, das Relax-Angebot, die Gourmetküche. Es werden viele englische Wörter benutzt, um die Reise interessanter, aktueller und moderner erscheinen zu lassen.

Was fällt Ihnen in der zweiten Kategorie auf?

:: 7 :: Weiterführende Fragen

Beantworten Sie die folgenden Fragen.

a. Wie würden Sie die neuen Trends beim Reisen beschreiben?

b. Würden Sie einen der beiden Urlaube buchen? Welchen? Warum (nicht)?

 :: 8 :: Zusatzaufgaben

a. Versuchen Sie in Gruppen oder allein herauszufinden, was die gegenwärtigen Reisetrends in Ihrem Land sind.

b. Versuchen Sie im Internet Beispiele für weitere Reisetrends im deutschsprachigen Raum zu finden und berichten Sie Ihren Kommilitoninnen/Kommilitonen davon. Gehen Sie auch auf die *Anders gedacht* Website. Dort finden Sie Links, die Ihnen helfen können.

Ein weiterer Reisetrend ist das Pilgern: auf den Jakobswegen durch Europa.

Projekt • einen Werbespot schreiben und aufnehmen

:: 9 :: Reiseangebote recherchieren

Suchen Sie im Internet ein interessantes Reiseangebot. Notieren Sie wichtige Informationen wie: Art der Reise, Reiseziel, Unterkunft[1], Verpflegung[2], Preis und Freizeit- bzw. Wellness-Möglichkeiten.

Übungsbuch
Einstieg,
Teil B

> ### STRUKTUREN ALS VORBEREITUNG AUF DAS SCHREIBEN
> Präpositionen mit Akkusativ und Dativ, Wechselpräpositionen
>
> :: a :: Lesen Sie zunächst die folgenden Sätze aus den Texten „Erlebnis-Urlaub im Iglu-Dorf" und „Wellness-Urlaub in den Alpen". Überlegen Sie, mit welchem Kasus die unterstrichenen Präpositionen benutzt werden und warum. Tragen Sie Ihre Ergebnisse in die Tabelle ein.
>
> 1. Willkommen <u>im</u> Iglu-Dorf.
> 2. Tauchen Sie ein <u>in</u> die Welt der Inuit.

---

[1]**die Unterkunft** wo man im Urlaub übernachtet, z.B. ein Hotel   [2]**die Verpflegung** Essen und Getränke

3. Natürlich kann der Tag, der Abend, die Nacht oder der Morgen <u>im</u> und <u>um</u> das Iglu-Dorf auf verschiedenste Weise genutzt werden.

4. Das Vierstern Superior Wellnesshotel wurde 2007 neu eröffnet und liegt 856 m <u>über</u> dem Meer <u>auf</u> einem Hochplateau.

5. In 43 Zimmern und Suiten <u>mit</u> höchstem Wohnkomfort sowie in einem traumhaft schönen Spa findet man Qualität fernab vom Üblichen.

6. Die fantastische Beleuchtung wurde <u>von</u> der Tiroler Weltfirma Swarovski entworfen.

	Kasus	Begründung
1	**in** = Wechselpräposition, hier mit Dativ gebraucht (= **im**)	Auf die Frage „Wo?" steht **in** + Dativ.
2	**in** = Wechselpräposition, hier mit Akkusativ gebraucht	Auf die Frage „Wohin?" stehen Wechselpräpositionen mit Akkusativ
3	**um** = Präposition mit Akkusativ	**um** braucht immer Akkusativ
4	**über** = Wechselpräposition, hier mit Dativ gebraucht **auf** = Wechselpräposition, hier mit Dativ gebraucht	Auf die Frage „Wo?" stehen Wechselpräpositionen mit Dativ.
5	**mit** = Präposition mit Dativ	**mit** braucht immer Dativ
6	**von** = Präposition mit Dativ	**von** braucht immer Dativ

:: b :: Listen Sie Präpositionen für die folgenden drei Kategorien auf:

1. Präpositionen mit Akkusativ: bis, durch, entlang (nachgestellt), für, gegen, ohne, um

2. Präpositionen mit Dativ: aus, außer, bei, gegenüber, mit, nach, seit, von, zu

3. Wechselpräpositionen: an, auf, hinter, in, neben, über, unter, vor, zwischen

:: c :: Setzen Sie die richtigen Artikel oder Endungen ein.

1. Reisen Sie mit uns in eine_____ Welt (f.) aus Schnee und Eis!

2. Erleben Sie die untergehende Sonne in den_____ Alpen (Pl.).

3. Übernachten Sie auf dem_____ Gipfel (m.) der Zugspitze und nehmen Sie ein Bad im_____ Whirlpool (m.) unter dem_____ Sternenhimmel (m.).

4. Genießen Sie die Ruhe mit Ihrem_____ Partner, Ihrer_____ Partnerin oder allein und ganz ohne den_____ Stress (m.) des Alltags.

5. Wandern Sie durch den_____ Schnee (m.), bauen Sie mit Ihren_____ eigenen Händen ein Iglu und entspannen Sie sich am_____ Abend an der_____ Iglu-Bar (f.).

6. Lassen Sie sich von unseren_____ Relax-Angeboten (Pl.) verwöhnen!

STRUKTUREN ALS VORBEREITUNG AUF DAS SCHREIBEN
Imperativ

:: a :: Lesen Sie zunächst die folgenden Reklamesätze. Füllen Sie dann die Tabelle aus.

1. Reisen Sie in unsere Welt aus Schnee und Eis!

2. Erlebe die aufgehende Sonne in den Alpen!

3. Stöbert doch einmal auf unserer Homepage!

4. Machen wir doch einen Wellness-Urlaub!

	Imperativform	**Regel**
Sie-Form (Sing. und Plur.)	*reisen Sie*	*Das Verb hat die gleiche Form wie im Präsens, auch das Personalpronomen bleibt, die Reihenfolge ist aber vertauscht.*
du-Form	erlebe	Von der 2. Person Sing. Präsens wird die -(s)t-Endung abgetrennt, in manchen Fällen wird ein -e ans Ende gehängt, das Personalpronomen entfällt.
ihr-Form	stöbert	Das Verb hat die gleiche Form wie im Präsens, das Personalpronomen entfällt.
wir-Form	machen wir	Das Verb hat die gleiche Form wie im Präsens, auch das Personalpronomen bleibt, die Reihenfolge ist aber vertauscht.

:: b :: Schreiben Sie die Aufforderungen in allen vier Imperativformen.

1. **Sie**-Form: *Rufen Sie heute noch an!*

   du-Form: Ruf heute noch an!

   ihr-Form: Ruft heute noch an!

   wir-Form: Rufen wir heute noch an!

2. **du**-Form: *Buch jetzt und bezahl 25% weniger!*

   Sie-Form: Buchen Sie jetzt und bezahlen Sie 25% weniger!

   ihr-Form: Bucht jetzt und bezahlt 25% weniger!

   wir-Form: Buchen wir jetzt und bezahlen wir 25% weniger!

3. **ihr**-Form: *Erlebt spannende Momente!*

   Sie-Form: Erleben Sie spannende Momente!

   wir-Form: Erleben wir spannende Momente!

   du-Form: Erlebe spannende Momente!

Übungsbuch
Einstieg,
Teil B

:: 10 :: Werbespot schreiben

Schreiben Sie nun einen Werbespot für Radio, Fernsehen oder Internet, in dem Sie für Ihre Reise aus Aufgabe 9 Reklame machen. Lassen Sie ihn von Ihrer Kursleiterin/Ihrem Kursleiter korrigieren.

:: 11 :: Werbespot aufnehmen

Nehmen Sie Ihren Werbespot auf und stellen Sie ihn Ihren Kommilitoninnen/Kommilitonen vor.

:: 12 :: Werbespots hören/sehen

Hören bzw. sehen Sie sich die Werbespots Ihrer Kommilitoninnen/Kommilitonen an und machen Sie sich Notizen zu Art der Reise, Reiseziel, Unterkunft, Verpflegung, Preis und Freizeit- bzw. Wellness-Möglichkeiten. Berichten Sie dann, welche dieser Reisen Sie am liebsten machen würden und begründen Sie Ihre Meinung.

© Jorg Hackemann/Shutterstock.com

Trend Kulturreisen: ins Wien von Friedensreich Hundertwasser

ABSCHNITT

Fußgängerzone in Wien

Nur Mut zum Nichtstun

:: 1 :: Wortschatz

Übungsbuch
Einstieg,
Teil C

Arbeiten Sie mit einer Partnerin/einem Partner. Lesen und erklären Sie die folgenden Wörter und finden Sie zwei Kategorien, denen Sie die Wörter zuordnen können.

das Nichtstun	flanieren	die Entspannungskultur
der Aktivurlaub	die Fußgängerzone	der Müßiggang
das Faulenzen	der Freizeitstress	das Aktivsein

:: 2 :: Hypothesen zum Inhalt aufstellen

Der Titel des Artikels, den Sie lesen werden, heißt „Nur Mut zum Nichtstun!". Was wird wohl im Text stehen?

:: 3 :: Reaktionen äußern

Was ist Ihre Reaktion zu den folgenden Aussagen? Stimmen Sie zu? Arbeiten Sie mit einer Partnerin/einem Partner.

a. Man sagt nicht gern offen, dass man faulenzt und nichts tut.

b. Viele Menschen finden es schwer, einfach nichts zu tun.

c. Immer mehr in kurzer Zeit zu erleben ist sehr wichtig.

d. Aktivurlaub mit der Möglichkeit etwas Neues zu lernen ist in, denn man möchte nach dem Urlaub etwas erzählen können.

e. Mehr Müßiggang bringt mehr Entspannung in der Freizeit.

f. Im Urlaub wird der Alltagsstress zum Urlaubsstress.

Lesen • Globalverständnis

Übungsbuch
Einstieg,
Teil C

:: 4 :: Überschriften zuordnen

Der folgende Text ist in sechs Absätze unterteilt. Lesen Sie vorerst die sechs Überschriften a.–f. und setzen Sie nach dem Lesen der einzelnen Absätze die entsprechende Überschrift in den Text ein. Markieren Sie beim Lesen die Schlüsselwörter.

a. Gestresste FreizeitaktivistInnen[1]

b. Schummeln inklusive

c. Der Zwang zum Erleben und zum Erzählen

d. Faule Touristen

e. Feldforschung am Wiener Graben

f. Faulenzen ist nicht mehr modern

Viele Menschen finden es schwer, einfach nichts zu tun.

---

[1]**FreizeitaktivistInnen** Männer und Frauen, die ihre Freizeit mit viel Aktivität verbringen. Die Schreibweise „-Innen" schließt die männliche und die weibliche Form ein und ist in Österreich verbreitet.

NUR MUT ZUM NICHTSTUN!

Freizeit? Urlaub? Reisen?

Roland Dreger (Redaktion) am 29. Juli 2005

Wenn einer eine Reise tut … dann muss er was erleben. Aktivurlaub mit
Bildungsaspekt ist in, Faulenzen mega-out. Zum vermehrten Müßiggang rät die
Kulturwissenschafterin Klara Löffler vom Institut für Europäische Ethnologie der
5 Universität Wien.

In ihrer Forschungsarbeit[1] beschäftigt sich Löffler seit Beginn mit Aspekten
der Freizeit, des Tourismus und auch mit dem Nichtstun. „Es ist erstaunlich“,
bemerkt sie, „dass viele Menschen eigentlich kaum mehr wirklich nichts tun
können, zum Beispiel einfach nur einmal da sitzen und in der Kärntner Straße
10 Leute beobachten.“ Zu eben diesem Thema betreibt eine ihrer Studentinnen
Feldforschung in den Fußgängerzonen[2] der Wiener Innenstadt. Sie befragt unter
anderem PassantInnen[3], warum sie gerade hier und jetzt flanieren. Nicht selten,
so erzählt Löffler, kommen dann sehr schnell die Rechtfertigungen: „Ja, eigentlich
hätte ich noch so viel Arbeit, aber …“

15 Von Entspannung aber keine Spur, wie die Freizeitforschung zeigt. Ganz im
Gegenteil, die hohen Ansprüche der Arbeitswelt setzen sich allzu oft in der Freizeit
fort, die ebenso streng organisiert und voll gepackt wird wie der Arbeitsalltag. Der
Alltagsstress geht nahtlos in den Freizeitstress über. Der Trend hin zu Kurzurlauben
ist nur die logische Konsequenz: Immer mehr erleben, in möglichst kurzer Zeit,
20 heißt die Doktrin. Je spektakulärer und exotischer, desto besser.

„Man schafft sich dadurch selbst eine gewisse Art von Druck[4]“, konstatiert Prof.
Löffler, „das hängt auch damit zusammen, dass Reisen natürlich ein Prestigefaktor
ist: einerseits sich Reisen leisten zu können, aber andererseits auch über ganz
exotische, unbekannte Ziele erzählen zu können.“ Das Erzählen im Alltag über

---

[1]**die Forschungsarbeit** man recherchiert ein Thema und schreibt darüber   [2]**die Fußgängerzone** eine Einkaufsstraße, die für
Fußgänger ist, Autos dürfen hier nicht fahren   [3]**die PassantInnen** Fußgänger (Frauen und Männer)   [4]**der Druck** der Stress

25 die Reise, den Urlaub, das Erlebte ist eines der Themen, mit denen sich die Kulturwissenschafterin derzeit beschäftigt: „Es ist ein ganz wichtiger sozialer Moment, an dem man sieht, wie wiederum die Reise in den Alltag hineinspielt."

Dass bei all diesem sozialen Zwang zum Aktivsein auch kräftig geflunkert[5] und geschummelt wird, versteht sich von selbst. „Wer will schon gerne als Couchpotato 30 gelten", scherzt Löffler.

Aber trotz allem, ganz sieht Klara Löffler den Niedergang unserer Entspannungskultur noch nicht besiegelt. Denn es gibt sie noch, die einfachen StrandtouristInnen, die … einfach nur faul in der Sonne liegen. „Gott sei Dank!"

Quelle: www.dieuniversitaet-online.at/

[5]**flunkern** nicht die Wahrheit sagen, schummeln

:: 5 :: Selektives Lesen

Lesen Sie den Text ein zweites Mal und geben Sie an, ob die folgenden Aussagen richtig (R) oder falsch (F) sind; korrigieren Sie die falschen.

BEISPIEL: _F_ Menschen können heute sehr gut nichts tun.
Für die Menschen ist es heute schwer, nichts zu tun.

1. ___F___ Menschen geben gern zu, dass sie nur flanieren und durch die Stadt spazieren.   1. F: Menschen geben nicht gern zu, dass …

2. ___R___ Die Freizeitforschung zeigt, dass der Alltagsstress auf die Freizeit übertragen wird und es zu Freizeitstress kommt.

3. ___R___ Der Druck, viel in kurzer Zeit zu erleben, ist groß.

4. ___F___ Reisen hat keinen hohen Prestigefaktor.   4. F: Reisen hat einen sehr hohen Prestigefaktor.

5. ___F___ Wer eine exotische Reise macht, kann etwas lernen, aber nichts erzählen.   5. F: Wer eine exotische Reise macht, kann etwas lernen und viel erzählen.

6. ___R___ Der soziale Zwang zum Aktivsein bringt die Menschen zum Schummeln.

7. ___F___ Ein Couchpotato zu sein hat heute sehr viel Prestige.   7. F: Ein Couchpotato zu sein hat heute kein Prestige.

8. ___F___ Es gibt keine Leute mehr, die im Urlaub einfach nur faul in der Sonne liegen.   8. F: Es gibt noch immer Leute, die im Urlaub einfach nur faul in der Sonne liegen.

:: 6 :: Feinverständnis

Ordnen Sie den Begriffen die richtige Erklärung zu.

1. __d__ der Aktivurlaub mit Bildungsaspekt
2. __e__ FreizeitaktivistInnen
3. __g__ faulenzen
4. __f__ der Müßiggang
5. __h__ die Feldforschung
6. __j__ die Fußgängerzone
7. __k__ flanieren
8. __l__ die Entspannung
9. __m__ der Alltagsstress
10. __b__ man schafft sich einen Druck
11. __c__ sich eine Reise leisten können
12. __o__ flunkern
13. __p__ als Couchpotato gelten
14. __n__ zum Trotz
15. __i__ der Niedergang
16. __a__ ist noch nicht besiegelt

a. ist noch nicht zu Ende
b. man verlangt viel von sich selbst
c. genug Geld für eine Reise haben
d. Urlaub, in dem man aktiv ist und etwas lernt
e. Leute, die im Urlaub aktiv sind
f. das Nichtstun
g. faul sein
h. eine Recherche in realen Situationen
i. das Ende
j. eine (Einkaufs-) Straße, wo keine Autos fahren dürfen
k. spazieren gehen, ohne ein Ziel zu haben
l. das Relaxen
m. täglicher, meist beruflicher Stress
n. dagegen
o. schummeln
p. als Faulpelz gelten

:: 7 :: Verbformen ergänzen

Ergänzen Sie die Grundformen der folgenden wichtigen Verben aus dem Text.

Infinitiv	Präteritum	Perfekt
betreiben (eine Feldstudie)	betrieb	hat ... betrieben
flanieren	flanierte	ist ... flaniert
sich fortsetzen	setzte sich ... fort	hat sich ... fortgesetzt
übergehen	ging ... über	ist ... übergegangen
erleben	erlebte	hat ... erlebt
sich (Druck) schaffen	schaffte sich (Druck)	hat sich ... (Druck) geschaffen
sich leisten	leistete sich	hat sich ... geleistet
sich beschäftigen mit	beschäftigte sich ... mit	hat sich mit ... beschäftigt
hineinspielen	spielte ... hinein	hat ... hineingespielt
flunkern	flunkerte	hat ... geflunkert
schummeln	schummelte	hat ... geschummelt
gelten	galt	hat ... gegolten

Schreibstrategie • Texte zusammenfassen

Übungsbuch
Einstieg,
Teil C

:: 8 :: Schreiben

Fassen Sie den Artikel „Nur Mut zum Nichtstun!" in einigen Sätzen zusammen.

Sie können folgendermaßen vorgehen:

· Notieren Sie die Schlüsselwörter.

· Schreiben Sie kurze Sätze mit den Schlüsselwörtern.

· Bringen Sie die Sätze in eine logische Reihenfolge.

· Erweitern Sie Ihre Gedanken, z.B. mit **und**, **aber**, **denn**, **weil**, **wenn**, **als**, …

Oben haben Sie Verbformen notiert. Diese können Ihnen beim Schreiben helfen.

Weiterführende Aufgaben

:: 9 :: Debattieren

Bilden Sie in Ihrem Kurs zwei Gruppen.

Schritt 1: Eine Gruppe sammelt Argumente für, die andere Gruppe gegen die folgende Behauptung:

> „Das moderne Leben ist viel zu schnell! Auf Dauer schadet das dem Menschen."

Schritt 2: Die beiden Teams debattieren gegeneinander. Benutzen Sie die Redemittel.

> „ … wer von seinem Tage nicht zwei Drittel für sich hat, ist ein Sklave, er sei übrigens wer er wolle: Staatsmann, Kaufmann, Beamter, Gelehrter."
>
> Friedrich Nietzsche

Redemittel

die eigene Meinung äußern	zustimmen	ablehnen
Ich bin der Meinung, dass …	Da bin ich deiner Meinung.	Da bin ich anderer Meinung.
Meiner Meinung nach …	Da hast du recht.	Du hast nicht recht./Du hast unrecht.
	Stimmt.	Weißt du das genau?
	Einverstanden!	Woher willst du das wissen?

:: 10 :: Mit dem Internet arbeiten

Suchen Sie im Internet nach Informationen über die folgenden Themen. Berichten Sie dann im Kurs.

a. Was sind „Slow City" und „Slow Food"? Wann sind diese Bewegungen entstanden? Warum?

b. Was sind „hastloser Urlaub" und „sanfte Mobilität"? Erklären Sie diese Begriffe und suchen Sie Beispiele im Internet.

Schreibstrategie • Einen Text aufbauen

:: 11 :: Schreiben: Idealurlaub

Beschreiben Sie Ihren Idealurlaub. Ihr Text sollte eine Einleitung, Überleitungen, einen Hauptteil und einen Schluss haben.

- Die Einleitung führt in 1-2 Sätzen zum Thema hin.
- Überleitungen verbinden z.B. die Einleitung und den Hauptteil logisch miteinander oder sie verknüpfen die einzelnen Punkte im Hauptteil, falls nötig.
- Im Hauptteil gehen Sie auf die folgenden Punkte ein:

  Was?   **Wo?**   **Wie lange?**   **Mit wem?**   **Warum?**

- Der Schluss fasst den geschriebenen Text noch einmal zusammen oder zieht eine Schlussfolgerung.

SCHREIBMITTEL (Beispiele)

EINLEITUNG:

     Heutzutage wird viel über … diskutiert.

     Ein aktuelles Thema ist …

SCHLUSS:

     Zusammenfassend kann man sagen, dass …

     Abschließend …

     Zum Schluss möchte ich sagen/betonen, dass …

Grundwortschatz

:: VERBEN*

aus•geben: er/sie/es gibt ... aus, gab ... aus, hat ... ausgegeben	to spend (money)
buchen: er/sie/es bucht, buchte, hat ... gebucht	to book
erleben: er/sie/es erlebt, erlebte, hat ... erlebt	to experience
(in Urlaub) fahren: er/sie/es fährt, fuhr, ist ... gefahren	to go (on vacation)
faulenzen: er/sie/es faulenzt, faulenzte, hat ... gefaulenzt	to be lazy
genießen: er/sie/es genießt, genoss, hat ... genossen	to enjoy
kosten: er/sie/es kostet, kostete, hat ... gekostet	to cost
reisen: er/sie/es reist, reiste, ist ... gereist	to travel
sich entspannen: er/sie/es entspannt sich, entspannte sich, hat sich ... entspannt	to relax
sich erholen: er/sie/es erholt sich, erholte sich, hat sich ... erholt	to recuperate
übernachten: er/sie/es übernachtet, übernachtete, hat ... übernachtet	to spend the night
(den Urlaub) verbringen: er/sie/es verbringt, verbrachte, hat ... verbracht	to spend (vacation)
verreisen: er/sie/es verreist, verreiste, ist ... verreist	to travel, go on a trip

:: NOMEN

der Aktivurlaub	active vacation
das Ausland (*kein Plural*)	foreign country or countries, abroad
die Auslandsreise, -n	foreign travel
die Bildung	education, learning
die Buchung, -en	booking
die Entspannung	relaxation
die Erfahrung, -en	experience
das Erlebnis, -se	experience
das Faulsein	being lazy
die Ferien (*immer im Plural*)	vacation
die Freizeit	leisure (time)
das Handy, -s	cell phone
die Reise, -n	travel, journey
die Ruhe	silence, peace, calm
der Stress	stress

*Für Verben werden folgende Formen angegeben: Infinitiv: Präsens, Präteritum, Perfekt.

der Tourist, -en	tourist
die Unterkunft, die Unterkünfte	lodging
der Urlaub, -e	vacation
das Urlaubsziel, -e	vacation destination
die Wellness	well-being

:: ADJEKTIVE UND ADVERBIEN

aktiv	active
beliebt	popular; favorite
exotisch	exotic
faul	lazy
häufig	frequent(ly), often
oft	often
selten	seldom, rare(ly)

Das Fernweh, das Wandern und der Mythos Wald

GEDICHTE, LIEDER, MÄRCHEN UND MALEREI IM 18. UND 19. JAHRHUNDERT

:: IN DIESER EINHEIT

Das Fernweh ist gewissermaßen eine deutsche Tradition. Schon zu Goethes Zeiten hatten die Menschen den Drang, Land und Leute kennenzulernen und ihren Horizont zu erweitern. Das Wandern und der Wald spielten dabei eine große Rolle.

Das Goethe-Schiller-Denkmal auf dem Theaterplatz in Weimar

EINHEIT

Einstimmung auf das Thema

Caspar David Friedrich wurde 1774 in Greifswald geboren und wurde als Landschaftsmaler und Zeichner berühmt. Er starb 1840 in Dresden.

∷ 1 ∷ Bildbetrachtung: Caspar David Friedrich

Betrachten Sie die beiden Bilder von Caspar David Friedrich. Bilden Sie zwei Gruppen. Jede Gruppe bearbeitet dann die Aufgaben a–c. Gruppe 1 arbeitet mit Bild 1 und Gruppe 2 arbeitet mit Bild 2.

Der Wanderer über dem Nebelmeer

© Friedrich, Caspar David (1774–1840), *Der Wanderer über dem Nebelmeer*, ca. 1817. Oil on canvas. Bildarchiv Preussischer Kulturbesitz / Art Resource, NY

Kreidefelsen auf Rügen

© Friedrich, Caspar David (1774–1840) Chalk cliffs in Ruegen. 1818/19. Oil on canvas, 90 x 70 cm. bpk, Berlin / Coll. Oskar Reinhart, Winterthur, Switzerland/Hermann Buresch / Art Resource, NY.

:: a :: Beschreiben Sie, was Sie auf dem Bild sehen.

Redemittel und Wortschatz

Auf dem Bild sieht man ...	der Nebel
Das Bild zeigt ...	das Meer
der Felsen, -	die Klippe, -n

:: b :: Wie gefällt Ihnen die Landschaft? Warum?

Redemittel

Ich finde ... , weil ...	Mir gefällt ... , weil ...

:: c :: Auf dem Bild sehen Sie eine Person oder mehrere Personen. Vermuten Sie, warum diese Person/Personen dort ist/sind und was sie dort macht/machen.

Redemittel

Ich vermute, dass ...	Wahrscheinlich .../
Ich nehme an, dass ...	Vermutlich ...
Ich glaube, ...	

:: 2 :: Wortschatz

Schreiben Sie alles auf, was Ihnen zu dem Wort **Wandern** einfällt.

_____

_____

_____

_____

Ein Überblick zum Thema „Wandern"

Lesen • Global- und Detailverständnis

:: 1 :: Den ersten Absatz lesen

Lesen Sie den ersten Absatz des Textes „Das Wandern" und bearbeiten Sie die Aufgaben a und b.

DAS WANDERN

Absatz 1

... Nicht nur die naturverbundenen Berufsstände zieht es hinaus ins Freie, auch Handwerker, Studenten, Bürgersleute[1] drängt es in die Natur. Wer kein Pferd und keinen Wagen hat, der macht sich eben zu Fuß, „auf Schusters Rappen[2]", auf den Weg. ...

[1]**die Bürgersleute** die Bourgeoisie   [2]**der Rappe** das (schwarze) Pferd

---

:: a :: **Notieren Sie**   Welche Gruppen gingen früher auf Wanderschaft?

1. die naturverbundenen Berufsstände
2. Handwerker
3. Studenten
4. Bürgersleute

:: b :: **„Übersetzen"** Absatz 1 wurde vor längerer Zeit geschrieben. Die Sprache ist etwas altmodisch. „Übersetzen" Sie den Absatz in modernes Deutsch, d.h. schreiben Sie den Inhalt in Ihren eigenen Worten.

————————— Meine „Übersetzung" von Absatz 1 —————————

Auf Wanderschaft

:: 2 :: Weiterlesen: die Absätze zwei bis vier

Lesen Sie weiter und „übersetzen" Sie (geben Sie den Text in modernem Deutsch wieder).

Absatz 2

5 Wandern ist erst einmal Schauen und Erleben, unmittelbarer, zweckfreier[1] Aufenthalt in der Natur und nicht von vornherein mit einem bestimmten Ziel verbunden. Nur derjenige kann seinen Horizont erweitern, der sich einmal aus den Grenzen seines eigenen Dorfes hinausbewegt.

[1]**zweckfrei** ohne spezielles Ziel

Meine „Übersetzung" von Absatz 2

_____

_____

_____

_____

Absatz 3

10 So war das Wandern guter alter Brauch[1] der Handwerksburschen[2]. Nach der Lehrzeit machte sich ein junger Gesell[3] erst einmal auf den Weg, wo immer es ihn hinzog. Er blieb vielleicht für einige Zeit bei diesem Meister oder in jener Werkstatt, bevor er sich schließlich selbst irgendwo niederließ. Wer nur immer in seinem eigenen Nest sitzen 15 blieb, den konnte man kaum einen rechten Gesellen oder Meister nennen!

[1]**der Brauch** die Tradition   [2]**der Handwerksbursche** der Handwerksjunge   [3]**der Gesell** (*kurz für* **Geselle**) ein Handwerker, der seine Lehre gerade beendet hat

Meine „Übersetzung" von Absatz 3

_____

_____

_____

_____

Absatz 4

Ein Gleiches galt für die Studenten, die nicht nur aus Büchern lernen,
sondern ihre Erfahrungen auch in der konkreten Fremde machen
sollten. ...

_____ Meine „Übersetzung" von Absatz 4 _____

_____

_____

_____

_____

:: 3 :: Den fünften Absatz lesen

Lesen Sie den Rest des Textes. Diesen brauchen Sie nicht zu „übersetzen",
da er aus neuerer Zeit stammt.

Absatz 5

20 Und heute? Die Deutschen sind Weltmeister im Reisen. Wir leben im
Zeitalter des Tourismus und Jahr für Jahr begeben sich Millionen von
Menschen für wenige Wochen in ferne Länder. Das Wandern in der
heimischen Umgebung gibt es natürlich noch. Allerdings geschieht
das Wandern nicht so ganz zweckfrei: Es dient der Gesunderhaltung
25 der Bevölkerung, so propagiert es die Fitness-Bewegung.

Quelle: _Das Wunderhorn_, Inter Nationes

Übungsbuch
Einheit 1,
Teil A

STRUKTUREN Infinitiv mit **um ... zu**

Mit der Konstruktion **um ... zu** wird eine Intention oder ein Ziel ausgedrückt. Das Wort **zu** steht zwischen **um** und dem Infinitiv in vorletzter Position. Der Infinitiv steht am Ende. Beantworten Sie die Fragen zum Lesetext „Das Wandern", indem Sie Sätze mit **um ... zu** schreiben.

:: a :: Warum ist man früher gewandert?

BEISPIEL: *Früher ist man gewandert, um in der Natur zu sein.*

Außerdem ist man gewandert, um _____

_____

Handwerksburschen _____

_____

Studenten _____

_____

:: b :: Warum wandert man heute?

Heute _____

_____

---

a. den eigenen Horizont zu erweitern. Handwerksburschen sind gewandert, um Erfahrungen zu sammeln. / ... um von verschiedenen Meistern zu lernen. Studenten sind gewandert, um nicht nur aus Büchern zu lernen. / ... um konkrete Erfahrungen zu sammeln. b. Heute wandert man, um gesund/fit zu bleiben.

Weiterführende Aufgaben

:: 4 :: Kommentieren

In Absatz 4 haben Sie gelesen, dass auch Studenten auf Wanderschaft gehen sollten, um eigene Erfahrungen außerhalb des Heimatortes zu sammeln. Was denken Sie? Ist diese Forderung heute noch aktuell und sinnvoll? Wie könnte so eine „Wanderschaft" für Sie aussehen?

:: 5 :: Mit dem Internet arbeiten

In Absatz 3 haben Sie gelesen, dass Handwerker nach der Lehre auf Wanderschaft gingen, um von verschiedenen Meistern zu lernen. Wie sieht das heute aus? Recherchieren Sie die Situation der *Wandergesellen* während der *Wanderjahre* in Deutschland. Präsentieren Sie Ihre Ergebnisse im Kurs.

:: 6 :: Eine Unterhaltung führen

Gehen Sie persönlich wandern? Warum (nicht)? Unterhalten Sie sich mit einer Partnerin/einem Partner. Berichten Sie anschließend im Plenum.

Ausflug in die deutsche Literaturgeschichte

Hintergrundwissen

In diesem Abschnitt lernen Sie einige Autoren, Komponisten und Künstler des 18. und 19. Jahrhunderts kennen sowie ihre Werke und die Epochen, in denen sie gelebt und gewirkt haben.

:: 1 :: Wortschatz

Übungsbuch
Einheit 1,
Teil B

Lesen Sie die Wörter und ordnen Sie sie in die Tabelle ein.

der Komponist, - en
komponieren
das Bild, -er
das Konzert, -e
die Sinfonie/
    Symphonie, -n
das Lied, -er
malen

der Maler, -
der Bildhauer, -
die Skulptur, -en
der Briefroman, -e
das Gemälde, -
schreiben
das Gedicht, -e
der Schriftsteller, -

der Roman, -e
das Märchen, -
der Dichter, -
vertonen
zeichnen
die Oper, -n
die Zeichnung, -en
dichten

	Kunst	Musik	Literatur
Berufe	der Maler	der Komponist	der Schriftsteller
	der Bildhauer		der Dichter
Tätigkeiten	malen	komponieren	schreiben
	zeichnen	vertonen	dichten
Werke	das Bild	das Konzert	der Briefroman
	die Skulptur	die Sinfonie/Symphonie	das Gedicht
	das Gemälde	das Lied	der Roman
	die Zeichnung	die Oper	das Märchen

Lesen

:: 2 :: Literarische Epochen zeitlich einordnen

Lesen Sie die Informationen in der Tabelle. Ordnen Sie dann den Informationen die entsprechende Epoche zu und tragen Sie sie in die Spalte ein.

Epochen: die Romantik, der Sturm und Drang, die Klassik, die Aufklärung

Zeitspanne	Epoche	Autoren	Themen/Weltbild
1720–1785	die Aufklärung	Klopstock, Lessing	Kritik an kirchlichen Autoritäten, Rationalismus
1767–1785	der Sturm und Drang	der junge Goethe, Schiller, Klopstock, Herder, Claudius	unglückliche Liebe, starke Gefühle, Hofkritik[1], Kritik der Aufklärung, Naturverehrung[2]
1786–1832	die Klassik	Goethe, Schiller	Humanitätsgedanke, stand in Verbindung mit der Klassik der Antike
1794–1835	die Romantik	Friedrich Schlegel, Fichte, Tieck, Brentano, Bettina von Arnim, Karoline Schlegel, Achim von Arnim, Kleist, die Brüder Grimm, E.T.A. Hoffmann, W. Müller	u.a. Ich-Zweifel[3], Ironie, Nationalismus, das Unheimliche[4], Volksgut[5]

:: 3 :: Vorwissen sammeln

Besprechen Sie mit einer Partnerin/einem Partner, was Sie über die Autorinnen/Autoren in Aufgabe 2 wissen. Kennen Sie einige Werke? Welche? Wovon handeln sie?

Redemittel

> Ich kenne ... von ...
> Der Text handelt von ... (+ *Nomen*).

BEISPIEL: *Ich kenne das Märchen „Hänsel und Gretel" von den Brüdern Grimm.*
Es handelt von zwei armen Kindern.
Sie treffen im Wald eine Hexe und wohnen bei ihr.

:: 4 :: Bilder und Daten zuordnen

Auf den nächsten Seiten sehen Sie fünf Bilder von Autoren, Komponisten und einem Maler des 18. und 19. Jahrhunderts. Ergänzen Sie die Angaben. Die Informationen im Kasten helfen Ihnen dabei.

---

[1]**die Hofkritik** die Kritik am König   [2]**die Naturverehrung** starke Liebe zur Natur   [3]**der Zweifel** wenn man nicht sicher ist   [4]**das Unheimliche** das Mysteriöse   [5]**das Volksgut** einfache Texte und Lieder, die von der Liebe, dem Wandern und dem Tanz erzählen; Volkslieder, Volksmärchen und Volkslegenden

Die schöne Müllerin

Fidelio

Symphonie Nr. 9

Wanderer erleben die Natur

Wanderer über dem Nebelmeer

Briefroman über den Liebeskummer eines jungen Mannes

Faust

Eine kleine Nachtmusik

Die Zauberflöte[1]

Ein mächtiger Mann, Sarastro, entführt[2] die Tochter der Königin der Nacht.

Ein Müller findet einen Freund, den Bach, der ihn auf seiner Wanderschaft begleitet.

Ein vom Studium enttäuschter[3] Wissenschaftler beschließt, sich der Magie zuzuwenden.

Die Leiden des jungen Werthers

*Kreidefelsen auf Rügen**

Eine Frau nimmt eine Stelle als Gefängniswärter[4] an, um ihren Ehemann zu befreien.

---

[1] **Die Zauberflöte** eine Flöte ist ein Instrument; hier ist sie magisch [2] **entführen** kidnappen [3] **enttäuscht** frustriert
[4] **der Gefängniswärter** eine Person, die Kriminelle bewacht

*Rügen ist eine Insel vor der Ostseeküste.

© Bettmann / Corbis

NAME: Johann Wolfgang von Goethe

LEBEN: 1749–1832

BERUF: Dichter

BEKANNTE WERKE: *Faust; Die Leiden des jungen Werthers*

INHALT DER WERKE: Ein vom Studium enttäuschter Wissenschaftler beschließt, sich der Magie zuzuwenden; Briefroman über den Liebeskummer eines jungen Mannes.

1.

© Bettmann / Corbis

NAME: Ludwig van Beethoven

LEBEN: 1770–1827

BERUF: Komponist

BEKANNTE WERKE: *Fidelio; Symphonie Nr. 9*

INHALT DER WERKE*: Eine Frau nimmt eine Stelle als Gefängniswärter an, um ihren Ehemann zu befreien.

2.

---

*Zu Musikstücken, außer zu Opern und dem Zyklus „Die schöne Müllerin", finden Sie keine Angaben zum Inhalt.

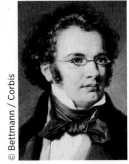

NAME: Franz Schubert

LEBEN: 1797–1828

BERUF: Komponist

BEKANNTESTES WERK: *Die schöne Müllerin*

INHALT DES WERKES: Ein Müller findet einen Freund, den Bach, der ihn auf seiner Wanderschaft begleitet.

3.

NAME: Wolfgang Amadeus Mozart

LEBEN: 1756–1791

BERUF: Komponist

BEKANNTE WERKE: *Eine kleine Nachtmusik; Die Zauberflöte*

INHALT DER WERKE*: Ein mächtiger Mann, Sarastro, entführt die Tochter der Königin der Nacht.

4.

NAME: Caspar David Friedrich

LEBEN: 1774–1840

BERUF: Maler

BEKANNTE WERKE: *Wanderer über dem Nebelmeer; Kreidefelsen auf Rügen*

INHALT DER WERKE: Wanderer erleben die Natur.

5.

Übungsbuch
Einheit 1,
Teil B

STRUKTUREN Verben mit Präpositionalobjekt, *da*-Komposita

:: a :: **Personen beschreiben** Lesen Sie diese Personenbeschreibung.

· Auf Bild 1 sieht man Johann Wolfgang von Goethe.

· Er lebte von 1749 bis 1832.

· Er war von Beruf Jurist und (er war) auch Dichter.

· Zu seinen bekanntesten Werken gehört *Die Leiden des jungen Werthers*.

· Dieser Roman <u>handelt</u> <u>von</u> den Problemen eines jungen Mannes.

  Oder: Goethe <u>schreibt</u> <u>darüber</u>, wie ein verliebter junger Mann versucht eine Frau zu vergessen.

*Zu Musikstücken, außer zu Opern und dem Zyklus „Die schöne Müllerin", finden Sie keine Angaben zum Inhalt.

b :: **Erklärung**   In der Personenbeschreibung sind die zwei folgenden Verben mit Präposition zu finden:

handeln von: ... handelt von ...

schreiben über + *Akk.*: ... schreibt <u>darüber</u>, ...

Wörter wie **darüber** nennt man *da*-**Komposita**. Alle Verben mit fester Präposition können ein *da*-Kompositum haben und zwar dann, wenn anschließend ein Nebensatz oder ein Infinitivsatz folgt.

c :: **Übung**   Setzen Sie eine Präposition oder ein *da*-Kompositum ein.

von oder **davon**

1. Dieser Roman handelt [von] den Problemen eines jungen Mannes.
2. Dieser Roman handelt [davon], wie ein junger Mann seine Probleme erlebt.

über oder **darüber**

3. Goethe schreibt [über] die Probleme eines jungen Mannes.
4. Goethe schreibt [darüber], welche Folgen eine unglückliche Liebe haben kann.

Regel: Man setzt ein **r** zwischen **da** und die Präposition, wenn die Präposition mit einem Vokal beginnt, z.B. **darüber** aber **damit** und **davon**.

Infinitiv	*da*-Kompositum	Erklärung
handeln von	da + von = **davon**	Die Präposition beginnt mit einem Konsonanten (**v**).
schreiben über + *Akkusativ*	da + *r* + über = **darüber**	Die Präposition beginnt mit einem Vokal (**ü**).

:: 5 :: Informationen zusammenfassen

Stellen Sie jetzt eine Person von den Seiten 39 und 40, über die Sie alle Informationen haben, dem Kurs vor. Wählen Sie vorher Redemittel aus.

Redemittel

- Auf Bild 1 sieht man ... Die Person auf Bild 1 ist ...
- Er hat von ... bis ... gelebt. Er lebte ...
- Er war ... (von Beruf). Sein Beruf war ...
- Seine bekanntesten Werke sind ...
- *Infinitive:* handeln von; schreiben über + *Akkusativ*

Wanderschaft

Lesen • Global- und Detailverständnis

Das vollständige Gedicht befindet sich im Anhang des Buches.

:: 1 :: Die ersten zwei Gedichtstrophen lesen

Lesen Sie die ersten zwei Strophen des Gedichtes „Wanderschaft" von Wilhelm Müller und erklären Sie den Inhalt.

WANDERSCHAFT

Das Wandern ist des Müllers Lust,
Das Wandern!
Das muss ein schlechter Müller sein,
Dem niemals fiel das Wandern ein,
5 Das Wandern.

Vom Wasser haben wir's gelernt,
Vom Wasser!
Das hat nicht Rast bei Tag und Nacht,
Ist stets auf Wanderschaft bedacht,
10 Das Wasser.

…

—von Wilhelm Müller (1818)

Wilhelm Müller, *Wanderschaft*

:: 2a :: Kreatives Schreiben — Eine Gedichtstrophe verfassen

Schreiben Sie jetzt selbst eine Strophe zu diesem Gedicht. Behalten Sie die Struktur bei, d.h. schreiben Sie fünf Zeilen und achten Sie darauf, dass sich in der 1., 2. und 5. Zeile jeweils das Nomen wiederholt; die Zeilen 3 und 4 sollen sich reimen.

_____ Meine Strophe _____

_____

_____

_____

_____

 :: 2b :: **Strophe präsentieren**

Präsentieren Sie Ihren Text in einer Kleingruppe Ihren Kommilitoninnen/ Kommilitonen. Versuchen Sie, den Text auswendig aufzusagen.

:: 3 :: **Gedicht rekonstruieren**

Das Gedicht hat drei weitere Strophen. Diese erhalten Sie in zerschnittener Form von Ihrer Kursleiterin/ Ihrem Kursleiter. Rekonstruieren Sie den Rest des Gedichtes, indem Sie die Gedichtzeilen in die richtige Reihenfolge bringen.

Track 2

:: 4 :: **Gedicht hören**

Hören Sie nun die Vertonung des Gedichtes von Franz Schubert und machen Sie eventuelle Korrekturen.

Das Lied befindet sich auf der _Anders gedacht Instructor's Audio CD._

Übungsbuch
Einheit 1,
Teil C

:: 5 :: **Fragen zum Text**

Beantworten Sie die Fragen und benutzen Sie dafür die angegebenen Verben mit Präpositionen: **erkennen an** + _Dat._, **vergleichen mit**, **bitten um**, **ausdrücken durch**.

BEISPIEL: _Einen guten Müller erkennt man nach Aussage des Autors an …/ daran, …_

a. Einen guten Müller erkennt man nach Aussage des Autors daran, dass er wandert /früher gewandert ist.

a. Woran erkennt man nach Aussage des Autors einen guten Müller?

b. Womit vergleicht der Autor den Wanderer?   b. Der Autor vergleicht den Wanderer mit dem Wasser, Rädern und Steinen.

c. Worum bittet der Wanderer seinen Meister und dessen Frau am Ende des Gedichtes?   c. Er bittet sie darum, weiterwandern zu dürfen:

d. Wodurch wird die Dynamik des Wanderers, des Wassers, der Räder und der Steine in der Musik ausgedrückt?

d. Die Dynamik wird durch den Rhythmus und das schnelle Tempo der Musik ausgedrückt.

Weiterführende Aufgaben

 :: 6 :: **Projektarbeit Musik**

Zu dem Lied „Wanderschaft" gibt es auch eine Volksliedversion. Suchen Sie die Melodie unter dem Titel „Das Wandern ist des Müllers Lust" oder einfach „Das Wandern" im Internet und singen Sie das Lied in der Klasse.

Ein Märchen der Brüder Grimm:
Hänsel und Gretel

Lesen • Global- und Detailverständnis

:: 1 :: Erstes Lesen

Lesen Sie das Märchen und unterstreichen Sie alle Verben im Präteritum.

HÄNSEL UND GRETEL

von den Brüdern Grimm

Am Rande eines großen Waldes <u>wohnte</u> ein armer Holzhacker[1] mit seiner Frau und seinen zwei
5 Kindern, Hänsel und Gretel. Sie <u>waren</u> so arm, dass sie oft nichts zu essen <u>hatten</u>. Als nun eine Teuerung[2] <u>kam</u>, <u>mussten</u>
10 sie jeden Abend hungrig zu Bett gehen. In ihrer Not <u>beschlossen</u> die Eltern, die Kinder am nächsten Morgen in den Wald zu führen
15 und sie dort zurückzulassen. Gott <u>sollte</u> ihnen weiterhelfen. Aber Hänsel <u>schlief</u> nicht und <u>hörte</u> alles. Am

Hänsel und Gretel, Brothers Grimm.

[1]**der Holzhacker** ein Mann, der sein Geld verdient, indem er Bäume in kleine Stücke schlägt bzw. hackt   [2]**die Teuerung** (*veraltet*) die Inflation

nächsten Tag, als sie in den Wald <u>gingen</u>, <u>streute</u> er kleine Steinchen auf den Weg.

20 Die Kinder <u>blieben</u> im Wald zurück, aber sie <u>konnten</u> durch die Steinchen den Rückweg zum Elternhaus finden. Ein anderes Mal, als die Not wieder

© Cengage Learning 2014

seltsames kleines Häuschen. Es war aus Brot gebaut, das Dach war mit süßen Kuchen gedeckt und die Fenster <u>waren</u> aus hellem Zucker. Voll Freude <u>brachen</u> die hungrigen Kinder Stücke von dem Dach ab und <u>bissen</u> hinein.

Da <u>hörten</u> sie eine feine Stimme aus dem Häuschen:

> „Knusper, knusper, Knäuschen, wer
> knuspert[3] an meinem Häuschen?"

Die Kinder <u>antworteten</u>:

> „Der Wind, der Wind,
> das himmlische Kind",

und <u>ließen</u> sich beim Essen nicht stören.

Da öffnete sich plötzlich die Tür und eine hässliche steinalte Frau mit einem Stock[4] <u>kam</u> heraus. Die Kinder <u>erschraken</u> furchtbar, aber die Alte <u>wackelte</u> mit dem Kopf und <u>sagte</u> ganz freundlich: „Ei, ihr lieben Kinder,

---

[3]**knuspern** laut essen   [4]**der Stock** eine Gehhilfe

groß <u>war</u>, <u>wollten</u> die Eltern ihre Kinder wieder in den Wald führen. Hänsel <u>hörte</u> wieder alles und <u>wollte</u> nachts heimlich Steinchen sammeln, um sie auf den Weg zu streuen. Aber die Haustür <u>war</u> verschlossen. Am nächsten Tag <u>nahm</u> er sein letztes Stück Brot und <u>streute</u> kleine Bröckchen davon auf den Weg. So <u>hoffte</u> er, den Rückweg aus dem Wald zu finden. Die Kinder <u>blieben</u> allein im Wald zurück. Sie <u>suchten</u> nach den Brotbröck-chen; aber die Vögel <u>hatten</u> alle aufgepickt. So <u>fanden</u> Hänsel und Gretel ihren Weg nach Haus nicht mehr und <u>verirrten</u> sich immer mehr im Wald. Sie <u>schliefen</u> unter einem Baum, und am nächsten Morgen <u>standen</u> sie hungrig auf, um weiter nach dem Weg zu suchen. Plötzlich <u>sahen</u> sie ein

kommt nur in mein Häuschen und bleibt
70 bei mir. Ich tue euch nichts."

Da vergaßen die Kinder ihre Angst und
gingen mit der Alten ins Haus, wo sie
gutes Essen und weiche Betten zum
Schlafen fanden.

75 Die Alte war aber eine böse Hexe[5],
obwohl sie zu den Kindern so freundlich gesprochen hatte. Sie wartete nur
darauf, dass kleine Kinder zu ihrem
Kuchenhäuschen kamen. Diese Kinder
80 fing sie dann, um sie zu braten und zu
fressen. Am nächsten Morgen sperrte die
Hexe den armen Hänsel in einen kleinen
Stall.

Gretel musste im Haus helfen und
85 Hänsel zu essen bringen, damit er fett
wurde; denn die Hexe wollte ihn erst
auffressen, wenn er fett genug war.
Jeden Morgen musste Hänsel seinen

Finger durch das Gitter stecken und
90 die Hexe fühlte, ob er fett geworden
war. Hänsel aber war nicht dumm
und steckte einen Knochen oder ein
Holzstückchen heraus. Die Alte merkte
es nicht, weil sie so schlecht sah, und
95 wunderte sich darüber, dass der Junge
so mager blieb.

Eines Tages aber wurde sie ungeduldig[6]
und heizte den Backofen, um Hänsel zu
braten. Gretel weinte, während sie Was-
100 ser holte. Jetzt sagte die Alte zu Gretel:
„Nun sieh mal nach, ob das Feuer im
Ofen richtig brennt!" Sie wollte aber das
Mädchen in den Ofen stoßen und auch
braten. Gretel merkte das und sagte: „Ich
105 weiß nicht, wie ich das machen soll!"
„Dumme Gans!" rief die Hexe, „du musst
nur so hineinkriechen", und sie steckte
selbst ihren Kopf in den Ofen. Da stieß
Gretel mit aller Kraft die Hexe in den

---

[5]**die böse Hexe** eine böse alte Frau mit magischen Kräften

[6]**ungeduldig** wenn man nicht mehr warten will

füllten sich alle Taschen. Nun machten sie sich auf und fanden auch bald den Weg nach Haus. Die Eltern der beiden

125 saßen traurig zu Haus, denn es hatte ihnen schon lange leid getan, dass sie ihre Kinder in den Wald geschickt hatten. Wie froh waren sie jetzt, als die Kinder ins Haus traten!

130 Alle Not hatte nun ein Ende, denn die Kinder hatten ja so viele Reichtümer mitgebracht, und sie lebten glücklich zusammen.

Quelle: Rosemarie Griesbach, *Deutsche Märchen und Sagen*, 1995

---

[7]**der Edelstein** ein sehr teurer Stein, z.B. ein Diamant

110 Ofen hinein und schlug die Tür hinter ihr zu.

Die böse Alte schrie und heulte entsetzlich, aber es half ihr nichts, sie musste in ihrem

115 eigenen Backofen verbrennen.

Nun befreite Gretel schnell ihren Bruder aus dem Stall. Sie sangen und tanzten vor Freude, weil die böse Hexe

120 tot war. Im Häuschen fanden sie Gold und Edelsteine[7] und

STRUKTUREN Präteritum

Übungsbuch
Einheit 1,
Teil D

:: a :: **Verben einordnen** Nehmen Sie ein Blatt Papier und zeichnen Sie die Tabelle. Tragen Sie alle Präteritumsformen, die Sie im Märchen unterstrichen haben, in die Tabelle ein. Unterscheiden Sie zwischen regelmäßigen und unregelmäßigen Verben und Modalverben.

Die vollständige Verbliste befindet sich auf der Instructor's Website.

regelmäßige Verben		unregelmäßige Verben		Modalverben	
Präteritum	Infinitiv	Präteritum	Infinitiv	Präteritum	Infinitiv
wohnte	wohnen	war(en)	sein	musste(n)	müssen
hörte	hören	hatte(n)	haben	sollte	sollen
streute	streuen	kam(en)	kommen	konnten	können
hoffte	hoffen	beschlossen	beschließen	wollte(n)	wollen

:: b :: **Infinitive zuordnen** Ordnen Sie jetzt jeder Präteritumsform in der Tabelle den Infinitiv zu.

:: c :: **Verben im Präteritum konjugieren** Konjugieren Sie jetzt die folgenden Verben im Präteritum. Ihre Kursleiterin/ Ihr Kursleiter hilft Ihnen.

	wohnen	**kommen**
ich	wohnte	kam
du	wohntest	kamst
er/sie/es	wohnte	kam
wir	wohnten	kamen
ihr	wohntet	kamt
sie/Sie	wohnten	kamen

:: d :: **Präteritum der Modalverben** Schreiben Sie die Präteritumsformen der Modalverben in die Tabelle.

	können	**dürfen**	**sollen**	**wollen**	**müssen**	**möchten**
ich	konnte	durfte	sollte	wollte	musste	wollte
du	konntest	durftest	solltest	wolltest	musstest	wolltest
er/sie/es	konnte	durfte	sollte	wollte	musste	wollte
wir	konnten	durften	sollten	wollten	mussten	wollten
ihr	konntet	durftet	solltet	wolltet	musstet	wolltet
sie/Sie	konnten	durften	sollten	wollten	mussten	wollten*

*Die Verbform **möchten** hat keine eigene Präteritumsform. Man gebraucht die Präteritumsform von **wollen** als Präteritum von **möchten**.

Track 3

:: 2 :: Zweites Lesen oder Hören

Mögliche Antworten finden Sie auf der Instructor's Website.

Das Märchen befindet sich auf der *Anders gedacht Instructor's Audio CD*.

Lesen Sie das Märchen noch einmal oder hören Sie es sich an. Füllen Sie anschließend oder während des Lesens/Hörens die Tabelle aus.

Wo?	Wer?	Was?	Warum?
zu Hause			
im Wald			
bei der Hexe			
wieder zu Hause			

:: 3 :: Märchen erzählen

Erzählen Sie jetzt im Kurs anhand Ihrer Notizen das Märchen im Präteritum. Sie können folgendermaßen vorgehen: Eine Studentin/Ein Student beginnt mit dem ersten Satz, die/der nächste erzählt weiter, usw.

:: 4 :: Den Mythos Wald in Grimms Märchen recherchieren

Arbeiten Sie in Gruppen von je mindestens drei Personen. Recherchieren Sie auf einer deutschsprachigen Internetseite oder in Büchern.

· Suchen Sie ein anderes deutsches Märchen von den Brüdern Grimm, in dem der Wald eine Rolle spielt, z.B. „Rotkäppchen".

· Lesen Sie das Märchen.

· Welche Bedeutung hat der Wald? Was symbolisiert er?

· Präsentieren Sie Ihre Ergebnisse in der Klasse und vergleichen Sie.

© Cengage Learning 2014

Szene aus dem Märchen „Rotkäppchen" von den Brüdern Grimm

Wandrers Nachtlied (Ein Gleiches)

Goethe schrieb das Gedicht „Wandrers Nachtlied" 1780, als er 31 Jahre alt war. Er ritzte[1] es in die Holzwand einer einsamen Waldhütte, in der er übernachtet hatte.

Gedicht lesen

Bearbeiten Sie mit einer Partnerin/einem Partner die folgenden Aufgaben zum Gedicht.

Das vollständige Gedicht befindet sich im Anhang des Buches.

:: a :: Lesen Sie das Gedicht und ergänzen Sie die Verben aus dem Kasten.

WANDRERS NACHTLIED (EIN GLEICHES)

Über allen Gipfeln[1]

___Ist___ Ruh,

In allen Wipfeln[2]

___Spürest___ du

5 Kaum einen Hauch[3];

Die Vöglein ___schweigen___ im Walde.

___Warte___ nur, balde

___Ruhest___ du auch.

—von Johann Wolfgang von Goethe

----

[1]**der Gipfel** der oberste Teil eines Berges   [2]**der Wipfel** der oberste Teil eines Baumes   [3]**der Hauch** ein sehr leichter Wind; die Luft, die jemand ausatmet

Johann Wolfgang von Goethe, Wandrers Nachtlied

warte		schweigen
	spürest	
ist		ruhest

:: b :: Beschreiben Sie die Stimmung[2] in diesem Gedicht. Überlegen Sie mit Ihrer Partnerin/Ihrem Partner, wovon Goethe spricht. Überlegen Sie, was Goethe mit diesem Gedicht ausdrückt.

:: c :: Versuchen Sie, das Gedicht einer Partnerin/einem Partner vorzutragen. Überlegen Sie, wie es gelesen werden sollte.

----

[1]**ritzen** mit einem scharfen Messer in Holz schneiden   [2]**die Stimmung** die Atmosphäre

Johann Wolfgang von Goethe: Leben und wichtigste Werke

:: 1 :: Chronologie

Lesen Sie die folgende Chronologie.

LEBEN UND WIRKEN JOHANN WOLFGANG VON GOETHES

1749	geboren in Frankfurt am Main (28.8.)
1765–68	Jurastudium[1] in Leipzig
1770–71	Abschluss des Studiums in Straßburg, Liebe zu Friederike Brion
1774	Fertigstellung des Romans *Die Leiden des jungen Werthers*
1775–76	Einladung des Herzogs Karl August und Eintritt in den weimarischen Staatsdienst
1782	Verleihung[2] des Adelstitels
1786–88	Reise nach Italien, Arbeit an dem Drama *Faust*
1788	Begegnung mit Christiane Vulpius
1789	Geburt des Sohnes August
1791–92	Leitung des Weimarer Hoftheaters; Teilnahme am Feldzug[3] in Frankreich
1793–94	Beginn der Freundschaft mit Friedrich Schiller
1806	Heirat mit Christiane Vulpius; Abschluss von *Faust I*
1812	Begegnung mit Ludwig van Beethoven
1816	Tod Christianes (6.6.); *Italienische Reise I und II*
1830	Tod des Sohnes August in Rom
1832	gestorben in Weimar (22.3.)

[1]**Jurastudium** Studium des Rechts [2]**die Verleihung** offizielle Übergabe [3]**der Feldzug** große militärische Aktion; Krieg

Übungsbuch
Einheit 1,
Teil D

STRUKTUREN *wo*-Komposita

In Aufgabe 2 („Zusammenfassung: Jeopardy!") werden Sie Antworten, aber keine Fragen, zu der Chronologie in Aufgabe 1 finden. Sie werden die Fragen dazu schreiben. Lesen Sie vorher die folgenden drei Regeln für *wo*-Komposita:

> **Regel 1:** Benutzt man in einer Frage ein Verb mit fester Präposition, so heißt das Fragewort: **wo(r)** + Präposition.

BEISPIEL: — **Wofür** interessierte sich Goethe? (*Infinitiv:* sich interessieren für)

— Für <u>Literatur.</u>

Regel 2: Ist die Antwort auf eine Frage eine Person, so heißt das Fragewort: Präposition + **wen** (*Akkusativ*) oder **wem** (*Dativ*).

BEISPIEL: — **Für wen** interessierte sich Goethe?

— Für <u>Friederike Brion.</u>

:: a :: **Übung**   Setzen Sie die richtige Form ein.

worin oder **in wen**

1. — _____In wen_____ verliebte sich Goethe 1770?

— In Friederike Brion. (*Infinitiv:* sich verlieben in + *Akkusativ*)

woran oder **an wem**

2. — _____Woran_____ arbeitete Goethe bis 1774?

— An *Die Leiden des jungen Werthers.* (*Infinitiv:* arbeiten an + *Dativ*)

Regel 3: Wie bei den *da*-Komposita braucht man ein **r** zwischen **wo** und der Präposition, wenn die Präposition mit einem Vokal beginnt; deswegen: **wofür** und **womit** aber **wo<u>r</u>an** und **wo<u>r</u>auf**.

Infinitiv	*wo*-Kompositum	Erklärung
sich interessieren für	wo + für = **wofür**	Die Präposition beginnt mit einem Konsonanten (**f**).
sich beschäftigen mit	wo + mit = **womit**	Die Präposition beginnt mit einem Konsonanten (**m**).
arbeiten an + *Dativ*	wo + r + an = **woran**	Die Präposition beginnt mit einem Vokal (**a**).
sich freuen auf + *Akkusativ*	wo + r + auf = **worauf**	Die Präposition beginnt mit einem Vokal (**a**).

:: b :: **Übung**   Setzen Sie *wo*-Komposita ein.

1. — _____Wofür_____ interessierte sich Goethe?

— Für Naturwissenschaften.

2. — _____Womit_____ beschäftigte sich Goethe von 1765 bis 1768?

— Mit seinem Jurastudium.

3. — _____Woran_____ arbeitete Goethe während seiner ersten Italienreise?

— An *Faust.*

4. — _____Worauf_____ freute sich Goethe 1789?

— Auf die Geburt seines Kindes.

:: 2 :: Zusammenfassung: Jeopardy!

Schreiben Sie Fragen zu den Antworten. Spielen Sie dann mit Ihrer Partnerin/Ihrem Partner „Jeopardy!"

Das Goethehaus in Frankfurt

BEISPIEL: *Wo wurde Goethe geboren?*

— Goethe wurde in Frankfurt am Main geboren. (*Infinitiv:* geboren werden)

1. Was/Wo studierte Goethe? _____?

— Goethe studierte in Leipzig Jura. (studieren)

2. In wen verliebte sich Goethe 1770? *oder* Wann verliebte sich Goethe in Friederike Brion? _____?

— Goethe verliebte sich 1770 in Friederike Brion. (sich verlieben in + *Akkusativ*)

3. Wozu lud der Herzog von Weimar Goethe ein? *oder* Wer lud Goethe zum Eintritt in den Staatsdienst ein? _____?

— Der Herzog von Weimar lud Goethe zum Eintritt in den Staatsdienst ein. (einladen zu)

4. Wann reiste Goethe nach Italien? *oder* Wohin reiste Goethe 1786? _____?

— 1786 reiste Goethe nach Italien. (reisen)

5. Woran arbeitete Goethe während seines Aufenthalts in Italien? _____? _____?

— Während seines Aufenthalts in Italien arbeitete Goethe an *Faust*. (arbeiten an + *Dativ*)

6. Wann wurde Goethes erster Sohn geboren? *oder* Wer wurde 1789 geboren? _____?

— 1789 wurde Goethes erster Sohn geboren. (geboren werden)

7. Woran nahm er 1792 teil? *oder* Wann nahm er an dem Feldzug in Frankreich teil? _____?

— Er nahm 1792 an dem Feldzug in Frankreich teil. (teilnehmen an + *Dativ*)

Erinnerung:
Benutzt man in einer Frage ein Verb ohne feste Präposition, so heißen die Fragewörter einfach **wo, wann, wie, warum** usw.

Übungsbuch
Einheit 1,
Teil D

8. Mit wem freundete er sich 1793 oder 1794 an? *oder* Wann freundete er sich mit Friedrich Schiller an?]

— 1793 oder 1794 freundete er sich mit Friedrich Schiller an. (sich anfreunden mit[1])

9. Wen heiratete er 1806? *oder* Wann heiratete er Christiane Vulpius?

— 1806 heiratete er Christiane Vulpius. (heiraten)

STRUKTUREN Verben und verwandte Nomen

Verbformen im Präteritum und Perfekt In der Tabelle finden Sie Verben in der Infinitivform. Suchen Sie die passenden Nomen aus der Chronologie in Aufgabe 1 heraus und notieren Sie auch alle Verbformen im Präteritum und Perfekt. Arbeiten Sie mit einer Partnerin/einem Partner zusammen. Verbformen, die Sie nicht kennen, erfahren Sie von Ihrer Lehrerin/Ihrem Lehrer. Schreiben Sie, wenn Sie können, den Artikel zu jedem Nomen.

Nomen	Verb: Infinitiv	Verb: Präteritum	Verb: Perfekt
das Studium	studieren	*studierte*	*hat … studiert*
der Abschluss	abschließen	*schloss … ab*	*hat … abgeschlossen*
die Liebe	lieben;	liebte	hat … geliebt
	sich verlieben in + *Akk.*	verliebte sich	hat sich … verliebt
die Fertigstellung	fertigstellen	stellte … fertig	hat … fertiggestellt
die Einladung	einladen zu	*lud … (zu) … ein*	hat … (zu) … eingeladen
der Eintritt	eintreten	trat … ein	ist … eingetreten
die Verleihung	verleihen	*verlieh*	*hat … verliehen*
die Reise	reisen	reiste	ist … gereist
die Arbeit	arbeiten an + *Dativ*	arbeitete	hat … gearbeitet
die Begegnung	begegnen + *Dativ*	begegnete	*ist … begegnet*
die Geburt	geboren werden	*wurde … geboren*	*ist … geboren worden*
die Leitung	leiten	leitete	hat … geleitet
die Teilnahme	teilnehmen an + *Dativ*	nahm … teil	hat … teilgenommen
der Beginn	beginnen	begann	hat … begonnen
die Heirat	heiraten	heiratete	hat … geheiratet
der Tod	sterben	starb	*ist … gestorben*

:: 3 :: Schreiben

Schreiben Sie Goethes Biografie im Präteritum. Beginnen Sie so:

Johann Wolfgang von Goethe wurde am 28.08.1749 in Frankfurt am Main geboren. Von 1765 bis 1768 …

---

[1]**sich anfreunden mit** eine Freundschaft mit … beginnen

E Der Mond

Der Mond übte auf die Menschen der damaligen Zeit eine große Faszination aus. So haben sich sowohl Caspar David Friedrich als auch andere Maler der Romantik mit dem Thema in vielen Bildern beschäftigt. Auch in deutschen Gedichten und Liedern wird der mystische Aspekt des Mondes oft thematisiert.

Ein Bild von Caspar David Friedrich

∷ 1 ∷ Bildbetrachtung

Arbeiten Sie mit einer Partnerin/einem Partner an den folgenden Aufgaben. Das Bild finden Sie auf der nächsten Seite.

∷ a ∷ **Bilddiktat**   Eine Person schaut das Bild an und liest die Redemittel, die andere macht das Buch zu. Die Person, die das Bild sieht, beschreibt es der Partnerin/dem Partner und die/der zeichnet es. Sie müssen also sehr genau formulieren und Ihre Partnerin/Ihren Partner kontrollieren und korrigieren.

> Redemittel und Wortschatz
>
> Auf dem Bild ist/sind/sieht man …
> Vorne/Hinten ist …
> Im Vordergrund/Im Hintergrund ist …
> In der Bildmitte …
> Auf der rechten/linken Seite des Bildes …
> Davor/Dahinter/Daneben/Darüber …
> Rechts/Links von …
> der Mond (Vollmond, Neumond, Halbmond)
> der Felsen, -
> die Wurzel, -n
> der Nadelbaum, Nadelbäume
> der Laubbaum, Laubbäume

∷ b ∷ **Dialog schreiben**   Schreiben Sie einen Dialog zwischen den beiden Männern.

Abschnitt E eignet sich für Lernergruppen, die gern kreativ arbeiten und sich gern mit Kunst und Literatur beschäftigen. Der Teil kann bei Zeitmangel leicht weggelassen werden, da keine Grammatik eingeführt oder wiederholt wird.

Friedrich, Caspar David (1774–1840), *Zwei Männer in Betrachtung des Mondes*, ca. 1819–1820.

⋮⋮ 2 ⋮⋮ Das Bild deuten

Caspar David Friedrich nannte dieses Bild „Zwei Männer in Betrachtung des Mondes." Diskutieren Sie die folgenden Fragen mit Ihrer Partnerin/Ihrem Partner. Beantworten Sie dann die Fragen schriftlich.

- Welche Bedeutung hatte wohl der Mond für die Menschen der damaligen Zeit? Wie ist das heute?

- Wie stellt Friedrich die Bäume und den Himmel dar?

- Was ist der Mittelpunkt des Bildes?

- Welche Farben verwendet der Künstler?

- Wie ist die Atmosphäre in dem Bild?

- Was drückt das Bild für Sie aus?

Die Studierenden sollen möglichst frei assoziieren. Es geht um den spontanen Ausdruck. Um die Studenten zum Sprechen zu motivieren ist es angebracht zu erwähnen, dass jede Interpretation legitim ist, solange sie erklärt und begründet werden kann. Mögliche Sätze wären: Der Mond war etwas Mystisches, etwas Unerklärbares. Heute haben wir viel mehr wissenschaftliche Information. Der Himmel ist rötlich, orange, nicht schwarz, weil das Mondlicht eine so große Kraft hat. Die Atmosphäre ist mystisch und geheimnisvoll. Die Bäume sind kahl, ein Baum ist sogar entwurzelt. Die Wurzeln haben eine bizarre Form. Im Mittelpunkt ist der Mond. Die Menschen stehen abseits mit dem Rücken zum Betrachter, sie betrachten den Mond. Sie selbst sind nicht so wichtig wie die Natur.

Abendlied

Bevor Sie mit der ersten Strophe des Gedichtes „Abendlied" arbeiten, lesen Sie einige Informationen über den Dichter Matthias Claudius. Finden Sie heraus, welche Art von Lyrik für ihn typisch ist.

Lesen • Detailverständnis

:: 3 :: Die erste Strophe lesen

:: a :: Lesen Sie die erste Strophe. Was beschreibt Claudius?

Das vollständige Gedicht befindet sich im Anhang des Buches.

ABENDLIED

Der Mond ist aufgegangen,
Die goldnen Sternlein prangen[1]
Am Himmel hell und klar;
Der Wald steht schwarz und schweiget[2],
5 Und aus den Wiesen[3] steiget
Der weiße Nebel wunderbar.

[1]**prangen** hell scheinen, leuchten [2]**schweigen** nicht sprechen, still sein [3]**die Wiese** großes Areal, auf dem Gras wächst

Matthias Claudius, *Abendlied.*

:: b :: **Detailverständnis** Versuchen Sie das Landschaftsbild zu zeichnen. Falls Sie Farbstifte haben, arbeiten Sie auch mit Farben.

:: 4 :: Weitere Strophen des Gedichtes lesen

Lesen Sie zwei weitere Strophen und beantworten Sie jeweils die Fragen.

In der zweiten Strophe spricht Claudius über den Mond. Was meint er mit: „Er ist nur halb zu sehen und ist doch rund und schön."? Womit vergleicht er dieses Bild?

Seht ihr den Mond dort stehen? –
Er ist nur halb zu sehen
Und ist doch rund und schön.
10 So sind wohl manche Sachen,

Die wir getrost[3] belachen[4],
Weil unsre Augen sie nicht sehn.

[3]**getrost** ohne etwas fürchten zu müssen [4]**belachen** sich über etwas lustig machen

Wozu fordert Claudius die Menschen in der letzten Strophe auf?

So legt euch denn, ihr Brüder,
In Gottes Namen nieder
15 Kalt ist der Abendhauch[5];
Verschon[6] uns Gott mit Strafen
Und laß uns ruhig schlafen
Und unsern kranken Nachbarn auch.

—von Matthias Claudius

[5]**der Abendhauch** leichter Abendwind [6]**jemanden verschonen** jemandem nichts Böses tun

Übungsbuch
Einheit 1,
Teil E

:: 5 :: Elemente aus der Natur deuten

Matthias Claudius verwendet in seinem Gedicht Elemente aus der Natur: den Mond, die Sternlein, den Himmel, den Wald, die Wiese, den Nebel, den Abendhauch. Überlegen Sie, was diese Elemente symbolisieren könnten. Welche Bedeutung haben sie?

Element der Natur	Symbol für ...
der Nebel	*das, was man nicht klar sehen kann; das Unerklärbare.*
_____	_____
_____	_____
_____	_____
_____	_____

:: 6 :: Weiterführende Fragen

Besprechen Sie die Fragen mit einer Partnerin/einem Partner.

- Welche Bitte drückt der Autor aus und welche Stimmung wählt er dafür?

- Claudius schrieb sein Gedicht an den Mond. Es zeigt eine große Faszination für die Nacht. Wie erklären Sie sich das?

Hören

Track 4

:: 7 :: Hören des Gedichtes

Das Gedicht wurde von Johann Abraham Peter Schulz (1747–1800) vertont. Inzwischen wurde es zu einem Volkslied. Hören Sie jetzt das Lied und achten Sie auf die Melodie. Wie würden Sie sie charakterisieren? Passt die Melodie Ihrer Meinung nach zu dem Text?

Das Lied befindet sich auf der *Anders gedacht Instructor's Audio CD.*

:: 8 :: Schreiben

Wählen Sie eins der zwei Themen und schreiben Sie einen Aufsatz darüber. Denken Sie daran, dass Ihr Text eine Einleitung, einen Hauptteil und einen Schluss haben sollte. Gehen Sie im Hauptteil auf die Fragen ein. Die Satzanfänge im Kasten können Ihnen helfen.

Thema A Wählen Sie ein deutschsprachiges Gedicht aus, das Ihnen besonders gut gefällt.

- Wovon erzählt das Gedicht?

- Warum gefällt Ihnen das Gedicht?

- Woran denken Sie, wenn Sie dieses Gedicht lesen?

- Was wissen Sie über den Autor des Gedichtes?

Schreibmittel

> Es scheint mir …
> Ich bin der Meinung, dass …
> Meiner Ansicht nach …
> Für mich bedeutet …

Thema B Reflektieren Sie über den Mythos Wald.

- Was bedeutet der Wald für die Deutschen? (Beschäftigen Sie sich mit den Gedichten, die Sie gelesen haben.)

- Welche Parallelen könnten zwischen dem Wald und den Deutschen gezogen werden?

- Gibt es Symbole, die eine nationale Identität für Ihr Land darstellen?

© Steve Smith/Shutterstock.com

Deutschland besteht zu fast einem Drittel aus Wald.

Grundwortschatz

:: VERBEN

komponieren: er/sie/es komponiert, komponierte, hat ... komponiert	to compose
malen: er/sie/es malt, malte, hat ... gemalt	to paint
sich reimen: es reimt sich, reimte sich, hat sich ... gereimt	to rhyme
sterben: er/sie/es stirbt, starb, ist ... gestorben	to die
wandern: er/sie/es wandert, wanderte, ist ... gewandert	to hike
zeichnen: er/sie/es zeichnet, zeichnete, hat ... gezeichnet	to draw, sketch

:: NOMEN

die Aufklärung	the Enlightenment
der Dichter, -	poet
die Erfahrung, -en	experience
das Gedicht, -e	poem
das Gemälde, -	painting
der Komponist, -en	composer
das Konzert, -e	concert; concerto
die Landschaft, -en	landscape, countryside
der Maler, -	painter
das Märchen, -	fairy tale
der Mond, -e	moon
die Natur	nature
die Oper, -n	opera
der Reim, -e	rhyme
die Romantik	Romanticism
der Schriftsteller, -	writer
die Stimmung	atmosphere
die Strophe, -n	stanza
der Sturm und Drang	Storm and Stress (*German literary movement*)
der Wald, die Wälder	forest
die Wiese, -n	meadow
die Zeichnung, -en	drawing, sketch
die Zeile, -n	line (*of a text*)

:: ADJEKTIVE UND ADVERBIEN

froh	happy/happily, glad(ly), cheerful(ly)
furchtbar	awful(ly), terrible/terribly
gefährlich	dangerous(ly)
hell	light, bright(ly)
hungrig	hungry/hungrily
klar	clear(ly)
ruhig	quiet(ly), peaceful(ly), calm(ly)
rund	round
traurig	sad(ly)
wunderbar	wonderful(ly)

:: ANDERE AUSDRÜCKE

Erfahrungen machen/sammeln	to learn by experience; to gain experience

Grüne Politik und andere Politik

UMWELTBEWUSSTSEIN UND ATOMAUSSTIEG

:: ABSCHNITTE

A Umweltbewusstsein
B Grüne, rote, schwarze, gelbe Politik
C Cem Özdemir
D Atomkraft? Nein, danke!

:: TEXTE

- Drei Texte zum Thema umweltfreundliche Mobilität
  A. Mobility CarSharing – Schweiz
  B. Citybike Wien – das Gratis-Stadtrad in Wien
  C. Berlin, Hannover und Köln verbannen „Dreckschleudern"
- Bundestag stimmt für schwarz-gelben Atomausstieg - Zum Schluss wollen es alle gewesen sein

:: PORTRÄT

- Cem Özdemir

:: INTERNET-AKTIVITÄTEN

- Grüne Themen
- Die Grünen in Deutschland, in der Schweiz und in Österreich
- Andere Parteien in der Schweiz, in Deutschland und in Österreich und ihre Ziele
- Aktuelle Regierungen in den drei deutschsprachigen Ländern
- Porträt: Angela Merkel
- Erneuerbare Energien
- Elektroautos
- Atomkraft in Österreich und der Schweiz

:: SPRACHLICHE STRUKTUREN

- Genitiv
- Perfekt
- Futur
- Präpositionen mit Genitiv: **während**, **trotz**, **wegen** und **statt/anstatt**

:: STRATEGIEN

- Strategien für das Halten von Referaten

:: SCHREIBSTRATEGIEN

- Vor- und Nachteile abwägen
- Die eigene Meinung äußern

:: IN DIESER EINHEIT

Die Liebe zu Natur und Umwelt[1] hat in Deutschland und auch in den anderen deutschsprachigen Ländern Tradition. Sie werden sich in dieser Einheit sowohl mit den Grünen als auch mit den übrigen Parteien beschäftigen. Am Ende der Einheit werden Sie den deutschen Ausstieg aus der Atomkraft als parteiübergreifendes Projekt kennenlernen.

Umweltfreundlich mobil:
mit dem Fahrrad durch die Innenstadt

---

[1]**die Umwelt** Menschen, Städte, Natur

2

EINHEIT

EINHEIT

Einstimmung auf das Thema

 Vorwissen sammeln Diskutieren Sie mit Ihren Kommilitoninnen/
Kommilitonen in Gruppen zu dritt oder zu viert und tauschen Sie Ihre
persönlichen Erfahrungen aus.

a. Was haben Sie über den Umweltschutz in den deutschsprachigen
Ländern Deutschland, Österreich und der Schweiz gehört oder sogar
schon bei einem Aufenthalt in diesen Ländern miterlebt? Notieren Sie
im Kasten.

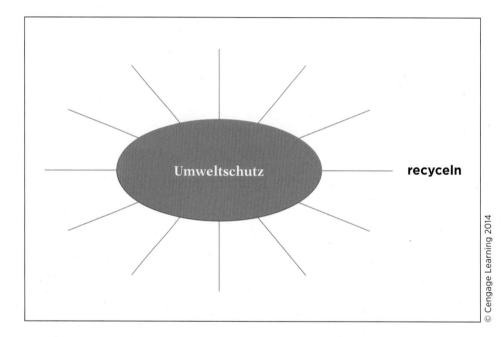

b. Was tun Sie persönlich für den Umweltschutz? Erzählen Sie von Ihren
Erfahrungen. Machen Sie sich vorher Notizen.

_____

_____

_____

_____

_____

Umweltbewusstsein

ABSCHNITT

In diesem Abschnitt beschäftigen Sie sich mit unterschiedlichen Projekten in den deutschsprachigen Ländern, die zum Schutz der Umwelt beitragen.

Drei Texte zum Thema umweltfreundliche Mobilität

Lesen • Selektives Lesen

 :: 1 :: Mit drei Texten arbeiten

Arbeiten Sie in drei Gruppen. Jede Gruppe übernimmt einen der drei Texte A–C und macht die entsprechenden Aufgaben.

A. Mobility CarSharing – Schweiz

B. Citybike Wien – das Gratis-Stadtrad in Wien

C. Berlin, Hannover und Köln verbannen „Dreckschleudern"

Stellen Sie vor dem Lesen anhand der Überschriften Hypothesen zum Inhalt des gewählten Textes auf. Markieren Sie beim Lesen die Schlüsselwörter.

_____

_____

_____

_____

_____

_____

_____

:: a :: **Text A lesen**   Lesen Sie die Fragen. Lesen Sie dann den Text „Mobility CarSharing – Schweiz" und beantworten Sie die Fragen in der Gruppe.

1. Was ist CarSharing?

    CarSharing bedeutet, dass man ein Auto benutzt, das man nicht selbst besitzt; man teilt sich Autos mit

    anderen Leuten.

2. Mit wie vielen Autos und Mitgliedern hat „Mobility" begonnen? Wie groß ist das Unternehmen heute?

    Mobility CarSharing hat mit einem Auto und acht Personen begonnen. Im Juni 2008 hatte Mobility

    80.000 Kunden.

3. Was ist der Unterschied zwischen CarSharing und einer Autovermietung wie Hertz oder Avis?

    Das CarSharing-System ist flexibler: Man zahlt einen jährlichen Beitrag und kann dann kurzfristig ein

    Auto auch nur für eine Stunde haben.

(A) MOBILITY CARSHARING – SCHWEIZ

© Morgan Lane Photography/
Shutterstock.com

Wochenendausflug – nicht unbedingt mit dem eigenen Auto

Sie möchten einmal ein Auto mieten, auch nur stundenweise? Sie brauchen ab und zu oder regelmässig ein Fahrzeug[1]? Sie benötigen ein Fahrzeug für längere
5 Zeit – mindestens aber für einen Monat? Heute verlangt das Leben Mobilität und Flexibilität. Dies bedeutet aber längst nicht mehr, sich an ein eigenes Auto zu binden. CarSharing macht es möglich,
10 ein Auto rund um die Uhr mit all seinen Vorteilen[2] zu nutzen und dabei die finanziellen Nachteile[3] auszusparen. Erleben auch Sie die intelligente Art Auto zu fahren.

15 Mobility stellt Ihnen 2.200 Fahrzeuge an 1.100 Standorten in der ganzen Schweiz zur Verfügung und dies während 24 Stunden am Tag! Die Tarife basieren auf Stunden und Kilometern.
20 Im Preis ist alles inbegriffen: Benzin, Service, Reparaturen, Versicherung, Administration, Vignette[4], Parkplatzmiete und MWST[5]. Alle Fahrzeuge sind bis unmittelbar vor der
25 Fahrt für eine Stunde bis zu mehreren Wochen reservierbar, ganz bequem per Telefon oder Internet.

Angefangen hatte alles am 13. Mai 1987. Acht Personen gründeten die AutoTeilet
30 Genossenschaft: Sie teilten sich ein Auto. Im Juni 2008 begrüßte Mobility den 80.000. Kunden.

Quelle: http://www.mobility.ch

---

[1] **das Fahrzeug** *hier:* das Auto   [2] **der Vorteil** positiver Aspekt
[3] **der Nachteil** negativer Aspekt   [4] **die Vignette** ein Aufkleber
(in der Schweiz braucht man einen Aufkleber am Auto, für den man bezahlen muss, wenn man die Autobahn benutzen will)
[5] **MWST** die Mehrwertsteuer

Mobility Car Sharing, www.mobility.ch

:: b :: **Text B lesen** Lesen Sie die Fragen. Lesen Sie dann den Text „Citybike Wien – das Gratis-Stadtrad in Wien" und beantworten Sie die Fragen in der Gruppe.

1. Was ist das Citybike? Wo kann man es nutzen?

   Das Citybike ist ein Fahrrad, das man in Wien kostenlos für die erste Stunde benutzen kann. Danach muss

   man bezahlen.

2. Wo und wann kann man das Citybike ausleihen und wieder zurückgeben?

   Die Citybikes können rund um die Uhr an über 100 Stationen im Stadtgebiet von Wien ausgeliehen und

   wieder zurückgegeben werden.

3. Für welche Situationen ist das Citybike gedacht?

   Das Citybike ist eine Ergänzung zu den öffentlichen Verkehrsmitteln und nur für kurze Strecken gedacht.

(B) CITYBIKE WIEN – DAS GRATIS-STADTRAD IN WIEN

Courtesy Citybike Wien

Citybike-Station in Wien

Das Citybike Wien ist ein innovatives und umweltfreundliches öffentliches Verkehrsmittel[1] und kein traditioneller Radverleih. Um das Angebot von
5 Citybike Wien nutzen zu können, ist eine einmalige Anmeldung[2] erforderlich – via Internet oder direkt am Citybike-Terminal. Die Anmeldung ist mittels MAESTRO Card (Bankomatkarte) eines
10 österreichischen Bankinstituts sowie mit einer VISA, MasterCard oder JCB Kreditkarte möglich. Nach erfolgter Anmeldung können Sie sofort ein Rad entlehnen[3]. Die jeweils erste Stunde
15 fahren Sie mit dem Citybike gratis. Jede weitere Stunde ist kostenpflichtig. Die Räder können an über 100 Bikestationen in ganz Wien entlehnt werden. Die Rückgabe ist an jeder beliebigen Station
20 möglich, unabhängig davon, wo die Fahrt begonnen wurde. Und das 24 Stunden lang, 7 Tage die Woche. Also mobil sein, wann immer Sie wollen.

Beachten Sie bitte: Unser Citybike
25 ist eine Ergänzung[4] zu öffentlichen Verkehrsmitteln und ist nicht für die Nutzung über einen längeren Zeitraum gedacht. Wenn Sie das Rad nicht mehr benötigen, retournieren Sie es in Ihrem
30 eigenen Interesse umgehend bei einem Citybike-Terminal. Für Ihre Fragen steht Ihnen das Citybike Wien-Team unter kontakt@citybikewien.at gerne zur Verfügung.

Quelle: www.citybikewien.at

[1]**das öffentliche Verkehrsmittel** z.B. Bus, Zug, Straßenbahn
[2]**die Anmeldung** die Registrierung   [3]**entlehnen** ausleihen
[4]**die Ergänzung** das Supplement

:: C :: **Text C lesen**   Lesen Sie die Fragen. Lesen Sie dann den Text „Berlin, Hannover und Köln verbannen ‚Dreckschleudern'" und beantworten Sie die Fragen in der Gruppe.

1. Wer braucht eine Umweltplakette?

   Leute, die mit ihren Fahrzeugen in die Innenstädte z.B. von Berlin oder Köln fahren wollen, brauchen eine

   Umweltplakette.

2. Welches Ziel hat die Umweltplakette?

   Das Ziel der Umweltplakette ist es, den Feinstaub in den Innenstädten zu reduzieren.

3. Welche Kategorien gibt es?

   Es gibt drei Kategorien: grün für die saubersten Fahrzeuge, gelb und rot. Fahrzeuge, die zu viele

   Schadstoffe ausstoßen, können keine Plakette bekommen.

(C) BERLIN, HANNOVER UND KÖLN VERBANNEN „DRECKSCHLEUDERN[1]"

© AP Photo/Thomas Kienzle

Umweltplaketten

Mehrere [deutsche] Städte haben Umweltzonen mit Fahrverboten für abgasreiche[2] Autos eingerichtet, um den Feinstaub[3] in der Luft zu reduzieren.
5 Damit dürfen nur noch Fahrzeuge mit Umweltplakette[4] mitten in die Städte fahren. Wer ohne Aufkleber in einer Umweltzone erwischt wird, muss 40 Euro zahlen.

10 Den Anfang bei der Einführung der Umweltzonen mach[t]en Berlin, Hannover und Köln. Seit Neujahr 2008 gibt es dort im Innenstadtbereich Umweltzonen.

Die Schadstoffplaketten sind für fünf bis
15 zehn Euro [...] erhältlich. Die Aufkleber sind farblich nach Schadstoffgruppen gestaffelt: von grün für die saubersten Wagen ab der Abgasnorm Euro 4, über gelb für Euro 3 bis zu rot für
20 Autos, die nur die Normen Euro 2 und Euro 1 erfüllen. Keine Plakette zugeteilt bekommen alle Fahrzeuge der sogenannten Schadstoffklasse 1. Im Laufe der Jahre wollen die Städte dann
25 sukzessive den Zugang einschränken, sodass letztlich nur noch Autos mit einer grünen Plakette in den Umweltzonen fahren dürfen.

Quelle: http://www.tagesschau.de

---

[1]**die Dreckschleuder** *(ugs.)* Auto mit hohen CO_2-Emissionen (Dreck=Schmutz, schleudern=werfen) [2]**abgasreich** mit viel CO_2-Ausstoß [3]**der Feinstaub** der Teil der Emissionen, den man einatmen kann [4]**die Plakette** der Aufkleber, der Sticker

:: 2 :: Texte präsentieren

Beschäftigen Sie sich weiterhin mit Ihrem Text aus Aufgabe 1.

 :: a :: **Präsentation vorbereiten** Was steht in dem Text, den Sie in Aufgabe 1 gelesen haben? Bereiten Sie eine Präsentation vor. Bilden Sie dazu 2–3 Sätze mit **um ... zu**, **damit** oder **weil**. In dem Kasten finden Sie Wörter, die Ihnen helfen.

Übungsbuch
Einheit 2,
Teil A

Wortschatz*

reduzieren	verringern[1]
umweltfreundlich/umweltbewusst	der Verkehr
umweltbewusst handeln	die Emission/der Schadstoffausstoß
die Umwelt schützen/schonen	öffentliche Verkehrsmittel (benutzen)

*Alle Verben in diesem Kasten brauchen den Akkusativ. [1]**verringern** reduzieren

BEISPIEL: In der Schweiz haben viele Leute kein eigenes Auto, weil es ein gutes CarSharing-System gibt.

:: b :: **Informationen austauschen** Berichten Sie jetzt in der Klasse von dem Text, den Sie gelesen haben. Schreiben Sie eine Vokabelliste für Ihre Kommilitoninnen/Kommilitonen an die Tafel.

:: 3 :: Von anderen grünen Ideen berichten

Berichten Sie von Maßnahmen oder Projekten in Ihrem Land, die getroffen wurden, um den Verkehr zu reduzieren, den CO_2-Ausstoß zu verringern oder die Luft zu verbessern.

Mit dem Fahrrad ins Büro

© StockLite/Shutterstock.com

Mögliche Antworten zu Aufg. 2: Text A: In der Schweiz nehmen viele Leute am CarSharing-System teil, weil sie so kein eigenes Auto brauchen. 1987 begannen acht Leute in der Schweiz mit CarSharing, um kein eigenes Auto kaufen zu müssen. Die Menschen machen vielleicht auch deshalb CarSharing, damit die Umwelt geschont wird. Text B: Es gibt das Citybike, damit alle Teile der Stadt ohne Auto erreichbar sind. Die Stadt Wien hat in die Citybikes investiert, um den Verkehr in der Innenstadt zu reduzieren. Man muss sich vor der Benutzung des Citybikes anmelden, weil die Leute die Fahrräder sonst behalten würden. Text C: In Berlin braucht man eine Umweltplakette, um mit dem Auto ins Zentrum fahren zu dürfen. Die Stadt Berlin hat die Umweltplakette eingeführt, damit der Feinstaub in der Luft reduziert wird. Viele Menschen in Berlin und anderen Städten müssen die öffentlichen Verkehrsmittel benutzen, weil sie nicht mehr mit ihrem Auto ins Zentrum fahren dürfen.

B Grüne, rote, schwarze, gelbe Politik

ABSCHNITT

Politische Ziele der Grünen in Deutschland

„Bündnis 90/Die Grünen" ist eine politische Partei, die aus zwei früheren Gruppen hervorgegangen ist: Bündnis 90 und Die Grünen.

Das Logo von Bündnis 90/Die Grünen

line Logo und Kampagne von 2002"/Bundis 90 / Die Grunen Thuringen and Zum goldenen Hirschen Berlin

:: 1 :: Hypothesen aufstellen

Überlegen Sie, welche politischen Ziele die Partei haben könnte. Leiten Sie aus dem Namen der Partei ihr wichtigstes politisches Ziel ab. Sehen Sie sich auch das Poster und das Logo der Grünen an.

Redemittel

> Das wichtigste Ziel der Partei „Bündnis 90/Die Grünen" ist wohl ...
> Ihr wichtigstes Ziel scheint ... zu sein.
> Mir scheint, dass das wichtigste Ziel der Grünen ... ist.

grün 2020
wir denken bis übermorgen!

Logo und Kampagne von 2002"/Bundis 90 / Die Grunen Thuringen and Zum goldenen Hirschen Berlin

:: 2 :: Themen und Slogans zuordnen

Unten sind einige Themen der Grünen aufgelistet.

:: a :: Lesen Sie die Themen (1–6) und sehen Sie sich dann die sechs
Slogans (a–f) an.

· Welcher Slogan passt zu welchem Thema? Notieren Sie.

· Versuchen Sie die Slogans zu erklären. Besprechen Sie Ihre Vermutungen
im Plenum.

__b__ 1. Globalisierung   __c__ 4. Frauenpolitik

__e__ 2. Einwanderung   __f__ 5. Bildung

__a__ 3. Energie   __d__ 6. Kinder

Slogan a. _____

Slogan b. _____

Slogan c. _____

Slogan d. _____

Slogan e. _____

Slogan f. _____

:: b :: Gehen Sie auf die Homepage der Grünen in Deutschland. (Googeln Sie „die Grünen".) Lesen Sie unter *Themen von A-Z* nach, was die Ansichten der Partei zu den Themen in **a.** sind und fassen Sie sie in 2–3 Sätzen zusammen. Haben Sie die Slogans richtig interpretiert? Vergleichen Sie im Kurs.

Übungsbuch
Einheit 2,
Teil B

STRUKTUREN Genitiv

Artikel und Endungen des Nomens im Genitiv:

	maskulin	**feminin**	**neutrum**	**Plural**
Artikel	des	der	des	der
Endungen	-(e)s	–	-(e)s	–

Übung Ergänzen Sie die Sätze. Wählen Sie dazu das jeweils passende Nomen aus dem Kasten.

Die Grünen wollen…

1. die Ausbildung _____ *der* _____ *Schüler* _____ verbessern.

2. die Integration __der Ausländer__ unterstützen[1].

3. für ein Umdenken __der Bürger__ beim Thema Energie sorgen.

4. die Gleichberechtigung[2] __der Frauen__ verbessern.

5. die Qualität __des Essens__ erhöhen.

6. die Anzahl __der Arbeitsplätze__ im Bereich der erneuerbaren Energien erhöhen.

7. die Erwärmung __der Atmosphäre__ verhindern.

8. die Bedürfnisse[3] __der Kinder__ vertreten[4].

9. die Existenz __der Demokratie__ sichern.

10. für die Gerechtigkeit __der__ globalen __Wirtschaft__ sorgen.

Frauen (Pl.) das Essen Kinder (Pl.) die Wirtschaft ~~Schüler (Pl.)~~ die Demokratie die Atmosphäre Arbeitsplätze (Pl.) Ausländer (Pl.) Bürger (Pl.)

[1]**unterstützen** fördern, dabei helfen [2]**die Gleichberechtigung** wenn es keinen Unterschied zwischen Männern und Frauen gibt, z.B. auf dem Arbeitsmarkt [3]**das Bedürfnis** das, was jemand braucht [4]**vertreten** repräsentieren

:: 3 :: Arbeit mit dem Internet

Gehen Sie auf die Homepage der Grünen in Deutschland und suchen Sie sich unter *Themen von A-Z* ein weiteres Thema aus. Berichten Sie im Kurs von den Zielen der Partei. Bilden Sie Sätze mit dem Genitiv.

Projektarbeit

:: 4 :: Recherchieren

Tragen Sie Fakten über die Grünen in Ihrem Land zusammen. Bereiten Sie dann eine mündliche Präsentation vor. Gehen Sie auf die folgenden Fragen ein:

- Was sind die politischen Ziele der Grünen in Ihrem Land, in Ihrem Bundesstaat oder in Ihrer Stadt?

- Wie hoch ist ihr politischer Einfluss?

 :: 5 :: Mit dem Internet arbeiten

Recherchieren Sie folgendes im Internet und berichten Sie dann im Kurs:

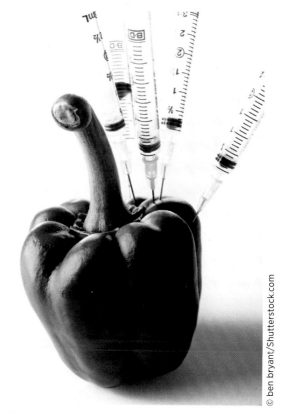

Die Grünen wollen die Risiken der Gentechnologie begrenzen: Sie wollen eine gentechnikfreie Landwirtschaft.

- Wie groß ist der politische Einfluss der Grünen in den Regierungen von Deutschland, der Schweiz und Österreich: Ist die Grüne Partei an einer Regierungskoalition beteiligt, in der Opposition oder gar nicht im Parlament vertreten?

- Recherchieren Sie, welche anderen Parteien es in den deutschsprachigen Ländern gibt und was ihre Ziele sind. Arbeiten Sie in Gruppen, d.h. eine Gruppe beschäftigt sich mit der Schweiz, eine mit Deutschland und eine mit Österreich. Sie können die Recherchearbeit innerhalb der Gruppen noch weiter aufteilen, sodass sich jede Person nur eine Partei ansieht. Tragen Sie Ihre Ergebnisse im Plenum zusammen.

- Wie setzen sich die aktuellen Regierungen in den drei deutschsprachigen Ländern zurzeit zusammen? Welche Parteien machen Oppositionsarbeit? Welche Parteien sind derzeit nicht im Parlament vertreten?

♟♟♟ :: 6 :: Eine eigene Partei gründen

Sie gründen jetzt in einer Gruppe eine eigene Partei. Wählen Sie mit Ihrer Gruppe eine politische Ausrichtung, die Sie interessiert, z.B. sozial, liberal, konservativ, links, religiös, grün usw. Wählen Sie vor der Gruppenarbeit gemeinsam im Plenum vier Themen aus, auf die Sie sich konzentrieren wollen. Dann gehen Sie in Ihrer Gruppe folgendermaßen vor:

1. Geben Sie Ihrer Partei einen Namen.

2. Entwerfen Sie ein Logo.

3. Schreiben Sie Slogans zu den vier Themen.

4. Schreiben Sie kurze Texte zu Ihren Slogans.

5. Erstellen Sie ein Poster.

Mögliche Themen
Einwanderung
Energie
Bildung
Frauenpolitik
Kinder
Klimaschutz/Umweltschutz
Globalisierung
Demokratie
...

♟♟ :: 7 :: Vorstellen der Parteien

Stellen Sie jetzt Ihre Parteien im Plenum vor.

♟♟♟ :: 8 :: Debatte

Sie sind nun Abgeordnete und halten eine Parlamentsdebatte zu den Themen aus Aufgabe 6 ab. Benutzen Sie folgende Redemittel:

© Alias Ching/Shutterstock.com

Ich bin der Meinung, dass ...	Sie haben recht, aber ...
Meiner Meinung nach ...	In dem Punkt stimme ich Ihnen zu, aber ...
Ich denke, dass ...	Ich bitte Sie!
Da bin ich anderer Meinung.	Das kann doch wohl nicht Ihr Ernst sein!
Das sehe ich völlig anders.	Wie wollen Sie das denn den
Wie meinen Sie das?	Wählerinnen und Wählern erklären?
Sind Sie da ganz sicher?	

Cem Özdemir

Lesen • Global- und Detailverständnis

 :: 1 :: Vorwissen sammeln

Beantworten Sie gemeinsam mit Ihrer Partnerin/Ihrem Partner die folgenden Fragen.

- Welche Grünen Politiker kennen Sie? Was wissen Sie über sie?
- Welche anderen deutschen Politiker kennen Sie? Was wissen Sie über sie?

 :: 2 :: Cem Özdemir kennenlernen

Lesen Sie Informationen über Cem Özdemir und schreiben Sie sie in den Lebenslauf auf Seite 77. Arbeiten Sie arbeitsteilig in Gruppen, d.h. Gruppe 1 beschäftigt sich mit Cem Özdemir als Privatperson (Familie, Ausbildung, was ihn ärgert), Gruppe 2 mit seinem Beruf und seinen Auslandserfahrungen und Gruppe 3 mit seinen Publikationen und Auszeichnungen.

CEM ÖZDEMIR

Familie

Cem Özdemir ist 1965 in Bad Urach (Baden-Württemberg) als Sohn türkischer Einwanderer geboren. Er ist verheiratet und hat zwei Kinder.

Ausbildung

Als Erzieher[1] ausgebildet, schloss er 1994 sein
5 Studium der Sozialpädagogik in Reutlingen ab.

Cem Özdemir mit Fritz Kuhn und Renate Künast auf einer Demonstration gegen Atommüll, 2008

© Christian Charisius / Reuters / Corbis

---

[1]**der Erzieher** eine Person, die mit Kindern arbeitet, z.B. als Kindergärtner

Beruf

1981 wurde er Mitglied der Partei Die Grünen (heute: Bündnis 90/Die Grünen). 1994 wurde Özdemir als erster Abgeordneter[2] türkischer Herkunft in den Deutschen Bundestag gewählt, dem er bis 2002 angehörte. Er arbeitete in dieser Zeit an der Reform des Staatsangehörigkeitsrechts[3] mit, das 2000 in Kraft trat. Von 2004 bis 2009 war Cem Özdemir Abgeordneter des Europäischen Parlaments (Die Grünen / Freie Europäische Allianz). Heute ist er Bundesvorsitzender von Bündnis 90/Die Grünen.

Auslandserfahrungen

Im Jahr 2003 war er als „Transatlantic Fellow" beim US-Think Tank „German Marshall Fund of the US" in Washington. In dieser Zeit beschäftigte er sich mit den transatlantischen Beziehungen und mit der politischen Selbstorganisation ethnischer Minderheiten in den USA und Europa.

Publikationen

Daneben ist Cem Özdemir auch publizistisch tätig. In seinem Buch „Currywurst und Döner – Integration in Deutschland" und seiner Autobiografie „Ich bin ein Inländer" spiegeln sich seine multikulturellen Erfahrungen in Deutschland wider. 2008 erschien sein Jugendbuch* „Die Türkei: Politik, Religion, Kultur".

Auszeichnungen[4]

Für seinen gesellschaftlichen Beitrag ist er vom World Economic Forum im Jahr 2002 zum „Global Leader for Tomorrow" ernannt worden. 1996 erhielt er die Theodor-Heuss-Medaille und den Civis Media-Preis für seine Integrationspolitik und seinen Einsatz für ein vorurteilsfreies[5] Zusammenleben von Deutschen und Migranten. 2009 verlieh ihm die türkische Universität Tunceli die Ehrendoktorwürde für sein Engagement für eine Verständigung der Kulturen.

Was ihn ärgert

Er mag es gar nicht, wenn das grandiose Komikerduo Laurel & Hardy hierzulande wenig schmeichelhaft als „Dick & Doof" bezeichnet wird.

Das amerikanische Komikerduo „Dick & Doof"

Quelle: www.oezdemir.de. Reprinted by permission of Cem Özdemir.

---

[2]**der Abgeordnete** der Parlamentarier   [3]**die Staatsangehörigkeit** die Nationalität   [4]**die Auszeichnung** ein Preis für etwas, das man gemacht hat   [5]**vorurteilsfrei: das Vorurteil** negative Meinung über eine Person, ohne diese zu kennen   *Das Buch ist für junge Leser geschrieben.

LEBENSLAUF

Familie

geboren: 1965 in: Bad Urach (Baden-Württemberg)

Familienstand: verheiratet

Kinder: zwei Kinder

Ausbildung

Ausbildung als: Erzieher

Studium: Sozialpädagogik

Was ihn ärgert

Er mag es nicht, wenn Laurel & Hardy in Deutschland als „Dick & Doof" bezeichnet werden.

Berufliche Stationen

1. Von 1994–2002 war er Abgeordneter im Deutschen Bundestag. In dieser Zeit hat er an der Reform des Staatsangehörigkeitsrechts mitgearbeitet, das 2000 in Kraft getreten ist.

2. Von 2004–2009 war er Abgeordneter des Europäischen Parlaments.

Heutige Position: Er ist Bundesvorsitzender von Bündnis 90/Die Grünen.

Auslandsaufenthalte

2003 war er als „Transatlantic Fellow" bei einem US-Think Tank in Washington.

Bücher

„Currywurst und Döner – Integration in Deutschland"

„Ich bin ein Inländer" (Autobiografie)

„Die Türkei: Politik, Religion, Kultur" (Jugendbuch, 2008)

Auszeichnungen

2002: als „Global Leader for Tomorrow" für seinen gesellschaftlichen Beitrag

1996: Theodor-Heuss-Medaille und Civis Media-Preis für seinen Einsatz für ein vorurteilsfreies Zusammenleben von Deutschen und Migranten

2009: Ehrendoktorwürde der türkischen Universität Tunceli für sein Engagement für eine Verständigung der Kulturen

STRUKTUREN Perfekt

Übungsbuch
Einheit 2,
Teil C

:: a :: **Übung** Bilden Sie gemeinsam das Perfekt zu folgenden Verben und formulieren Sie die Regeln:

BEISPIEL:

machen: *er/sie/es hat ... gemacht*

Regel: *Die meisten Verben brauchen im Perfekt das Hilfsverb „haben". Die Endung des Partizips Perfekt ist meistens -t.*

gehen: er/sie/es ist ... gegangen

Regel: Verben, die eine Bewegung ausdrücken, brauchen das Hilfsverb *sein*.

studieren: er/sie/es hat ... studiert

Regel: Verben, die auf *-ieren* enden, brauchen das Präfix *ge-* nicht und enden immer auf *-t*.

bekommen: er/sie/es hat ... bekommen

Regel: Verben mit untrennbarem Präfix brauchen das Präfix *ge-* nicht.

abschließen: er/sie/es hat ... abgeschlossen

Regel: Verben mit trennbarem Präfix setzen die Silbe *-ge-* zwischen das Präfix und das Grundverb.

· Wann benutzt man das Perfekt?

:: b :: **Übung** Bilden Sie Beispielsätze mit den Verben aus a.

    BEISPIEL: *Ich habe mit 18 Jahren meinen Schulabschluss gemacht.*

1. _____
2. _____
3. _____
4. _____

· An welchen Positionen stehen die beiden Teile des Perfekts?

c **Formen notieren** Notieren Sie die Präteritum- und die Perfekt-Formen der Verben in der Tabelle. Arbeiten Sie mit einer Partnerin/einem Partner.

Infinitiv	Präteritum	Perfekt
geboren werden	*wurde … geboren*	*ist … geboren (worden)**
(eine Ausbildung) machen	machte	hat … gemacht
studieren	studierte	hat … studiert
(Mitglied) werden	wurde	ist … geworden
arbeiten	arbeitete	hat … gearbeitet
sich beschäftigen mit	beschäftigte sich	hat sich … beschäftigt
schreiben	schrieb	hat … geschrieben
veröffentlichen	veröffentlichte	hat … veröffentlicht
(eine Auszeichnung) bekommen/erhalten	bekam, erhielt	hat … bekommen, hat … erhalten

*Meistens verwendet man **ist … geboren** statt **ist … geboren worden**.

:: 3 :: Informationen versprachlichen

Übungsbuch
Einheit 2,
Teil C

Teilen Sie Ihren Kommilitoninnen/Kommilitonen die Informationen über Cem Özdemir mit, die Sie mit Ihrer Gruppe erarbeitet haben. Benutzen Sie das Perfekt. Vervollständigen Sie den Lebenslauf mit den Informationen der anderen Gruppen.

BEISPIEL: Cem Özdemir **ist** 1965 in Bad Urach **geboren**. Er …

:: 4 :: Mit dem Internet arbeiten: Porträt von Angela Merkel

Suchen Sie im Internet Informationen über Angela Merkel. Entwerfen Sie ein ähnliches biografisches Porträt wie das für Cem Özdemir und stellen Sie es im Kurs vor.

Angela Merkel

© DanielW / Shutterstock.com

Mögliche Antworten: Er ist verheiratet und hat zwei Kinder. Er hat eine Ausbildung als Erzieher gemacht und Sozialpädagogik studiert. Er mag es nicht, wenn man Laurel & Hardy als „Dick & Doof" bezeichnet. 1981 ist er Mitglied der Grünen geworden. Von 1994–2002 war er Abgeordneter im Deutschen Bundestag. In dieser Zeit hat er an der Reform des Staatsangehörigkeitsrechts mitgearbeitet, das 2000 in Kraft trat. Von 2004–2009 war er Abgeordneter des Europäischen Parlaments. Heute ist er Bundesvorsitzender von Bündnis 90/Die Grünen. 2003 war er als „Transatlantic Fellow" bei einem US-Think Tank in Washington. Er hat sich schon immer viel mit dem Thema „Integration" beschäftigt. Er hat drei Bücher geschrieben, von denen er das letzte 2008 veröffentlicht hat. Er hat mehrere Auszeichnungen bekommen/erhalten, die unter anderem seine Integrationspolitik loben.

ŤŤ :: 5 :: Rollenspiel: Ein Interview machen

Für einen Tag sind Sie Cem Özdemir. Ein Journalist möchte Sie interviewen. Er hat Ihnen vorher die Fragen geschickt und Sie machen sich ein paar Notizen. Spielen Sie dann das Interview mit einer Partnerin/einem Partner.

a. „Guten Tag Herr Özdemir, wir danken Ihnen dafür, dass Sie sich für uns Zeit genommen haben. Könnten Sie unseren Leserinnen und Lesern vielleicht zuerst ein paar persönliche Informationen geben?"

_____

_____

_____

b. „Natürlich wissen das viele unserer Leser schon, aber könnten Sie trotzdem noch einmal Ihre Position zum Thema Umweltschutz erklären?"

_____

_____

_____

c. „Wie finden Sie Projekte wie das Wiener Citybike, die Umweltplakette oder das Konzept des CarSharing?"

_____

_____

_____

d. „Könnten Sie bitte noch einmal die Position Ihrer Partei zum Thema Atomkraft darstellen?"

_____

_____

_____

e. „Wie sehen Sie die politische Zukunft Ihrer Partei?"

_____

_____

_____

„Herr Özdemir, wir danken Ihnen für dieses Gespräch."

D

Atomkraft? Nein, danke!

Der Ausstieg aus der Atomkraft

:: 1 :: Hintergrundwissen aktivieren

Tragen Sie an der Tafel zusammen, was Sie über die Reaktorkatastrophe von Fukushima im März 2011 wissen.

:: 2 :: Erinnerungen zusammentragen

Wie haben die Menschen in Ihrem Land auf das Nuklearunglück von Fukushima reagiert? Tragen Sie im Plenum Ihre Reaktionen und die Reaktion von Freunden, Familie und Medien zusammen.

:: 3 :: Wortschatz

Lesen Sie unten im Kasten den Wortschatz aus dem Lesetext „Bundestag stimmt für schwarz-gelben Atomausstieg – Zum Schluss wollen es alle gewesen sein". Ordnen Sie jedem Wort auf der linken Seite eine Erklärung von der rechten Seite zu.

Wortschatz	Erklärungen
a. verzichten auf + *Akk*. _3_	1. Technologie, die nur für eine bestimmte Zeit genutzt werden soll
b. besiegeln _10_	2. emotional
c. vom Netz gehen _5_	3. nicht benutzen
d. der Kurswechsel _9_	4. regenerative Energien, z.B. Windenergie, Wasserkraft, Sonnenenergie
e. die Laufzeit, -en _8_	5. abschalten
f. hitzig _2_	6. schwarz-braunes Gestein, das durch Karbonisierung von Pflanzenresten entsteht
g. erneuerbare Energien _4_	7. gleichzeitige Gewinnung von mechanischer Energie und Wärme zum Heizen
h. die Kohle _6_	8. die Zeitspanne, in der ein System aktiv ist
i. die Brückentechnologie _1_	9. die Meinungsänderung
j. die Kraft-Wärme-Kopplung _7_	10. beschließen

Lesen • Global- und Detailverständnis

:: 4 :: Hypothesen zum Inhalt des Textes aufstellen

Stellen Sie Hypothesen zum Inhalt des Textes „Bundestag stimmt für schwarz-gelben Atomausstieg – Zum Schluss wollen es alle gewesen sein" auf.

:: 5 :: Die deutsche Reaktion auf Fukushima

Lesen Sie zuerst die Fragen und anschließend den Text „Bundestag stimmt für schwarz-gelben Atomausstieg – Zum Schluss wollen es alle gewesen sein". Markieren Sie beim Lesen die Schlüsselwörter. Beantworten Sie nach dem Lesen die Fragen schriftlich in ganzen Sätzen.

a. Wie war die Reaktion der deutschen Bundesregierung auf Fukushima? Fassen Sie die Reaktion in einem Satz zusammen.

Die deutsche Reaktion auf Fukushima war der Beschluss des Atomausstiegs.

b. Wann soll das letzte Atomkraftwerk (AKW) spätestens abgeschaltet werden?

Spätestens im Jahr 2022 soll das letzte AKW abgeschaltet werden.

c. Warum ist der Ausstieg aus der Atomkraft für die schwarz-gelbe Regierung ein beispielloser Kurswechsel?

Weil sie im Herbst 2010 den rot-grünen Ausstieg rückgängig machte und die Laufzeiten aller Atomkraftwerke verlängerte.

d. Warum behauptet SPD-Chef Sigmar Gabriel, dass es der Ausstieg der rot-grünen Koalition ist?

Der Atomausstieg war schon im Jahr 2000 von der rot-grünen Regierung beschlossen worden.

e. Wie sind die Grünen entstanden?

Die Grünen sind aus der Anti-Atomkraft-Bewegung der 70er Jahre entstanden.

f. Wodurch soll der Atomstrom ersetzt werden?

Die Atomkraft soll vorübergehend durch Gas und Kohle ersetzt werden, langfristig durch erneuerbare Energien und Kraft-Wärme-Kopplung.

g. Wie will die Bundesregierung Energie sparen?

Durch Modernisierung von Gebäuden und energieeffiziente Elektrogeräte.

BUNDESTAG STIMMT FÜR SCHWARZ-GELBEN ATOMAUSSTIEG - ZUM SCHLUSS WOLLEN ES ALLE GEWESEN SEIN

© Thorsten Schier/Shutterstock.com
© Yuliyan Velchev/Shutterstock.com

Die Katastrophe von Fukushima führte in der schwarz-gelben[1]
Bundesregierung zum Umdenken[2]: Deutschland will nun endgültig
auf Kernenergie verzichten. Der Bundestag hat den Abschied von der
Atomkraft besiegelt[3], der Fahrplan für den Ausstieg steht: Das letzte
5 Kraftwerk soll spätestens 2022 vom Netz gehen.*

Mehr als 30 Jahre hat die Anti-Atomkraftbewegung für den Ausstieg
gekämpft, gut 100 Tage nach der Atomkatastrophe von Fukushima
[am 11. März 2011] ist es soweit. Die schwarz-gelbe Bundesregierung
vollzieht damit einen beispiellosen Kurswechsel. Schließlich hatte die
10 Koalition erst im vergangenen Herbst [den rot-grünen Atomausstieg
aus dem Jahr 2000 rückgängig[4] gemacht] und die Verlängerung der
Laufzeiten der deutschen Atomkraftwerke beschlossen.

Mit dem breiten Ja des Bundestags ist der Atomausstieg besiegelt.
Im Bundestag stimmten mehr als 85 Prozent der Abgeordneten für
15 die Ausstiegspläne der schwarz-gelben Regierung. Trotz der breiten
Zustimmung zu den Regierungsplänen gab es eine hitzige Debatte im
Parlament. SPD und Grüne [die aus der Anti-Atomkraft-Bewegung der
70er Jahre entstanden sind] kritisierten vor allem, dass die Regierung
den Ausstieg als eigenen Erfolg verkaufe, obwohl sie sich weitgehend
20 am früheren rot-grünen Ausstiegsbeschluss[5] orientierte. „Dieser
Ausstieg ist unser Ausstieg – und so wird es bleiben", sagte SPD-Chef
Sigmar Gabriel.**

---

[1]**schwarz-gelb** eine Koalition aus CDU/CSU (schwarz) und FDP (gelb)   [2]**das Umdenken** man ändert seine
Meinung und denkt anders   [3]**besiegelt** beschlossen   [4]**rückgängig machen** annullieren   [5]**Ausstiegsbeschluss**
man ist sich einig, dass man etwas beenden will
*Quelle: www.spiegel.de, Spiegel online 9.12.2011   **Quelle: www.tagesschau.de, 30.06.2011

Spiegel Online, 09/12/2011 Tagesschau, 30/06/2011 Bundesregierung, 16/02/2012

Ermöglichen will die Bundesregierung den Ausstieg durch die folgenden Maßnahmen: Stärkung der erneuerbaren Energien, Ausbau
25 von Gas- und Kohlekraftwerken als Brückentechnologie, Verbesserung der Kraft-Wärme-Kopplung, Reduzierung des Energieverbrauchs[6] durch Modernisierung von Gebäuden und energieeffiziente Elektrogeräte und die Erhöhung der finanziellen Mittel für die Forschung und Entwicklung von Elektroautos.[*]

---

[6]**der Energieverbrauch** die Energie, die Menschen benutzen
[*]Quelle: www.bundesregierung.de, Energiewende, Stand 16.02.2012

STRUKTUREN Futur

Übungsbuch
Einheit 2,
Teil D

Übung   Der Lesetext „Bundestag stimmt für schwarz-gelben Atomausstieg …" bezieht sich auf die Zukunft der Energieversorgung in Deutschland. Lesen Sie die folgenden Sätze. Unterstreichen Sie das Futur.

1. Deutschland <u>wird</u> aus der Atomkraft <u>aussteigen</u>.

2. Die Autohersteller <u>werden</u> bald mehr Elektroautos <u>bauen</u>.

- Aus wie vielen Teilen besteht das Futur? Aus welchen?
- An welchen Positionen stehen diese Teile?
- Stellen Sie die Regel grafisch dar.

Schreiben Sie eigene Sätze im Futur, die sich auf den Text „Bundestag stimmt für schwarz-gelben Atomausstieg …" beziehen.

_____

_____

_____

_____

Oft wird statt des Futurs mit **werden** das Präsens gebraucht, und zwar dann, wenn durch eine Zeitangabe (z.B. **in zwei Jahren, morgen, 2022**) ausgedrückt wird, dass es sich um ein Ereignis in der Zukunft handelt:

Deutschland **steigt im Jahr 2022** aus der Atomkraft aus.

STRUKTUREN Präpositionen mit Genitiv: **während, trotz, wegen** und **statt/anstatt**

a **Übung** Lesen Sie die folgenden Sätze. Welcher Kasus folgt diesen Präpositionen?

1. <u>Trotz</u> der Vorteile von Atomkraft schaltet Deutschland 2022 das letzte Atomkraftwerk ab.

2. <u>Wegen</u> des Reaktorunglücks in Japan änderte die schwarz-gelbe Koalition ihre Meinung zur Atomkraft.

3. <u>Statt/Anstatt</u> der Atomkraft sollen erneuerbare Energien Strom erzeugen.

4. <u>Während</u> einer Übergangszeit sollen Gas- und Kohlekraftwerke den Strom liefern.

b **Übung** Setzen Sie jeweils eine der vier Genitiv-Präpositionen **trotz, wegen, anstatt/statt** oder **während** ein.

1. _____Wegen_____ des radioaktiven Mülls der Atomkraftwerke gibt es in Deutschland immer wieder Demonstrationen.

2. _____Trotz_____ der kurzen Zeit von nur zehn Jahren glaubt die Regierung, dass der Ausstieg in dieser Zeit machbar ist.

3. _____Während_____ der nächsten zehn Jahre wird sich in Deutschland vieles verändern.

4. _Anstatt/Statt_ Atomkraftwerke wird man Windenergieanlagen und Solarzellen sehen.

c **Übung** Bilden Sie vier eigene Sätze zum Thema Atomkraft mit den vier Genitiv-Präpositionen **trotz, wegen, anstatt/statt** und **während**.

1. _____

_____

2. _____

_____

3. _____

_____

4. _____

_____

:: 6 :: Vor- und Nachteile sammeln

Sammeln Sie an der Tafel gemeinsam Vor- und Nachteile von Atomkraft.

Schreibstrategie • Vor- und Nachteile abwägen

:: 7 :: Schreibübung 1

Wägen Sie nun schriftlich Vor- und Nachteile von Atomkraft ab[1]. Notieren Sie zunächst, in zwei separaten Listen die Vorteile und Nachteile, die für Sie persönlich am wichtigsten sind:

Vorteile:

_____

_____

_____

Nachteile:

_____

_____

_____

Benutzen Sie die Linien unten und stellen Sie jetzt Vor- und Nachteile gegenüber. Geeignete Schreibmittel finden Sie im Kasten.

BEISPIEL: *Auf der einen Seite sorgt die Atomkraft für zuverlässigen Strom. Zudem ist von Vorteil, dass … Auf der anderen Seite sind Atomkraftwerke …*

Ihr Text:

Einerseits… _____

_____

_____

_____

_____

_____

_____

Schreibmittel
Auf der einen Seite … Auf der anderen Seite …
Einerseits … Andererseits …
Von Vorteil/Nachteil ist …
Ein Vorteil/Nachteil besteht in …/darin, dass …
Vorteilhaft ist auch/ebenfalls …
Nachteilig/Unvorteilhaft ist …
Zudem/Außerdem …

:: 8 :: Diskussion

Diskutieren Sie im Plenum über den deutschen Atomausstieg. Benutzen Sie die Redemittel von Seite 24. Besprechen Sie die folgende Frage: „Ist der Ausstieg aus der Atomkraft für ein Land mit über 80 Millionen Einwohnern realistisch oder machen die Deutschen einen Fehler?"

_____

[1] **abwägen** etwas gegenüberstellen und bewerten

Schreibstrategie • Die eigene Meinung äußern

:: 9 :: Schreibübung 2

Sie werden jetzt üben Meinungen zu formulieren. Es geht um die Frage:

„Ausstieg aus der Atomkraft – Erfolg oder Fehler?"

Eine schriftliche Meinungsäußerung oder Argumentation hat vier Teile:

Eine Behauptung/These, eine Begründung, einen oder mehr Belege und eine Schlussfolgerung.

1. In der Behauptung/These sagen Sie, ob Sie für oder gegen etwas sind.

2. In der Begründung geben Sie Gründe für Ihre Behauptung an.

3. Die Belege unterstützen Ihre Behauptung. Diese Sätze müssen sich deshalb auf die Behauptung und deren Begründung beziehen.

4. In der Schlussfolgerung fassen Sie noch einmal Ihre Meinung zusammen.

BEISPIEL: *Meiner Meinung nach ist der Plan der Bundesregierung ein Erfolg, weil/da Atomkraftwerke viel zu gefährlich sind. Das Unglück in Japan bestätigt dies. Außerdem/Darüber hinaus/Zudem produzieren AKWs radioaktiven Müll. Daher/Aus diesem Grund/ Deswegen bin ich der Ansicht, dass die Bundesregierung richtig handelt.*

a. Sehen Sie sich den Beispieltext genau an. Tragen Sie die einzelnen Teile der Meinungsäußerung in die Tabelle ein. Notieren Sie auch die Schreibmittel.

Teil der Meinungsäußerung	Satz aus dem Beispieltext	Schreibmittel, Überleitungen
Behauptung/These	*Meiner Meinung nach ist der Plan der Bundesregierung ein Erfolg, ...*	- Meiner Meinung/Ansicht nach ist ... - Ich bin der Meinung/Ansicht, dass ...
Begründung	... weil/da Atomkraftwerke viel zu gefährlich sind.	weil, da
Beleg 1	Das Unglück in Japan bestätigt dies.	
Beleg 2	Außerdem/Darüber hinaus/Zudem produzieren AKWs radioaktiven Müll.	außerdem, darüber hinaus, zudem
Schlussfolgerung	Daher/Aus diesem Grund/Deswegen bin ich der Ansicht, dass die Bundesregierung richtig handelt.	daher, aus diesem Grund, deswegen

b. Schreiben Sie nun zur Übung eine Argumentation gegen die Entscheidung der Bundesregierung, bis 2022 aus der Atomkraft auszusteigen.

Ich bin der Ansicht, dass es ein Fehler ist, die Atomkraftwerke abzuschalten, da _____

_____

_____

_____

_____

_____

_____

_____

_____

Weiterführende Aufgaben

Strategien – Referate halten

 :: 10 :: **Referate halten**

Arbeiten Sie arbeitsteilig, d.h. teilen Sie die Referatsthemen im Kurs auf. Lesen Sie unten die Strategien zum Halten von Referaten, bevor Sie mit der Recherche im Internet beginnen.

Themen:

a. Der Verzicht auf Atomkraft bedeutet den Ausbau von erneuerbaren Energien. Informieren Sie sich und berichten Sie über

Windenergieanlagen

– Solarenergie

– Windenergie

– Wasserkraft

– Bioenergie

– Geothermie

b. Die Bundesregierung setzt bei der Energiewende auf Elektroautos. Recherchieren Sie die Vorteile und auch die Nachteile und vergleichen Sie Elektroautos mit Hybridautos und Drei-Liter-Autos.

c. Recherchieren Sie die Situation hinsichtlich Atomkraft bzw. einem Ausstieg aus der Atomkraft in der Schweiz und in Österreich und berichten Sie darüber.

Strategien für das Halten von Referaten

- Berichten Sie in Ihren eigenen Worten. Formulieren Sie die Informationen so, dass Ihre Kommilitoninnen/Kommilitonen sie verstehen können.

- Schreiben Sie eine Wortschatzliste und geben Sie diese Ihren Kommilitoninnen/Kommilitonen, bevor Sie mit dem Referat beginnen.

- Lesen Sie Ihre Notizen nicht vor. Sie können sich ruhig Notizen machen. Halten Sie Ihr Referat aber frei, da es für Ihre Kommilitoninnen/Kommilitonen sehr langweilig ist, wenn Sie vorlesen.

- Benutzen Sie Medien für Ihr Referat, z.B. Bilder, Powerpoint usw.

- Sie können nicht alle Informationen, die Sie finden, im Kurs vorstellen. Wählen Sie wichtige, interessante Informationen aus.

- Denken Sie darüber nach, ob Sie Ihr Referat interessant finden würden, wenn Sie zuhören würden.

:: 11 :: Einen Aufsatz schreiben

Suchen Sie sich ein Thema aus und schreiben Sie einen Aufsatz darüber. Denken Sie daran, dass Ihr Aufsatz eine Einleitung, einen Hauptteil und einen Schluss haben sollte.

a. Die Grünen in meinem Land

Beschreiben Sie die Grünen in Ihrem Land, in Ihrem Bundesstaat oder in Ihrer Stadt. Vergleichen Sie sie mit den Grünen in Deutschland.

b. Umweltbewusstsein

Reflektieren Sie über Ihr eigenes Umweltbewusstsein und das Umweltbewusstsein in Ihrem Land, in Ihrem Bundesstaat oder in Ihrer Stadt.

c. Ausstieg aus der Atomkraft

Schreiben Sie einen Aufsatz von ca. 200 Wörtern über Atomkraft. Bearbeiten Sie folgende Aufgaben:

- Erklären Sie den deutschen Ausstieg aus der Atomkraft und den Grund dafür.

- Stellen Sie Vor- und Nachteile von Atomkraft dar.

- Formulieren Sie Ihre eigene Meinung zum Thema Atomausstieg.

Sie können hier Teile aus den Schreibübungen 1 und 2 (Aufgaben 7 und 9) „recyceln". Achten Sie aber darauf, dass alles gut zusammenpasst und schreiben Sie evtl. Überleitungen.

Grundwortschatz

:: VERBEN

abschalten: er/sie/es schaltet ... ab, schaltete ... ab, hat ... abgeschaltet	to shut down
aussteigen: er/sie/es steigt ... aus, stieg ... aus, ist ... ausgestiegen	to phase out
benutzen: er/sie/es benutzt, benutzte, hat ... benutzt	to use
erhöhen: er/sie/es erhöht, erhöhte, hat ... erhöht	to raise
recyceln: er/sie/es recycelt, recycelte, hat ... recycelt	to recycle
sparen: er/sie/es spart, sparte, hat ... gespart	to save
verbessern: er/sie/es verbessert, verbesserte, hat ... verbessert	to improve
verbrauchen: er/sie/es verbraucht, verbrauchte, hat ... verbraucht	to use up, consume
verhindern: er/sie/es verhindert, verhinderte, hat ... verhindert	to prevent
vermindern: er/sie/es vermindert, verminderte, hat ... vermindert	to reduce
verzichten auf + *Akk*: er/sie/es verzichtet, verzichtete, hat ... verzichtet	to abstain from

:: NOMEN

der Atomausstieg	nuclear phaseout
die Atomkraft	nuclear power
das Atomkraftwerk, -e	nuclear power plant
das Elektroauto, -s	electric car
die Emission, -en	emission
die Energie, -n	energy
das Fahrzeug, -e	vehicle
der Feinstaub	particulate matter
das Klima	climate
die Koalition	coalition
die Ökologie	ecology
die Opposition	opposition
die Partei, -en	(political) party
der Schadstoff, -e	pollutant; harmful substance
der Strom	power, electricity
die Umwelt	environment
die Umweltplakette, -n	environmental sticker
der Umweltschutz	environmental protection
der Verkehr	traffic
das Ziel, -e	goal

:: ADJEKTIVE UND ADVERBIEN

energieeffizient	energy-efficient
konservativ	conservative
liberal	liberal
nachhaltig	sustainable/sustainably
ökologisch	ecological(ly)
sozial	social(ly)
sparsam	fuel-efficient
umweltbewusst	environmentally conscious
umweltfreundlich	environmentally friendly

:: ANDERE AUSDRÜCKE

erneuerbare Energien	renewable forms of energy
die öffentlichen Verkehrsmittel	public transportation

Multikulturelles Leben

SCHMELZTIEGEL ODER MULTIKULTURELLE GESELLSCHAFT?

:: **IN DIESER EINHEIT**

In Deutschland leben zurzeit circa 6,7 Millionen Menschen, die keinen deutschen Pass haben. Das sind ca. 8% der Gesamtbevölkerung. Die meisten von ihnen kamen und kommen zum Arbeiten. Deutschland, vor allem die deutsche Wirtschaft, braucht diese Menschen. Woher sie kommen, was sie motiviert und warum sie für Deutschland so wichtig sind, erfahren Sie in dieser Einheit. Zudem werden Sie einige Prominente mit ausländischen Wurzeln kennenlernen und sich mit dem Thema Ausländerfeindlichkeit beschäftigen.

Die deutsche
Fußballnationalmannschaft 2012

© Alex Domansk/REUTERS

Einstimmung auf das Thema

 :: 1 :: Ein Gruppengespräch führen

Arbeiten Sie in Gruppen. Sprechen Sie über folgende Fragen:

- Kommen viele Menschen aus anderen Ländern in Ihr Heimatland?

- Warum kommen sie oder warum würden sie gerne kommen?

- Wie ist die Meinung Ihrer Landsleute, der Politik und der Wirtschaft zu Ausländern?

- Welche Bedingungen müssen Ausländer erfüllen, um in Ihrem Land leben zu dürfen?

- Wie ist das bei Ihrer eigenen Familie: Gibt es jemanden, der eingewandert ist?

- Wenn ja, woher kommen Ihre Vorfahren? Wann und aus welchen Gründen sind sie eingewandert?

- Was assoziieren Sie mit dem Wort „Schmelztiegel"? Falls Sie das Wort nicht kennen, suchen Sie es in einem Wörterbuch.

- Was ist Ihrer Meinung nach der Unterschied zwischen einem Schmelztiegel und einer multikulturellen Gesellschaft?

:: 2 :: Vorwissen sammeln

Tragen Sie Ihr Vorwissen im Plenum zusammen. Was wissen Sie über Migranten und Ausländer in Deutschland?

1. In Deutschland leben viele Ausländer und Migranten. Können Sie sich vorstellen, warum sie nach Deutschland gekommen sind?

   _____

   _____

2. Woher kommen sie?

   _____

3. Welche Gruppe ist die größte?

   _____

Hintergrundwissen

Mögliche Antwort:
Ein Gast kommt zu
Besuch, bleibt nur
für kurze Zeit und
fährt wieder nach
Hause.

:: 1 :: Das Wort „Gast" definieren

Die meisten Menschen bekommen gern Gäste. Definieren Sie den Begriff **Gast**.

:: 2 :: Chronologisch ordnen

Übungsbuch
Einheit 3,
Teil A

Die Sätze der folgenden Chronologie sind in der falschen Reihenfolge. Bringen
Sie sie in die richtige Reihenfolge, indem Sie sie von 1 bis 8 nummerieren.

___8___ Deutschland ist heute eine multikulturelle Gesellschaft.

___2___ Durch den Marshallplan begann Mitte der 50er Jahre in
Deutschland das Wirtschaftswunder: der größte Aufschwung[1] in
der Geschichte des Landes.

___5___ Zur Lösung dieses Problems fing die Bundesregierung 1955 an,
Gastarbeiter aus einigen südlichen Ländern anzuwerben[2]: aus
Italien, Spanien, Griechenland, Marokko, Portugal, Tunesien,
dem ehemaligen Jugoslawien und der Türkei.

___4___ Gründe dafür waren die geburtenschwachen Nachkriegsjahr-
gänge*, der Aufbau[3] der Bundeswehr[4] im Jahre 1955 und der
Bau der Berliner Mauer 1961, da nun keine Arbeiter mehr aus
der DDR[5] und Osteuropa kommen konnten.

___1___ Nach dem Zweiten Weltkrieg waren Deutschland und die
deutsche Wirtschaft zerstört und das Land brauchte finanzielle
Hilfe. 1949 nahmen die USA Westdeutschland in den
Marshallplan auf.

___6___ Die Gastarbeiter sollten für ein paar Jahre in Deutschland
arbeiten und danach wieder zurück in ihre Heimat gehen.

___7___ Nachdem die Gastarbeiter 10–20 Jahre in Deutschland gelebt
hatten, wollten viele von ihnen nicht mehr in ihre Heimat
zurückkehren und sind in Deutschland geblieben.

___3___ Dieser Aufschwung erforderte[6] Arbeitskräfte, von denen es aber
im Nachkriegsdeutschland nicht genug gab.

---

[1]**der Aufschwung** der Boom, die Konjunktur   [2]**anwerben** rekrutieren   [3]**der Aufbau** der Start, der Beginn   [4]**die Bundeswehr**
das deutsche Militär   [5]**die DDR** die Deutsche Demokratische Republik (Ostdeutschland)   [6]**erfordern** brauchen

*Während und nach dem Zweiten Weltkrieg wurden weniger Kinder geboren. Deshalb werden diese Jahre als
„geburtenschwach" bezeichnet.

STRUKTUREN Infinitiv mit **zu**

:: a :: Jeder der folgenden Beispielsätze hat einen Infinitiv mit **zu**. Lesen Sie die Sätze und achten Sie auf die Stellung von **zu**.

· Für Deutschland war es nach dem Krieg notwendig, finanzielle Hilfe <u>zu</u> haben.

· 1949 begannen die USA Deutschland im Rahmen des Marshallplans finanziell <u>zu</u> unterstützen.

· Sie hatten die Absicht, eine starke Wirtschaft auf<u>zu</u>bauen.

· Sie hofften, die deutsche Wirtschaft stimulieren <u>zu</u> können.

Beschreiben Sie die Position des Wortes **zu**.

zu steht *vor* • dem Infinitiv, wenn das Verb kein Präfix hat. • dem Infinitiv, wenn das Verb ein

untrennbares Präfix hat. **zu** steht *zwischen* • dem Präfix und dem Grundverb, wenn das Verb ein

trennbares Präfix hat. • zwei Infinitiven.

_____

:: b :: Beenden Sie die folgenden Sätze mit einem Infinitiv mit **zu**. Benutzen Sie die Wörter im Kasten.

> in ihre Heimat zurückkehren
>
> wachsen
>
> in Deutschland arbeiten
>
> genug Arbeitskräfte finden
>
> Gastarbeiter anwerben

1. Durch den Marshallplan fing die deutsche Wirtschaft an <u>zu wachsen.</u>

2. Jetzt hatte Deutschland Probleme <u>genug Arbeitskräfte zu finden.</u>

3. Deshalb war es notwendig, <u>Gastarbeiter anzuwerben.</u>

4. Man erlaubte den Gastarbeitern, für eine begrenzte[1] Zeit <u>in Deutschland zu arbeiten.</u>

5. Nachdem die Gastarbeiter 10–20 Jahre in Deutschland gelebt hatten, hatten sie nicht mehr vor[2] <u>in ihre Heimat zurückzukehren.</u>

_____

[1]**begrenzt** limitiert   [2]**vorhaben** planen

👥 :: 3 :: Fragen zum Thema beantworten

Besprechen Sie mit Ihrer Partnerin/Ihrem Partner die folgenden Fragen:

- Auf Seite 95 haben Sie den Begriff **Gast** definiert. Versuchen Sie nun, das Wort **Gastarbeiter** zu erklären.

- Das Wort **Gastarbeiter** ist heute nicht mehr sinnvoll. Warum nicht?

:: 4 :: Grafik besprechen

Sehen Sie sich die Grafik „Ausländische Bevölkerung in Deutschland" an und fassen Sie die wichtigsten Aussagen mündlich zusammen.

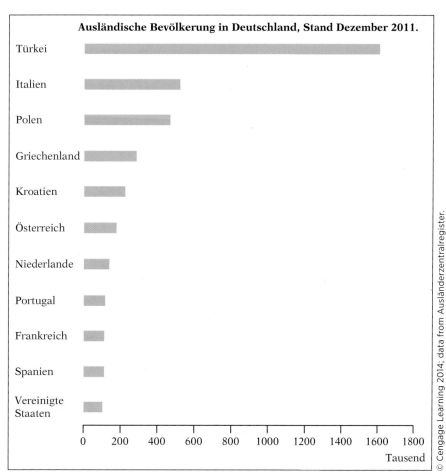

Mögliche Antworten: „Gastarbeiter" wurden Ausländer genannt, die für eine begrenzte Zeit in Deutschland arbeiten und dann wieder in ihre Heimatländer zurückkehren sollten. Heute spricht man nicht mehr von Gastarbeitern, sondern von „ehemaligen Gastarbeitern", wenn man Ausländer meint, die als Gastarbeiter nach Deutschland gekommen waren. Viele von ihnen sind mittlerweile eingebürgert oder leben ohne deutschen Pass in Deutschland. Sie werden nicht mehr in ihre frühere Heimat zurückkehren.

© Cengage Learning 2014; data from Ausländerzentralregister.

Schreibstrategie • Eine Grafik beschreiben, Teil 1

:: 5 :: Grafikbeschreibung: logische Reihenfolge herstellen

Die Beschreibung einer Grafik muss bestimmte Informationen enthalten:

- das Thema der Grafik

- die Angabe des Jahres, aus dem die Daten stammen

- den Inhalt, der dargestellt wird

- die Hauptaussage der Grafik

- 1-2 Zusatzinformationen zur Hauptaussage.

Lesen Sie die folgenden Sätze, die die Grafik „Ausländische Bevölkerung in Deutschland" beschreiben. Bringen Sie sie anschließend in eine logische Reihenfolge. Orientieren Sie sich an den fünf oben genannten Punkten.

Sätze, die die Grafik beschreiben:

a. Dargestellt werden Länder, aus denen Menschen in Deutschland leben.

b. Im Vergleich dazu leben nur wenige US-Amerikaner in Deutschland.

c. Die vorliegende Grafik gibt Informationen über die ausländische Bevölkerung in Deutschland.

d. Bemerkenswert ist, dass die bei Weitem größte Gruppe der Ausländer die Türken sind.

e. Die Daten stammen aus dem Jahr 2011.

f. An zweiter Stelle steht Italien, an dritter Polen.

Logische Reihenfolge der Sätze:

1. c. Die vorliegende Grafik gibt Informationen über die ausländische Bevölkerung in Deutschland.

2. e. Die Daten stammen aus dem Jahr 2011.

3. a. Dargestellt werden Länder, aus denen Menschen kommen, die in Deutschland leben.

4. d. Bemerkenswert ist, dass die bei Weitem größte Gruppe der Ausländer die Türken sind.

5. f. An zweiter Stelle steht Italien, an dritter Polen.

6. b. Im Vergleich dazu leben nur wenige US-Amerikaner in Deutschland.

:: 6 :: Vermutungen anstellen

Sehen Sie sich die Grafik „Ausländische Bevölkerung in Deutschland" noch einmal an. Vermuten Sie, warum Menschen aus den dargestellten Ländern in Deutschland sind und begründen Sie dann Ihre Meinung. Vergleichen Sie die Zahlen auch mit den Zahlen für Ihr Land.

BEISPIEL: *Ich finde es interessant, dass so viele Türken in Deutschland leben. Sie sind vermutlich ehemalige Gastarbeiter. Bei uns gibt es nicht so viele Türken.*

Redemittel

Besonders interessant finde ich, dass …
Es überrascht/erstaunt mich, dass …
Ich hätte nicht gedacht, dass …

Wortschatz

Angestellte von ausländischen Firmen	ehemalige Gastarbeiter/Nachkommen ehemaliger Gastarbeiter
aus beruflichen Gründen	Studenten
aus persönlichen Gründen	Akademiker

Lesen • Global- und Detailverständnis

:: 7 :: Hypothesen aufstellen und verifizieren

Sie werden einen Artikel aus *DIE WELT* mit dem Titel „Arbeitslose Spanier suchen ihr Glück in Deutschland" lesen. Vermuten Sie:

· Aus welchen Gründen wollen jungen Spanier wohl nach Deutschland?

· Welche Art von Glück suchen sie in Deutschland?

· Welche Eindrücke werden sie von Deutschland gewinnen?

Versuchen Sie beim ersten Lesen des Artikels Ihre Hypothesen zu verifizieren. Hatten Sie recht mit Ihren Antworten?

WIRTSCHAFTSKRISE   Autor: Freia Peters | 21.07.2011

Arbeitslose Spanier suchen ihr Glück in Deutschland
Am liebsten würde Julia Casado Marco *stante pede** nach Deutschland zurückkehren. Die Spanierin hat in Deutschland studiert und anschließend gearbeitet. Vor drei Jahren kehrte die heute 26-Jährige schließlich in ihr Heimatland zurück. Jetzt hat sie Fernweh nach Deutschland. „Ich habe mich einfach sehr gut gefühlt dort", sagt Marco.

5 Julia Marco schätzt die Deutschen besonders als Freunde und Arbeitskollegen. „Wenn du in Deutschland eine Freundschaft schließt, dann hast du meist einen wirklichen

---

*****stante pede** (*Latein*) sofort

Freund gefunden und kannst dich freuen. Im Job sind die Leute direkt und ehrlich und es ist kein Problem, auch mal ‚nein' zu sagen. Das Arbeitsklima ist effizient und klar."

Besonders in Spanien ist die Arbeitslosigkeit hoch

10 Selbst gut ausgebildete Fachkräfte und Akademiker haben in Spanien Schwierigkeiten, Jobs zu finden. Also gehen immer mehr spanische und andere südeuropäische junge Akademiker auf Jobsuche ins Ausland. Deutschland wirkt auf arbeitslose spanische Jugendliche wie ein Magnet. Das durchschnittliche Einstiegsgehalt eines Ingenieurs in Deutschland beträgt 41.000 Euro. Rund 80

15 Prozent der Ingenieure haben unbefristete Verträge. In Spanien hingegen gibt es für Berufsanfänger meist Halbjahresverträge.

Pro Jahr braucht Deutschland 200.000 Einwanderer

Fachkräfte werden in Deutschland dringend gebraucht. Für deutsche Wirtschaftsexperten gilt qualifizierte Zuwanderung als letzte Chance. Bis zum Jahr 2030 werden mehr als fünf Millionen Arbeitskräfte fehlen, die Hälfte davon

20 Akademiker, eine Lücke, die nur über die Zuwanderung von qualifizierten Fachkräften aus dem Ausland geschlossen werden kann. Die BA[1] wirbt nun gezielt um junge Fachkräfte in Spanien, Griechenland und Portugal.

Quelle: http://www.welt.de/politik/ausland/article13498236/
Arbeitslose-Spanier-suchen-ihr-Glueck-
in-Deutschland.html

---

[1] **BA** Bundesagentur für Arbeit

 :: 8 :: Wortschatz

Lesen Sie nun den Zeitungsartikel ein zweites Mal und notieren Sie alle unbekannten Wörter. Arbeiten Sie mit einer Partnerin/einem Partner.

a. Suchen Sie aus diesen Wörtern die heraus, die Sie von bekannten Wörtern ableiten können. Erklären Sie sie.

b. Versuchen Sie die anderen unbekannten Wörter aus dem Kontext zu verstehen.

c. Besprechen Sie im Plenum die Wörter, die Sie nicht in Ihrer Zweiergruppe erklären konnten.

:: 9 :: Welche Aussage ist richtig?

Lesen Sie die Aussagen und kreuzen Sie jeweils die richtige Aussage im Sinne des Textes an.

1. Julia ...

   a. _X_ vermisst Deutschland.

   b. __ vermisst Deutschland nicht.

   c. __ war noch nie in Deutschland.

2. Das Arbeitsklima in Deutschland ist ...

   a. __ ineffektiv.

   b. __ unangenehm.

   c. _X_ produktiv.

3. Viele junge gut ausgebildete Spanier kommen zurzeit nach Deutschland, weil ...

   a. __ sie das deutsche Klima mögen.

   b. _X_ die Arbeitslosigkeit in Spanien hoch ist.

   c. __ sie ihren Horizont erweitern wollen.

4. Arbeitsverträge beispielsweise für Ingenieure sind in Deutschland in der Regel ...

   a. _X_ unbefristet und fair bezahlt.

   b. __ befristet und mit niedrigem Anfangsgehalt.

   c. __ befristet, aber mit hohem Anfangsgehalt.

5. Deutschland braucht gut ausgebildete Zuwanderer, ...

   a. __ damit die Steuereinnahmen steigen.

   b. _X_ weil qualifizierte Arbeitskräfte fehlen.

   c. __ um den Konsum anzukurbeln[1].

6. Die jungen Leute kommen zurzeit vor allem aus ...

   a. __ der Türkei, Italien und Marokko.

   b. __ Frankreich, Irland und den USA.

   c. _X_ Spanien, Griechenland und Portugal.

© Andresr/Shutterstock.com

Besonders Ingenieure werden in Deutschland gesucht.

[1]ankurbeln erhöhen

Beispielantworten, andere Antworten sind möglich.

:: 10 :: Sätze beenden

Beenden Sie die folgenden Sätze im Sinne des Textes mit einem Infinitiv mit **zu**.

a. Julia hat den Wunsch <u>nach Deutschland zurückzukehren.</u>

b. Sie findet es angenehm, <u>in Deutschland zu arbeiten.</u>

c. Viele junge Spanier entscheiden sich zurzeit dafür, <u>nach Deutschland zu kommen.</u>

d. Sie beabsichtigen <u>in Deutschland zu arbeiten.</u>

e. Für die deutsche Wirtschaft ist es notwendig, <u>qualifizierte Arbeitskräfte aus dem Ausland zu bekommen.</u>

f. In Deutschland wird es immer schwieriger, <u>genug Fachkräfte zu finden.</u>

g. Die Bundesagentur für Arbeit versucht <u>junge gut ausgebildete Menschen nach Deutschland zu holen.</u>

:: 11 :: Arbeit mit dem Internet

Googeln Sie die folgenden Begriffe im Internet und fassen Sie zusammen, warum Deutschland Arbeitskräfte aus dem Ausland braucht.

- Wirtschaftswachstum

- Geburtenrate

- Anteil der Rentner an der Gesamtbevölkerung

Schreibstrategie • Eine Grafik beschreiben, Teil 2

:: 12 :: Schreiben: Beschreibung einer Grafik

Sehen Sie sich die Grafik „Arbeitslosenquote in den EU-Ländern" an. Besprechen Sie die Statistik zunächst mündlich im Plenum. Beschreiben Sie die Grafik dann schriftlich wie in Aufgabe 5.

Schreibmittel für die einzelnen Sätze:

Satz 1: Die Grafik gibt/liefert Informationen über … Die Grafik zeigt …

Satz 2: Die Daten stammen aus dem Jahr …

Satz 3: Dargestellt wird/werden …

Satz 4: Bemerkenswert/Erstaunlich/Überraschend ist …

Sätze 5+6: Im Vergleich zu/dazu …

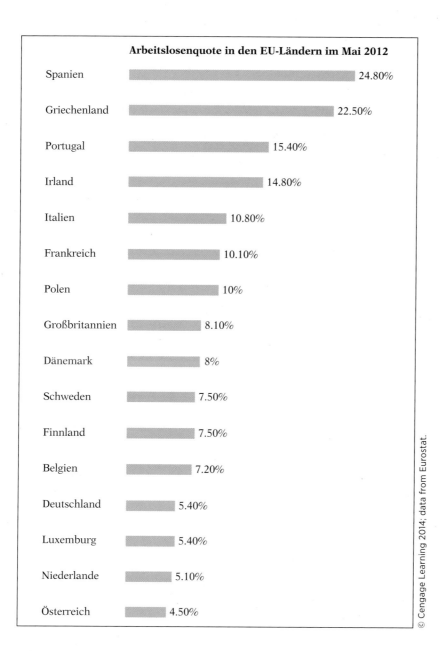

Arbeitslosenquote in den EU-Ländern im Mai 2012

Spanien	24.80%
Griechenland	22.50%
Portugal	15.40%
Irland	14.80%
Italien	10.80%
Frankreich	10.10%
Polen	10%
Großbritannien	8.10%
Dänemark	8%
Schweden	7.50%
Finnland	7.50%
Belgien	7.20%
Deutschland	5.40%
Luxemburg	5.40%
Niederlande	5.10%
Österreich	4.50%

:: 13 :: Vergleich

Vergleichen Sie die derzeitigen Migranten mit denen aus den 50er-Jahren.

a. Aus welchen Gründen kommen/kamen sie?

b. Warum braucht(e) Deutschland sie?

c. Worin besteht der Unterschied?

a. Sie kommen jetzt und kamen damals aus beruflichen Gründen. b. In Deutschland fehlten damals und fehlen jetzt wieder Arbeitskräfte. c. Die Gastarbeiter, die in den 50er-Jahren kamen, waren einfache Arbeiter. Die jungen Leute aus den europäischen Krisenländern, die zurzeit nach Deutschland kommen, sind gut ausgebildete Fachkräfte.

:: 14 :: Könnten Sie sich vorstellen ... ?

Lesen Sie die Fragen a-c. Bearbeiten Sie STRUKTUREN: Konjunktiv II und **würde** + Infinitiv im Präsens, bevor Sie die Fragen beantworten. Notieren Sie zunächst Ihre Antworten und tauschen Sie sich dann im Plenum aus.

a. Könnten Sie sich vorstellen im Ausland zu leben?

b. Aus welchem Grund würden Sie ins Ausland gehen?

c. Welches Land wäre für Sie attraktiv? Warum?

Meine Antworten:

a. _____

_____

b. _____

_____

c. _____

_____

Übungsbuch
Einheit 3,
Teil A

STRUKTUREN Konjunktiv II und **würde** + Infinitiv im Präsens

Gebrauch Den Konjunktiv II benutzt man vor allem, wenn man über irreale Situationen spricht.

Formen Der Konjunktiv II ist eine schriftliche Form. In der gesprochenen Sprache verwendet man für die meisten Verben die Konstruktion **würde** + Infinitiv und nicht die Konjunktiv II-Form.

Wenn ich in Deutschland wohnen würde, würde ich mit dem Fahrrad zur Uni fahren.

Nur für wenige Verben wird die Konjunktiv II-Form auch mündlich benutzt:

Infinitiv	Konjunktiv II		Infinitiv	Konjunktiv II
haben	ich hätte		müssen	ich müsste
sein	ich wäre		sollen	ich sollte
werden	ich würde		wollen	ich wollte
dürfen	ich dürfte		brauchen	ich brauchte
können	ich könnte		wissen	ich wüsste

:: a :: Setzen Sie die Konjunktiv II-Formen bzw. die würde + Infinitiv-Formen ein.

Wenn ich in Deutschland _leben_ _würde_ (leben), __wäre__ (sein) mein Leben ganz anders. Ich __würde__ jeden Tag Deutsch sprechen (sprechen) und ich __hätte__ (haben) Deutschunterricht, damit ich mich besser verständigen __könnte__ (können). Ich __würde__ wahrscheinlich mit dem Fahrrad zur Uni __fahren__ (fahren) und im Kino alle Hollywood-Filme auf Deutsch __sehen__ (sehen).

:: b :: Bilden Sie fünf eigene irreale Sätze zum Thema Auslandsaufenthalt.

BEISPIEL: Wenn ich in der Schweiz leben würde, hätte ich Schwierigkeiten, die Sprache zu verstehen.

1. _____

_____

2. _____

_____

3. _____

_____

4. _____

_____

5. _____

_____

Abschnitt B kann bei Zeitmangel weggelassen werden.

Gesetzlicher Hintergrund:
Ius sanguinis und *Ius soli*

Hinführung zum Thema Bis Ende 1999 galt[1] in Deutschland das *Ius sanguinis*[2], das Abstammungsrecht. Das heißt, dass nur Deutscher war, wer eine deutsche Familie hatte. Für Migranten und Ausländer war es sehr schwer, einen deutschen Pass zu bekommen. Auch in Deutschland geborene Kinder von Ausländern und Migranten bekamen keinen deutschen Pass. Seit dem 1. Januar 2000 gibt es ein neues Einbürgerungsgesetz, dass das Abstammungsprinzip um das Geburtsrecht, das *Ius soli*[3], ergänzt. Das heißt, dass in Deutschland geborene Kinder von Ausländern oder Migranten leichter deutsche Staatsbürger werden können. Auch für Erwachsene ist es leichter geworden, die deutsche Staatsangehörigkeit zu bekommen.

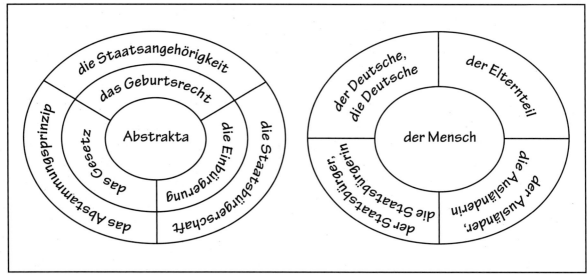

© Cengage Learning 2014

---

[1]**galt**, *Präteritum von* **gelten** gültig sein   [2]**Ius sanguinis** (*Latein* **ius**: das Recht, **sanguis**: das Blut) Blutsrecht
[3]**Ius soli** (*Latein* **solum**: der Boden, die Erde, das Land) Landesrecht

:: 1 :: Wortschatz

Lesen Sie die Wortfelder auf Seite 106 und setzen Sie die richtigen Wörter in den Lückentext ein. Sie brauchen nicht alle Wörter aus den Wortfeldern.

Bis 1999 galt in Deutschland das _Abstammungsprinzip_, das heißt, dass man nur Deutscher oder Deutsche werden konnte, wenn mindestens ein _____Elternteil_____ deutsch war. Kinder von nicht deutschen Eltern, die in Deutschland geboren waren, waren _____Ausländer_____. Es war sehr schwierig, die deutsche _____Staatsangehörigkeit/Staatsbürgerschaft_____ zu bekommen. Das neue _____Gesetz_____ ergänzt das Abstammungsprinzip um das _____Geburtsrecht_____, das heißt, Kinder, die in Deutschland geboren sind, können leichter _____Deutsche_____ werden. Auch für Erwachsene ist es leichter geworden, deutsche _____Staatsbürger_____ zu werden und einen deutschen Pass zu bekommen. Die _____Einbürgerung_____ kostet allerdings Geld und man muss bestimmte Bedingungen erfüllen.

Menschen aus vielen verschiedenen Nationen leben in Deutschland.

Übungsbuch
Einheit 3,
Teil B

STRUKTUREN **Bekommen** oder **werden**?

Das Verb **bekommen** benutzt man im Deutschen z.B. in folgenden Zusammenhängen: eine Note, ein Geschenk, Angst, einen Sonnenbrand, Kopfschmerzen **bekommen**.

Das Verb **werden** benutzt man, wenn man eine Veränderung ausdrücken will, z.B. deutscher Staatsbürger, Mitglied, alt, gesund **werden**.

:: → :: Setzen Sie **bekommen** oder **werden** ein.

1. Vor dem 1. Januar 2000 war es sehr schwierig, Deutsche/Deutscher zu _____werden_____.

2. Es war nicht leicht, einen deutschen Pass zu _____bekommen_____.

3. Jetzt können Ausländer leichter deutsche Staatsbürger _____werden_____ und die deutsche Staatsbürgerschaft _____bekommen_____.

4. Ist es schwierig, amerikanischer Staatsbürger zu _____werden_____?

5. _____Bekommen_____ Ausländer leicht einen amerikanischen Pass?

6. Und eine Arbeitserlaubnis? Ist es leicht, sie zu _____bekommen_____?

STRUKTUREN Modalverben

Übungsbuch
Einheit 3,
Teil B

Viele Ihrer Antworten in der nächsten Aufgabe werden eins der
Modalverben **können**, **dürfen**, **sollen**, **wollen**, **müssen** und **möchten**
enthalten. Wiederholen Sie mit Ihren Kommilitoninnen/Kommilitonen
die Regeln für Modalverben. Setzen Sie die Wörter aus dem Kasten in die
Lücken ein.

1. Modalverben brauchen einen _____Infinitiv_____ ohne _____zu_____.
2. Das konjugierte Modalverb steht auf _____Position 2_____, der Infinitiv steht
_____am Ende_____ des Satzes.
3. Das Modalverb steht _____in Nebensätzen_____ am Ende.

> Infinitiv
> Position 2
> in Nebensätzen
> am Ende
> zu

:: 2 :: Mit dem Internet arbeiten

Suchen Sie im Internet nach Informationen zur Einbürgerung in
Deutschland. Beantworten Sie die Fragen für Deutschland und auch für
Ihr Land. Benutzen Sie Ihre eigenen Worte. Schreiben Sie also *nicht* den
genauen Text vom Internet ab.

Deutschland (Stand: 2012): a. Man muss acht Jahre lang legal und permanent in Deutschland leben und arbeiten. Man muss dann einen Sprachtest machen, um zu zeigen, dass man Deutsch sprechen kann.
b. In Deutschland geborene Kinder von ausländischen Eltern können die deutsche Staatsbürgerschaft bekommen, wenn die Eltern dauerhaft in Deutschland leben.
c. Die doppelte Staatsbürgerschaft ist Kindern nur bis zum 18. Lebensjahr erlaubt, danach müssen sie sich für die eine oder die andere Staatsangehörigkeit entscheiden.

a. Unter welchen Bedingungen können Ausländer Staatsbürger werden?

Deutschland   Ihr Land
_____   _____
_____   _____
_____   _____
_____   _____

b. Welche Staatsangehörigkeit haben in Deutschland/Ihrem Land geborene
Kinder von Ausländern?

Deutschland   Ihr Land
_____   _____
_____   _____
_____   _____

c. Ist die doppelte Staatsbürgerschaft erlaubt? Unter welchen Bedingungen?

Deutschland   Ihr Land
_____   _____
_____   _____
_____   _____

d. Was halten Sie von diesen Gesetzen?

Deutschland   Ihr Land
_____   _____
_____   _____
_____   _____
_____   _____

Deutschsein und Fremdsein

„Es ist Zeit" von Aziza A.

Zur Person Die 1971 in Berlin geborene Aziza A. ist die erste deutsch-türkische Rapperin und Hip-Hop-Musikerin. Sie hat den „Oriental Hip-Hop" entwickelt, ihren eigenen musikalischen Stil, der traditionelle türkische Elemente mit Hip-Hop verbindet. Sie rappt zweisprachig auf Türkisch und Deutsch über Probleme der Migration und die Situation von modernen Türkinnen der zweiten Generation in Deutschland. 1997 ist ihr erstes Album mit der Hit-Single „Es ist Zeit" erschienen. Seit 2008 ist ihr drittes Album auf dem Markt. Aziza A. lebt in Berlin.

Die deutsch-türkische Rapperin Aziza A.

 :: 1 :: **Begriffe erklären**

:: a :: **Fremd** Erklären Sie das Wort **fremd**. Was bedeutet es Ihrer Meinung nach, fremd zu sein? Haben Sie sich schon einmal irgendwo fremd gefühlt? Führen Sie ein Gespräch mit Ihrer Partnerin/Ihrem Partner.

:: b :: **Integration oder Assimilation?** Besprechen Sie mit Ihren Kommilitoninnen/Kommilitonen die Begriffe **Integration** und **Assimilation**. Was ist Ihrer Meinung nach der Unterschied? Nachdem Sie Ihre Meinung besprochen haben, lesen Sie die Definitionen.

- **Integration** ist die Aufnahme ausländischer Bürger in die Gesellschaft, ohne dass sie ihre nationale und kulturelle Eigenständigkeit aufgeben müssen.
- Von **Assimilation** spricht man, wenn Sprache und Kultur des Herkunftslandes allmählich verloren gehen.

:: c :: Überlegen Sie, welche Probleme Menschen haben, die in einer anderen Kultur leben als in der Kultur, in der sie geboren wurden.

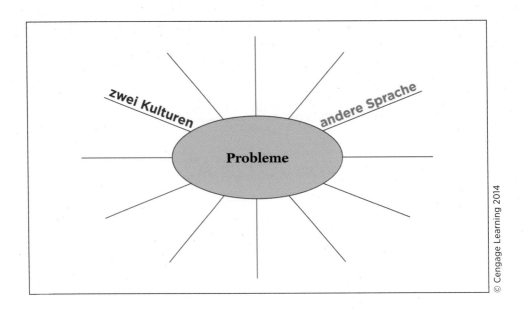

© Cengage Learning 2014

:: d :: Was heißt es, in zwei Kulturen zu leben? Haben Sie selbst eine solche Erfahrung gemacht? Kennen Sie jemanden, der diese Erfahrung gemacht hat? Erzählen Sie.

Lesen und Hören • Globalverständnis

:: 2 :: Liedtext vervollständigen

Vervollständigen Sie den Liedtext von „Es ist Zeit" von Aziza A. mit den Wörtern aus dem Kasten.

Angst	Mund
braune	Pflicht[1]
denk'	richtig
festhalten	schweigsam[2]
Finger	selbstständig
Freiheit	Unterschied (2x)
Gewicht	vermischt
Haar	Wind
Kulturen	wollen
Mann	

[1]**die Pflicht** das, was man tun muss   [2]**schweigsam** ruhig, still
(*jemand, der nicht viel spricht, ist schweigsam*)

ES IST ZEIT

von Aziza A.

Ich habe ____braune____ Augen, habe schwarzes ____Haar____.
Und komm' aus einem Land wo der ____Mann____ über der Frau steht
und dort nicht wie hier ein ganz anderer ____Wind____ weht!
In den zwei ____Kulturen____, in denen ich aufgewachsen bin,
5 ziehen meine lieben Schwestern meist den kürzeren,
weil nicht nur die zwei Kulturen aufeinander krachen[1],
weil auch Väter über ihre Töchter wachen:
„Du bist die Ehre der Familie, klar, gehorsam[2], ____schweigsam____,
wie deine Mutter auch mal war."

10 So ein Mist, du hast ____Angst____, kein Ast[3],
an dem du dich ____festhalten____ kannst, ist in Sicht …
Du überlegst: ist es meine ____Pflicht____,
das Leben meiner Eltern so zu leben, wie sie es bestreben[4]?
Mit Autorität mir meinen ____Mund____ zukleben!

15 Ja, ja, nun ich nehme mir die ____Freiheit____!
AZIZA A. tut das, was sie für ____richtig____ hält,
auch wenn sie aus den Augen der ganzen Sippe[5] fällt
und niemand sie zu den gehorsamen Frauen zählt!
Ist es mir egal, ich muß sagen, was ich ____denk'____, und zwar …

20 Frau, Mutter, Mädchen oder Kind,
egal aus welchem Land sie kamen: jeder ein Mensch,
der ____selbstständig____ denken kann, verstehst du Mann!
Sah und sehe, was geschieht[6]: nämlich nichts, kein ____Unterschied____!
Es ist Zeit, steht auf! Angesicht[7] zu Angesicht,
25 erkennt: wir haben das ____Gewicht____!

Mit Hip-Hop ____vermischt____,
erwischt[8] meine Stimme auch die Ohren derer,
die ihre dicken ____Finger____ in ihre Ohren bohren.
Nichts sehen, nicht hören ____wollen____, wie die drei Affen,
30 nur mit einem ____Unterschied____:
sie reden, ohne zu wissen, was in uns geschieht!!!

Used by permission of Wolfgang Galler.

---

[1]**aufeinander krachen** nicht die gleiche Meinung haben; sich streiten   [2]**gehorsam** wenn jemand macht, was man ihm/ihr sagt   [3]**der Ast** Teil von einem Baum (*ein Baum hat viele davon; daran sind die Blätter*); Zweig   [4]**bestreben** wollen   [5]**die Sippe** die Familie   [6] **geschehen** passieren   [7]**das Angesicht** das Gesicht   [8]**erwischen** *hier:* den Weg finden (*zu etwas*)

Der vollständige Liedtext befindet sich im Anhang des Buches.

Das Lied befindet sich auf der *Anders gedacht Instructor's Audio CD.*

Track 5

Übungsbuch
Einheit 3,
Teil C

:: 3 :: Lied hören

Hören Sie jetzt die Musik von Aziza A. und vergleichen Sie.

:: 4 :: Fragen zum Lied diskutieren

Beantworten Sie die Fragen zum Text schriftlich, bevor Sie im Kurs darüber diskutieren.

a. Was will Aziza A. mit dem Lied sagen?

_____

_____

b. Wen möchte sie mit diesem Lied ansprechen?

_____

_____

c. Wie sollen die Frauen in der türkischen Kultur sein?

_____

_____

d. Was sollen die türkischen Frauen Aziza A.s Meinung nach tun?

_____

_____

e. Aziza A. vergleicht die zwei Kulturen, in denen sie aufgewachsen ist, miteinander. Welche Unterschiede gibt es?

_____

_____

f. Wie beschreibt Aziza A. sich selbst?

_____

_____

g. Was kann diese Art von Musik bewirken?

_____

_____

Wladimir Kaminer

:: 5 :: Mit dem Internet arbeiten

Übungsbuch
Einheit 3,
Teil C

Suchen Sie im Internet nach Informationen über Wladimir Kaminer. Gehen Sie auf folgende Fragen ein:

a. Woher stammt Wladimir Kaminer? Wladimir Kaminer stammt aus Moskau.

b. Wo lebt er jetzt? Jetzt lebt er in Berlin.

c. Wann ist er emigriert? 1990

d. Warum hat er seine Heimat verlassen? Er hat seine Heimat wegen nationalistischer Exzesse, wachsendem Antisemitismus, ökonomischer Instabilität und der Hoffnung auf ein besseres Leben verlassen.

e. Warum ist er nach Deutschland gekommen und nicht in die USA immigriert? Die Immigration nach Deutschland war einfacher und billiger als nach Amerika.

f. Was ist er von Beruf? Er ist Autor von Büchern und Artikeln, Radio- und Fernsehmoderator und DJ.

g. Was ist *Russendisko*? 1. In der Russendisko tanzt und singt man zu russischer Musik. Die Russendisko findet in der „Tanzwirtschaft Kaffee Burger" im Osten Berlins statt, geht aber auch auf Tour. Die Termine stehen im Internet unter www.russendisko.de. 2. *Russendisko* ist auch ein Film von Oliver Ziegenbalg aus dem Jahr 2012. 3. Russendisko ist auch eine Sammlung von Kurzgeschichten.

Bestseller-Autor Wladimir Kaminer

Deutschsein und Fremdsein

Lesen

:: 2 :: Titel analysieren

Sie werden einen Auszug aus der Kurzgeschichte „Der Sprachtest" aus Wladimir Kaminers Sammlung von Kurzgeschichten *Russendisko* lesen. Notieren Sie Situationen, in denen ein Sprachtest notwendig ist.

_____

_____

_____

:: 3 :: Den ersten Teil lesen

Lesen Sie den ersten Teil des Auszugs und beantworten Sie folgende Fragen:

· Was hat Wladimirs Vater vor?

· Wer muss den Sprachtest in Deutschland machen?

Wladimirs Vater hat vor, deutscher Staatsbürger zu werden und den Sprachtest zu machen,

der dafür notwendig ist. Den Sprachtest müssen Migranten bzw. Ausländer machen, die in Deutschland

eingebürgert werden wollen.

DER SPRACHTEST

von Wladimir Kaminer

Mein Vater zum Beispiel hatte in der Sowjetunion dreimal versucht, in die Partei einzutreten, immer vergeblich[1]. Jetzt will er in Deutschland eingebürgert werden. Seit acht Jahren lebt er hier, und diesmal will er sich seine Chancen nicht durch
5 Unwissenheit vermasseln[2]. Die schlauen Russen haben auch bereits herausgefunden, was bei der Einbürgerung die entscheidende Rolle spielt: der neue geheimnisvolle Sprachtest für Ausländer, der gerade in Berlin eingeführt wurde. Mit seiner Hilfe will die Staatsmacht beurteilen[3], wer Deutscher sein darf und wer nicht. Das Dokument
10 wird zwar noch geheim[4] gehalten, doch einige Auszüge[5] davon landeten trotzdem auf den Seiten der größten russischsprachigen Zeitung Berlins.

---

[1]**vergeblich** ohne Erfolg [2]**vermasseln** kaputt machen [3]**etwas beurteilen** sagen, ob etwas gut oder schlecht ist [4]**geheim** niemand darf es sehen [5]**der Auszug** ein Teil von einem Buch, Artikel oder Dokument; Exzerpt

:: 4 :: Den zweiten Teil lesen

Lesen Sie den zweiten Teil des Auszugs und beantworten Sie folgende Frage:

- Was wird in dem Sprachtest gefragt?

Mögliche Antworten:
1. Was kann man machen, wenn ein Nachbar spätabends laut Musik hört? 2. Was würden Sie im Winterschlussverkauf (Sommerschlussverkauf) kaufen und warum? 3. Treiben Sie Sport? Haben Sie Gesundheitsprobleme? Wie ernähren Sie sich?

Diese Auszüge schrieb mein Vater sogleich mit der Hand ab, um sie gründlich zu studieren. Denn jedem Kind ist wohl klar, dass es bei
15 dem Sprachtest weniger um die Sprachkenntnisse als solche geht, als um die Lebenseinstellung[6] des zukünftigen deutschen Bürgers. In dem Test werden verschiedene Situationen geschildert[7] und dazu Fragen gestellt. Zu jeder Frage gibt es drei mögliche Antworten. Daraus wird dann das psychologische Profil des Kandidaten erstellt.

20 *Variante I: Ihr Nachbar lässt immer wieder spätabends laut Musik laufen. Sie können nicht schlafen. Besprechen Sie mit Ihrem Partner das Problem und überlegen Sie, was man tun kann.*

Warum stört Sie die Musik?

Gibt es noch andere Probleme mit dem Nachbarn?

25 *Welche Vorschläge haben Sie, um das Problem zu lösen?*

Dazu verschiedene Antworten, a, b und c. Unter c steht „Erschlagen[8] Sie den Nachbarn". Darüber lacht mein Vater nur. So leicht lässt er sich nicht aufs Kreuz legen[9].

Variante II: Der Winterschlussverkauf[10] (Sommerschlussverkauf)
30 *hat gerade begonnen. Sie planen zusammen mit Ihrem Partner einen Einkaufsbummel.*

Wann und wo treffen Sie sich? Was wollen Sie kaufen?

Warum wollen Sie das kaufen?

Mein Vater ist nicht blöd. Er weiß inzwischen genau, was der
35 Deutsche kaufen will und warum.

---

[6]**die Einstellung** die Denkweise, innere Haltung, Attitüde   [7]**schildern** beschreiben   [8]**erschlagen** töten   [9]**So leicht lässt er sich nicht aufs Kreuz legen.** *hier:* So leicht gibt er keine falschen Antworten.   [10]**der Winterschlussverkauf** am Ende des Winters wird Winterkleidung billiger verkauft

Doch die dritte Variante macht ihm große Sorgen, da er den Subtext noch nicht so richtig erkennen kann.

Variante III: „Mit vollem Magen gehst du mir nicht ins Wasser, das ist zu gefährlich", hören Kinder häufig von ihren Eltern. Wer sich
40 *gerade den Bauch voll geschlagen[11] hat, sollte seinem Körper keine Hochleistungen[12] abfordern[13]. Angst vor dem Ertrinken[14], weil ihn die Kräfte verlassen, braucht allerdings keiner zu haben.*

Schwimmen Sie gern?

Haben Sie danach Gesundheitsprobleme?

45 *Was essen Sie zum Frühstück?*

Diesen Text reichte[15] mir mein Vater und fragte, was die Deutschen meiner Meinung nach damit gemeint haben könnten? O-o, dachte ich, das ist ja ein richtig kompliziertes Ding. Den ganzen Abend versuchte ich, Variante III zu interpretieren. ... Ich habe
50 bereits so eine Vorahnung[16], dass mein Vater bei dem Sprachtest durchfallen[17] wird.

Quelle: Wladimir Kaminer, *Russendisko* © 2002 Wilhelm Goldmann Verlag, Munich, a member of Velagsgruppe Random House GmbH. Reprinted by permission of Velagsgruppe Random House.

---

[11]**sich den Bauch voll schlagen** sehr viel essen   [12]**die Hochleistung** große Anstrengung   [13]**abfordern** haben wollen, verlangen   [14]**das Ertrinken** *Wenn man nicht schwimmen kann, ertrinkt man leicht.*   [15]**reichen** geben   [16]**die Vorahnung** die Vermutung   [17]**durchfallen** eine Prüfung nicht bestehen, nicht gut genug machen

Wieso? Weshalb? Warum?

:: 5 :: Diskussion

Übungsbuch Einheit 3, Teil C

Diskutieren Sie in der Gruppe, warum diese Fragen Ihrer Meinung nach gestellt werden. Berichten Sie dann im Plenum.

:: 6 :: Zusammenfassen

Übungsbuch
Einheit 3,
Teil C

Fassen Sie den Auszug aus *Russendisko* zusammen, indem Sie die Sätze mit den Verben im Kasten beenden.

Verben

> bestehen
> lernen
> helfen
> interpretieren
> ~~haben~~
> durchfallen
> machen
> beantworten

BEISPIEL: *Wladimir Kaminers Vater möchte einen deutschen Pass <u>haben</u>.*

a. Um einen deutschen Pass zu bekommen, muss man einen Sprachtest _____machen_____.

b. Es ist nicht so einfach, den Test _____zu bestehen_____.

c. Wladimirs Vater hat Angst davor, _____durchzufallen_____.

d. Deshalb versucht er für den Sprachtest _____zu lernen_____.

e. Aber er hat Probleme alle Fragen _____zu beantworten_____.

f. Er bittet seinen Sohn ihm _____zu helfen_____.

g. Aber auch sein Sohn kann die dritte Frage nicht _____interpretieren_____.

 :: 7 :: Hören: Interview mit Wladimir Kaminer

Track 6

Hören Sie sich das Interview zweimal an. Notieren Sie beim ersten Hören fünf Fragen, die Herrn Kaminer von den Autorinnen gestellt wurden. Schreiben Sie beim zweiten Hören Herrn Kaminers Antworten stichwortartig auf. Tragen Sie dann im Plenum Ihre Ergebnisse zusammen.

Das Interview befindet sich auf der Anders gedacht *Instructor's Audio CD.*

Das Transkript des Interviews befindet sich im Anhang des Buches.

1. Frage: _____

_____

Antwort: _____

_____

_____

2. Frage: _____

_____

Antwort: _____

_____

_____

3. Frage: _____

_____

Antwort: _____

_____

_____

4. Frage: _____

_____

Antwort: _____

_____

_____

5. Frage: _____

_____

Antwort: _____

_____

_____

Weiterführende Aufgaben

:: 8 :: Referat halten

Über das Leben von Wladimir Kaminer wurde ein Film mit dem Titel *Russendisko* gedreht. Der Film stammt aus dem Jahr 2012. Lesen Sie die Zusammenfassung im Internet und sehen Sie sich Filmclips an oder schauen Sie den ganzen Film. Berichten Sie dann im Kurs über den Inhalt und erzählen Sie, ob Sie der Film interessiert.

:: 9 :: Mit dem Internet arbeiten

Zusätzlich zum Sprachtest, der Deutschkenntnisse nachweist, muss seit 2008 ein Einbürgerungstest gemacht werden. Dieser Test fragt politisches, geschichtliches und gesellschaftliches Wissen ab. Suchen Sie im Internet Informationen über den Einbürgerungstest.

• Wie viele Fragen gibt es?

• Wie viele Fragen muss man richtig beantworten, um den Test zu bestehen?

Suchen Sie sich drei Fragen aus dem Test aus, die Sie beantworten möchten, und stellen Sie sie im Unterricht vor.

Insgesamt gibt es 310 Fragen. Jedem Prüfling werden davon 33 gestellt. Man muss mindestens 17 Fragen richtig beantworten, um den Test zu bestehen.

:: 10 :: Projektarbeit: Prominente ausländischer Herkunft / Die deutsche Fußballnationalmannschaft

© Markus Kirchgessner / laif / Redux

Die in Berlin lebende japanische Schriftstellerin Yoko Tawada

a. Die im Folgenden genannten Personen sind Prominente mit ausländischen Wurzeln. Alle leben und arbeiten in Deutschland. Suchen Sie im Internet Informationen über die Person, die Sie am interessantesten finden und halten Sie ein Referat über sie. Suchen Sie unter anderem Informationen zu den folgenden Fragen:

· Wo lebt und arbeitet diese Person?

· Welchen Pass hat er/sie?

· Woher stammt seine/ihre Familie?

· Sonstiges

> Yoko Tawada, Schriftstellerin
> Daniel Libeskind, Architekt
> Xavier Naidoo, Sänger
> Özcan Mutlu, Politiker von Bündnis 90/DIE GRÜNEN
> Mousse T., Musikproduzent
> Fatih Akin, Filmregisseur

b. Informieren Sie sich im Internet über die Zusammensetzung der deutschen Fußballnationalmannschaft. Welche Spieler haben deutsche, welche ausländische Wurzeln? Woher stammen die eingewanderten Spieler oder ihre Familien? Entwerfen Sie kurze Spieler-Porträts der aktuellen Mannschaft.

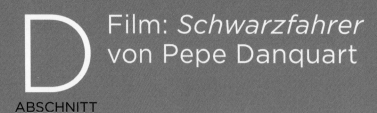
 Schwarzfahrer

Übungsbuch
Einheit 3,
Teil D

:: 1 :: Wortschatz: Das Wortfeld „schwarz"

Lesen Sie die folgenden Ausdrücke, in denen das Adjektiv **schwarz** vorkommt. Vermuten Sie zunächst, was sie bedeuten könnten. Ihre Kursleiterin/Ihr Kursleiter hilft Ihnen anschließend.

der Schwarzmarkt	illegaler Handel
schwarz auf weiß	schriftlich
schwarzes Gold	Erdöl
schwarze Zahlen schreiben	finanzielle Gewinne machen
schwarzarbeiten	illegal arbeiten, d. h. ohne Papiere und ohne Steuern zu zahlen
schwarzes Schaf	eine Person, die anders ist als der Rest
schwarzsehen	negativ eingestellt sein
schwarze Kasse	eine illegale, inoffizielle Kasse, deren Inhalt nicht versteuert wird
schwarzer Tag	ein schlechter Tag
sich schwarzärgern	sich sehr ärgern
warten, bis man schwarz wird	sehr lange warten
schwarzfahren	ohne Fahrkarte fahren, z.B. im Bus, in der Bahn, im Zug, …

In den Ausdrücken *die schwarze Kasse, der Schwarzmarkt, schwarzarbeiten* und *schwarzfahren* hat *schwarz* die Bedeutung *illegal*. Ein *Schwarzfahrer* ist jemand, der ohne Fahrkarte z.B. ein öffentliches Verkehrsmittel benutzt.

In einigen dieser Ausdrücke hat **schwarz** die gleiche Bedeutung: *die schwarze Kasse, der Schwarzmarkt, schwarzarbeiten* und *schwarzfahren*. Durch welches andere Adjektiv kann man **schwarz** in diesen Ausdrücken ersetzen? Was ist dann wohl ein *Schwarzfahrer*?

Film sehen

:: 2 :: Erste Sequenz sehen

Filmsequenz
Sequenz: 1
Start: Anfang
Stopp: Alle Leute
an der ersten
Haltestelle sind in
die Straßenbahn
eingestiegen.
Länge: circa 3.30 Min.

Sehen Sie sich die erste Sequenz an. Beobachten Sie die Leute, die Sie in der Sequenz sehen. Stellen Sie Vermutungen an.

Person	Hat welchen Beruf?	Sieht wie aus?

👥 :: 3 :: Hypothesen aufstellen

Arbeiten Sie mit Ihrer Partnerin/Ihrem Partner. Sehen Sie sich das Bild an und beantworten Sie die Fragen.

· Wo sind die Leute? In welcher Situation befinden sie sich?

_____

_____

· Was denkt die alte Frau? Was denkt der Mann neben ihr? Schreiben Sie die Gedanken auf.

Die alte Frau denkt: _____

_____

_____

_____

Photographer: Ekko von Schwichow / © Trans-Film-Vertrieb

Der Mann denkt: _____

_____

_____

:: 4 :: Zweite Sequenz ohne Ton sehen

Sehen Sie sich die zweite Sequenz vorerst ohne Ton an und konzentrieren Sie sich auf folgende Aspekte:

· Was sehen Sie? Was passiert hier?

· Was macht die alte Frau? Beachten Sie ihre Mimik und Gestik.

· Wie reagiert der Afrodeutsche? Beachten Sie seine Mimik und Gestik.

:: 5 :: Ansichten antizipieren

Lesen Sie die Aussagen, bevor Sie die Sequenz mit Ton sehen.
Unterstreichen Sie die Sätze, die Ihrer Meinung nach in dieser Sequenz von der alten Frau gesagt werden.

Filmsequenz
Sequenz: 2
Start: Alle Leute an der ersten Haltestelle sind in die Straßenbahn eingestiegen.
Stopp: Der junge Mann mit dem Kopfhörer steigt in die Straßenbahn ein.
Länge: circa 3.00 Min.

Mögliche Antworten zu Aufg. 6: Ausländer profitieren von unseren Steuern. Sie benehmen sich nicht anständig. Ausländer passen sich nicht an die deutschen Sitten an. Niemand hat diese Menschen eingeladen. Die Ausländer liegen den Deutschen auf der Tasche. Sie arbeiten schwarz und man kann es nicht kontrollieren, weil sie alle gleich aussehen. Ausländer riechen schlecht. Es gibt hier schon genug Italiener und Türken und jetzt kommt auch noch halb Afrika. In Afrika vermehren sich die Leute wie die Kaninchen, deshalb haben dort auch alle AIDS. Man kann sie nicht mehr loswerden und bald gibt es hier nur noch Türken, Polen und Schwarze. Man weiß schon nicht mehr, in welchem Land man lebt.

Aussagen

„Als ob man sich nicht an unsere Sitten[1] anpassen[2] könnte."
„Ich bin sehr zufrieden mit meinem Leben."
„Ich habe keine Angst, deshalb gehe ich abends oft allein aus dem Haus."
„Man müsste wenigstens verlangen können, dass sie ihre Namen ändern, bevor sie zu uns
    kommen, sonst hat man ja gar keinen Anhaltspunkt[3]."
„Leider kann er nicht gut Deutsch, aber das macht ja nichts."
„Und dann arbeiten die alle noch schwarz. Als ob das jemand kontrollieren könnte, wo
    von denen einer aussieht wie der andere."
„Ich vertraue auf meine Mitmenschen."
„Warum kommt ihr überhaupt alle hierher, hat euch denn jemand eingeladen?"
„Wer von unseren Steuern profitiert, könnte sich wenigstens anständig[4] benehmen[5]."
„Mit so vielen verschiedenen Menschen fahre ich immer gern in der Straßenbahn."
„Wir haben es alleine geschafft, wir brauchen keine Hottentotten[6], die uns auf der
Tasche herumliegen[7], jetzt, wo wir selber so viele Arbeitslose haben."

---

[1]**die Sitte** der Brauch, die Tradition; die Art, wie man sich in einem Land benimmt   [2]**sich anpassen** sich adaptieren, assimilieren, angleichen   [3]**der Anhaltspunkt** der Orientierungspunkt   [4]**anständig** freundlich, nett, höflich   [5]**sich benehmen** sich verhalten (*die Art, wie man redet, was man macht, wie man mit Leuten spricht*)   [6]**der Hottentotte** Angehöriger der Khoi im südwestlichen Afrika (*rassistische Bezeichnung*); *hier:* Schimpfwort für Schwarze   [7]**jemandem auf der Tasche liegen** sich von jemandem finanzieren lassen

:: 6 :: Zweite Sequenz mit Ton ansehen

Sehen Sie sich dieselbe Sequenz noch einmal an, dieses Mal mit Ton. Was haben Sie gehört? Was sagt die Frau? Notieren Sie vier ausländerfeindliche Bemerkungen.

BEISPIEL: *Ausländer passen sich nicht an die deutschen Sitten an.*

_____

_____

_____

_____

:: 7 :: Dritte Sequenz sehen

Filmsequenz
Sequenz: 3
Start: Der junge Mann mit dem Kopfhörer steigt ein.
Stopp: Der Fahrkartenkontrolleur steigt ein.
Länge: circa 2 Min.

Lesen Sie vor dem Sehen die Fragen. Diskutieren Sie nach dem Sehen mit Ihren Kommilitoninnen/Kommilitonen.

· Warum hat die alte Frau Ihrer Meinung nach solche Vorurteile[1] gegen Ausländer?

· Warum reagiert der Mann nicht darauf?

· Wie reagieren die anderen Fahrgäste auf die ausländerfeindlichen Bemerkungen der Frau? Warum?

· Wenn Sie an der Stelle des jungen Schwarzen wären, wie würden Sie reagieren?

· Wie wird der Film Ihrer Meinung nach weitergehen?

---

[1]**das Vorurteil** (*negativ*) Meinung von einer Person, ohne die Person zu kennen; z.B. ein Vorurteil gegen Ausländer, Menschen anderer Religion, ...

:: 8 :: Vierte Sequenz sehen

Filmsequenz
Sequenz: 4
Start: Der
Fahrkartenkontrolleur
steigt ein.
Stopp: Ende
Länge: circa 3.30 Min.

Sehen Sie sich das Ende des Films an und besprechen Sie es danach:

- Was macht der Afrodeutsche?
- Was passiert mit der Frau?
- Wer ist der eigentliche Schwarzfahrer?
- Wie reagieren die Fahrgäste auf die Situation?
- Warum ist der Titel des Films ironisch?

Weiterführende Aufgaben

:: 9 :: Diskussion

Keiner der anderen Fahrgäste hat verbal auf die ausländerfeindlichen Bemerkungen der Frau reagiert. Diskutieren Sie die folgenden Fragen:

- Wie würden Sie reagieren?
- Würden Sie etwas zu der alten Frau sagen oder würden Sie sie ignorieren?
- Wie sollte man sich in so einer Situation verhalten?

Übungsbuch
Einheit 3,
Teil D

:: 10 :: Zusammenfassung schreiben

Fassen Sie den Film zusammen. Schreiben Sie aus einer der folgenden Perspektiven:

- aus der Perspektive des Schwarzen
- aus der Perspektive der alten Frau
- aus der Perspektive eines anderen Fahrgastes

Grundwortschatz

:: VERBEN

sich an•passen: er/sie/es passt sich ... an, passte sich ... an, hat sich ... angepasst	to adapt (o.s.)
an•werben: er/sie/es wirbt ... an, warb ... an, hat ... angeworben	to recruit, offer a job
sich assimilieren: er/sie/es assimiliert sich, assimilierte sich, hat sich ... assimiliert	to assimilate
aus•wandern: er/sie/es wandert ... aus, wanderte ... aus, ist ... ausgewandert	to emigrate
bestehen: er/sie/es besteht, bestand, hat ... bestanden	to pass (*a test*)
durch•fallen: er/sie/es fällt ... durch, fiel ... durch, ist ... durchgefallen	to have no success, fail, flunk
ein•wandern: er/sie/es wandert ... ein, wanderte ... ein, ist ... eingewandert	to immigrate
immigrieren: er/sie/es immigriert, immigrierte, ist ... immigriert	to immigrate
sich integrieren: er/sie/es integriert sich, integrierte sich, hat sich ... integriert	to integrate (o.s.)
zurück•kehren: er/sie/es kehrt ... zurück, kehrte ... zurück, ist ... zurückgekehrt	to come back, return

:: NOMEN

die Arbeitskraft, die Arbeitskräfte	worker, workforce
die Assimilation	assimilation
der Aufschwung	upswing, improvement of a situation
der Ausländer, - / die Ausländerin, -nen	foreigner, alien
die Ausländerfeindlichkeit	xenophobia, negative feelings and aggression toward foreigners
die Bemerkung, -en	remark, comment
die Einbürgerung, -en	naturalization, the act of becoming a citizen of a country
die Einwanderung	immigration
das Einwanderungsland, die Einwanderungsländer	a country to which many people immigrate
die Fachkraft, Fachkräfte	qualified person, specialist
der Gastarbeiter, - / die Gastarbeiterin, -nen	guest worker; person who is invited from a foreign country to work
das Gesetz, -e	law

die Heimat	homeland, region where s.o. was born or feels at home
die Immigration	immigration
die Integration	integration
die Konjunktur	economic cycle, economic situation of a country
der Pass, die Pässe	passport
die Staatsangehörigkeit	citizenship, nationality
der Staatsbürger, - / die Staatsbürgerin, -nen	citizen (of a country)
die Staatsbürgerschaft	citizenship, nationality
das Vorurteil, -e	prejudice, bias
die Wirtschaft	economy
das Wirtschaftswunder	economic miracle, the rapid rebuilding and development of the West German economy after World War II
die Zuwanderung	immigration

:: ADJEKTIVE UND ADVERBIEN

ausländerfeindlich	xenophobic, having negative feelings toward foreigners
fremd	foreign; strange
multikulturell	multicultural
qualifiziert	qualified, skilled

Die Comedian Harmonists

EIN MUSIKENSEMBLE DER 20ER- UND 30ER-JAHRE

:: ABSCHNITTE

A Geschichtlicher Hintergrund
B Film: *Comedian Harmonists* von Joseph Vilsmaier

:: TEXTE

- Die Weimarer Republik (geschichtlicher Überblick)
- Veronika, der Lenz ist da (Lied der Comedian Harmonists)
- Lebensläufe der Comedian Harmonists
- Aus dem Brief der Reichsmusikkammer
- Auf Wiedersehn (Lied der Comedian Harmonists)

:: FILM

- *Comedian Harmonists* von Joseph Vilsmaier, 1997

:: INTERNET-AKTIVITÄTEN

- Kultur und Kunst in der Weimarer Republik
- Werdegang der Comedian Harmonists nach 1935

:: SPRACHLICHE STRUKTUREN

- Reflexive Verben mit Präpositionalobjekt
- Relativsätze
- Reflexive Verben

:: IN DIESER EINHEIT

Diese Einheit beschäftigt sich mit der Entstehung, dem Erfolg und dem Zerfall des deutschen Männersextetts *Comedian Harmonists* im Kontext der Weimarer Republik und des Dritten Reiches.

Szene aus dem Film
Comedian Harmonists

4

EINHEIT
EINHEIT

© Miramax / Photofest

Einstimmung auf das Thema

:: 1 :: Begriffe einordnen: 20er-Jahre

Was wissen Sie über die Goldenen Zwanzigerjahre? Arbeiten Sie mit Ihrer Partnerin/Ihrem Partner und lesen Sie die Begriffe zum Thema. Ordnen Sie dann jeden Begriff einer der fünf Kategorien in der Tabelle zu. Kennen Sie weitere Begriffe?

The Granger Collection, NY

Die Goldenen Zwanziger

Begriffe

Arbeitslosigkeit	*Im Westen nichts Neues*	Arnold Schönberg
Bauhaus	Inflation	*Der Steppenwolf*
Der blaue Engel	Jazz	Stummfilme
der Charleston	Paul Klee	Surrealismus
Dadaismus	Thomas Mann	Weimarer Republik
Die Dreigroschenoper	*Nosferatu*	Weltwirtschaftskrise
Hermann Hesse		

Kunst / Architektur	Politik / Wirtschaft	Kino / Theater	Musik / Tanz	Literatur
Bauhaus	Arbeitslosigkeit	*Der blaue Engel*	der Charleston	Hermann Hesse
Dadaismus	Inflation	*Nosferatu*	*Die Dreigroschenoper*	*Im Westen nichts Neues*
Paul Klee	Weimarer Republik	Stummfilme	Jazz	Thomas Mann
Surrealismus	Weltwirtschaftskrise		Arnold Schönberg	*Der Steppenwolf*

A ABSCHNITT Geschichtlicher Hintergrund

In diesem Abschnitt werden Sie sich mit der deutschen Geschichte von 1918 bis 1935 beschäftigen. Während dieser Zeit entstand das Männersextett „Comedian Harmonists". Die politischen Verhältnisse hatten großen Einfluss auf das Leben der Musiker.

Weimarer Republik

Den Zeitraum der deutschen Geschichte von 1919 bis 1933 nennt man die „Weimarer Republik". Der Name stammt von der Stadt Weimar, wo die erste Nationalversammlung dieser Epoche stattfand.

 :: 1 :: Mit dem Internet arbeiten

Suchen Sie Informationen zur Weimarer Republik. Wählen Sie einen Aspekt aus, z.B. Kunst, Politik, Kino, Mode, Musik, Tanz, Wirtschaft, Literatur, Theater oder Philosophie. Notieren Sie fünf Schlagwörter zu dem von Ihnen gewählten Aspekt.

Aspekt: _____

_____ Schlagwörter: _____

1. _____
2. _____
3. _____
4. _____
5. _____

STRUKTUREN Reflexive Verben mit Präpositionalobjekt

Übungsbuch
Einheit 4,
Teil A

:: a :: Vervollständigen Sie die folgenden Sätze schriftlich mit den für Sie relevanten Informationen.

1. Ich interessiere **mich** für _____ in der Weimarer Republik.
2. Ich habe **mich** mit _____ beschäftigt.
3. Ich erinnere **mich** daran, dass _____.
4. Ich habe **mich** über _____ gewundert.

Die Verben oben sind reflexiv. Die Reflexivpronomen sind fett gedruckt. Diese Verben haben auch ein Präpositionalobjekt. Notieren Sie die Infinitivform des Verbs, die Präposition und den Kasus des Präpositionalobjekts.

1. *sich interessieren für* + Akkusativ
2. sich beschäftigen mit + *Dativ*
3. sich erinnern an + *Akkusativ*
4. sich wundern über + *Akkusativ*

Sehen Sie sich die Reflexivpronomen in dieser Übersicht an.

Reflexivpronomen (Akkusativ)	
ich interessiere **mich** für	wir interessieren **uns** für
du interessierst **dich** für	ihr interessiert **euch** für
er/sie/es interessiert **sich** für	sie/Sie interessieren **sich** für

:: b :: **Mündlich berichten** Erklären Sie einer Partnerin/einem Partner in einem dreiminütigen mündlichen Bericht, womit Sie sich beschäftigt haben und was Sie herausgefunden haben. Danach berichtet die/der andere.

BEISPIEL: *Ich habe mich mit der Kunst in der Weimarer Republik beschäftigt. Ich habe herausgefunden, dass …*

:: c :: **Informationen im Plenum austauschen** Fassen Sie den mündlichen Bericht Ihrer Partnerin/Ihres Partners für alle zusammen. Womit hat sie/er sich beschäftigt? Wofür interessiert sie/er sich? Verwenden Sie die entsprechenden Reflexivpronomen.

BEISPIEL: *Alison hat sich mit der Kunst in der Weimarer Republik beschäftigt. Sie interessiert sich besonders für …*

Surrealismus

:: 2 :: Wortschatz: Verben

Lesen Sie den Text über die Weimarer Republik auf Seite 132. Ordnen Sie
dann den Verben die entsprechende Bedeutung zu.

Verben		Bedeutungen
1. ausrufen:	_j_	a. auswandern
2. in Kraft treten:	_d_	b. entstehen
3. scheitern:	_h_	c. für ungültig erklären, z.B. ein Gesetz eliminieren
4. verlieren:	_e_	d. gültig werden
5. sich entwickeln:	_b_	e. nicht gewinnen
6. versprechen:	_f_	f. sagen, dass man etwas machen wird
7. verbieten:	_i_	g. bekämpfen
8. außer Kraft setzen:	_c/k_	h. keinen Erfolg haben
9. aufheben:	_c_	i. nicht erlauben
10. vorgehen gegen + *Akkusativ*:	_g_	j. deklarieren
11. verlassen:	_l_	k. aufheben
12. emigrieren:	_a_	l. weggehen

DIE WEIMARER REPUBLIK (GESCHICHTLICHER ÜBERBLICK)

Mit dem Ersten Weltkrieg war in Deutschland auch die Monarchie zu Ende und am 9. November 1918 <u>rief</u> Philipp Scheidemann die Republik <u>aus</u>. Am 31. Juli 1919 <u>trat</u> die Weimarer Verfassung[1] <u>in Kraft</u>, die Deutschland zu einer demokratischen parlamentarischen
5 Republik machte.

Allerdings war diese Republik zu schwach und <u>scheiterte</u> schon 14 Jahre später. Gründe dafür waren unter anderem die wirtschaftliche Not der Nachkriegszeit und die Bedingungen des Friedensvertrages von Versailles, den Deutschland 1919 unterschreiben musste. Dieser
10 sagte, dass Deutschland, weil es den Krieg <u>verloren</u> hatte, an die Siegerländer Reparationen zahlen musste.

Da es den Deutschen zu dieser Zeit nicht sehr gut ging, <u>entwickelte sich</u> eine tiefe Skepsis gegenüber der Republik, deren Folge[2] innenpolitische Instabilität war. Die Weltwirtschaftskrise 1929 war der Anfang vom
15 Ende der Weimarer Republik. Die durch die Weltwirtschaftskrise ausgelöste Massenarbeitslosigkeit brachte große Unzufriedenheit, die <u>sich</u> die nationalsozialistische Bewegung Adolf Hitlers <u>zunutze machte</u>[3]. Hitler <u>versprach</u> den Menschen, die Arbeitslosigkeit schnell abzubauen[4]. Als er 1933 an die Macht kam, <u>verbot</u> er alle Parteien außer
20 seiner eigenen. Außerdem <u>setzte</u> er die Grundrechte <u>außer Kraft</u> und <u>hob</u> die Pressefreiheit <u>auf</u>[5]. <u>Gegen</u> politische Gegner <u>ging</u> das Regime mit Terror <u>vor</u>. Die Juden wurden aller Rechte beraubt[6]. Viele Menschen <u>verließen</u> zu dieser Zeit das Land. Auch viele der besten deutschen Intellektuellen, Künstler und Wissenschaftler <u>emigrierten</u> ins Ausland.

---

[1]**die Verfassung** konstitutioneller Vertrag zwischen dem Staat und seinen Bürgern   [2]**die Folge** die Konsequenz   [3]**sich zunutze machen** ausnutzen, einen eigenen Vorteil von haben   [4]**abbauen** verkleinern, verringern   [5]**aufheben (hob auf)** für ungültig erklären   [6]**(jemanden) der Rechte** (*Genitiv*) **berauben** (jemandem) seine Rechte wegnehmen

Hyperinflation: Der Wert der Papiermark fiel 1923 stetig, z.B. kostete am 2. Dezember 1923 in Berlin ein Ei 320 Milliarden Reichsmark.

:: 3 :: Grundformen aufschreiben

Einige Verben im Text sind unterstrichen. Notieren Sie die Grundformen dieser Verben.

Infinitiv	Präteritum	Perfekt
ausrufen	*rief ... aus*	*hat ... ausgerufen*
in Kraft treten	trat ... in Kraft	ist ... in Kraft getreten
scheitern	scheiterte	ist ... gescheitert
verlieren	verlor	hat ... verloren
sich entwickeln	entwickelte sich	hat sich ... entwickelt
sich zunutze machen	machte sich ... zunutze	hat sich ... zunutze gemacht
versprechen	versprach	hat ... versprochen
verbieten	verbot	hat ... verboten
außer Kraft setzen	setzte ... außer Kraft	hat ... außer Kraft gesetzt
aufheben	hob ... auf	hat ... aufgehoben
vorgehen	ging ... vor	ist ... vorgegangen
verlassen	verließ	hat ... verlassen
emigrieren	emigrierte	ist ... emigriert

:: 4 :: Wortschatz: Nomen

Erklären Sie die folgenden Wörter:

die Monarchie

die Nachkriegszeit

der Friedensvertrag

die Reparationen (*Pl.*)

die Massenarbeitslosigkeit

die Unzufriedenheit

das Grundrecht

die Pressefreiheit

der Gegner

:: 5 :: Textverständnis prüfen

Richtig oder falsch? Markieren Sie die Sätze mit **R** oder **F**. Korrigieren Sie die falschen Sätze.

BEISPIEL: ___F___ Die Weimarer Republik war stark und die Leute fühlten sich wohl.
Die Weimarer Republik war schwach und die wirtschaftliche Not war groß.

a. ___F___ Nach dem Ersten Weltkrieg wurde Deutschland eine Monarchie.

b. ___R___ Die Weimarer Republik wurde 1919 offiziell anerkannt.

c. ___R___ Während der Weimarer Republik ereignete sich die Weltwirtschaftskrise.

d. ___F___ Zu dieser Zeit hatten alle Menschen Arbeit.

e. ___R___ Hitler versprach den Menschen Arbeit.

f. ___R___ Hitler verbot alle Parteien außer seiner eigenen.

g. ___F___ Er gab den Menschen viele Freiheiten.

h. ___R___ Er ging mit Terror gegen politische Gegner vor.

i. ___F___ Viele Intellektuelle, Wissenschaftler und Künstler kamen zu dieser Zeit nach Deutschland, weil dort eine gute Atmosphäre zum kreativen Arbeiten herrschte.

Korrigierte Sätze: a. F: Nach dem Ersten Weltkrieg rief Philipp Scheidemann die Republik aus / war in Deutschland die Monarchie zu Ende. d. F: Durch die Weltwirtschaftskrise wurde eine Massenarbeitslosigkeit ausgelöst. g. F: Er setzte die Grundrechte außer Kraft und hob die Pressefreiheit auf. Den Juden wurden alle Rechte weggenommen. i. F: Viele Intellektuelle, Wissenschaftler und Künstler verließen Deutschland und emigrierten ins Ausland.

:: 6 :: Fragen zum Text

Beantworten Sie die Fragen.

Was waren die Gründe für das Scheitern der Weimarer Republik?

Gründe für das Scheitern der Weimarer Republik: die wirtschaftliche Not der Nachkriegszeit

die Bedingungen des Friedensvertrages von Versailles (Reparationszahlungen),

Massenarbeitslosigkeit und andere Gründe

Warum hatte das Hitler-Regime eine Chance?

Hitler machte sich die große Unzufriedenheit der Menschen zunutze und versprach ihnen Arbeit.

B

Film: *Comedian Harmonists* von Joseph Vilsmaier

In diesem Abschnitt sehen Sie den Film *Comedian Harmonists* von 1997. Der Film basiert auf der wahren Geschichte des deutschen Männersextetts „Comedian Harmonists", das international berühmt wurde.

:: 1 :: Hypothesen aufstellen

Sehen Sie sich das Bild auf Seite 140 an. Was können Sie über das Bild sagen? Versuchen Sie es zeitlich einzuordnen.

Filmsequenz 1–3

Erste Sequenz: Berlin in den 20er-Jahren, die Unterhaltungsszene

:: 2 :: Wortschatz

Sehen Sie sich die erste Sequenz an und machen Sie sich Notizen zu den Kategorien in der Tabelle. Im Kasten finden Sie hilfreichen Wortschatz.

> **Filmsequenz**
> Sequenz: 1
> Start: Anfang des Films
> Stopp: Ende der Szene, in der die Gruppe das Lied „Veronika" auf der Bühne singt (DVD Sequenzauswahl 1, 0–4:20)

Wortschatz

die Bühne	auftreten	die Garderobe
das Publikum	der Auftritt	das Ensemble / die
das Theater	der Pianist	Gruppe
die Sänger (*Pl.*)	der Anzug	

Wer? (Personen)	Was? (Tätigkeiten)	Wo? (Ort)	Wie? (Aussehen, Kleidung, ...)
das Ensemble/die Gruppe; die Sänger; der Pianist	auftreten; der Auftritt	die Garderobe; die Bühne; das Theater	der Anzug, gut gekleidet, frisiert
das Publikum	das Konzert besuchen; applaudieren, klatschen, der Applaus	das Theater, die Sitzplätze	die Abendkleidung, gut gekleidet, frisiert

Vergleichen Sie im Plenum.

:: 3 :: Das Lied: Hypothesen aufstellen

Im Film haben Sie das Lied „Veronika" gehört. Überlegen Sie, um was für ein Lied es sich hier handeln könnte. Was konnten Sie verstehen? Ist das ein lustiges oder ein trauriges Lied? Begründen Sie Ihre Meinung.

 ## :: 4 :: Liedtext aufschreiben

Sehen Sie sich noch einmal die Szene im Film an, in der die Comedian Harmonists das Lied „Veronika" singen, und schreiben Sie mit einer Partnerin/einem Partner den Text auf. Kontrollieren Sie im Plenum.

VERONIKA

Veronika, der Lenz[1] _____,

die Mädchen _____,

_____ verhext,

_____ der Spargel[2] _____,

_____,

5 drum _____.

Sogar _____:

_____

_____ Jüngling[3] _____:

_____?

_____!

_____

_____ Pflicht[4],

_____:

_____

_____

[1]**der Lenz** der Frühling   [2]**der Spargel** ein Gemüse, das im Frühling wächst   [3]**der Jüngling** ein junger Mann   [4]**die Pflicht** etwas, das man tun muss

 ## :: 5 :: Reimschema bestimmen

Lesen Sie mit Ihrer Partnerin/Ihrem Partner das Lied laut und bestimmen Sie das Reimschema. Vergleichen Sie im Plenum.

:: 6 :: Kreatives Schreiben: einen Liedtext verfassen

Lesen Sie noch einmal das Lied „Veronika". Achten Sie auf die Reimform und verfassen Sie Ihre eigene Version.

STRUKTUREN Relativsätze

Bei den folgenden Sätzen handelt es sich um eine Kombination aus zwei oder mehr Gedanken, die in einem Hauptsatz und einem Relativsatz (Nebensatz) formuliert werden. Sehen Sie sich den folgenden Satz an:

> Harry hat **das Ensemble, das** Comedian Harmonists heißt, gegründet.

Der unterstrichene Teil ist der Relativsatz; **das** ist das Relativpronomen. Es bezieht sich auf **das Ensemble**.

Wie bestimmt man den Kasus des Relativpronomens? Dazu trennen Sie den Satz in zwei Teile:

> Harry hat **das Ensemble** gegründet.
> **Das Ensemble** heißt Comedian Harmonists.

Sehen Sie sich den zweiten Satz an. **Das Ensemble** steht im Nominativ. Also steht das Relativpronomen auch im Nominativ.

Wenn der Relativsatz mit einer Präposition beginnt, müssen Sie überlegen, welchen Kasus diese Präposition braucht:

Harry hat das Ensemble, mit dem er bekannt wurde, gegründet. (mit + *Dativ*)

Das Verb steht im Relativsatz am Ende, da Relativsätze Nebensätze sind.

Wie alle Nebensätze werden auch Relativsätze durch ein Komma vom Hauptsatz getrennt.

:: a :: Schauen Sie sich die Tabelle an. Was fällt Ihnen auf?

Relativpronomen

	maskulin	**feminin**	**neutrum**	**Plural**
Nominativ	*der*	*die*	*das*	*die*
Akkusativ	*den*	*die*	*das*	*die*
Dativ	*dem*	*der*	*dem*	*denen*
Genitiv	*dessen*	*deren*	*dessen*	*deren*

:: b :: Lesen Sie die Sätze. Formulieren Sie den Relativsatz als Hauptsatz und schreiben Sie das Relativpronomen in die Lücke.

1. Das Ensemble besteht aus sechs Männern, *die* wir bald besser kennenlernen werden.

   Relativsatz als Hauptsatz: *Wir werden die sechs Männer bald besser kennenlernen.*

2. Das Ensemble, in __dem__ die sechs Männer singen und spielen, heißt *Comedian Harmonists*.

   Relativsatz als Hauptsatz: *In dem Ensemble singen* und spielen sechs Männer.

3. Der Spielfilm, __der__ über dieses Ensemble gedreht wurde, heißt auch *Comedian Harmonists*.

   Relativsatz als Hauptsatz: Über dieses Ensemble wurde ein/der Film gedreht. *oder* Ein/Der Spielfilm wurde über dieses Ensemble gedreht.

4. Das erste Lied, __das__ die Gruppe im Film singt und __dessen__ Titel „Veronika" ist, ist ein Liebeslied.

   Relativsätze als 2 Hauptsätze: Die Gruppe singt im Film ein Lied. Der Titel des Liedes ist „Veronika".

5. Es ist ein lustiges Lied, in __dem__ ein Mädchen, __dessen__ Name Veronika ist, sich freut, dass es Frühling ist.

   Relativsätze als 2 Hauptsätze: In dem Lied freut sich ein Mädchen. Der Name des Mädchens ist Veronika.

6. Alle Mädchen, __die__ „tralala" singen, und die Welt, in __der__ sie leben, sind verhext.

   Relativsätze als 2 Hauptsätze: Alle Mädchen singen tralala. Sie leben in einer verhexten Welt.

7. Der Großpapa, __der__ zu der Großmama sagt: „Der Lenz ist da!", ist auch verhext.

   Relativsatz als Hauptsatz: Der Großpapa sagt zu der Großmama: „Der Lenz ist da!"

8. Die Großmama, __deren__ Namen wir nicht kennen, ist auch verhext.

   Relativsatz als Hauptsatz: Den Namen der Großmama kennen wir nicht. *oder* Wir kennen den Namen der Großmama nicht.

9. Das Lied, __das__ Harry Frommermann arrangiert hat, war in den 20er-Jahren in Deutschland sehr populär.

   Relativsatz als Hauptsatz: Harry Frommermann hat das Lied arrangiert.

10. In der Weimarer Republik, über __die__ wir etwas gelesen haben, war das Ensemble, über __das__ der Film gedreht wurde, sehr beliebt.

    Relativsätze als 2 Hauptsätze: Wir haben etwas über die Weimarer Republik gelesen. Über das Ensemble wurde der Film gedreht. / Der Film wurde über das Ensemble gedreht.

Zweite Sequenz: Harry – ein Porträt

:: 7 :: Fragen beantworten

Lesen Sie die folgenden Fragen vor dem Sehen der Sequenz. Sie dienen als Fokus beim Sehen. Beobachten Sie den Protagonisten und versuchen Sie Folgendes herauszufinden:

a. Wo wohnt Harry? In einer kleinen Dachwohnung.

b. Wie wohnt er? Er wohnt in armen Verhältnissen.

c. Wohnt er allein? Er hat einen Vogel, sonst lebt er allein.

d. Was ist sein Beruf? Er ist Arrangeur.

e. Was für einen sozialen Status hat er? Er ist ein armer, mittelloser Künstler.

f. Welche Musik liebt er? Die Musik der amerikanischen Gruppe „Revellers".

g. Warum geht er ins Musikgeschäft? Um die neueste Platte der „Revellers" zu kaufen.

h. Wen trifft er da? Er trifft Erna.

i. Was erfahren wir über die Eltern des Protagonisten? Sie sind tot.

j. Was erfahren wir über seine Beziehung zu Erna? Er ist in sie verliebt.

k. Sonstiges: _____

Dritte Sequenz: Die Gruppe entsteht

:: 8 :: Informationen notieren

Konzentrieren Sie sich beim Sehen darauf, wie die einzelnen Musiker Mitglieder der Gruppe werden. Notieren Sie nach dem Sehen die Informationen in ganzen Sätzen.

Name	Wie zur Gruppe gekommen?
1. Robert (Bob) Biberti (in der Mönchskutte)	*ist zur Gruppe gekommen, weil er …*
2. Ari Leschnikoff (der singende Kellner)	
3. Erich Collin	
4. Roman Cycowski	
5. Erwin Bootz (schläft gern)	

Filmsequenz
Sequenz: 2
Start: Harry komponiert in seiner Dachkammer.
Stopp: Ende der Szene auf dem Friedhof (DVD Sequenzauswahl 2, 4:20–10:29)

Aufgabe 8:
1. Robert (Bob) Biberti ist zur Gruppe gekommen, weil er Harrys Anzeige in der Zeitung gelesen und sich bei ihm vorgestellt hat. Harry gefiel seine Stimme.
2. Ari Leschnikoff ist zur Gruppe gekommen, weil Bob ihn Harry vorgestellt hat. 3. Erich Collin ist auch zur Gruppe gekommen, weil Bob ihn Harry vorgestellt hat.
4. Roman Cycowski ist ebenfalls zur Gruppe gekommen, weil Bob ihn Harry vorgestellt hat.
5. Erwin Bootz ist zur Gruppe gekommen, weil er von Ari aus dem Bett und dann zur Probe geholt wurde.

Filmsequenz
Sequenz: 3
Start: Im Theatercafé
Stopp: Ende der Szene, in der die sechs das Lied „Veronika" zum ersten Mal proben (DVD Sequenzauswahl 3, 10:30–19:50)

Lebensläufe der Comedian Harmonists

Übungsbuch
Einheit 4,
Teil B

:: 1 :: Selektives Lesen

Auf den nächsten Seiten finden Sie die Lebensläufe der Mitglieder der *Comedian Harmonists*. Wählen Sie einen Lebenslauf, lesen Sie ihn und machen Sie sich Notizen. Stellen Sie sich Ihren Kommilitoninnen/ Kommilitonen in der **ich**-Form vor. Benutzen Sie das Perfekt, da Sie nun mündlich berichten.

BEISPIEL: *Ich heiße … . Ich bin in … geboren.*

Name: _____

Geburtsort: _____

Familie: _____

Studium oder Arbeit: _____

Tätigkeit vorher: _____

Sonstiges: _____

Die Comedian Harmonists: Robert Biberti, Erich A. Collin, Erwin Bootz, Roman Cycowski, Harry Frommermann, Ari Leschnikoff

© ullstein bild / The Granger Collection, NY

LEBENSLÄUFE DER COMEDIAN HARMONISTS

Erwin Bootz wurde am 30. Juni 1907 in Stettin geboren. Er wuchs mit seinen sechs Geschwistern in einem relativ reichen Elternhaus auf. Seine Eltern hatten ein Musikgeschäft, sodass er bereits früh Kontakt zur Musik hatte. Schon mit vier Jahren lernte er
5 Klavierspielen. Er besuchte zunächst das Konservatorium in Stettin und studierte anschließend an der Musikhochschule Berlin.

Ari Leschnikoff wurde am 16. Juli 1897 in Bulgarien, in der Nähe von Sophia, geboren. Bulgarien war damals noch ein Teil der Türkei. Während des Ersten Weltkrieges war er beim Militär. Ein paar Jahre
10 nach dem Krieg wanderte er nach Deutschland aus, um Musik zu studieren. Er studierte am Konservatorium in Berlin und arbeitete nebenher als Kellner. Er bekam einen Vertrag als Chorsänger am Großen Schauspielhaus, wo er Roman Cycowski und Bob Biberti kennenlernte.

15 **Erich A. Collin** wurde am 26. August 1899 in Berlin geboren. Er stammte aus einer jüdischen Familie. Sein Vater war Kinderarzt und ein Freund von Albert Einstein. Als Collin drei Jahre alt war, trennten sich seine Eltern. Seine schöne Stimme wurde schon früh von einer reichen Dame entdeckt, die ihm eine Gesangsausbildung finanzierte.
20 Kurz bevor er mit seinem Medizinstudium beginnen wollte, wurde er als Soldat ausgebildet, in den Krieg musste er aber nicht mehr. Als 1923 sein Vater starb, begann er Musik zu studieren, was ihm sein Vater verboten hatte. Auf der Musikhochschule lernte er Erwin Bootz kennen.

25 **Harry Frommermann** wurde am 12. Oktober 1906 in Berlin geboren. Auch er stammte aus einer jüdischen Familie. Als Harry geboren wurde, war sein Vater schon 56 Jahre alt. Harry interessierte sich schon früh für Schauspielerei. Als er mit 16 Jahren seinem Vater erzählte, dass er Schauspieler werden wolle, war dieser entsetzt. Harry
30 besuchte trotzdem eine Schauspielschule. Er begann auch, sich für Musik zu interessieren. Mit 21 Jahren beschloss er, begeistert von der Musik der *Revellers*, ein eigenes Musik-Ensemble ins Leben zu rufen[1]. Er setzte eine Anzeige in die Zeitung. Aufgrund der wirtschaftlichen Krise meldeten sich Hunderte von Bewerbern, von denen die meisten
35 aber untalentiert waren. Als Harry schon aufgeben wollte, stellte sich Robert Biberti vor und die beiden beschlossen eine ähnliche Gruppe wie die *Revellers* in Deutschland zu gründen.

---

[1]**ins Leben rufen** gründen

Robert Biberti wurde am 5. Juni 1902 in Berlin geboren. Schon sein
Vater war ein berühmter Opernsänger. Auch Robert interessierte sich
40 für Musik und Schauspielerei. Er sang in Opern, an Theatern, aber auch
in Lokalen. Am Großen Schauspielhaus lernte er Ari Leschnikoff und
Roman Cycowski kennen. Durch eine Zeitungsanzeige begegnete er Harry
Frommermann, mit dem er die Begeisterung für die *Revellers* teilte. Er
holte Ari und Roman hinzu und so entstanden die Comedian Harmonists.

45 **Roman Cycowski** wurde am 25. Januar 1901 geboren. Er wuchs in
Lodz auf, was damals zu Russland gehörte, heute zu Polen. Auch
er war jüdischen Glaubens. Während des Krieges lernte er einen
deutschen Offizier kennen, der ihm Deutsch beibrachte. Er wanderte
nach Deutschland aus und studierte in Berlin Musik. Cycowski sang
50 in Chören, Theatern, Opern und sogar in Kinos zu Stummfilmen.
Später wurde er am Großen Schauspielhaus in Berlin eingestellt, wo
er Robert Biberti und Ari Leschnikoff kennenlernte.

Source: Comedian Harmonists website by Simon Umbreit.

:: 2 :: Frage-Antwort-Spiel

Schreiben Sie nun sechs Fragen mit Relativsätzen zu den Mitgliedern der
Comedian Harmonists auf. Benutzen Sie die Informationen aus Aufgabe 1.
Machen Sie anschließend ein Spiel: Teilen Sie den Kurs in zwei Gruppen
und stellen Sie sich gegenseitig Fragen. Für jede richtige Antwort bekommt
die Gruppe einen Punkt.

BEISPIEL: Wie heißt der Comedian Harmonist, der auch im Kino zu
Stummfilmen gesungen hat?

1. _____

   _____

2. _____

   _____

3. _____

   _____

4. _____

   _____

5. _____

   _____

6. _____

   _____

Filmsequenz 4–6

Vierte Sequenz: Erste Schwierigkeiten

:: 1 :: Handlungsverlauf nachvollziehen

Filmsequenz
Sequenz: 4
Start: Biberti tanzt mit Erna im Musikgeschäft.
Stopp: Ende der Szene, in der die Harmonists beim Institut Levy vorsingen (DVD Sequenzauswahl 3-4, 19:52–27:52)

Lesen Sie die Sätze und setzen Sie die Relativpronomen ein. Sehen Sie sich danach die Sequenz an und bringen Sie die Sätze in die richtige Reihenfolge.

___2___ Harry beobachtet im Schaufenster Erna, __die__ über ihren Büchern eingeschlafen ist.

___1___ Harry beobachtet eifersüchtig, wie Erna und Bob, __die__ sehr verliebt scheinen, miteinander tanzen. Er fordert Bob dann auf mit zur Probe zu kommen.

___4___ Hans, __den__ Erna als Schulkollegen vorstellt, versucht Harry wegzuschicken.

___5___ Erwin Bootz, von __dem__ wir wissen, dass er der Pianist der Gruppe ist, kommt viel zu spät zur Probe.

___3___ Erna, __der__ die Grünbaums erlaubt haben, bei ihnen zu lernen, ist dort nicht allein.

___8___ Herr Levy, bei __dem__ die Comedian Harmonists vorsingen, meint, dass sie wie bei einem Beerdigungsinstitut singen.

___6___ Die Sänger, __deren__ Frustration immer größer wird, möchten nicht nur proben, sondern endlich auftreten. Es kommt zu einem Streit.

___7___ Der Streit, __den__ die Comedian Harmonists haben, beginnt wegen Harrys überkomplizierten Arrangements.

Harry hat viele Probleme.
Welche?

Film: *Comedian Harmonists* von Joseph Vilsmaier

143

Fünfte Sequenz: Erfolg und Konflikte

Filmsequenz
Sequenz: 5
Start: Nach dem
ersten Auftritt
Stopp: Ende
der Szene im
Rundfunkstudio (DVD
Sequenzauswahl 5-6,
35:10–39:46)

:: 2 :: Wortschatz

Lesen Sie die Zusammenfassung der nächsten Sequenz. In diesem Text fehlen einige Wörter. Setzen Sie die Wörter aus dem Kasten in den Text ein. Korrigieren und vervollständigen Sie den Text, nachdem Sie die Sequenz gesehen haben.

---

komisch   der Blumenstrauß   die Garderobe

international

harmonisch   vortäuschen   der Erfolg

der Geschäftsführer   der Vertrag   verliebt   die Gage

die Einladung   der Auftritt   ablehnen

zustimmen

der Termin

Nach ihrem ersten ___Auftritt___ kommen die Comedian Harmonists in die ___Garderobe___. Sie sind von ihrem ___Erfolg___ begeistert[1]. Der Manager bietet ihnen einen ___Vertrag___ für die nächsten sieben Abende an. Sie sollen für jeden Auftritt eine ___Gage___ von 60 Mark bekommen. Bob, der sich selbst zum ___Geschäftsführer___ der Gruppe ernennt, ___lehnt___ ___ab___ und fordert 120 Mark Gage pro Abend. Der Manager ___stimmt___ nach einigem Zögern ___zu___ und findet einen Namen für die Gruppe. Das Ensemble ist ___komisch/harmonisch___ und ___harmonisch/komisch___ und der Name soll ___international___ klingen: Comedian Harmonists.

Um für andere Manager interessant zu sein, ___täuschen___ die Comedian Harmonists ___vor___, gefragt und beschäftigt zu sein. Bald bekommen sie einen ___Termin___ für eine Rundfunkaufnahme[2]. Harry geht mit einem ___Blumenstrauß___ in das Musikgeschäft, in dem Erna arbeitet, um ihr eine ___Einladung___ zu der Rundfunkaufnahme zu bringen. Während der Aufnahme scheinen Erna und Harry sehr ___verliebt___ zu sein.

---

[1]**begeistert** enthusiastisch   [2]**die Rundfunkaufnahme** man singt im Studio, die Musik wird aufgenommen und andere Leute können die Musik später im Radio hören

Sechste Sequenz: Im Schwimmbad, auf Tournee

:: 3 :: Fragen beantworten

Lesen Sie vor dem Sehen der Sequenz die Fragen und beantworten Sie sie danach.

- Welche Bilder und Szenen weisen auf den Erfolg der Comedian Harmonists hin?
- Um welche Zeit handelt es sich in Deutschland?
- Woran erkennt man das?
- Was ist in der Sequenz passiert?
- Wie reagieren die Comedian Harmonists?

- Was sagt Hans?
- Beschreiben Sie Hans.
- Wie sieht er aus?
- Wie ist sein Charakter?
- Was tut Erna?
- Wer ist jüdisch?

Filmsequenz
Sequenz: 6
Start: Party im Schwimmbad
Stopp: Hans konfrontiert die Gruppe und greift Erna an. Schnelle Bildfolge zum Erfolg der Gruppe (DVD Sequenzauswahl 6, 39:46–44:02)

Filmsequenz 7–9

Siebte Sequenz: Antisemitische Aktionen

:: 1 :: Richtig oder falsch?

Sehen Sie sich die Sequenz an. Lesen Sie vorher die Sätze und besprechen Sie nach dem Sehen mit Ihrer Partnerin/Ihrem Partner, ob sie richtig (**R**) oder falsch (**F**) sind. Berichtigen Sie die falschen Sätze.

Filmsequenz
Sequenz: 7
Start: Im Musikgeschäft: Erna sitzt vor dem Radio und schreibt. Eine Rede Hitlers wird übertragen.
Stopp: Harry kommt mit einer Freikarte für Erna. Sie hat schon eine Karte von Bob bekommen. (DVD Sequenzauswahl 7, 50:34–53:30)

1. ___R___ Erna ist wegen der Nachrichten im Radio beunruhigt.
2. ___F___ Erna wischt die antisemitischen Schmierereien weg.
3. ___R___ Frau Grünbaum erzählt, dass ihre beiden Söhne im Krieg für Deutschland gefallen sind.
4. ___R___ Herr Grünbaum versucht die Situation nicht zu ernst zu nehmen.
5. ___F___ Harry gefällt Ernas neue Frisur.
6. ___F___ Harry zeigt Erna einen anonymen Drohbrief.
7. ___F___ Er bekommt den Brief, weil er bei Juden arbeitet.
8. ___F___ Erna hat keine Angst.

Achte Sequenz: Vorladung in die Reichsmusikkammer

:: 2 :: Die Reichsmusikkammer

Was ist die Reichsmusikkammer? Stellen Sie Hypothesen auf.

_____

_____

_____

Filmsequenz
Sequenz: 8
Start: In Bibertis Wohnung, als Harry die Vorladung liest
Stopp: Ende der Szene bei dem Präsidenten der Reichsmusikkammer (DVD Sequenzauswahl 10, 1:04:46–1:08:14)

:: 3 :: Achte Sequenz ohne Ton ansehen

:: a :: Sehen Sie sich die achte Sequenz ohne Ton an und vermuten Sie: Was besprechen Bob Biberti, Harry Frommermann und der Präsident der Reichsmusikkammer? Achten Sie besonders auf die Mimik und Gestik.

:: b :: Lesen Sie nach dem Sehen ohne Ton die Transkription der Szene und vermuten Sie, wer was sagt. Schreiben Sie **B** (Bob), **H** (Harry) oder **R** (Reichsmusikkammerpräsident) auf die Linien.

1. _R_: „Sie haben drei nicht arische Mitglieder in Ihrer Truppe."

2. _R_: „In die Reichskulturkammer werden nur Arier aufgenommen."

3. _R_: „Wer nicht in der Reichskulturkammer ist, kann seinen Beruf nicht ausüben[1]. So einfach ist das."

4. _B_: „Hören Sie mal, so einfach kann das gar nicht sein. Wir sind die Comedian Harmonists. Millionen Menschen lieben uns. Wir sind international anerkannt."

5. _B_: „Dann gibt es ja auch noch Verträge[2]."

6. _R_: „Die sollen Sie auch erfüllen und Sie dürfen sogar neue abschließen. Fragt sich nur, ob mit dem derzeitigen Ensemble."

7. _B_: „Soll das heißen, meine jüdischen Kollegen und ich … ?"

8. _R_: „Herr Frommermann, Sie haben nicht zufällig eine arische Großmutter?"

9. _H_: „Bitte? … Nein."

10. _R_: „Wir sind ja keine Unmenschen."

11. _R_: „Vielleicht gibt es eine Lösung oder eine Regelungsausnahme."

12. _R_: „Ich will nicht verschweigen, dass einige hohe Herren die Hände schützend über Sie halten[3]."

13. _R_: „Das muss aber nicht immer so bleiben. Zumindest sollten Sie ein wenig kooperieren, zum Beispiel was die Liedauswahl betrifft."

14. _R_: „Müssen es denn immer jüdische Komponisten, Texte und Arrangeure sein?"

15. _R_: „Gut, ich denke, wir haben uns verstanden."

16. _R_: „Ich wollte nur mal grundsätzlich auf gewisse Schwierigkeiten hinweisen[4]. Nicht, dass Sie aus allen Wolken fallen[5], wenn wir irgendwann sagen: ‚Nee, so, meine Herren, nicht'."

17. _R_: „Nun habe ich noch eine kleine Bitte. Wenn Sie mir vielleicht für meinen Neffen ein Autogramm geben könnten. Der ist ganz verrückt nach den Comedian Harmonists."

---

[1]**einen Beruf ausüben** arbeiten [2]**der Vertrag** ein Text, der legale Konditionen beschreibt [3]**die Hände schützend über jemanden halten** jemanden beschützen; dafür sorgen, dass jemandem nichts Schlimmes passiert [4]**auf etwas hinweisen** etwas deutlich sagen [5]**aus allen Wolken fallen** überrascht sein

:: 4 :: Sehen der achten Sequenz mit Ton

Überprüfen Sie während des Sehens Ihre Zuordnung aus Aufgabe 3b.

:: 5 :: Vergleichen

Vergleichen Sie die Szene mit Ihren Hypothesen aus Aufgabe 3a.

Neunte Sequenz: Angriff der Nazis auf das Geschäft der Grünbaums

:: 6 :: Neunte Sequenz ohne Ton sehen

Lesen Sie die Infinitive in der Spalte „Handlungen". Sehen Sie sich dann die Sequenz ohne Ton an und ordnen Sie die Handlungen den Personen zu. Schreiben Sie danach Sätze (z.B. *Harry schaut den beiden nach.*) und nummerieren Sie die Sätze, um sie in die richtige Reihenfolge zu bringen.

Filmsequenz
Sequenz: 9
Start: Erna wird von einigen Nazis festgehalten, sie schreit. Die Fenster des Musikgeschäfts Grünbaum werden eingeschlagen.
Stopp: Erna und Bob gehen gemeinsam weg, Harry schaut ihnen nach. (DVD Sequenzauswahl 11, 1:09:09–1:11:33)

Personen	Handlungen
Harry: _d, e_	a. fest•halten
Erna: _c_	b. ins Gesicht schlagen
Hans: _b, g, k_	c. ins Gesicht spucken
Bob: _h, i, m_	d. beobachten
Herr Grünbaum: _d_	e. den beiden nach•schauen
Frau Grünbaum: _d_	f. Fensterscheiben ein•schlagen
Nazis: _a, f, j, l_	g. mit einem Messer bedrohen
	h. verletzt sein
	i. in das Geschäft gehen
	j. nieder•schlagen
	k. pfeifen
	l. weg•laufen
	m. zu Hilfe kommen

1. Die Nazis halten Erna fest.

2. Sie schlagen die Fensterscheiben des Musikgeschäfts ein.

3. Hans bedroht Harry mit einem Messer.

4. Bob geht ins Geschäft.

5. Er kommt Erna zu Hilfe.

6. Die Nazis schlagen Bob nieder.

7. Bob ist verletzt.

8. Herr und Frau Grünbaum beobachten fassungslos, was passiert.

9. Hans pfeift.

10. Die Nazis laufen weg.

11. Erna spuckt Hans ins Gesicht.

12. Hans schlägt Erna ins Gesicht.

13. Harry beobachtet Bob und Erna eifersüchtig.

14. Er schaut den beiden nach.

Film: *Comedian Harmonists* von Joseph Vilsmaier

147

:: 7 :: Sehen der neunten Sequenz mit Ton

Lesen Sie die Zitate aus dem Film und sehen Sie sich danach die Sequenz mit Ton an. Ordnen Sie die Zitate den Personen zu.

Personen:

Erna: _7, 8, 9, 12, 13_

Hans: _1_

Harry: _6_

Bob: _5, 10_

Herr Grünbaum: _2, 3_

Frau Grünbaum: _11_

Nazis: _4_

Zitate:

1. Ich habe dich gewarnt.

2. Sie haben doch gesehen, was passiert ist.

3. Warum tun Sie nichts?

4. Verschwinde, Saujud.

5. Unkraut vergeht nicht.

6. Wo geht ihr denn hin?

7. Zu Bob.

8. Hast du es ihm nicht gesagt?

9. Ich wohne ja jetzt bei ihm.

10. Ich liebe Erna.

11. Ist das nicht alles fürchterlich?

12. Halt, loslassen!

13. Hilfe!

:: 8 :: Handlungen nachvollziehen

Überlegen Sie Folgendes:

- Warum ist Erna Ihrer Meinung nach jetzt bei Bob?

- Beschreiben Sie: Wie hat sich Harry verhalten, wie Bob?

Filmsequenz 10–11

Das Nazi-Regime wächst zunehmend und die Comedian Harmonists geraten stärker unter Druck. 1934 erhalten die Comedian Harmonists eine Einladung in die USA. Während dieser Reise kommt die Frage auf: „Warum bleiben wir nicht einfach hier?" Nach langen Diskussionen entschließen sich alle Mitglieder der Gruppe dazu, nach Deutschland zurückzukehren.

:: 1 :: Der Brief der Reichsmusikkammer

:: a :: **Einen Brief lesen**   Wieder zu Hause beantragen die Comedian Harmonists die Aufnahme[1] in die Reichsmusikkammer und erhalten 1935 den folgenden Brief. Setzen Sie die Wörter aus dem Kasten in der richtigen Verbform und Zeit in die Lücken.

> musizieren
> verlieren
> ablehnen

---

[1]die Aufnahme beantragen offiziell darum bitten, aufgenommen zu werden

> AUS DEM BRIEF DER REICHSMUSIKKAMMER
>
> Der Präsident der Reichsmusikkammer, 22. Februar 1935
>
> Sehr geehrter Herr Robert Biberti,
>
> Sie werden hiermit auf Ihren Antrag als Mitglied der „Reichsmusikerschaft" in die Reichsmusikkammer aufgenommen.
> 5 Die Aufnahme der drei nicht arischen Angehörigen der „Comedian Harmonists" habe ich _____abgelehnt_____. Diese haben dadurch das Recht auf Berufsausübung _____verloren_____. Damit ist Ihnen die Möglichkeit genommen, noch weiterhin mit diesen Nichtariern _____zu musizieren_____.

:: b :: **Zusammenfassen** Sagen Sie in einem Satz, was der Inhalt dieses Briefes ist.

Zehnte Sequenz: Das letzte Konzert

In dieser Sequenz bereiten sich die Comedian Harmonists auf ein Konzert vor. Da bekommen sie den Brief der Reichsmusikkammer, den Sie in Aufgabe 1 gelesen haben.

:: 2 :: Wortschatz

Welche Begriffe passen zu den beiden Adjektiven *traurig* und *begeistert*? Notieren Sie sie in der Tabelle.

gerührt	applaudieren	deprimiert
klatschen	stehende Ovationen	der Beifall
sich bedanken	weinen	der Applaus
bedrückt		

traurig	**begeistert**
gerührt	gerührt
sich bedanken	klatschen
bedrückt	sich bedanken
weinen	applaudieren
deprimiert	stehende Ovationen
	der Beifall
	der Applaus

Filmsequenz
Sequenz: 10
Start: Hinter der Bühne vor dem Konzert, als die Comedian Harmonists den Brief der Reichsmusikkammer erhalten
Stopp: Die Szene, in der Erna nach dem Konzert auf ihrem Platz weint (DVD Auswahlsequenz 14–15, 1:34:50–1:43:25)

:: 3 :: Sehen der Sequenz

Übungsbuch
Einheit 4,
Teil B

Lesen Sie die Fragen, bevor Sie die 10. Sequenz sehen. Beantworten Sie die Fragen nach dem Sehen.

- Wie ist die Atmosphäre beim letzten Konzert?

- Warum spricht Harry zum Publikum?

- Wie reagieren die Zuschauer?

- Wie reagiert Erna? Warum? Was denkt sie?

- Wie reagiert das Publikum, nachdem das Lied gesungen wurde?

:: 4 :: Auf Wiedersehn: Wortschatzübung erstellen

AUF WIEDERSEHN

Gib mir den letzten Abschiedskuss,

weil ...

Suchen Sie als Hausaufgabe den Text des Liedes *Auf Wiedersehn*, das Sie im Film gehört haben, im Internet. Kopieren Sie den Text in eine eigene Datei und erstellen Sie für Ihre Kommilitoninnen/Kommilitonen eine Aufgabe, in der Sie mit Wörtern aus dem Lied arbeiten (Wortschatzübung). Schreiben Sie auch ein bis zwei Sätze darüber, was genau gemacht werden soll (Arbeitsanweisung). Drucken Sie die Übung aus und lassen Sie sie in der nächsten Unterrichtsstunde von einer Kommilitonin/einem Kommilitonen bearbeiten. Zur Kontrolle kann das Lied noch einmal im Plenum gehört werden.

Mögliche Übungsformen sind:
– Lückentext (mit Angabe der fehlenden Wörter in einem Kasten)
– Auslassen[1] von Reimwörtern
– Text rekonstruieren: Der zerschnittene Text muss rekonstruiert werden.
– Textteile antizipieren/erraten (Die fehlenden Textteile werden nicht angegeben.)
– Auch andere Übungsformen sind möglich.

---

[1]auslassen weglassen, nicht benutzen

Elfte Sequenz: Das Ende

:: 5 :: Hypothesen aufstellen

Besprechen Sie Folgendes mit Ihrer Partnerin/Ihrem Partner:

Was, denken Sie, wird Erna tun? Wie geht der Film zu Ende? Wenn Sie
der Regisseur wären, wie würden Sie die letzte Szene gestalten? Machen
Sie eine Zeichnung der letzten Szene und beschreiben Sie sie Ihren
Kommilitoninnen/Kommilitonen.

:: 6 :: Hypothesen verifizieren

Sehen Sie sich das Ende des Films an und vergleichen Sie es mit Ihren
Hypothesen aus Aufgabe 5. Was ist anders? Was ist gleich?

:: 7 :: Das Ende des Films zusammenfassen

Übungsbuch
Einheit 4,
Teil B

Beenden Sie die Sätze mit Relativsätzen. Benutzen Sie auch die folgenden
Wörter: **sich trennen, verlassen, sich verabschieden, weggehen.**

BEISPIEL: *Das Ensemble, das sieben Jahre bestanden hat, trennt sich.*

a. Harry, _____

b. Erna, _____

c. Bob, _____

d. Erwin, Ari und Bob, _____

e. Harry, Roman und Erich, _____

Übungsbuch
Einheit 4,
Teil B

STRUKTUREN Reflexive Verben

Filmhandlung zusammenfassen

1. Lesen Sie den Text.
2. Suchen Sie alle reflexiven Verben heraus. Unterstreichen Sie diese
   und die entsprechenden Reflexivpronomen.
3. Schreiben Sie diese Verben im Infinitiv auf.
4. Benutzen Sie die reflexiven Verben in sieben eigenen Sätzen
   zum Werdegang der Gruppe. Schreiben Sie diese aus Harrys
   Perspektive.

Robert (Bob) Biberti **stellte sich** bei Harry Frommermann **vor**, der
eine Anzeige in die Zeitung gesetzt hatte. Die anderen Mitglieder kamen
im Laufe der Zeit dazu. Nach vielen Proben und einigen Misserfolgen
gelang der Gruppe der große Durchbruch. Es entwickelte sich eine enge
Beziehung zwischen den Mitgliedern, die aber nicht immer konfliktfrei
war. 1935 erhielten die Comedian Harmonists einen Brief der Reichskulturkammer. In dem Brief handelte es sich darum, dass die Gruppe
in der bestehenden Zusammensetzung nicht mehr existieren durfte. Die
jüdischen Mitglieder der Gruppe fühlten sich in Deutschland nicht mehr

Filmsequenz
Sequenz: 11
Start: Harry auf dem
Friedhof
Stopp: Ende
des Films (DVD
Auswahlsequenz 16,
1:43:28–end)

Film: *Comedian Harmonists* von Joseph Vilsmaier

sicher. Die Gruppe wurde in die USA eingeladen, aber sie konnte <u>sich</u> nicht
<u>entschließen</u>, dort zu bleiben. Sobald sie <u>sich</u> wieder in Deutschland
<u>befanden</u>, musste <u>sich</u> die Gruppe <u>trennen</u>. Erna <u>entschloss sich</u> am
Ende des Films, mit Harry auszuwandern.

sich vorstellen   sich entwickeln   sich handeln um

sich fühlen   sich entschließen   sich befinden

sich trennen

1. *Nachdem ich eine Anzeige in die Zeitung gesetzt hatte, stellten sich*
   viele Sänger bei mir vor.

2. Wir gründeten eine Gruppe und es entwickelte sich eine enge Beziehung zwischen uns, die aber
   nicht immer konfliktfrei war.

3. 1935 erhielten wir einen Brief von der Reichskulturkammer, in dem es sich darum handelte, dass
   wir so wie jetzt nicht mehr existieren durften.

4. Roman, Erich und ich fühlten uns in Deutschland nicht mehr sicher.

5. Obwohl wir schon in den USA waren, konnten wir uns nicht dazu entschließen, dort zu bleiben.

6. Sobald wir uns wieder in Deutschland befanden, mussten wir uns trennen.

7. Erich, Roman und ich verließen Deutschland und Erna entschloss sich, mit mir auszuwandern und
   Bob zu verlassen.

Weiterführende Aufgaben

 :: 8 :: **Referate halten: Nach der Trennung**

Die drei „nichtarischen" Mitglieder der Comedian Harmonists verließen
1935 Deutschland und gingen zunächst nach Wien. Wie geht die Geschichte
der Comedian Harmonists weiter?

• Was ist aus dem Teil der Gruppe geworden, der ausgewandert ist?

• Was ist aus dem anderen Teil geworden?

Suchen Sie im Internet Informationen und stellen Sie diese grafisch
dar. Präsentieren Sie dann Ihren Kommilitoninnen/Kommilitonen Ihre
Informationen.

:: 9 :: Aufsatz schreiben

Wählen Sie ein Thema und schreiben Sie in der **ich**-Form im Präteritum.

:: a :: Sie sind einer der Comedian Harmonists. Erzählen Sie aus Ihrer Sicht von Ihrer Gruppe, Ihren Erfolgen, Konflikten, Ihren Schwierigkeiten mit dem Nazi-Regime und dem Ende der Gruppe.

:: b :: Sie sind Erna. Erzählen Sie aus Ihrem Leben in Berlin zu der Zeit, als die Comedian Harmonists entstanden sind, als sie Erfolg hatten und von ihrem Ende. Erzählen Sie auch von Ihrer Beziehung zu Harry und Bob.

Grundwortschatz

VERBEN

auf•treten: er/sie/es tritt ... auf, trat ... auf, ist ... aufgetreten	to make a public appearance
bestimmen: er/sie/es bestimmt, bestimmte, hat ... bestimmt	to decide on, determine
boykottieren: er/sie/es boykottiert, boykottierte, hat ... boykottiert	to boycott
emigrieren: er/sie/es emigriert, emigrierte, ist ... emigriert	to emigrate
sich entschließen: er/sie/es entschließt sich, entschloss sich, hat sich ... entschlossen	to make up one's mind, resolve
entstehen: er/sie/es entsteht, entstand, ist ... entstanden	to originate
sich entwickeln: er/sie/es entwickelt sich, entwickelte sich, hat sich ... entwickelt	to develop
gründen: er/sie/es gründet, gründete, hat ... gegründet	to found, establish
klatschen: er/sie/es klatscht, klatschte, hat ... geklatscht	to clap, applaud
proben: er/sie/es probt, probte, hat ... geprobt	to rehearse, practice
sich trennen: er/sie/es trennt sich, trennte sich, hat sich ... getrennt	to split up, part company
sich verabschieden: er/sie/es verabschiedet sich, verabschiedete sich, hat sich ... verabschiedet	to say good-bye, take leave
verbieten: er/sie/es verbietet, verbot, hat ... verboten	to forbid, prohibit
verlassen: er/sie/es verlässt, verließ, hat ... verlassen	to leave, abandon
sich vor•stellen: er/sie/es stellt sich ... vor, stellte sich ... vor, hat sich ... vorgestellt	to introduce oneself
weinen: er/sie/es weint, weinte, hat ... geweint	to cry, weep
sich wundern (über + *Akkusativ*): er/sie/es wundert sich, wunderte sich, hat sich ... gewundert	to be surprised (by), marvel (at)

NOMEN

der Abschied, -e	farewell, the act of saying good-bye
die Anzeige, -n	advertisement

der Applaus	applause
die Arbeitslosigkeit	unemployment
der Arier, -	Aryan; *in the Third Reich the designation for the people who were supposed to rule the world*
die Aufnahme, -n	admission (to an organization); recording
der Auftritt, -e	public appearance
die Beziehung, -en	relationship
die Bühne, -n	stage
das Dritte Reich	the Third Reich
das Ensemble, -s	group of artists (singers, actors, musicians, etc.) who perform together
der Erste Weltkrieg	the First World War
der Geburtsort, -e	birthplace
das Hakenkreuz, -e	swastika, hooked cross used as a symbol by the Nazis
der Jude, -n / die Jüdin, -nen	Jew
der Lebenslauf, die Lebensläufe	curriculum vitae, résumé
das Mitglied, -er	member (of an organization)
die Nachkriegszeit	the period after the war (especially World War II)
das Publikum	audience
die Tätigkeit, -en	activity; job
die Vorladung, -en	summons
die Weimarer Republik	the Weimar Republic
die Weltwirtschaftskrise	international economic crisis

:: ADJEKTIVE UND ADVERBIEN

arisch	Aryan, belonging to the Aryans
begeistert	enthusiastic(ally)
berühmt	famous
eifersüchtig	jealous(ly)
erfolgreich	successful(ly)
jüdisch	Jewish

:: ANDERE AUSDRÜCKE

in Kraft treten	to go into effect
außer Kraft setzen	to repeal (*e.g., a law*)
einen Antrag stellen	to apply (*for s.th.*)

Lola rennt

EIN FILM DER 90ER-JAHRE

:: **IN DIESER EINHEIT**

Der Film *Lola rennt* (Tom Tykwer, 1998) ist ein Klassiker des deutschen Kinos. In dieser Einheit sehen Sie den Film und erarbeiten umgangssprachliche Phänomene. Neben anderen grammatischen Strukturen wiederholen Sie besonders den Konjunktiv II, da die Frage „Was wäre gewesen, wenn … ?" bei diesem Film im Vordergrund steht.

Der Film *Lola rennt* (Deutschland 1998, Komödie) erhielt mehrere Preise.

Einstimmung auf das Thema

Der deutsche Kinofilm: ein kurzer Rückblick

Nach dem Zweiten Weltkrieg setzten sich Filme in Deutschland mit der nationalen Katastrophe auseinander. So befasste sich der deutsche Film der 60er- bis 80er-Jahre überwiegend mit gesellschaftskritischen Themen, die aus der 68er-Bewegung hervorgingen. Erst in den 90er-Jahren änderten sich die Themen. Zu den erfolgreichsten deutschen Kinofilmen zählt Tom Tykwers existenzielles Drama *Lola rennt,* das 1998 in die Kinos kam und auch international zum Publikumserfolg wurde.

Vorwissen sammeln

Unterhalten Sie sich in kleinen Gruppen von 3–4 Personen. Eine Studentin/ein Student moderiert das Gespräch. Stellen Sie einander die folgenden Fragen:

- Kennt ihr den Film?
- Wann habt ihr ihn gesehen? Wo?
- Wie habt ihr ihn gesehen?
  - im Original
  - im Original mit Untertiteln
- Wie hat euch der Film gefallen?
- Könnt ihr erzählen, worum es in dem Film geht?
- Kennt ihr einen ähnlichen amerikanischen Film?

© Featureflash / Shutterstock.com

Franka Potente, die Darstellerin von Lola in *Lola rennt*

A

ABSCHNITT

Arbeit mit dem Film

Erste Sequenz: Das Telefongespräch

 :: 1 :: Erste Sequenz ohne Ton sehen

Lesen Sie den Wortschatz im Kasten. Sehen Sie sich dann die erste Sequenz des Films ohne Ton an. Schreiben Sie mit Ihrer Partnerin/Ihrem Partner auf, was Sie gesehen haben. Die Hauptfiguren heißen **Manni** und **Lola**. Besprechen Sie Ihre Ergebnisse im Plenum.

BEISPIEL: *Lola und Manni telefonieren.*
Manni scheint verzweifelt[1] zu sein.

Wortschatz

die Telefonzelle	der Obdachlose[2]
das Moped	der Fahrkartenkontrolleur, -e
stehlen (hat … gestohlen)[1]	hinfallen (ist … hingefallen)
der Mercedes/Daimler	die Pistole
der Diamant, -en	ängstlich
die U-Bahn nehmen	

[1]**stehlen** etwas nehmen, das einer anderen Person gehört   [2]**der Obdachlose** Person, die auf der Straße lebt

Filmsequenz
Sequenz: 1
Start: Beginn des Films
Stopp: Lola beginnt zu laufen
Länge: circa 11 Minuten
(DVD Sequenzauswahl: 1–6)

Es empfielt sich, diese Sequenz ohne englische Untertitel zu zeigen, damit bei den weiteren Schritten Hypothesen gebildet werden können.

_____

_____

_____

_____

_____

_____

_____

_____

_____

_____

[1]**verzweifelt** panisch

:: 2 :: Wortschatz erarbeiten

Übungsbuch
Einheit 5,
Teil A

Lesen Sie die Ausdrücke auf der linken Seite und die Erklärungen auf der rechten. Ordnen Sie dann jedem Ausdruck eine Erklärung zu.

1. __j__ klauen (*ugs.*[1])

2. __g__ Hast du 'nen Knall? (*ugs.*)

3. __n__ die Kippe, -n (*ugs.*)

4. __a__ verbocken (*ugs.*)

5. __r__ Hat dich die Polizei erwischt? (*ugs.*)

6. __b__ Halt die Klappe! (*ugs.*)

7. __p__ die Kontis (*Abk.*[2])

8. __c__ der Penner/der Plastiktütenfreak (*ugs.*)

9. __l__ pünktlich

10. __k__ umbringen

11. __d__ Beweg' dich nicht vom Fleck! (*ugs.*)

12. __e__ Mir fällt was ein, ich schwör's!

13. __f__ Du spinnst! (*ugs.*)

14. __o__ abhauen (*ugs.*)

15. __m__ kriegen (*ugs.*)

16. __h__ Ich krieg' Schiss! (*ugs.*)

17. __i__ der Überfall

18. __q__ Ist doch egal!

a. (eine Aufgabe) falsch oder schlecht erledigen

b. Sei still/ruhig!

c. der Obdachlose

d. Bleib, wo du bist!

e. Ich finde eine Lösung, ich verspreche es!

f. Du bist verrückt!

g. Bist du verrückt?

h. Ich bekomme Angst!

i. die kriminelle Handlung, z.B. in der Bank

j. stehlen

k. töten

l. zur richtigen Zeit; nicht zu spät

m. bekommen

n. die Zigarette

o. weglaufen, wegfahren

p. die Kontrolleure (in Bus, U-Bahn, usw.)

q. Ist nicht wichtig!

r. Hat dich die Polizei bei der kriminellen Tat gesehen?

Der Film kann ohne englische Untertitel gezeigt werden, eventuell aber mit deutschen, falls so eine Fassung vorliegt.

© marcello farina / Shutterstock.com

Moritz Bleibtreu, der Darsteller von Manni in *Lola rennt*

:: 3 :: Erste Sequenz mit Ton ansehen

Übungsbuch
Einheit 5,
Teil A

Lesen Sie zuerst die Sätze. Sehen Sie sich dann die erste Sequenz mit Ton an. Bringen Sie die Geschichten von Lola und Manni in die richtige Reihenfolge, indem Sie die Sätze nummerieren.

---

[1]ugs. = **umgangssprachlich** so sprechen die Leute in inoffiziellen Situationen miteinander   [2]**Abk.** = Abkürzung (Kurzform)

_3_ Sie hat ein Taxi genommen, um pünktlich zu ihrer Verabredung mit Manni zu kommen.

_5_ Das hat sie zu spät gemerkt, weil sie an ihr Moped gedacht hat.

_6_ Als sie endlich am Treffpunkt war, war Manni schon weg.

_2_ Währenddessen hat jemand ihr Moped gestohlen.

_1_ Lola war in einem Geschäft und hat Zigaretten gekauft.

_4_ Aber der Taxifahrer ist in den Osten gefahren, wo es auch eine Grunewaldstraße gibt.

:: b :: **Mannis Geschichte**

_9_ Nachdem er ausgestiegen war, ist ihm eingefallen, dass er die Plastiktüte in der Bahn vergessen hat.

_7_ Als Manni ihm helfen wollte, sind plötzlich Fahrscheinkontrolleure gekommen.

_5_ Weil es in der Nähe keine Telefonzelle gab, hat er die U-Bahn genommen.

_1_ Manni hat ein illegales Geschäft mit teuren Autos gemacht.

_10_ Er wollte wieder einsteigen, aber die Kontrolleure haben ihn festgehalten.

_4_ Danach hat er auf Lola gewartet, aber sie war unpünktlich.

_12_ Manni vermutet, dass der Obdachlose die Tüte jetzt hat.

_8_ Aus diesem Grund ist Manni wie immer schnell ausgestiegen.

_2_ Für die Autos hat er wie geplant eine Tüte mit Diamanten bekommen.

_3_ Im Austausch gegen die Diamanten hat ihm ein anderer Mann sehr viel Geld gegeben, das er in eine Plastiktüte gelegt hat.

_11_ Er hat an der nächsten U-Bahnstation angerufen, aber die Tasche mit dem Geld war schon weg.

_6_ In der Bahn war ein Obdachloser, der hingefallen ist.

:: 4 :: Fragen zur ersten Sequenz beantworten

Schreiben Sie.

- Manni hat ein schwieriges Problem. Welches?

_____

_____

- Manni und Lola treffen eine Entscheidung. Was werden sie tun?

_____

_____

Manni muss seinem Auftraggeber Ronni in 20 Minuten 100.000 Mark geben. • Lola verspricht Manni, ihm zu helfen. Manni wird bis Punkt 12 Uhr auf Lola warten. Wenn sie bis dahin nicht mit dem Geld bei ihm ist, wird er den Supermarkt Bolle überfallen.

:: 5 :: Rollenspiel

Suchen Sie sich eine Partnerin/einen Partner. Spielen Sie den Dialog zwischen Lola und Manni.

Übungsbuch
Einheit 5,
Teil A

STRUKTUREN Satznegation

Wenn ein ganzer Satz negiert wird, spricht man von **Satznegation**. Das Wort **nicht** steht dann an einer bestimmten Stelle im Satz.

- **Nicht** steht *nach* dem konjugierten Verb.

  BEISPIEL: *Sie <u>war</u> nicht pünktlich.*

- **Nicht** steht *nach* dem Objekt/den Objekten.

  BEISPIEL: *Er hat <u>seine Freundin</u> nicht angerufen.*

- **Nicht** steht *nach* spezifischen Zeitangaben, wie z.B. **heute, morgen**, **gestern**, **nächste Woche**, …

  BEISPIEL: *Sie arbeitet <u>heute</u> nicht.*

- **Nicht** steht *vor* einem Infinitiv, einem Partizip Perfekt und trennbaren Präfixen.

  BEISPIEL: *Er konnte mich nicht <u>anrufen</u>.*
  Er hat mich nicht <u>angerufen</u>.
  Er ruft mich nicht <u>an</u>.

- **Nicht** steht *vor* Adjektiven/Adverbien.

  BEISPIEL: *Ich finde ihn nicht <u>freundlich</u>.*
  Ich arbeite nicht <u>gern</u> mit ihm zusammen.

- **Nicht** steht *vor* Präpositionalstrukturen.

  BEISPIEL: *Ich arbeite nicht <u>mit</u> ihm zusammen.*

Negationswörter

+		−
ein-	→	kein-
jemand-, jed-	→	niemand-, kein-
etwas	→	nichts
immer	→	nie, niemals
irgendwo, überall	→	nirgendwo, nirgends

- Das Wort **kaum** hat folgende negierende Bedeutung:

  Lola hat fast keine Zeit, das Geld zu besorgen. = Lola hat <u>kaum</u> Zeit, das Geld zu besorgen.

Weiterführende Aufgaben

:: 6 :: Einen Klassenspaziergang vorbereiten

Beantworten Sie die Fragen zunächst schriftlich mit dem Konjunktiv II (der Konditionalform) und beachten Sie die Regeln für die Negation. Antworten Sie nicht nur „Ja" oder „Nein", sondern schreiben Sie ganze Sätze. Beachten Sie, dass „Ja" oder „Nein" auf Position 0 steht, das heißt *vor* dem Hauptsatz.

a. Würden Sie Manni Geld leihen, wenn Sie mit ihm befreundet wären?

_____

b. Wenn Sie Lola wären, würden Sie Manni helfen?

_____

c. Wenn ja, wie?

_____

d. Würden Sie auf Lola warten, wenn Sie Manni wären?

_____

e. Oder würden Sie abhauen?

_____

f. Hat Manni eine andere Möglichkeit?

_____

g. Was würden Sie tun, wenn Lola Sie um Hilfe bitten würde?

_____

_____

h. Was würden Sie machen, wenn Sie obdachlos wären und in der Bahn eine Plastiktüte mit DM 100.000 (ca. € 50.000) finden würden? Würden Sie das Geld behalten?

_____

_____

_____

:: 7 :: Einen Klassenspaziergang machen

Lassen Sie Ihre Antworten von Ihrer Kursleiterin/Ihrem Kursleiter lesen und korrigieren. Gehen Sie dann in der Klasse „spazieren". Machen Sie mit den Fragen aus Aufgabe 6 ein Interview mit Kommilitoninnen/Kommilitonen, die auch fertig sind. Formulieren Sie die Fragen mit **du**. Notieren Sie die Antworten. Berichten Sie dann.

Übungsbuch
Einheit 5,
Teil A

BEISPIEL: *Würdest du Manni Geld leihen, wenn du mit ihm befreundet wärst?*

Zweite Sequenz: Handlungsvariante 1: Vorbereitung

 :: 1 :: Dialoge spielen

Filmsequenz
Sequenz: 2
Start: Lola beginnt
zu laufen.
Stopp: Ende der
Szene, in der Lola
auf der Straße liegt
Länge: circa 21
Minuten
(DVD
Sequenzauswahl
7–12)

Lesen Sie die Ausdrücke und die Erklärungen. Üben Sie die Wörter, indem Sie mit Ihrer Partnerin/Ihrem Partner kurze Dialoge mit jedem Wort bzw. Ausdruck spielen. Spielen Sie zu jedem Ausdruck einen Dialog im Plenum vor.

BEISPIEL: *schwanger*

— *Wie geht es eigentlich deiner Schwester?*
— *Sie hat letztes Jahr geheiratet und jetzt ist sie schwanger. In zwei Monaten bekommt sie ihr Baby, es ist ein Junge.*

schwanger: eine Frau, die ein Kind erwartet, ist schwanger

er stirbt: 3. Person Singular von **sterben**

mein Freund: mein Partner

der Witz: etwas ist komisch, lustig; einen Witz erzählen

verlassen: weggehen und jemanden allein lassen

meckern (*ugs.*): kritisieren

immer schön Papas Kohle absahnen (ugs.): sich das Geld nehmen, das der Vater verdient hat

das Kuckucksei *hier:* ein Kind, das von einem Mann gezeugt wurde und von einem anderen großgezogen wird

rausschmeißen (*ugs.*): (aus einem Haus) hinauswerfen

abknallen (*ugs.*): erschießen

sich beeilen: schnell machen

die Bullen (*Pl., ugs.*) *hier:* die Polizei

:: 2 :: Wortschatz

Lesen Sie die Wörter im Kasten und ordnen Sie sie in die drei Kategorien ein.

jung   staunend[1]   motzig[2]   verwirrt[5]   der Wachmann[3]
schlecht gelaunt   rothaarig   frech[4]   der Bürgersteig[6]   das Treppenhaus
~~die Nonne, -n~~   die Geliebte   die Mauer
die Brücke   der Kinderwagen   die Glasscheibe   alt   der Unfall
der Bankangestellte   betrunken   schwanger
unattraktiv   gut aussehend   die Einfahrt   dunkelhaarig
der Krankenwagen   der Bankschalter

Personen	Orte/Dinge/Ereignisse	Eigenschaften
die Nonne, -n	der Bürgersteig	jung
der Bankangestellte	der Kinderwagen	rothaarig
der Wachmann	das Treppenhaus	staunend
die Geliebte	die Brücke	betrunken
	die Mauer	schlecht gelaunt
	die Glasscheibe	gut aussehend
	der Unfall	motzig
	der Bankschalter	alt
	der Krankenwagen	unattraktiv
	die Einfahrt	frech
		schwanger
		dunkelhaarig
		verwirrt

zu Aufg. 3: Weitere Personen:
f. der Obdachlose, eilig, Hausecke
g. ein Wachmann, überrascht, Bank
h. eine Sekretärin, schlecht gelaunt/ dunkelhaarig, Bank
i. Lolas Vater, verwirrt, Büro
j. die Geliebte von Lolas Vater, rothaarig/schwanger, Büro
k. der Bankangestellte, unattraktiv, Bankschalter
l. eine Frau, alt, vor der Bank
m. der Krankenwagenfahrer, gut aussehend, Krankenwagen
n. Männer mit einer schweren Glasscheibe, arbeitend, Straße

Übungsbuch Einheit 5, Teil A

Sehen

:: 3 :: Zweite Sequenz ohne Ton sehen

In dieser Sequenz läuft Lola an vielen Leuten vorbei. Machen Sie sich während des Sehens in der Tabelle Notizen zu *fünf* dieser Personen.

Wer?	Wie?	Wo?
ihre Mutter	*betrunken*	*Wohnzimmer*
a. ein Junge mit Hund	frech	Treppenhaus
b. eine Frau mit Kinderwagen	motzig	Mauer
c. Nonnen	staunend	Bürgersteig
d. ein Fahrradfahrer	jung	Straße
e. Herr Meyer	verwirrt	Einfahrt (Unfall)

---

[1]**staunend** überrascht   [2]**motzig** schlecht gelaunt, unfreundlich   [3]**der Wachmann** Person, die für die Sicherheit zuständig ist (z.B. in einer Bank)   [4]**frech** nicht nett   [5]**verwirrt** wenn man nicht versteht, was gerade passiert
[6]**der Bürgersteig** der Gehweg; dort gehen die Leute; Autos dürfen dort nicht fahren oder parken

STRUKTUREN Adjektivendungen nach *ein*-Wörtern

Unter einem *ein*-**Wort** versteht man den unbestimmten Artikel **ein-**, den negativen Artikel **kein-** und die Possessivartikel **mein-**, **dein-**, **sein-**, **ihr-**, **unser-**, **euer/eur-** und **Ihr-**.

Sehen Sie sich in der Tabelle unten die Adjektivendungen nach *ein*-**Wörtern** an und formulieren Sie eine Regel. Vielleicht können Sie die schwer zu merkenden Endungen grafisch darstellen.

	maskulin	feminin	neutrum	Plural
Nominativ	ein frecher Hund	eine alte Frau	ein kleines Kind	keine netten Leute
Akkusativ	einen frechen Hund	eine alte Frau	ein kleines Kind	keine netten Leute
Dativ	einem frechen Hund	einer alten Frau	einem kleinen Kind	keinen netten Leuten
Genitiv	eines frechen Hundes	einer alten Frau	eines kleinen Kindes	keiner netten Leute

:: 4 :: Personen beschreiben

Übungsbuch
Einheit 5,
Teil A

Beschreiben Sie die fünf Personen aus Aufgabe 3 nun schriftlich so genau wie möglich und tragen Sie Ihre Ergebnisse anschließend im Plenum zusammen. Benutzen Sie folgende Verben:

sehen:	Lola sieht ein<u>en</u> Jungen.
treffen:	Lola trifft ein<u>en</u> Jungen.
begegnen (+ *Dativ*):	Lola begegnet ein<u>em</u> Jungen.
vorbeilaufen an (+ *Dativ*):	Lola läuft <u>an</u> ein<u>em</u> Jungen vorbei.

Lola läuft an ihrer betrunkenen Mutter vorbei, die im Wohnzimmer sitzt und telefoniert.

a. *Mögliche Antworten:* Lola begegnet im Treppenhaus einem frechen Jungen mit einem Hund. Lola läuft an einer

motzigen Frau mit Kinderwagen vorbei. Sie läuft auf dem Bürgersteig an erstaunten Nonnen vorbei. Sie begegnet einem

b. jungen Fahrradfahrer, der auf der Straße an ihr vorbeifährt. Sie trifft Herrn Meyer, der aus einer Einfahrt kommt und

durch Lola so verwirrt ist, dass er einen Unfall verursacht. Ohne es zu wissen, läuft sie an dem Obdachlosen vorbei,

c. der mit Mannis Geld eilig um eine Hausecke läuft. Sie begegnet einem überraschten Wachmann in der Bank. Sie läuft

an einer schlecht gelaunten dunkelhaarigen Sekretärin vorbei, die in der Bank arbeitet. Sie trifft ihren verwirrten Vater

d. in seinem Büro. Sie begegnet seiner rothaarigen schwangeren Geliebten in seinem Büro. Sie sieht einen unattraktiven

Bankangestellten am Bankschalter. Sie trifft eine alte Frau vor der Bank, die ihr die Uhrzeit sagt. Sie läuft an einem

e. Krankenwagen mit einem gut aussehenden Krankenwagenfahrer vorbei. Sie sieht zwei Männer mit einer schweren

Glasscheibe auf der Straße.

:: 5 :: Fragen zur zweiten Sequenz beantworten

Übungsbuch
Einheit 5,
Teil A

Beantworten Sie die folgenden Fragen.

a. Wer ist die Frau im Büro von Lolas Vater?

b. Worüber unterhält sich Lolas Vater mit der Frau?

c. Was weiß Lolas Vater über Manni?

d. Wie reagiert er auf Lolas Wunsch?

e. Kommt Lola pünktlich zu Manni?

f. Was macht Manni um Punkt zwölf Uhr?

g. Wie endet die Szene?

STRUKTUREN Modalpartikeln

In der Umgangssprache benutzen die Leute immer wieder Wörter wie **denn**, **doch**, **mal**, **eigentlich** oder **ja**. Man nennt diese Wörter **Modalpartikeln**. Lesen Sie einige Sätze aus der Filmsequenz, die Sie gerade gesehen haben, und unterstreichen Sie alle Modalpartikeln. Vervollständigen Sie dann die Regeln.

1. Manni steht in der Telefonzelle und bittet Freunde um Geld. Er sagt: „Ich kann doch auch nichts dafür, dass es so viel ist!"

2. Lolas Vater und seine Geliebte sprechen über ihre Beziehung. Frau Hansen sagt: „Und dann frag' ich mich: Was mach' ich hier eigentlich? Soll ich alt werden und schlaflose Nächte haben, wegen einem Mann, der nicht zu mir stehen will?"

3. Frau Hansen fragt: „Liebst du mich?" und Lolas Vater antwortet: „Warum fragst'n[1] das jetzt?"

4. Der Wachmann fragt Lola: „Warum denn so eilig?"

5. Lola entschuldigt sich, als sie ins Büro ihres Vaters kommt und sagt: „Ich glaub' ich muss mal kurz stören, is' ganz dringend, 'tschuldigung."

6. Frau Hansen antwortet: „Macht nichts, ich wollt' sowieso mal kurz …"

7. Lolas Vater fragt: „Was machst du denn hier?" und Lola sagt: „Was macht ihr denn hier?"

8. Lolas Vater sieht Lola an und sagt: „Siehst ja furchtbar aus!"

9. Lola bittet ihren Vater um Geld und fragt nach ihrer Lebensversicherung. Der Vater sagt: „Die ist doch keine 100.000 wert."

10. Lolas Vater versteht nicht, warum Manni stirbt, wenn Lola das Geld nicht bekommt. Lola schreit: „Ist doch egal!!!"

11. Manni ist immer noch in der Telefonzelle und sagt: „Na, lass mal, is' okay."

12. Im Supermarkt sagt Manni: „Lola, wo warst du denn?"

13. Lola fragt: „Können wir nicht schnell abhauen?" und Manni antwortet: „Jetzt nicht mehr, du siehst ja die Scheiße hier!"

---

[1]fragst'n = fragst du denn

Regeln:

a. ___*Denn*___ benutzt man in Fragesätzen, wenn man sich nach etwas erkundigt, überrascht oder erstaunt ist oder wenn man genervt oder ungeduldig ist.

b. ___mal___ benutzt man, um eine Aussage oder Frage freundlicher zu machen oder um auszudrücken, dass etwas nur für einen kurzen Moment ist.

c. ___ja___ benutzt man, um die Offensichtlichkeit[2] einer Tatsache zu unterstreichen oder die eigene Überraschung auszudrücken.

d. ___eigentlich___ benutzt man in Fragen oder Aussagen, um sie freundlicher zu machen oder um auszudrücken, dass man über etwas nachdenkt, die Antwort aber noch nicht gefunden hat.

e. ___doch___ benutzt man in Aussagen, um die eigene abweichende[3] Meinung zu betonen oder um Überraschung, Ungläubigkeit, Ungeduld[4] oder Dringlichkeit[5] auszudrücken. In Imperativ-Sätzen wird diese Modalpartikel häufig zusammen mit **mal** benutzt.

---

[2]**die Offensichtlichkeit** Klarheit [3]**abweichend** anders [4]**die Ungeduld** wenn man nicht warten kann oder will, ist man ungeduldig [5]**die Dringlichkeit** wenn etwas sehr wichtig ist

:: 6 :: Aussagen zuordnen und Modalpartikeln benutzen

Die Polizei ermittelt. Lesen Sie die Berichte von Manni, Lolas Vater, Frau Hansen, Lolas Mutter, einem Kunden im Supermarkt und dem Wachmann und geben Sie an, von wem jede Äußerung ist. Schreiben Sie auch passende Modalpartikeln (**denn, doch, mal, eigentlich, ja**) in die Lücken.

BEISPIEL:

___*Lolas Mutter*___: „Alles, was ich weiß, ist, dass Lola heute Mittag sehr schnell aus der Wohnung gerannt ist. Warum, weiß ich _doch_ nicht, sie erzählt mir nicht sehr viel. Ich habe sie noch gebeten, mir Shampoo mitzubringen, aber ich glaube, sie hat es gar nicht gehört."

a. ___Lolas Vater___: „Heute Mittag ist Lola in mein Büro gekommen und hat von mir verlangt, dass ich ihr 100.000 Mark gebe. Sie hat gesagt, dass irgendjemand stirbt, wenn ich es nicht tue. Natürlich habe ich ihr das Geld nicht gegeben, sondern habe sie rausschmeißen lassen. Allerdings habe ich ihr aus Wut noch erzählt, dass sie gar nicht meine Tochter, sondern ein Kuckucksei ist. Das hätte ich vielleicht nicht tun sollen, auf jeden Fall nicht heute. Erklären Sie mir ___doch___ bitte ___mal___, was hier ___eigentlich___ los ist!"

b. ____Frau Hansen____: „Ich habe Lola heute zum ersten Mal gesehen. Sie ist ins Büro gekommen ohne anzuklopfen und schien ein wichtiges Problem zu haben. Ich bin dann ____mal____ kurz zur Toilette gegangen, um nicht zu stören. Als ich wiedergekommen bin, hat sie so laut geschrien, dass die Glasuhr an der Wand zerplatzt ist. Was ist ____denn(/)eigentlich____ mit ihr los?"

c. ____Manni____: „Ich bin Lolas Freund, wir sind – ich meine wir waren – seit fast einem Jahr zusammen. Heute habe ich dringend 100.000 Mark gebraucht. Lola hat versprochen, das Geld zu besorgen. Wir hatten verabredet, dass wir uns um 12 Uhr am Supermarkt Bolle treffen, aber sie war nicht pünktlich, deshalb habe ich ____ja____ den Supermarkt überfallen, um das Geld zu besorgen. Lola hat mir geholfen, als sie endlich da war. Wir sind dann zusammen weggelaufen und dann sind die Bullen gekommen und Lola wurde erschossen, aber das wissen Sie ____ja____."

d. ____Der Wachmann____: „Ja, Lola war heute hier. Sie wollte zu ihrem Vater. Sie hatte es eilig und sie hat schrecklich ausgesehen, war wohl nicht ihr Tag. Irgendwas hat ihren Vater sehr wütend gemacht, denn er hat sie von mir rauswerfen lassen. Mehr weiß ich nicht. Was ist ____denn(/)eigentlich____ los?"

e. ____Kunde im Supermarkt____: „Ein junger Mann mit einer Pistole ist plötzlich in den Supermarkt gekommen, er hat gesagt „Hände über den Kopf und die Klappe halten. Wer mich nervt, den knall' ich ab!" Dann ist eine rothaarige Frau gekommen und hat ihm geholfen, sie hat gesagt „Beeil dich, bevor die Bullen kommen." Sie hatte Angst, dass sie erwischt werden. Und dann sind sie abgehauen. Haben Sie sie ____denn(/)eigentlich____ schon erwischt?"

Weiterführende Aufgabe

:: 7 :: Hypothesen zur Form des Films aufstellen

Diskutieren Sie die Fragen zunächst mit Ihrer Partnerin/Ihrem Partner und anschließend im Plenum.

a. Lola rennt an verschiedenen Personen vorbei. Der Regisseur zeigt uns schnelle Fotoserien zu drei dieser Personen: Doris (die Frau mit dem Kinderwagen), Mike (der Radfahrer) und Frau Jäger (die Sekretärin in der Bank).

Warum? Vermuten Sie.

Was zeigen diese Bilder?

Fassen Sie die Ereignisse in den Fotoserien kurz zusammen.

_____

_____

_____

b. Welche Elemente kommen immer wieder vor? Was könnten sie bedeuten?

_____

_____

c. Warum rennt Lola eigentlich? Würden Sie auch rennen?

_____

_____

d. Es ist unwahrscheinlich, dass der Film nach nur 30 Minuten zu Ende ist. Wie könnte der Film weitergehen?

_____

_____

Der vollständige Dialog befindet sich im Anhang des Buches.

Dritte Sequenz: Beziehungsgespräch 1

:: 1 :: Lesen: Dialog ergänzen

Lesen Sie das Gespräch zwischen Manni und Lola und setzen Sie **nicht**, **nichts** oder **nie** ein.

BEZIEHUNGSGESPRÄCH 1

LOLA: Manni?

MANNI: Mmh …

LOLA: Liebst du mich?

MANNI: Ja, sicher.

5 LOLA: Wie kannst du sicher sein?

MANNI: Weiß ich _____nicht_____. Bin's halt.

LOLA: Aber ich könnt' auch irgend'ne andere sein.

MANNI: Nee nee.

10 LOLA: Wieso nicht?

MANNI: Weil du die Beste bist.

LOLA: Die beste was?

MANNI: Na, die beste Frau.

LOLA: Von allen, allen Frauen?

15 MANNI: Na klar!

LOLA: Woher willst du das wissen?

MANNI: Das weiß ich halt.

LOLA: Du glaubst es.

MANNI: Gut, ich glaub's.

20 LOLA: Siehst du.

MANNI: Was?

LOLA: Du bist dir _____nicht_____ sicher.

MANNI: Na, spinnst du jetzt oder was?

LOLA: Und wenn du mich _____nie_____

25 getroffen hättest?

MANNI: Wie, was wär' dann?

LOLA: Dann würdest du jetzt dasselbe 'ner anderen erzählen.

MANNI: Ich brauch's ja _____nicht_____ zu

30 sagen, wenn du's _____nicht_____ hören willst.

LOLA: Ich will überhaupt _____nichts_____ hören, ich will wissen, was du fühlst.

MANNI: Ok, ich fühle, … dass du die

35 Beste bist.

LOLA: Dein Gefühl, wer ist denn das, dein Gefühl?

MANNI: Na ich, mein Herz.

LOLA: Dein Herz sagt: „Guten Tag Manni,

40 die da, die is' es."?

MANNI: Genau.

LOLA: Und du sagst: „Ah ja, danke für diese Information. Auf Wiederhören bis zum nächsten Mal."?

45 **MANNI:** Genau.

LOLA: Und du machst alles, was dein Herz dir sagt?

MANNI: Na, das sagt ja _____nichts_____, also, ja was weiß ich, das … es fühlt

50 halt.

LOLA: Und was fühlt es jetzt?

MANNI: Es fühlt, dass da gerade jemand ziemlich blöde Fragen stellt.

LOLA: Mann, du nimmst mich überhaupt

55 _____nicht_____ ernst.

MANNI: Lola, was is' denn los? Willst du irgendwie weg von mir?

LOLA: Ich weiß _____nicht_____, ich muss mich halt entscheiden, glaub ich.

:: 2 :: Dritte Sequenz mit Ton sehen

Sehen Sie sich das Gespräch zwischen Manni und Lola an.

- Konzentrieren Sie sich auf den Wortlaut und überprüfen Sie, was Sie in Aufgabe 1 geschrieben haben. Machen Sie eventuelle Korrekturen.

- Notieren Sie danach Adjektive, die Lola in diesem Gespräch beschreiben: Lola ist _____.

Filmsequenz
Sequenz: 3
Start: Ende der Szene, in der Lola auf der Straße liegt
Stopp: Ende des Gesprächs im Bett
Länge: circa 3 Minuten (DVD Sequenzauswahl 12)

:: 3 :: Fragen zum Gespräch beantworten

Besprechen Sie zuerst mit einer Partnerin/einem Partner, dann im Plenum, die Fragen.

- Warum stellt Lola diese Fragen?

- Liebt Lola Manni?

- Liebt Manni Lola?

- Wie stellt Tom Tykwer diese Sequenz dar? Mit welchen Farben arbeitet er und warum?

Filmsequenz
Sequenz: 4
Start: Roter
Telefonhörer fällt auf
den Apparat
Stopp: Ende der
Szene, in der Manni
auf der Straße liegt
Länge: circa 18
Minuten (DVD
Sequenzauswahl
13–19)

Vierte Sequenz: Handlungsvariante 2

:: 1 :: Hypothesen aufstellen

Manchmal entscheiden Sekunden über den Verlauf unseres Lebens. Stellen Sie sich vor, Lola wäre auf dem Weg zu ihrem Vater die Treppe ihres Hauses hinuntergefallen und hätte sich verletzt. Dann wäre sie vielleicht langsamer gerannt. Vielleicht wäre dann alles ganz anders gekommen.

Übungsbuch
Einheit 5,
Teil A

STRUKTUREN Konjunktiv II der Vergangenheit

:: a :: **Beispiel:** *Wenn Lola langsamer gelaufen wäre, (dann) hätte der Mann im Auto vielleicht keinen Unfall gehabt.*

Der Konjunktiv II der Vergangenheit besteht aus zwei Teilen:

1. einer Konjunktiv II-Form von *haben* oder *sein* im Präsens

2. dem Partizip Perfekt des Hauptverbs

Die Regeln für den Gebrauch von *wäre* oder *hätte* sind dieselben wie für *sein* oder *haben* im Perfekt.

:: b :: Was wäre gewesen, wenn Lola langsamer gelaufen wäre? Schreiben Sie fünf Sätze im Konjunktiv II der Vergangenheit. Lassen Sie Ihrer Fantasie freien Lauf.

Wenn Lola langsamer gelaufen wäre, ...

1. _____
2. _____
3. _____
4. _____
5. _____

:: 2 :: Vierte Sequenz ohne Ton sehen

Achten Sie beim Sehen der vierten Filmsequenz wieder auf die Fotoserien. Machen Sie sich Notizen zu den Schicksalen von Doris, Mike und Frau Jäger.

:: 3 :: Fotoserien deuten

Was zeigen die Fotoserien zu Doris, Mike und Frau Jäger? Warum ist ihr Schicksal anders als in der ersten Handlungsvariante?

:: 4 :: Domino: Vierte Sequenz zusammenfassen

Das Domino
befindet sich
im Anhang C
des Buches.

Arbeiten Sie in einer Kleingruppe. Ihre Kursleiterin/Ihr Kursleiter wird Ihnen Karten geben. Auf dem oberen Teil steht eine Antwort und auf dem unteren eine Frage. Spielen Sie mündliches Domino. Beginnen Sie mit der Karte, auf der **Anfang** steht. Lesen Sie die Frage laut vor. Diejenige/ Derjenige, die/der die richtige Antwort hat, liest die Antwort vor und stellt die nächste Frage. Dies ist die Frage, die unten auf dieser Karte steht.

:: 5 :: Handlungsvarianten 1 und 2 vergleichen

Schreiben Sie alle Unterschiede zwischen den Handlungsvarianten 1 und 2 in die Tabelle. Im Kasten finden Sie noch einmal die wichtigsten Ausdrücke zur zweiten Handlungsvariante. Sie können im Präsens oder im Perfekt schreiben.

Wortschatz

jemandem (*Dativ*) ein Bein stellen (hat ... gestellt)
Streit haben, sich streiten (haben ... sich gestritten)
jemanden mit etwas bewerfen (hat ... beworfen)
jemanden als Geisel nehmen
etwas verlangen[1] (hat ... verlangt)
etwas wegwerfen (hat ... weggeworfen)
bewaffnete[2] Polizisten
pünktlich (auf die Sekunde)
überfahren werden (ist ... überfahren worden)

[1] **verlangen** wollen [2] **bewaffnet** wenn jemand eine Waffe (z.B. Pistole, Revolver) hat, ist er bewaffnet

HANDLUNGSVARIANTE 1	HANDLUNGSVARIANTE 2
Im Treppenhaus ist Lola an dem Jungen mit dem Hund vorbeigerannt.	*Der Junge im Treppenhaus hat Lola ein Bein gestellt und sie ist die Treppe hinuntergefallen.*

STRUKTUREN Komparativ

Übungsbuch
Einheit 5,
Teil A

:: a :: **Vergleiche**

Lesen Sie die Beispielsätze und auch die Fragen.

BEISPIELE: *Welches Szenario hat dir besser gefallen, das erste oder das zweite?*

→ *Das erste Szenario ist besser.*

→ *Version 1 finde ich besser als Version 2.*

→ *Ich finde die erste Version genauso traurig wie die zweite Version.*

- Welches Szenario findest du realistischer?
- Welche Version ist deiner Meinung nach lustiger?
- Welches Szenario ist trauriger?
- Welches Szenario findest du spannender?
- Welches ist für dich interessanter?

:: b :: **Regeln formulieren**

Formulieren Sie jetzt mit Ihrer Partnerin/Ihrem Partner drei Regeln zum Komparativ.

Regel 1: Den Komparativ bildet man, indem man <u>-er an das Adjektiv anhängt.</u>
<u>Es gibt ein paar Ausnahmen zu dieser Regel.</u>

Regel 2: „Als" benutzt man, wenn <u>es einen Unterschied zwischen den beiden</u>
<u>zu vergleichenden Dingen/Personen/ … gibt.</u>

Regel 3: „Wie" benutzt man, wenn <u>es keinen Unterschied zwischen beiden zu</u>
<u>vergleichenden Dingen/Personen/ … gibt. Dann benutzt man nicht den Komparativ, sondern man</u>
<u>formuliert meist mit **genauso** + Adjektiv + **wie**.</u>

:: 6 :: Ein Interview führen

Machen Sie ein Partner-Interview mit den Fragen aus **Strukturen**, oben, und berichten Sie darüber im Plenum.

Der vollständige
Dialog befindet
sich im Anhang des
Buches.

Fünfte Sequenz: Beziehungsgespräch 2

:: 1 :: Lesen: Textantizipation

Lesen Sie das Transkript des Beziehungsgesprächs. Arbeiten Sie mit Ihrer Partnerin/Ihrem Partner und antizipieren Sie die Teile, die im Text fehlen.

BEZIEHUNGSGESPRÄCH 2

MANNI: Lola?

LOLA: Mmh…

MANNI: Wenn ich jetzt sterben würde, was würdest du ___dann machen___?

5 **LOLA:** Ich würde dich nicht ___sterben lassen___.

MANNI: Na ja, wenn ich todkrank wäre und es gibt keine Rettungsmöglichkeit.

LOLA: Ich würde ___eine finden___.

MANNI: Jetzt sag doch mal … Ich lieg'
10 jetzt im Koma und der Arzt sagt: „Einen Tag noch."

LOLA: Ich würde mit dir ___ans Meer fahren___ und dich ins Wasser schmeißen. Schocktherapie.

15 **MANNI:** Na gut, und wenn ich dann trotzdem tot wär'?

LOLA: Was willst du denn jetzt hören?

MANNI: Jetzt sag doch mal.

LOLA: Ich würde nach Rügen fahren und
20 deine Asche ___in den Wind streuen___.

MANNI: Und dann?

LOLA: Was weiß ich, so 'ne blöde Frage.

MANNI: Ich weiß es, du würdest ___mich vergessen___.

25 **LOLA:** Nee.

MANNI: Doch, doch, klar, sonst könntest du ja gar nicht weiterleben. Ich mein', klar würdest du trauern[1] die ersten Wochen, bestimmt, ist ja auch
30 nicht schlecht. Alle total mitfühlend

und echt betroffen[2] und alles ist so unendlich traurig und du kannst einem einfach nur tierisch leid tun. Dann kannst du allen zeigen, wie
35 ___stark___ du eigentlich bist, „ ___Was für eine tolle Frau!___ " werden die dann alle sagen, „Die reißt sich echt am Riemen[3], ist nicht hysterisch und heult[4] den ganzen Tag 'rum."
40 oder so. Und dann kommt auf einmal ___dieser unheimlich nette Typ___ mit den ___grünen Augen___ und der ist so ___supersensibel___, hört dir den ganzen Tag zu und lässt sich so richtig
45 schön von dir volllabern[5]. Und dem kannst du dann erzählen, wie schwer du es gerade hast und dass du dich jetzt echt erst mal um dich selbst kümmern musst und dass du nicht weißt, wie
50 es weitergehen wird und bä, bä, bä … dann hockst[6] du plötzlich bei ihm ___auf dem Schoß___ und ich bin ___gestrichen von der Liste___. So läuft das nämlich.

55 **LOLA:** Manni?

MANNI: Was?

LOLA: Du bist aber nicht gestorben.

Quelle: *Lola rennt*, copyright © 1999. Written and directed by Tom Tykwer. Produced by X-Filme Creative Pool, Wesdeutscher Rundfunk. Used by permission of X-Filme Creative Pool GmbH.

---

[1]**trauern** traurig sein, weil jemand gestorben ist

[2]**betroffen** mitfühlend, hilfsbereit, sensibel [3]**sich am Riemen reißen** stark sein, die eigenen Emotionen kontrollieren [4]**heulen** weinen [5]**jemanden volllabern** so viel reden, dass der andere gar nicht zu Wort kommt [6]**hocken** sitzen

:: 2 :: Fünfte Sequenz mit Ton sehen

Sehen Sie sich das Gespräch mit Ton an und vervollständigen Sie den Dialog im Buch. Wenn Sie Schwierigkeiten hatten, alles zu verstehen, schauen Sie im Anhang nach. Dort ist das Gespräch abgedruckt.

Vergleichen Sie das tatsächliche Gespräch mit dem, was Sie in Aufgabe 1 antizipiert haben.

Welche Unterschiede oder Ähnlichkeiten sehen Sie im Vergleich zu dem ersten Beziehungsgespräch?

Filmsequenz
Sequenz: 5
Start: Ende der Szene, in der Manni auf der Straße liegt
Stopp: Ende des Gesprächs zwischen Manni und Lola im Bett
Länge: circa 3 Minuten (DVD Sequenzauswahl 19)

Sechste Sequenz: Handlungsvariante 3

 :: 1 :: Hypothesen aufstellen

Sie sehen gleich noch eine dritte Handlungsvariante. Die Geschichte endet diesmal so:

> Lola und Manni treffen sich vor dem Supermarkt, beide sind glücklich: Manni hat das Geld gerade Ronnie gegeben und Lola hat eine Plastiktüte mit 100.000 Mark dabei.

Filmsequenz
Sequenz: 6
Start: Ende des zweiten Beziehungsgesprächs
Stopp: Ende des Films
Länge: circa 25 Minuten
(DVD Sequenzauswahl 20 bis zum Ende)

Aufgabe: Erzählen Sie mit Ihrer Partnerin/Ihrem Partner eine kleine Geschichte, in der Sie erklären, wie es dazu gekommen ist. Wer möchte, erzählt die Geschichte im Plenum.

:: 2 :: Sechste Sequenz mit Ton sehen

Sehen Sie sich jetzt die Handlungsvariante 3 an und vergleichen Sie sie mit Ihrer eigenen Version. Was ist gleich, was ist anders? Achten Sie auch wieder auf die Fotoserien.

 :: 3 :: Schreiben: Sechste Sequenz zusammenfassen

Übungsbuch
Einheit 5,
Teil A

Manni und Lola erzählen sich gegenseitig, wie sie das Geld besorgt haben. Fassen Sie die dritte Version schriftlich im Perfekt in fünf bis zehn Sätzen zusammen. Schreiben Sie aus Lolas oder aus Mannis Perspektive, d.h. in der **ich**-Form. Unten finden Sie einige Ausdrücke, die Ihnen helfen können.

BEISPIEL: *Lola: „Ich bin losgerannt, um dir zu helfen. ...“*

Wortschatz Lola	Wortschatz Manni
abgeholt werden	jemanden (*Akkusativ*) verfolgen
ins (Spiel)Kasino gehen	jemandem (*Dativ*) hinterherlaufen
Roulette spielen	das Geld abnehmen
auf die richtige Zahl setzen	das Geld abliefern/abgeben
Geld gewinnen	

Warum lässt Tom Tykwer seine Hauptfigur an Nonnen vorbeilaufen?

Struktur des Films

▮▮▮ :: 1 :: Elemente des Films erfassen

Arbeiten Sie in kleinen Gruppen. Welche der folgenden Elemente, Personen und Konzepte verwendet Tom Tykwer im Film *Lola rennt?* Kreuzen Sie an.

☐ das Footage

☐ die Technomusik

☐ die Zeichentrickanimation

☐ das Geräusch

☐ die Geschichte in drei Varianten

☐ Beziehungsgespräche als Verbindung zwischen den drei Handlungsvarianten

☐ die lineare Handlung

☐ der Slang

☐ das Hochdeutsch

☐ der Sprecher

☐ das Happy End

☐ das offene Ende

☐ die Fotoserie

☐ die Polizei

☐ die Glasscheibe

☐ die alte Frau

☐ die Nonne

☐ die Stadt Berlin

☐ der Rettungswagen

☐ die Kinder

☐ die alten Menschen

☐ die Beziehung zwischen den Generationen

☐ der Zeichentrickfilm

☐ das Fußballspiel

☐ der Penner

☐ die kriminelle Bande

☐ das Laufen

das Footage; die Technomusik; die Zeichentrickanimation; das Geräusch; die Geschichte in drei Varianten; Beziehungsgespräche; der Slang; das offene Ende; die Fotoserie; die Polizei; die Glasscheibe; die alte Frau; die Nonne; die Stadt Berlin; der Rettungswagen; die Kinder; die Beziehung zwischen den Generationen; der Zeichentrickfilm; das Fußballspiel; der Penner; die kriminelle Bande; das Laufen

▮▮▮ :: 2 :: Den Elementen eine Funktion zuordnen

Erklären Sie jetzt, wie der Regisseur Tom Tykwer seine Elemente einsetzt. Welche Funktionen haben sie? Was beabsichtigt der Regisseur wohl damit? Diskutieren Sie in Ihrer Gruppe. Eine Gruppensprecherin/ein Gruppensprecher stellt die Ergebnisse im Plenum vor.

BEISPIEL: *Die Fotoserien zeigen alternative Schicksale.*

Symbole im Film

 :: 1 :: Symbole erklären

Arbeiten Sie wieder in Ihrer Gruppe und überlegen Sie gemeinsam, was die folgenden Symbole im Film ausdrücken. Sie können die Liste der Symbole weiter fortsetzen.

Symbol	Bedeutung
die Farbe Rot	_____
das Glas	_____
die Uhr	_____
das Schreien	_____
die Dominosteine	_____
die Spirale	_____
...	_____
...	_____

STRUKTUREN Superlativ

Übungsbuch
Einheit 5,
Teil B

:: a :: Lesen Sie zuerst die Fragen und formulieren Sie dann mit Ihrer Partnerin/Ihrem Partner die Regel zum Superlativ.

- Welche der drei Varianten hat Ihnen am besten gefallen? Begründen Sie Ihre Meinung.

- Welche hat Ihnen am wenigsten gefallen? Warum?

- Welche der drei Varianten finden Sie am realistischsten? Warum?

- Welche Version ist Ihrer Meinung am interessantesten?

- Welches Szenario ist am lustigsten?

Regel: Den Superlativ bildet man, indem man das Wort *am* vor das Adjektiv setzt und die Endung *-sten* an das Adjektiv anhängt. Es gibt ein paar Ausnahmen zu dieser Regel.

_____

:: b :: Beantworten Sie dann die Fragen und berichten Sie.

:: 2 :: Mündlich Stellung nehmen

Bereiten Sie eine kurze mündliche Stellungnahme vor: Was ist für Sie die Hauptbotschaft des Films?

:: 3 :: Debatte

Erinnern Sie sich an die drei Handlungsvarianten und wie sich die Ereignisse voneinander unterscheiden.

:: a :: **Debatte vorbereiten** Nehmen Sie sich ein paar Minuten Zeit und überlegen Sie: Was bestimmt Ihrer Meinung nach unser Leben – Glück, eigenes Handeln, Schicksal oder Zufall? Machen Sie sich Notizen.

_____

_____

_____

 :: b :: **Gruppen bilden und debattieren** Bilden Sie zwei Gruppen. Die eine Gruppe sammelt Pro-, die andere Gruppe sammelt Kontra-Argumente. Debattieren Sie dann im Plenum die folgende Aussage: *Der Zufall bestimmt unser Leben*.

:: 4 :: Den Inhalt interpretieren

Mit den folgenden Zitaten beginnt der Film. Versuchen Sie zu erklären, was T.S. Eliot und S. Herberger sagen. Was haben diese Aussagen mit dem Film zu tun? Fallen Ihnen Situationen ein, auf die diese Aussagen zutreffen?

> „Wir lassen nie vom Suchen ab,
> und doch, am Ende allen unseren Suchens,
> sind wir am Ausgangspunkt zurück
> und werden diesen Ort zum ersten Mal erfassen."
>
> —T.S. Eliot

> „Nach dem Spiel
> ist vor dem Spiel."
>
> —S. Herberger

Dieser Teil könnte bei Zeitmangel weggelassen werden.

Hintergrund zum Film

Recherchieren und präsentieren

:: 1 :: Mit dem Internet arbeiten

Suchen Sie im Internet Informationen über Hollywood-Produktionen mit Franka Potente. Stellen Sie einen ihrer Hollywood-Filme oder eine US-Serie im Kurs vor. Tragen Sie die Informationen zunächst in Stichworten in die Tabelle ein.

Titel: _____

Inhalt: _____

Regie: _____

Entstehungsjahr: _____

Hauptrollen: _____

Nebenrollen: _____

Drehbuch: _____

Kamera: _____

Schnitt: _____

Musik: _____

Produktion: _____

© Featureflash / Shutterstock.com

Franka Potente bei der Premiere ihres Films *Die Bourne Identität*

:: 2 :: Informationen verbalisieren

Übungsbuch
Einheit 5,
Teil B

Berichten Sie in ganzen Sätzen, was Sie in Aufgabe 1 herausgefunden haben. Sie werden die folgenden Ausdrücke brauchen.

Redemittel / Wortschatz

Regie führen
der Regisseur, -e / die Regisseurin, -nen
einen Film drehen
der Schauspieler, - / die Schauspielerin, -nen
der (männliche) Hauptdarsteller, - / die (weibliche) Hauptdarstellerin, -nen
das Drehbuch schreiben
der Drehbuchautor, -en / die Drehbuchautorin, -nen
der Kameramann / die Kamerafrau
für den Schnitt verantwortlich sein
einen Film schneiden
Filmmusik komponieren
der Produzent, -en / die Produzentin, -nen
einen Film produzieren

:: 3 :: Referate halten

Halten Sie ein Referat über einen der beiden Hauptdarsteller aus *Lola rennt*: Franka Potente oder Moritz Bleibtreu. Gehen Sie auf folgende Punkte ein:

- Biografie
- Interessen, Hobbys usw.
- andere Filme
- andere Tätigkeiten
- interessante Geschichten aus ihrem Privatleben (z.B. war Franka Potente kurz mit *Herr der Ringe*-Darsteller Elijah Wood zusammen)
- ...

Lesen • Globalverständnis

:: 4 :: Filmkritiken lesen

Finden Sie beim Lesen heraus, ob die Kritiken zum Film auf Seite 182 positiv oder negativ sind. An welchen Wörtern können Sie das erkennen? Tragen Sie Ihre Ergebnisse in die Tabelle ein.

Positiv (+); Negativ (−)	Wörter und Ausdrücke, die darauf hinweisen
1. positiv	Bewegende ... ein deutscher Film von Weltformat
	Hauptrollen ideal besetzt
	das erfolgreichste deutsche Werk des letzten Jahres
	beste Unterhaltung
	Anspruch
2. negativ	ging daneben
	originelle Idee, aber schlechte Umsetzung
	zu rasante Schnitte
	wirre Kamerafahrten
	zu viele und deplaziert wirkende Effekte verderben den Spaß am Film
	bestenfalls mittelmäßig

LOLA RENNT: STIMMEN DER KRITIKER

Bewegende, furios bewegte Bilder, atemlose Schnitte, irrwitziges[1]
Tempo, schräg bewegte Zeichentricksequenzen, eingängiger
Soundtrack, Fantasie statt Monotonie – ein deutscher Film von
Weltformat. Geschaffen hat ihn Autor-Regisseur Tom Tykwer, der
schon mit *Die tödliche Maria* und *Winterschläfer* nachhaltig auf
5   sich aufmerksam machte. Mit den Jung-Stars Franka Potente und
Moritz Bleibtreu in den Hauptrollen ideal besetzt, verbindet dieses
erfolgreichste deutsche Werk des letzten Jahres beste Unterhaltung mit
Anspruch. Im Kino sahen über zwei Millionen Zuschauer Lola rennen.

*Reprinted by permission of Entertainment
Media Verlag GMbH & Co.*

Lola, bleib' lieber stehen! Leider ging der Film gründlich daneben.
Schade eigentlich, denn aus dieser Thematik, der an sich originellen
10 und unverbrauchten Idee, hätte man mehr machen können. Es
ist wirklich mal was Neues, ein und dieselbe Handlung dreimal
hintereinander leicht abgewandelt zu erzählen. Lola rennt nämlich
aus ihrer Wohnung und trifft auf einen Nachbarn und dessen
Hund. Je nachdem, wie sie an ihm vorbeikommt, ändert sich[2] der
nachfolgende Verlauf der Geschichte völlig. Nach dem Prinzip „Wenn
ein Schmetterling in China mit den Flügeln schlägt, gibt es in Amerika
15 einen Wirbelsturm" wird dann die Geschichte dreimal erzählt. Es
ändern sich vordergründig nur Kleinigkeiten, der weitere Lebenslauf
bestimmter Personen aber gewaltig. Man sieht also, dass dieser Film
mit Sicherheit kein „Mainstream-Film" ist, aufgrund der originellen
Idee aber durchaus vielversprechend[3]. Leider ist die Umsetzung[4] dieses
Themas alles andere als gut gelungen[5]. Von der ersten Minute an
20 fragt man sich: „Bin ich im Kino oder schaue ich mir ein Musikvideo
an?" Viel zu rasante Schnitte, wirre[6] Kamerafahrten und viel zu viele
und dazu noch deplatziert wirkende[7] Effekte verderben einem den
Spaß an diesem Film. Kurz gesagt: Eine vielversprechende Thematik
und Idee wurde schlecht umgesetzt, weshalb der Film bestenfalls als
mittelmäßig[8] zu betrachten ist.

*From www.moviesite.de. Reprinted
by permission of the author.*

---

[1]**irrwitzig** *hier:* sehr sehr schnell   [2]**sich ändern** es wird anders   [3]**vielversprechend** man kann viel Gutes
erwarten   [4]**die Umsetzung** die Realisation   [5]**gelingen** Erfolg haben   [6]**wirr** konfus; es ergibt keinen
Sinn   [7]**es wirkt deplatziert** es passt nicht dazu   [8] **mittelmäßig** nicht schlecht, aber auch nicht gut

:: 5 :: Eine Filmkritik schreiben

Schreiben Sie selbst eine kurze Filmkritik zu *Lola rennt*. Gehen Sie
dabei auf mindestens fünf der folgenden Punkte ein: Inhalt, Handlung,
Thema, Struktur des Films, Symbole, Bedeutung, Kameraführung, Musik,
Schauspieler, technische Aspekte, Schnitt, Drehbuch.

_____

_____

_____

_____

_____

_____

_____

_____

_____

Grundwortschatz

:: VERBEN

ab•hauen (*ugs.*): er/sie/es haut ... ab, haute ... ab, ist ... abgehauen	to scram, beat it, split
sich beeilen: er/sie/es beeilt sich, beeilte sich, hat sich ... beeilt	to hurry
hin•fallen: er/sie/es fällt ... hin, fiel ... hin, ist ... hingefallen	to fall down
klauen (*ugs.*): er/sie/es klaut, klaute, hat ... geklaut	to swipe, steal
stehlen: er/sie/es stiehlt, stahl, hat ... gestohlen	to steal
überfahren: er/sie/es überfährt, überfuhr, hat ... überfahren	to run over, hit with a vehicle
überfallen: er/sie/es überfällt, überfiel, hat ... überfallen	to hold up, threaten with a weapon
um•bringen: er/sie/es bringt ... um, brachte ... um, hat ... umgebracht	to kill
verlangen: er/sie/es verlangt, verlangte, hat ... verlangt	to demand

:: NOMEN

der Autodiebstahl, die Autodiebstähle	automobile theft
der/die Bankangestellte, -n	bank employee
der Banküberfall, die Banküberfälle	bank robbery
der Bürgersteig, -e	sidewalk
das Drehbuch, die Drehbücher	screenplay
die Einfahrt, -en	driveway, entrance
der/die Geliebte, -n	lover; person with whom one has an extramarital affair
die Glasscheibe, -n	glass pane
der (männliche) Hauptdarsteller, - / die (weibliche) Hauptdarstellerin, -nen	leading man/lady, main actor/actress in a film or play
die Hauptrolle, -n	leading role, main role (in a film or play)
die Nebenrolle, -n	supporting role (in a film or play)
der/die Obdachlose, -n	homeless person
der Penner, - / die Pennerin, -nen (*ugs.*)	bum, tramp, hobo
die Pistole, -n	pistol
die Regie	direction (of a film or play)

der Regisseur, -e / die Regisseurin, -nen	director (of a film or play)
der Schauspieler, - / die Schauspielerin, -nen	actor/actress
die Telefonzelle, -n	telephone booth
das Treppenhaus	stairwell, staircase
der Wachmann, die Wachmänner	security guard

:: ADJEKTIVE UND ADVERBIEN

betrunken	drunk, inebriated
bewaffnet	armed
obdachlos	homeless
pünktlich	punctual(ly)
schwanger	pregnant
ungewöhnlich	unusual(ly)

:: ANDERE AUSDRÜCKE

einen Film drehen	to shoot a film
einen Film im Original sehen	to see a film in the original language
einen Film schneiden	to edit a film
eine Entscheidung treffen	to make a decision
im Original mit Untertiteln	in the original language but with subtitles in the language of the audience
Regie führen	to direct (a film or play)
überfahren werden	to be run over; to be hit by a vehicle

Stationen der Geschichte

SCHWEIZ – DEUTSCHLAND – ÖSTERREICH

:: ABSCHNITTE

A Stationen der schweizerischen Geschichte
B Stationen der deutschen Geschichte
C Stationen der österreichischen Geschichte

:: TEXTE UND HÖRTEXTE

- Micheline Calmy-Rey: „Frauenerfolge: gestern – heute – morgen" (Auszüge aus der Rede)
- Peter Henisch: *Schwarzer Peter* (Romanauszug)

:: INTERNET-AKTIVITÄTEN

- Der Schriftsteller Peter Henisch

:: SPRACHLICHE STRUKTUR

- Das Passiv

:: IN DIESER EINHEIT

Diese Einheit beschäftigt sich mit der Geschichte der drei deutschsprachigen Länder Deutschland, Österreich und der Schweiz im 20. Jahrhundert. Sie werden lernen, dass ihre Geschichte eng miteinander verbunden ist und teilweise voneinander abhängt. Zum Vergleich wird die Geschichte der USA herangezogen.

Wer die Enge
 seiner Heimat ermessen will, reise.

Wer die Enge
 seiner Zeit

ermessen will,
  studiere Geschichte.

— Zitat von Kurt Tucholsky

Einstimmung auf das Thema

Länder zuordnen

Lesen Sie die Liste von Ereignissen in den drei deutschsprachigen Ländern und den USA. Überlegen Sie, welche Ereignisse zu welchen Ländern passen könnten. Falls Sie nicht sicher sind, stellen Sie Hypothesen auf. Schreiben Sie in die rechte Spalte das Land/die Länder, in dem/denen dieses Ereignis stattgefunden hat. Benutzen Sie die internationalen Kurzformen: USA, D, CH und A. Viele Ereignisse passen zu mehreren Ländern.

	Ereignisse	Land
1914–1918	Erster Weltkrieg	D, A, USA
1918–1933	Weimarer Republik	D
1929	Weltwirtschaftskrise	D, A, CH, USA
1933	Hitlers Machtergreifung[1]	D
1937	Friedensabkommen: Abkommen[2] über den Verzicht[3] auf Streiks	CH
1938	Anschluss[4] an Hitler-Deutschland	A
1939–1945	Zweiter Weltkrieg	D, A, USA
1941	Pearl Harbor	USA
1942	Grenzsperre[5] für Flüchtlinge[6]	CH
1945	Beginn der Besatzungszeit[7] (Aufteilung in vier Besatzungszonen: amerikanisch, britisch, französisch, sowjetisch)	D, A
1949	Ende der Besatzungszeit	D
1949	Staatsgründung	D
1955	Ende der Besatzungszeit	A
1955	Staatsvertrag: Erklärung der Neutralität	A
1961	Bau der Mauer	D
1963	Besuch von JFK	D
1981	Gleichstellung für Frauen und Männer	CH
1989	Fall der Mauer	D
1990	Wiedervereinigung	D

[1]**die Ergreifung** von **ergreifen:** nehmen   [2]**das Abkommen** der Vertrag   [3]**der Verzicht** wenn man etwas nicht macht, was man eigentlich gerne machen möchte   [4]**der Anschluss** von **sich anschließen:** sich an etwas beteiligen [5]**die Grenze** imaginäre Linie, die zwei Länder trennt; **sperren** schließen   [6]**der Flüchtling** jemand, der sein Land verlassen will oder muss   [7]**die Besatzung** die Okkupation

Stationen der schweizerischen Geschichte

Hintergrundwissen

:: 1 :: Vermuten

Um welches der drei Länder Österreich, Schweiz oder Deutschland handelt es sich hier?

a. In diesem Land wird kaum gestreikt.

b. Dort gelten erst seit 1981 gleiche Rechte für Frauen und Männer.

c. Jeder Mann aus diesem Land ist ein Soldat.

d. Dieses Land ist neutral.

e. Hier gilt die direkte Demokratie.

Dieses Land heißt: _____die Schweiz_____

:: 2 :: Zuordnen

Ordnen Sie den fünf Erklärungen die Fakten aus Aufgabe 1 zu. Schreiben Sie a–e hinter die Erklärungen.

1. Das Land beteiligt sich an keinem Krieg und bleibt politischen und militärischen Bündnissen fern[1]. _d_

2. Jeder Mann muss für 30 Jahre seines Lebens während einiger Wochen im Jahr Militärdienst leisten. _c_

3. Es gibt kaum Arbeitskämpfe zwischen Arbeitgebern und Gewerkschaften[2]. _a_

4. Die Bürger können durch Referenden und Volksinitiativen direkten Einfluss auf die Arbeit der Regierung nehmen. _e_

5. Die traditionelle Rollenverteilung – die Frau zu Hause, der Mann am Arbeitsplatz – hielt sich hier länger als in anderen europäischen Ländern. _b_

---

[1]**fernbleiben** sich nicht beteiligen [2]**die Gewerkschaft** eine Organisation von Arbeitnehmern, die das Ziel hat, die Arbeitsbedingungen zu verbessern

:: 3 :: Wortschatz: Begriffe einsetzen

Setzen Sie die Wörter im jeweiligen Kasten in den Text ein.

:: a :: **Die schweizerische Außenpolitik** Das Prinzip der
schweizerischen Außenpolitik ist die ___Neutralität___ [1]. Die Schweiz
ist nicht ___Mitglied___ [2] der EU und erst seit 2002 UNO-Mitglied,
obwohl zahlreiche UN-Organisationen ihren ___Sitz___ [3] in der
Schweiz haben. Eine NATO-___Mitgliedschaft___ [4] besteht nicht, wohl aber eine
sogenannte „Nato-Partnerschaft für den Frieden".

Mitgliedschaft
Sitz
Neutralität
Mitglied

:: b :: **Die neue Lust am Streik** In der Schweiz wird nicht
gestreikt. Diesen Grundsatz kannte einst jedes Kind. 1937 war mit
dem „Friedensabkommen" der Arbeitsfriede zwischen ___Arbeitgebern___ [5]
und ___Gewerkschaften (Reihenfolge kann vertauscht werden.)___ [6] beschlossen worden.
Verständnislos wurden Meldungen quittiert, wonach auf Italiens
Flughäfen Chaos herrsche oder auf Pariser Straßen der öffentliche
Verkehr zum Stillstand gekommen sei. Diese Zeiten sind passé. Seit Mitte
der neunziger Jahre nimmt die Zahl der ___Streiks___ [7] deutlich zu. Im
Vergleich mit anderen Ländern ___streiken___ [8] die Schweizer aber dennoch
recht wenig. (Quelle: www.nzz.ch. Copyright © Neue Zürcher Zeitung AG.
Reprinted with permission.)

Arbeitgebern
streiken
Gewerkschaften
Streiks

:: c :: **Die Schweiz ist kein Arbeitsparadies für Frauen**
Erst 1971 wurde in der Schweiz das Stimm- und Wahlrecht
für Frauen eingeführt und 1981 wurde der Grundsatz der
___Gleichstellung (Gleichberechtigung)___ [9] für Frauen und Männer in die
Bundesverfassung aufgenommen. Statistisch weist die
Schweiz heute für Frauen eine hohe ___Erwerbsquote___ [10] aus,
fast schon wie in Skandinavien. Allerdings arbeitet die
Mehrheit der Frauen nur ___Teilzeit___ [11]. Auf der ___Chefetage___ [12] sind sie selten zu
finden. Außerdem liegt der weibliche ___Durchschnittslohn___ [13] 20 % tiefer als jener
für Männer. (Quelle: „Die Schweiz ist kein Arbeitsparadies für Frauen"
by Alexander Künzle, www.swissinfo.ch. October 8, 2007. Reprinted by
permission.)

Chefetage
Teilzeit
Erwerbsquote
Gleichstellung
(Gleichberechtigung)
Durchschnittslohn

:: d :: **Die Schweizer Armee** Die Armee der Schweiz ist
keine ___Berufsarmee___ [14]. Jeder männliche, in der Schweiz
wohnhafte Schweizer Bürger muss ___Militärdienst___ [15] leisten.
Männer werden zwischen 19 und 25 Jahren für den
Militärdienst rekrutiert. ___Frauen___ [16] können freiwillig
der Armee beitreten. Wer körperlich fit ist, aber nicht zum
Militär will, kann einen ___zivilen Ersatzdienst___ [17] machen. Die Grundausbildung
der Soldaten dauert zwischen 18 und 21 Wochen. Danach finden jährlich
dreiwöchige Wiederholungskurse statt. Die ___Waffen___ [18] werden zu Hause
aufbewahrt. Ein Missbrauch findet trotzdem nur sehr selten statt.

Waffen
Berufsarmee
Militärdienst
Frauen
zivilen Ersatzdienst

:: e :: **Das schweizerische Regierungssystem** Die
Schweiz ist weder eine rein parlamentarische noch eine
präsidiale ___Demokratie___ [19]. Ein Hauptcharakteristikum
des Regierungssystems ist die ___direkte___ [20] Demokratie.
Die Bürger können durch ___Volksinitiativen___ [21] und
Volksabstimmungen direkten Einfluss auf die Arbeit der
Regierung nehmen. Alle Teile der ___Bevölkerung___ [22] sollen in den politischen
Prozess involviert werden.

Volksinitiativen
direkte
Bevölkerung
Demokratie

Politische Rede

Hören • Auszüge aus der Rede
„Frauenerfolge: gestern – heute – morgen"

Die Politikerin Micheline Calmy-Rey hat diese Rede am 14. Juni 2003
gehalten. Sie werden hier einen kurzen Auszug hören.

Illustration by Mario Comensoli (1922–1993). © 2012 Artists Rights Society (ARS), New York / Pro Litteris, Zurich. Reprinted courtesy the Mario Comensoli Foundation, and the Swiss Trade Union Federation.

Frauenstreiktag am 14. Juni 1991

:: 1 :: **Hypothesen aufstellen**

In der Rede geht es um den Frauenstreiktag am 14. Juni 1991. Notieren Sie
Ihre Vermutungen und besprechen Sie sie dann mit Ihrer Partnerin/Ihrem
Partner.

Wer hat gestreikt? _____

Wofür? _____

Die Rede befindet sich auf der *Anders gedacht Instructor's Audio CD*. Ein Transkript der Rede befindet sich im Anhang des Buches.

Track 7

◀)) :: 2 :: Hören – selektives Hören

Hören Sie den Auszug aus der Rede und notieren Sie alle Informationen, die Sie zum Frauenstreiktag bekommen. Vergleichen Sie anschließend im Plenum.

Wortschatz zur Rede

unerhört (etwas Unerhörtes) unglaublich, skandalös
verpönt gesellschaftlich nicht akzeptiert; belächelt
die Bilanz das Resultat
das Lob nette Worte

Datum: 14. Juni 1991

Ziele: Gleichstellung; Erlangung der gleichen Rechte für Frauen, wie sie für Männer gelten; Veränderung des traditionellen Rollenmusters; Lohngleichheit; gerechte Bedingungen für berufstätige Frauen: mehr Kinderkrippen, kürzere Arbeitszeiten, Teilzeitstellen für Frauen und Männer; Beteiligung der Männer an der Hausarbeit

Medium: Transparente

Ergebnis: nicht wie erhofft; 2003 gibt es immer noch Unterschiede in der Stellung von Frauen und Männern.

WIR HELFEN IMMER DEN ANDERN – AB JETZT HELFEN WIR UNS SELBST

© Cengage Learning 2014

Transparent zum Frauenstreiktag

:: 3 :: Begriffe erklären

Lesen Sie die folgenden Begriffe aus der Rede. Ordnen Sie jedem Begriff eine Erklärung zu.

Begriffe

_k_	1. der Arbeitsfriede
_j_	2. die Gleichstellung
_i_	3. das Frauenstimmrecht
_h_	4. die Verfassung
_a_	5. auf dem Papier
_d_	6. in Taten
_c_	7. das traditionelle Rollenmuster
_f_	8. die Lohngleichheit
_b_	9. die Kinderkrippe
_g_	10. die Teilzeitstelle
_e_	11. die Hausarbeit

Erklärungen

a. theoretisch

b. ein Kindergarten, aber für jüngere Kinder

c. die Frau zu Hause, der Mann bei der Arbeit

d. praktisch

e. das Kochen, das Putzen, die Kindererziehung, …

f. alle verdienen gleich viel

g. man arbeitet z.B. nur 50 % oder 75 %

h. Dokument, das die Rechte der Bürger regelt

i. die Frauen dürfen wählen

j. es gibt keine Unterschiede

k. Arbeitgeber und Arbeitnehmer haben eine gute Beziehung, es gibt keine Konflikte

:: 4 :: Hören – Detailverständnis

Track 7

Lesen Sie zuerst die Fragen. Hören Sie dann die Rede noch einmal und beantworten Sie die Fragen.

Übungsbuch
Einheit 6,
Teil A

1. Was haben die Frauen am 14. Juni 1991 gemacht?

   Am 14. Juni 1991 haben die Frauen gestreikt.

2. Warum war das unerhört? Das war unerhört, weil in der Schweiz Arbeitsfriede herrscht.

3. Wofür haben sie gestreikt? Die Frauen haben für die Gleichstellung gestreikt.

4. Welches Gesetz hat die Schweizer Regierung 20 Jahre vor diesem Streik eingeführt? Die Schweizer Regierung hat 20 Jahre vor diesem Streik das Frauenstimmrecht eingeführt.

5. Welches Gesetz hat die Regierung 10 Jahre vor diesem Streik eingeführt?

   Die Schweizer Regierung hat 10 Jahre vor diesem Streik die Gleichstellung in der Verfassung eingeführt.

6. Was hatten die Frauen bis 1991 nicht erreicht?

   Bis 1991 hatten die Frauen die Gleichstellung nicht erreicht.

7. Wie viele Frauen haben an dem Streik teilgenommen?

   Eine halbe Million Frauen haben an dem Streik teilgenommen.

8. Hat der Streik von 1991 die Gleichstellung gebracht?

   Der Streik von 1991 hat die Gleichstellung immer noch nicht gebracht.

:: 5 :: Meinung äußern

Besprechen Sie die Fragen unten in einer Gruppe und machen Sie Notizen.
Präsentieren Sie Ihre Antworten im Plenum.

Übungsbuch
Einheit 6,
Teil A

Hilfreiche Wörter

der Arbeitgeber, -	die Arbeitsbedingung, -en
der Arbeitnehmer, -	das Gehalt, die Gehälter[2]
kündigen[1]	der Arbeitsplatz,
der Kündigungsschutz	die Arbeitsplätze

[1]**kündigen** entlassen, nicht länger beschäftigen   [2]**das Gehalt** das Geld, das man verdient

- Halten Sie den Streik für sinnvoll? Warum (nicht)?

- Finden in Ihrem Land viele Streiks statt? Wer streikt? Wofür?

- Sind Sie der Meinung, dass ein Streik geeignet ist, um ein Ziel zu erreichen?

 :: 6 :: Weiterführende Fragen

Mögliche Antworten: a. Nach dem Krieg mussten die Frauen in den Ländern, die am Krieg teilgenommen hatten, hart arbeiten, da viele Männer im Krieg gestorben waren oder erst viele Jahre nach dem Krieg zurück nach Hause kamen. Diese Frauen mussten sich in der Nachkriegszeit nicht nur um Haushalt und Kinder kümmern, sondern auch traditionelle Männerrollen übernehmen. Die Frauen in der Schweiz hatten nach dem Krieg weiterhin ihre traditionelle Rolle, da für sie die Nachkriegszeit kaum eine Veränderung bedeutete.

Diskutieren Sie die Fragen in Kleingruppen. Vergleichen Sie dann im Plenum.

a. Warum hat sich möglicherweise die traditionelle Rollenverteilung – die Frau zu Hause, der Mann am Arbeitsplatz – in der Schweiz länger als in anderen europäischen Ländern gehalten?

b. Wodurch und wann hat sich die Situation der Frauen in Ihrem Land geändert?

:: 7 :: Referate halten

Wählen Sie eins der Themen aus. Halten Sie ein Referat darüber.

- die Geschichte der Frauenbewegung in der Schweiz

- die Schweiz und die Neutralität

- die Armee der Schweiz

- das Friedensabkommen zwischen Gewerkschaften und Arbeitgebern von 1937

- das politische System der Schweiz

:: 8 :: Diskussion

Diskutieren Sie über eins der folgenden Themen.

- Die Schweizer Armee: Ist es nicht zu gefährlich, die Waffen zu Hause aufzubewahren?

- Neutralität: Kann man wirklich neutral sein und ist das wünschenswert?

- Volksabstimmungen: Halten Sie Referenden für sinnvoll?

Stationen der deutschen Geschichte

Das Reichstagsgebäude

Die deutsche Geschichte des vorigen Jahrhunderts lässt sich gut am Beispiel eines Gebäudes erzählen, das schon so einiges „erlebt" hat: das Reichstagsgebäude in Berlin.

:: 1 :: Vorwissen sammeln

Sprechen Sie im Kurs über die folgenden Punkte. Notieren Sie alle Informationen, die Sie über den Reichstag haben, an der Tafel.

- Wer von Ihnen war schon einmal in Berlin? Was haben Sie dort besichtigt?

- Haben Sie auch den Reichstag besucht? Wie gefällt er Ihnen?

- Beschreiben Sie den Reichstag. Wie sieht er aus?

- Was wissen Sie über die Geschichte des Reichstags?

Lesen • Detailverständnis

:: 2 :: Die Geschichte des Reichstags kennenlernen

Die folgenden Bilder (1–11) und Textabschnitte (A–K) geben Ihnen einen Überblick über die Geschichte des Reichstagsgebäudes.

:: a :: **Bildern Texte zuordnen**   Ordnen Sie die Textabschnitte auf Seite 197 den Bildern auf Seite 196 zu.

Bild 1,
Textabschnitt ___A___

Bild 2,
Textabschnitt ___B___

Bild 3,
Textabschnitt ___K___

Bild 4,
Textabschnitt ___E___

Bild 5,
Textabschnitt ___D___

Bild 6,
Textabschnitt ___I___

Bild 7,
Textabschnitt ___C___

Bild 8,
Textabschnitt ___J___

Bild 9,
Textabschnitt ___H___

Bild 10,
Textabschnitt ___F___

Bild 11,
Textabschnitt ___G___

A. Der Bundestag entschied sich für das Projekt der Künstler Christo und Jeanne-Claude, das Reichstagsgebäude für zwei Wochen in gewebtem Kunststoff[1] zu verhüllen[2]. Vom 23. Juni bis zum 6. Juli 1995 präsentierte sich der Reichstag dem Betrachter in matt schimmernder[3] „Verpackung."

B. Am 9. November 1918, nach dem Zusammenbruch des Kaiserreiches, rief Philipp Scheidemann von dem Balkon des Reichstagsgebäudes die Weimarer Republik aus.

C. Aus Protest gegen die Blockade und gegen die Spaltung[4] Berlins durch die Sowjetunion kam es am 9. September 1948 zur berühmten Demonstration von 350 000 Menschen vor dem Reichstagsgebäude.

D. Am 30. Januar 1933 wurde Hitler zum Reichskanzler ernannt. Der Reichstagsbrand[5] am Abend des 27. Februar desselben Jahres bedeutete das Ende der parlamentarischen Demokratie in Deutschland.

E. Nach einer Bauzeit von zehn Jahren fand am 5. Dezember 1894 die Schlusssteinlegung[6] des Reichstagsgebäudes durch Kaiser Wilhelm II. statt.

F. Das nationalsozialistische Regime führte Deutschland und Europa in die Katastrophe des Zweiten Weltkrieges. Als die Sowjetflagge am Ende des Krieges, 1945, auf einem der Ecktürme des Reichstagsgebäudes gehisst[7] wurde, war die Niederlage[8] des Deutschen Reiches besiegelt.

G. Durch den Bau der Mauer am 13. August 1961 wurde Berlin geteilt. Über Jahrzehnte verlief die Grenze entlang dem Reichstagsgebäude.

H. Am 19. April 1999 wurde das nach Plänen von Sir Norman Foster umgebaute Reichstagsgebäude vom Deutschen Bundestag übernommen. Die gläserne Kuppel, Wahrzeichen[9] des Gebäudes, ist auch für Besucher begehbar.

I. Am 9. Juni 1884 legte Kaiser Wilhelm I. den Grundstein[10] für das Reichstagsgebäude. Mit dem Bau sollte dem Deutschen Reichstag, der bislang nur provisorisch untergebracht[11] war, endlich ein eigenes Zuhause gegeben werden.

J. Am 4. Oktober 1990, einen Tag nach der Vereinigung, fand die erste Sitzung[12] des gesamtdeutschen Bundestages im Reichstagsgebäude statt. Bundestagspräsidentin Rita Süssmuth hielt die Eröffnungsansprache[13].

K. Mit dem Zusammenbruch der SED-Führung als Folge von Massendemonstrationen wurde das Ende der DDR eingeleitet. „Mauerspechte"[14], wie an der Grenzmauer in der Ebertstraße hinter dem Reichstagsgebäude, entnahmen Stücke der Mauer, die am 9. November 1989 endgültig gefallen war.

---

[1]**Kunststoff** ein Material, das künstlich hergestellt wird [2]**verhüllen** einpacken [3]**schimmern** scheinen [4]**die Spaltung** die Teilung [5]**der Brand** das Feuer [6]**die Schlusssteinlegung** die Legung des letzten Steines, die Fertigstellung [7]**die Flagge hissen** die Flagge hochziehen [8]**die Niederlage** (*Nomen zu* **verlieren**) der Misserfolg [9]**das Wahrzeichen** das Symbol; *hier:* man erkennt das Gebäude an der gläsernen Kuppel [10]**der Grundstein** der erste Stein eines Gebäudes; die Basis [11]**unterbringen** ein Zuhause geben [12]**die Sitzung** das Meeting [13]**die Ansprache** die Rede [14]**der Mauerspecht** Ein Specht ist ein Vogel, der mit seinem Schnabel in den Baum hackt; Mauerspechte sind Menschen, die mit Werkzeug, einem Hammer beispielsweise, in die Mauer gehackt und Stücke herausgenommen haben.

Übungsbuch
Einheit 6,
Teil B

:: b :: **Bilder beschreiben**   Beschreiben Sie jetzt in chronologischer Reihenfolge, was Sie auf jedem Bild auf Seite 196 sehen. Benutzen Sie dabei den Genitiv.

Bild	Beschreibung
6	*Das Bild zeigt die Grundsteinlegung des Reichstagsgebäudes.*
4	*Auf dem Bild sieht man …*
	… das Reichstagsgebäude nach der Schlusssteinlegung/Fertigstellung des Gebäudes.
1	Das Bild zeigt die Ausrufung der Republik vom Balkon des Reichstagsgebäudes.
5	Das Bild zeigt den Brand des Reichstags(gebäudes).
10	Das Bild zeigt das Hissen der sowjetischen Flagge/Fahne und somit das Ende des Krieges.
7	Das Bild zeigt die Demonstration der Berliner gegen die Blockade der Stadt.
11	Das Bild zeigt den Bau der Mauer.
3	Das Bild zeigt den Fall der Mauer / die Öffnung der Mauer / die Arbeit eines Mauerspechts / das Entnehmen von Stücken der Mauer.
8	Das Bild zeigt die erste Sitzung des gesamtdeutschen Bundestages.
2	Das Bild zeigt die Verhüllung/Verpackung des Reichstags(gebäudes).
9	Das Bild zeigt die Kuppel / das Wahrzeichen des Reichstags(gebäudes)

STRUKTUREN   Das Passiv

Übungsbuch
Einheit 6,
Teil B

:: a :: **Passivsätze finden**   Suchen Sie aus den Textabschnitten alle Sätze heraus, die im Passiv geschrieben sind, notieren Sie sie hier und unterstreichen Sie die Passiv-Struktur. Insgesamt sind es sechs Sätze.

1. *Am 30. Januar 1933 <u>wurde</u> Hitler zum Reichskanzler <u>ernannt</u>.*

2. Als die Sowjetflagge am Ende des Krieges, 1945, auf einem der Ecktürme des Reichstagsgebäudes <u>gehisst wurde</u>, war die Niederlage des Deutschen Reiches besiegelt.

3. Durch den Bau der Mauer am 13. August 1961 <u>wurde</u> Berlin <u>geteilt</u>.

4. Am 19. April 1999 <u>wurde</u> das nach Plänen von Sir Norman Foster umgebaute Reichstagsgebäude vom Deutschen Bundestag <u>übernommen</u>.

5. Mit dem Bau sollte dem Deutschen Reichstag, der bislang nur provisorisch untergebracht war, endlich ein eigenes Zuhause <u>gegeben werden</u>.

6. Mit dem Zusammenbruch der SED-Führung als Folge von Massendemonstrationen <u>wurde</u> das Ende der DDR <u>eingeleitet</u>.

:: b :: **Regeln notieren**   Sehen Sie sich die Sätze aus Aufgabe a noch einmal an. Notieren Sie die Regeln für das Passiv. Schreiben Sie die Wörter aus dem Kasten in die Lücken.

die Form von **werden**	werden
Endposition	zwei
Partizip II (2x)	zweiter Position

· Das Passiv besteht aus ___zwei___ Teilen:

  1. aus einer Form des Verbs ___werden___ und

  2. einem ___Partizip II___.

· Die Form des Verbs **werden** steht an ___zweiter Position___, das Partizip II steht in ___Endposition___.

· Steht das Passiv im Nebensatz, stehen beide Teile der Passiv-Struktur am Ende des Nebensatzes: zuerst steht das ___Partizip II___ und dann ___die Form von werden___.

:: c :: **Verbformen ergänzen**   Vervollständigen Sie die Tabelle.

DAS VERB *WERDEN* IM PRÄSENS UND IM PRÄTERITUM

Person	Präsens	Präteritum
ich	*werde*	*wurde*
du	wirst	wurdest
er/sie/es	wird	wurde
wir	werden	wurden
ihr	werdet	wurdet
sie/Sie	werden	wurden

Das Passiv Perfekt bilden Die Perfekt-Form von werden ist: **Ich bin ... geworden.** Im Passiv sieht diese Form ein bisschen anders aus: **Ich bin ... worden.** Die passive Perfekt-Form verliert also das Präfix **ge-**.

BEISPIEL: *Durch den Bau der Mauer ist Berlin* **geteilt worden.**

:: 3 :: Passivsätze bilden

Verwandeln Sie die folgenden Aktiv-Sätze ins Passiv. Achten Sie auf die richtige Zeit.

Wichtig:

- Oft wird die handelnde Person weggelassen, sie wird nur dann erwähnt, wenn sie wichtig ist.
- Die Präposition **von** benutzt man, wenn eine Person handelt, sonst benutzt man **durch**.

BEISPIEL: *Sir Norman Foster baut das Reichstagsgebäude um.*
Das Reichstagsgebäude <u>wird</u> (von Sir Norman Foster) <u>umgebaut</u>.

BEISPIEL: *Die Mauer teilte Berlin in zwei Hälften.*
Berlin <u>wurde</u> (durch die Mauer) in zwei Hälften <u>geteilt</u>.

a. Norman Foster macht die Kuppel für Besucher begehbar.

Die Kuppel wird (von Norman Foster) für Besucher begehbar gemacht.

b. Rita Süssmuth eröffnet 1990 im Reichstag die erste Sitzung des gesamtdeutschen Bundestages.

Die erste Sitzung des gesamtdeutschen Bundestages wird 1990 (von Rita Süssmuth) eröffnet.

c. 1989 öffneten friedliche Demonstrationen die Mauer.

Die Mauer wurde 1989 (durch friedliche Demonstrationen) geöffnet.

d. Kaiser Wilhelm I. legte 1884 den Grundstein für das Reichstagsgebäude.

Der Grundstein für das Reichstagsgebäude wurde 1884 (von Kaiser Wilhelm I.) gelegt.

e. Man beendete den Bau des Reichstagsgebäudes 1894.

1894 wurde der Bau des Reichstagsgebäudes beendet.

f. 1933 setzte man das Reichstagsgebäude in Brand.

1933 wurde das Reichstagsgebäude in Brand gesetzt.

:: 4 :: Zusammenfassen

Übungsbuch
Einheit 6,
Teil B

Fassen Sie die Geschichte des Reichstages zusammen. Benutzen Sie die Informationen von Seite 197. Schreiben Sie Sätze in der Reihenfolge der Jahreszahlen. Benutzen Sie das Passiv im Präteritum. Die mit *reg.* gekennzeichneten Verben bilden das Partizip II regelmäßig.

BEISPIEL:

1. beginnen – begonnen
1884 wurde mit dem Bau des Reichstagsgebäudes begonnen.

2. fertigstellen (*reg.*)
1894 wurde der Reichstag fertiggestellt.

3. ausrufen – ausgerufen

1918 wurde die Weimarer Republik ausgerufen.

_____

4. a. ernennen – ernannt

1933 wurde Hitler zum Reichskanzler ernannt.

b. in Brand setzen (*reg.*)

1933 wurde der Reichstag in Brand gesetzt.

5. hissen (*reg.*)

1945 wurde die Sowjetflagge auf dem Reichstagsgebäude gehisst.

_____

6. demonstrieren (*reg.*)

1948 wurde vor dem Reichstagsgebäude demonstriert.

_____

7. bauen (*reg.*)
   teilen (reg.)

1961 wurde die Mauer gebaut und Berlin geteilt.

_____

8. a. beenden (das DDR-Regime) (*reg.*)

1989 wurde das DDR-Regime durch friedliche Demonstrationen beendet.

_____

b. entnehmen – entnommen

Es wurden Stücke aus der Mauer entnommen.

_____

9. verpacken (*reg.*)

1995 wurde der Reichstag von den Künstlern Christo und Jeanne-Claude verpackt.

_____

10. einweihen[1] (*reg.*)

1999 wurde das umgebaute Reichstagsgebäude vom Deutschen Bundestag eingeweiht.

_____

---

[1]**einweihen** eröffnen; *auch:* **eine Wohnung einweihen** Freunde einladen und mit ihnen feiern, dass man eine neue Wohnung hat

Stationen der österreichischen Geschichte

ABSCHNITT

Einstimmung auf das Thema

 :: 1 :: Assoziogramm zu Österreich erstellen

Was fällt Ihnen ein, wenn Sie an Österreich denken? Erstellen Sie mit Ihrer Partnerin/Ihrem Partner ein Assoziogramm zu Österreich.

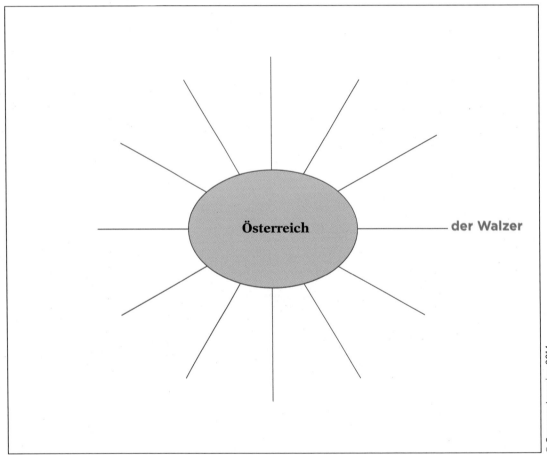

© Cengage Learning 2014

Erstellen Sie nun ein Assoziogramm zu Ihrem Land.

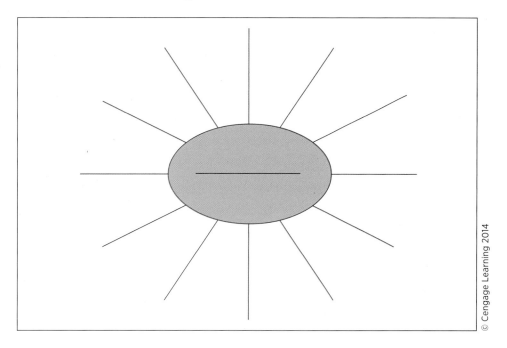

:: 2 :: Wortschatz: Begriffe erklären

Erklären Sie die Begriffe, schlagen Sie sie eventuell in einem Lexikon nach.

das Klischee: _____

das Stereotyp: _____

die Mentalität: _____

das Vorurteil: _____

Schwarzer Peter von Peter Henisch

Der Roman *Schwarzer Peter* von Peter Henisch ist im Jahr 2000 erschienen. In den folgenden Auszügen lernen Sie den jungen Protagonisten Peter kennen, der während der Nachkriegszeit in Wien aufgewachsen ist.

Der Schriftsteller Peter Henisch

Lesen • Detailverständnis

Übungsbuch
Einheit 6,
Teil C

:: 1 :: Romanauszug Teil 1 – Lesen und hören

Track 8

Bei dem folgenden Auszug handelt es sich um den Beginn des Romans.

:: a :: Sehen Sie sich zunächst den Romantitel an. Woran denken Sie? Was assoziieren Sie mit dem Titel?

Der Hörtext befindet sich auf der *Anders gedacht Instructor's Audio CD*.

:: b :: Lesen Sie den ersten Teil des Auszugs und überlegen Sie, wer der Erzähler in diesem Roman sein könnte. Wie stellen Sie sich ihn vor?

:: c :: Danach hören Sie Peter Henisch, der den Auszug für Sie liest.

:: d :: Überlegen Sie mit Ihrer Partnerin/Ihrem Partner, warum der Erzähler meint, dass er nicht so aussieht, als käme er aus Wien.

· Wie sieht er wohl aus? Welche Hinweise dazu gibt es im Text?

· Wie alt ist der Erzähler?

· Wer ist wohl die Mutter des Erzählers, wer sein Vater?

· Warum mag er wohl den Donauwalzer nicht?

SCHWARZER PETER (TEIL I)
von Peter Henisch

Sie werden lachen, aber ich komme aus Wien. Auch wenn ich möglicherweise nicht ganz so aussehe. Vienna. Austria. Europe. Ob Sie es glauben oder nicht. Ich bin dort geboren und habe meine ersten dreißig Jahre dort verbracht.

5 An der schönen blauen Donau? Das weniger. Also erstens ist die Donau gar nicht blau. Und zweitens fließt sie ja eher an Wien vorbei. Den Donauwalzer werden Sie also von mir nicht zu hören bekommen. Seien Sie mir nicht böse, aber das ist nicht meine Musik.

Was wirklich durch Wien fließt, ist der Donaukanal. Der kleinere
10 ordinärere Bruder der Donau. Er nimmt seinen Weg von der Nussdorfer Schleuse, wo er sehr bewusst aus der Donau entlassen[1] wird, bis zum sogenannten Praterspitz, wo er, schon fast vergessen, in sie zurückkehrt. Über diesen Donaukanal würde kein Mensch einen Walzer schreiben.

---

[1]**er wird entlassen** *hier:* er geht in eine andere Richtung

:: 2 :: Romanauszug Teil 2 – Lesen

Übungsbuch
Einheit 6,
Teil C

Der zweite Teil handelt unter anderem von einem Spielzeugschiffchen, das der Erzähler als Kind im Donaukanal verloren hat.

:: a :: Lesen Sie den zweiten Teil des Textes. Überlegen Sie, was dieses Schiffchen und das Wasser symbolisieren könnten. Welche Bedeutung hat wohl das Schwarze Meer?

SCHWARZER PETER (TEIL II)

In einer meiner frühesten Erinnerungen sehe ich mich … am Ufer [des Donaukanals] sitzen, ein Spielzeugschiff, das stromabwärts will, am Bindfaden. Das Schiff ist aus Holz, roh geschnitzt, ungefähr zwanzig Zentimeter lang, unlackiert. …

5 Das Ende der Schnur, die ich in der Hand halte, schlängelt sich[1] wie ein blasser Wurm, im erbsensuppenfarbenen Wasser, und das Holzschiffchen fährt, für meine Augen kleiner und kleiner werdend, davon. …

Natürlich ist nicht auszuschließen[2], dass mein Schiff in die große
10 Donau geraten ist. Am Donaukanalufer scheint es, obwohl dort viele Sträucher ihre Zweige mit mattsilbernen[3] Blättern ins Wasser tauchten, so weit ich stromabwärts gesucht habe, jedenfalls nicht hängen geblieben zu sein. Nach dieser vergeblichen[4] Suche waren meine Beine von Brennnesseln[5] verbrannt, von Socken, Hose und
15 Hemd pflückte meine Mutter, als ich verweint nach Hause kam, ganze Klumpen von Kletten. Schneuz dich, sagte sie, wenn dein Schiff unten am Praterspitz in die Donau geschwommen ist, so ist es jetzt unterwegs ins Schwarze Meer. …

Dass meine Mutter das Schiffchen, an dem meine Seele hing, in
20 einem schwarzen Meer landen lassen wollte, schien mir indes nicht unpassend[6]. Vage stellte ich mir vor, das schwarze Meer sei in Afrika. Und von dort, aus einem großen Teich, kamen, so hatte mir die Großmutter erzählt, zwar alle Kinder, aber solche wie ich besonders.

---

[1]**sich schlängeln** *eine Schlange schlängelt sich, wenn sie sich bewegt*   [2]**es ist nicht auszuschließen** es ist möglich   [3]**mattsilbern** silbern, aber nicht glänzend   [4]**vergeblich** erfolglos   [5]**die Brennnessel** eine Pflanze, die die Haut irritiert, wenn man die Blätter berührt   [6] **es schien mir nicht unpassend** es schien mir passend, treffend, genau richtig

:: b :: Ihre Gedanken zu Teil II Sprechen Sie mit Ihrer Partnerin/Ihrem Partner: Was denken Sie über den letzten Satz des von Ihnen gelesenen Teiles? Warum kommen Kinder wie er laut der Großmutter von einem großen Teich, den sich Peter als das Schwarze Meer in Afrika vorstellte? Warum erzählte die Großmutter ihm wohl diese Geschichte?

 :: 3 :: Romanauszug Teil 3 – Lesen und hören

Übungsbuch
Einheit 6,
Teil C

Der dritte Teil handelt von der Großmutter und der Kindheit des Erzählers in Wien. Lesen Sie jetzt den dritten Teil des Auszugs. Besprechen Sie wieder mit Ihrer Partnerin/Ihrem Partner die Fragen.

🔊
Track 9

- Was erfahren wir über die Großmutter?

 - Warum findet die Mutter, dass das Bilderbuch *Zehn kleine Negerlein* ein blödes Buch ist?

Der Hörtext befindet sich auf der *Anders gedacht Instructor's Audio CD*.

- In welcher Zeit hat Peter seine Kindheit in Wien verbracht?

SCHWARZER PETER (TEIL III)

Die Großmutter war tot – als sie noch gelebt hatte, hatte sie mir viele Geschichten erzählt. Ab und zu hatte sie auch ihre Brille aufgesetzt und mir vorgelesen. Zum Beispiel aus dem Bilderbuch, in dem zehn kleine Negerlein immer weniger werden, bis nur mehr eins bleibt.
5 Aber meine Mutter hatte gemeint, das sei ein blödes Buch und hatte es weggeworfen.

Da kannte ich aber die Verse schon lange auswendig. Wenn meine Mutter nicht zu Hause war, spielte meine Großmutter die Melodie dazu auf dem Klavier. Dieses Klavier hatte sie in den strengen
10 Frostwintern nach dem Krieg zwar manchmal verheizen[1] wollen. Jetzt aber war sie froh, dass sie das nicht getan hatte.

Vom Krieg war in meiner Kindheit noch viel die Rede. *Vor* dem Krieg / *nach* dem Krieg – der Krieg war vergangen und doch gegenwärtig. Viele Väter waren *im Krieg geblieben*. Der meine auch, behauptete
15 meine Großmutter, aber diese Geschichte war kompliziert.

---

[1]**verheizen** zum Heizen verwenden

© 2000 Residenz Verlag im Niederösterreichischen Pressehaus Druck- u. Verlagsgesellschaft mbH, St. Pölten – Salzburg

:: 4 :: Romanauszug Teil 4

Übungsbuch
Einheit 6,
Teil C

:: a :: **Lesen**   Der vierte Teil handelt von dem Ehemann von Peters Mutter.
Lesen Sie den Text und konzentrieren Sie sich beim Lesen auf die folgenden
Aspekte:

- Welche Informationen gibt der Auszug über Ferdl (Ferdinand), den Mann
  von Peters Mutter?

- Ist er der leibliche[1] Vater von Peter?

- Welche Beziehung hat Peter zu Ferdl?

SCHWARZER PETER (TEIL IV)

Sprach sie von meinem Vater, so meinte sie den mit meiner Mutter durch eine sogenannte
Ferntrauung[1] verbundenen Mann. Dessen Bild, das eines unter seiner Mütze unsicher
lächelnden Wehrmachtsoldaten, war eines Tages von unserem Nachtkästchen im Kabinett
verschwunden. Und was ist, fragte die Oma, wenn der Ferdl[2] doch noch heimkommt? Sei still,
5 pflegte meine Mutter auf diese Frage zu antworten, der kommt nimmer.

Seine späte Heimkehr hat die Großmutter nicht mehr erlebt. Er und ich fuhren dann
manchmal mit geliehenen Fahrrädern durch die Prater-Au* und versuchten einander
kennenzulernen. Bis ans Ende der Praterinsel fuhren wir, dorthin, wo Donaukanal und
Donau wieder zusammenfließen. Bis an den Praterspitz, eben jenes Kap, von dem aus mein
10 Schiffchen, wenn ich meiner Mutter glauben wollte, schnurstracks[3] ins Schwarze Meer
geschwommen war.

Das war damals ein Ort von ganz eigenartiger, leicht entrückter[4] Atmosphäre. Ein Ort, an
dem man angelangt, man die Welt, in der man sonst umherlief (jedes Mal wenn ich hinkam
machte ich aufs Neue diese Erfahrung), ein bisschen hinter sich ließ. Nebeneinander saßen
15 wir auf den öligen Steinen, die den Auslauf der Landzunge bedeckten, das Wasser vor uns
kreiste[5] in kleinen, trichterförmigen Strudeln, flussabwärts blickend, hatte man das Gefühl
von bereits hier, im Ziehen des Stromes vorhandener Ferne[6]. Nein, sagte da der Mann, dessen
Familiennamen ich immerhin trug, ich kann wirklich nicht finden, dass du mir besonders
ähnlich siehst, aber wir sollten einfach so tun, als wär nichts[7].

20 Sagt es und spuckt ins bleigrau fließende Wasser. Denn wie gesagt ist die Donau nicht blau,
nicht einmal an sonnigen Tagen. Diesen Tag habe ich als sonnig in Erinnerung, obwohl
die Sonne, wie meistens in Wien, etwas blass war. Deine Mutter, sagt Ferdinand, ist keine
schlechte Frau, wir sollten ihr nicht bös sein.

---

[1]**die Ferntrauung** die Ehe wurde geschlossen, obwohl einer der Ehepartner nicht anwesend (in der Ferne) war   [2]**Ferdl** Name; österreichische
Kurzform für Ferdinand   [3]**schnurstracks** auf direktem Weg   [4]**entrückt** magisch   [5]**kreisen** kleine Kreise machen   [6]**im Ziehen des Stromes
vorhandene Ferne** durch das Betrachten des Flusses denkt man an die Ferne   [7]**so tun, als wär nichts** vorgeben, dass alles in Ordnung, „normal" ist

*Der „Prater" ist ein Park an der Donau in Wien; eine Au ist eine Wiese neben dem Wasser

---

[1]**leiblich** natürlich

:: b :: Ihre Gedanken zu Teil IV äußern   Beantworten Sie die Fragen.

- Warum war das Bild von Ferdl eines Tages vom Nachtkästchen verschwunden?

- Warum meint der „Vater": „Wir sollten so tun, als wär' nichts"?

- Was, denken Sie, meint der Erzähler, wenn er sagt, dass die Donau nicht blau ist?

- Warum hat der Erzähler diesen Tag als sonnig in Erinnerung?

- Was meint er damit, wenn er sagt, dass die Sonne in Wien etwas blass war?

- Warum sollten Ferdinand und Peter der Mutter nicht böse sein?

- Was erfahren wir über Peters Mutter?

Track 10

:: 5 :: Romanauszug Teil 5 – Hören: Was Mutter erzählt

Der Hörtext befindet sich auf der *Anders gedacht Instructor's Audio CD*.

In diesem Hörtext bekommen Sie Informationen über Peters leiblichen Vater. Es liest wieder Peter Henisch. Konzentrieren Sie sich beim Hören darauf, was die Mutter über Peters leiblichen Vater sagt. Kreuzen Sie die zutreffenden Informationen an.

Ein Transkript dieses Hörtextes befindet sich im Anhang des Buches.

☑ nett, freundlich, höflich

☐ war sehr groß und sah sehr gut aus

☐ fuhr mit einem Jeep

☑ brachte Zigaretten und Nylonstrümpfe

☐ schenkte Kindern Kaugummi

☐ liebte Jazz

☑ schenkte ihr Rosen

☐ konnte Polka tanzen

☑ schenkte ihr weißen Flieder

☐ konnte Boogie tanzen

☐ spielte in einer Band

☑ konnte Walzer tanzen

☑ spielte *Old Man River* auf dem Klavier

☑ spielte den Klavierauszug aus dem Forellenquintett

☐ liebte Peters Mutter

☑ hatte schöne Hände

☑ hatte lange Finger

☐ war sehr elegant

Weiterführende Aufgaben

:: 6 :: Die Auszüge zusammenfassen

Übungsbuch
Einheit 6,
Teil C

Schreiben Sie Sätze im Perfekt bzw. Präteritum. Entscheiden Sie jeweils, ob Sie den Satz im Aktiv oder im Passiv konstruieren müssen.

Erinnerung:
Im Aktiv-Satz ist das Subjekt aktiv, im Passiv-Satz ist das Subjekt passiv.

BEISPIEL: *Peter / geboren werden / in Wien*
Peter ist in Wien geboren worden.

a. er / aufwachsen / auch / dort

Er ist auch dort aufgewachsen.

b. er / aufziehen / von / seiner Mutter und seiner Großmutter

Er ist von seiner Mutter und seiner Großmutter aufgezogen worden.

c. als Kind / spielen / er / gern / mit / Holzschiffen

Als Kind hat er gern mit Holzschiffen gespielt.

d. eines Tages / sitzen / Peter / am Ufer / des Donaukanals / als / wegspülen / sein Schiffchen / vom Wasser

Eines Tages hat Peter am Ufer des Donaukanals gesessen, als sein Schiffchen vom Wasser weggespült

worden ist.

e. er / traurig / sein (*Präteritum*) / und / von / seiner Mutter / trösten

Er war traurig und ist von seiner Mutter getröstet worden.

f. sie / sagen / ihm / dass / das Schiff / ins Schwarze Meer / spülen

Sie hat ihm gesagt, dass das Schiff ins Schwarze Meer gespült worden ist.

g. seine Großmutter / erklären / ihm / dass / besonders Kinder wie er / kommen / aus einem großen Teich in Afrika

Seine Großmutter hat ihm erklärt, dass besonders Kinder wie er aus einem großen Teich in Afrika kommen.

h. später / er / kennenlernen / seinen Vater / zumindest / den Mann / der / ihm / als sein Vater / vorstellen / oder

Später hat er seinen Vater kennengelernt oder zumindest den Mann, der ihm als sein Vater vorgestellt

worden ist.

i. es / sein (*Präteritum*) / allerdings / klar / dass / dieser Mann / nicht / sein (*Präteritum*) / sein leiblicher Vater

Es war allerdings klar, dass dieser Mann nicht sein leiblicher Vater war.

j. es / sein (*Präteritum*) / so klar / dass / darüber / nicht diskutieren / müssen (*Präteritum*)

Es war so klar, dass darüber nicht diskutiert werden musste.

:: 7 :: Rollenspiel

Bereiten Sie mit Ihrer Partnerin/Ihrem Partner ein Rollenspiel vor. Eine/ Einer übernimmt die Rolle von Peter, die/der andere die seiner Großmutter. Benutzen Sie die Informationen aus den gelesenen Auszügen. Spielen Sie das Rollenspiel dann der Klasse vor.

Themen	
Peters leiblicher Vater	Peters Mutter
das Schiff und das Schwarze Meer	die zehn kleinen Negerlein
	Ferdinand, der Mann von
der Krieg	Peters Mutter

:: 8 :: Informationen zum Autor recherchieren

Suchen Sie im Internet Informationen über den Autor Peter Henisch und berichten Sie anschließend in der Klasse.

Geschichtlicher Hintergrund

In den folgenden Aufgaben werden Sie sich mit wichtigen Ereignissen der österreichischen Geschichte des 20. Jahrhunderts befassen und die Zusammenhänge zwischen historischen Ereignissen und dem Roman *Schwarzer Peter* entdecken.

:: 1 :: Vorwissen sammeln

Was wissen Sie über die Zeit in Österreich nach dem Zweiten Weltkrieg?

:: 2 :: Begriffe einsetzen

Lesen Sie den Text und ergänzen Sie die fehlenden Begriffe aus dem Kasten.

Begriffe

der letzte fremde Soldat
Minderheitsrechte
österreichische Identität
den alliierten Siegermächten
der Staatsvertrag
Spezialwaffen (= Atomwaffen)
Anschlussverbot
159 Millionen Dollar Reparationen
Zweiten Weltkrieg
nationalsozialistische Organisationen

Österreich und die Nachkriegszeit

Österreich wurde nach dem ___Zweiten Weltkrieg___ in vier Besatzungszonen aufgeteilt: eine amerikanische, eine britische, eine französische und eine russische. Am 15.5.1955 wurde ___der Staatsvertrag___ beschlossen, der immerwährende Neutralität für Österreich erklären sollte. Dieser Vertrag wurde nach langen Verhandlungen zwischen Österreich und ___den alliierten Siegermächten___ geschlossen. Am 26.10.1955 zog ___der letzte fremde Soldat___ ab und die Souveränität Österreichs wurde wiederhergestellt. Seit 1965 ist der 26. Oktober Nationalfeiertag. Im Staatsvertrag steht, dass Österreich keine ___Spezialwaffen (=Atomwaffen)___ ankaufen darf, dass Österreich ___Anschlussverbot___ an Deutschland hat, ___nationalsozialistische Organisationen___ verboten sind und dass ___Minderheitsrechte___ für Kroaten und Slowenen eingehalten werden sollen. Österreich musste an die Sowjetunion bis 1965 ___159 Millionen Dollar Reparationen___ zahlen. Die anderen Alliierten verzichteten darauf. Meinungsumfragen haben ergeben, dass für die meisten Österreicher Staatsvertrag und Neutralität wesentlich für ihre ___österreichische Identität___ sind.

:: 3 :: Begriffe erklären

:: a :: Der österreichische Schriftsteller Peter Handke schrieb 1981: „Ich liebe Österreich … nicht, denn ein Land kann man nicht lieben, höchstens Menschen." Was meinen Sie dazu? Kann man ein Land lieben? Begründen Sie Ihre Meinung.

_____

_____

_____

_____

_____

:: b :: Denken Sie über die folgenden Begriffe nach. Besprechen Sie Bedeutung und Unterschiede genauer in einer Kleingruppe. Sie können auch in einem Lexikon nachschlagen.

Identität _____

Land _____

Staatsangehörigkeit _____

Nation _____

:: 4 :: Reflektieren

Arbeiten Sie in Kleingruppen und überlegen Sie, was die Passagen, die Sie aus dem Roman *Schwarzer Peter* gelesen haben, über die Begriffe Land, Identität, Nation und Staatsangehörigkeit aussagen. Betrachten Sie den Titel des Romans genauer und kommentieren Sie ihn.* Wie werden die anderen Charaktere (die Mutter, die Großmutter und Ferdinand) in diesen Passagen dargestellt und wie reagieren sie auf Peter? Wie sieht er sich selbst?

:: 5 :: Aufsatz schreiben

Im Buchumschlag des Romans *Schwarzer Peter* von Peter Henisch steht die folgende Beschreibung:

> „Peter. Nicht völlig schwarz, aber schwarz genug. Etwas zu schwarz für die Verhältnisse[1], in die er hineingeboren ist. Ende 1946. Als Sohn einer Wiener Schaffnerin[2] und eines amerikanischen Soldaten. Herumgestreunt[3] am Donaukanal, dem kleineren ordinäreren Bruder der Donau. Gelandet am Mississippi, am Klavier in einer Pianobar erzählt er seine
> 5 Geschichte vom Etwas-anders-sein. Erzählt aus einer etwas anderen Perspektive … "
>
> [1]**das Verhältnis** *hier:* die Zeit   [2] **die Schaffnerin** Person, die z.B. in der Straßenbahn Fahrkarten verkauft und kontrolliert   [3] **herumstreunen** herumlaufen, herumhängen

Was, denken Sie, erzählt der Protagonist des Romans am Klavier der Pianobar am Mississippi über sein Leben und sein Anderssein? Schreiben Sie einen Aufsatz aus Peters Perspektive.

:: 6 :: Referate halten

Wählen Sie eins dieser Themen. Halten Sie ein Referat darüber.

• die Nachkriegszeit in Österreich

• die Beziehung zwischen Österreich und Deutschland vor dem Krieg

---

*„Schwarzer Peter" ist ein Kartenspiel für Kinder. Es sollen immer zwei zueinander passende Bildkarten gefunden werden. Eine Karte bleibt am Ende übrig, die Karte heißt „Schwarzer Peter", für sie gibt es keine passende zweite Karte. Wer diese Karte hat, hat verloren.

Zusammenfassung

Übungsbuch
Einheit 6,
Teil C

Schreiben

Schreiben Sie eine kurze Zusammenfassung über die geschichtlichen Ereignisse, über die Sie in dieser Einheit etwas gelernt haben. Gehen Sie folgendermaßen vor.

:: a :: **Vorbereitung auf das Schreiben**   Vervollständigen Sie die Tabelle. Einige der Nomen finden Sie in der Zeitleiste in *Einstimmung auf das Thema* auf Seite 188. Schauen Sie im Wörterbuch nach, wenn Sie etwas nicht wissen.

Verben	Präteritum	Nomen
beginnen	*begann*	*der Beginn*
enden	endete	das Ende
teilnehmen (an)	nahm ... teil	die Teilnahme
sich beteiligen	beteiligte sich	die Beteiligung
sich ereignen	ereignete sich	das Ereignis
ergreifen	ergriff	die Ergreifung
sich anschließen	schloss sich ... an	der Anschluss
verzichten	verzichtete	der Verzicht
sperren	sperrte	die Sperrung
eintreten	trat ... ein	der Eintritt
aufteilen	teilte ... auf	die Aufteilung
unterzeichnen	unterzeichnete	die Unterzeichnung
erklären	erklärte	die Erklärung
bauen	baute	der Bau
besuchen	besuchte	der Besuch
fallen	fiel	der Fall
gleichstellen	stellte ... gleich	die Gleichstellung
wiedervereinigen	wiedervereinigte	die Wiedervereinigung

:: b :: **Schreiben** Verwandeln Sie nun die Zeitleiste von Seite 188 mit Hilfe der Verben und Nomen aus Aufgabe a in einen Text. Benutzen Sie dazu Ausdrücke wie **zur gleichen Zeit**, **etwas später**, **früher**, **erst**, **schon** und **während**. Schreiben Sie im Präteritum. Achten Sie genau darauf, welche Sätze das Aktiv und welche das Passiv brauchen.

BEISPIEL: *1914 begann der Erste Weltkrieg, an dem sowohl Deutschland und Österreich als auch die USA teilnahmen. Nur die Schweiz, die neutral ist, beteiligte sich nicht.*

In Deutschland begann nach dem Ersten Weltkrieg 1918 die Weimarer Republik, die 1933 wieder endete. Der Anfang vom Ende der Weimarer Republik war die Weltwirtschaftskrise, die sich während dieser Zeit, 1929, ereignete. Dadurch und durch andere Faktoren wurde Hitlers Machtergreifung 1933 ermöglicht. Während in Deutschland Hitlers Kriegsvorbereitungen liefen, unterzeichneten in der Schweiz Arbeitgeber und Gewerkschaften 1937 ein Abkommen über den Verzicht auf Streiks. Ein Jahr später wurde Österreich an Hitler-Deutschland angeschlossen und ein weiteres Jahr später begann der Zweite Weltkrieg, in den 1941 auch die USA eintraten. Viele Kriegsflüchtlinge gingen zunächst in die Schweiz, die sich nicht am Zweiten Weltkrieg beteiligte. 1942 sperrte die Schweiz aber die Grenzen für Flüchtlinge. Erst 1945 endete der Zweite Weltkrieg und Deutschland und Österreich wurden in vier Zonen aufgeteilt, die von den Alliierten kontrolliert wurden. In Deutschland endete die Besatzungszeit schon 1949 und zur gleichen Zeit wurden die beiden deutschen Staaten gegründet: die Bundesrepublik und die DDR. In Österreich endete die Besatzungszeit erst 1955 mit der Unterzeichnung des Staatsvertrages und der Erklärung der Neutralität. Weil immer mehr Menschen aus der DDR in die Bundesrepublik zogen, wurde 1961 die Mauer gebaut, die 1963 auch von JFK besucht wurde. Die DDR existierte 40 Jahre lang, bis 1989 schließlich die Mauer fiel. Ein Jahr später wurden die beiden deutschen Staaten wiedervereinigt. Durch den Zweiten Weltkrieg veränderte sich die traditionelle Rollenverteilung zwischen Frauen und Männern, da im Krieg viele Frauen die Aufgaben von Männern übernehmen mussten. Nur in der Schweiz, die sich nicht am Zweiten Weltkrieg beteiligt hatte, änderte sich diese Rollenverteilung erst sehr viel später: Erst 1981 wurden Männer und Frauen offiziell gleichgestellt.

Grundwortschatz

:: VERBEN

sich an•schließen: er/sie/es schließt sich ... an, schloss sich ... an, hat sich ... angeschlossen	to join; to endorse
auf•teilen: er/sie/es teilt ... auf, teilte ... auf, hat ... aufgeteilt	to divide up
beenden: er/sie/es beendet, beendete, hat ... beendet	to end, finish, complete
sich beteiligen (an + *Dativ*): er/sie/es beteiligt sich, beteiligte sich, hat sich ... beteiligt	to participate (in)
ein•treten: er/sie/es tritt ... ein, trat ... ein, ist ... eingetreten	to join (e.g. an organization)
sich ereignen: er/sie/es ereignet sich, ereignete sich, hat sich ... ereignet	to happen, occur
ergreifen: er/sie/es ergreift, ergriff, hat ... ergriffen	to seize
gleich•stellen: er/sie/es stellt ... gleich, stellte ... gleich, hat ... gleichgestellt	to give equal rights to
sperren: er/sie/es sperrt, sperrte, hat ... gesperrt	to block (e.g. access, road)
streiken: er/sie/es streikt, streikte, hat ... gestreikt	to be on strike, go on strike
unterzeichnen: er/sie/es unterzeichnet, unterzeichnete, hat ... unterzeichnet	to sign
verzichten (auf + *Akkusativ*): er/sie/es verzichtet, verzichtete, hat ... verzichtet	to do without, refrain (from)
wiedervereinigen: er/sie/es wiedervereinigt, wiedervereinigte, hat ... wiedervereinigt	to reunify

:: NOMEN

die Alliierten (*Plural*)	the Allies, countries allied against Germany in World Wars I and II
der Arbeitgeber, -	employer
die Armee, -n	armed forces; army
die Besatzung	occupation (of a country or region)
die Bevölkerung	population
das Ereignis, -se	event, occurrence
der Flüchtling, -e	refugee
die Gewerkschaft, -en	labor union
die Gleichberechtigung	equal rights
die Gleichstellung	equality, equal rights

die Grenze, -n	border, boundary
das Jahrhundert, -e	century
das Klischee, -s	cliché
die Mentalität, -en	mentality
der Militärdienst	military service
die Neutralität	neutrality
die Rede, -n	speech, address
das Referendum, die Referenden/Referenda	referendum
die Regierung, -en	government, administration
das Stereotyp, -e	stereotype
der Streik, -s	strike
die Waffe, -n	weapon
die Wiedervereinigung	reunification

:: ADJEKTIVE UND ADVERBIEN

neutral	neutral

:: ANDERE AUSDRÜCKE

der Bau/Fall der Mauer	the construction/fall of the (Berlin) Wall
Militärdienst leisten	to do military service

Bewegungen und Gegenbewegungen

VON DEN 68ERN, HAUSBESETZUNGEN, TERRORISMUS UND DEN AUSWIRKUNGEN

:: ABSCHNITTE

A Die 68er-Bewegung
B Hausbesetzungen
C Die RAF (Rote Armee Fraktion)

:: TEXTE

- Stellungnahme zu '68 von Peter Schneider
- Hausbesetzer
- Die Geschichte der RAF
- Bedeutung der 68er heute - eine weitere Meinung (Kurt Kurbjuweit)

:: LIED

- Rauch-Haus-Song (Ton Steine Scherben)

:: FILM

- *Der Baader Meinhof Komplex*

:: INTERNET-AKTIVITÄTEN

- Die 68er-Bewegung in Deutschland
- Besetzte Häuser und das Georg-von-Rauch-Haus
- Rudi Dutschke
- Die RAF
- *Der Baader Meinhof Komplex*
- Themen zur 68er-Bewegung

:: SPRACHLICHE STRUKTUREN

- Zweiteilige Konjunktionen: **sowohl ... als auch** und **weder ... noch**
- Adjektive mit Präpositional-Ergänzung
- Rektion der Nomen
- Das Perfekt (Wiederholung)
- Funktionsverbgefüge

:: IN DIESER EINHEIT

Als Folge der beiden Weltkriege entwickelten sich in den 60er-Jahren in Deutschland und anderen Ländern Alternativbewegungen. Sie übten einen großen Einfluss auf die Einstellungen und Werte der Menschen aus. Ist dieser Einfluss heute in Deutschland noch spürbar? Dieser Frage gehen Sie in dieser Einheit nach.

7

© Kai-Uwe Niephaus

Einstimmung auf das Thema

††† Vorwissen sammeln

Diskutieren Sie mit Ihren Kommilitoninnen/Kommilitonen in Gruppen zu dritt oder zu viert und tauschen Sie Ihre Gedanken zu folgenden Begriffen aus:

> alternativer Lebensstil
> Müsli-Generation
> Hausbesetzungen
> Atomkraft? – Nein, danke.
> Rote Armee Fraktion (RAF)
> Öko-Bewegung
> die Grünen
> Hippies
> Studentenrevolte
> Frauenbewegung

© Henry Diltz/CORBIS

Hippies

Die 68er-Bewegung

A

ABSCHNITT

Meinungen zum Thema

:: 1 :: Ereignisse und Phänomene der 60er-Jahre kontrastiv

Ordnen Sie folgende Begriffe und Namen nach Ländern. Einige Phänomene und Ereignisse gab es nicht nur in einem Land.

der Prager Frühling
die Anti-Schah-Demonstration
die Studentenbewegung
Rudi Dutschke
der Vietnamkrieg
Hippies
Blumenkinder
Make love, not war
die RAF (Rote Armee Fraktion)
Hausbesetzungen
Ho Chi Minh

Demonstrationen
Martin Luther King
Ulrike Meinhof
Andreas Baader
die Frauenbewegung
die Kinderladenbewegung[1]
der Konservatismus
Atomkraftgegner
der Imperialismus
der Terrorismus

[1] **Kinderladenbewegung** Protestbewegung gegen die bürgerlichen Kindergärten; Kinderläden waren selbstverwaltet und sollten antiautoritär und nicht repressiv sein.

Deutschland	USA	andere Länder
die Anti-Schah-Demonstration, die Studentenbewegung, Rudi Dutschke, Hippies, Blumenkinder, die RAF, Hausbesetzungen, Demonstrationen, Ulrike Meinhof, Andreas Baader, die Frauenbewegung, die Kinderladenbewegung, der Konservatismus, Atomkraftgegner, der Terrorismus	die Studentenbewegung, der Vietnamkrieg, Hippies, Blumenkinder, *Make love, not war*, Hausbesetzungen, Demonstrationen, Martin Luther King, die Frauenbewegung, der Konservatismus, Atomkraftgegner, der Imperialismus, der Terrorismus	der Prager Frühling, die Studentenbewegung, der Vietnamkrieg, Hippies, Blumenkinder, Hausbesetzungen, Ho Chi Minh, Demonstrationen, die Frauenbewegung, der Konservatismus, Atomkraftgegner, der Imperialismus, der Terrorismus

STRUKTUREN Zweiteilige Konjunktionen: **sowohl ... als auch** und **weder ... noch**

Sowohl ... als auch und **weder ... noch** sind Konjunktionen, die aus mehreren Teilen bestehen. Die Bedeutung von **sowohl ... als auch** ist **und auch**. Die Bedeutung von **weder ... noch** ist **nicht ... und auch nicht**.

BEISPIEL: – *Sowohl in Deutschland als auch in anderen Ländern gab es in den 60er-Jahren Hippies.*

= In Deutschland <u>und auch</u> in anderen Ländern gab es in den 60er-Jahren Hippies.

– *Eine Kinderladenbewegung gab es in den 60er-Jahren <u>weder</u> in den USA <u>noch</u> in anderen Ländern außer Deutschland.*

= Eine Kinderladenbewegung gab es in den 60er-Jahren <u>nicht</u> in den USA <u>und auch nicht</u> in anderen Ländern außer Deutschland.

Schreiben Sie nun eigene Sätze mit **sowohl ... als auch** und **weder ... noch** mit den Informationen aus Aufgabe 1.

_____

_____

_____

_____

_____

_____

_____

_____

:: 2 :: Mit einer Karikatur arbeiten

:: a :: Karikatur deuten

Sehen Sie sich die Karikatur an und besprechen Sie die folgenden Fragen mit Ihrer Partnerin/Ihrem Partner:

• Wen sieht man hier?

• Die Karikatur stammt aus dem Jahr 2001. Was für Verhältnisse herrschten 1968 in Deutschland? Was wissen Sie über die politische Lage?

• Wer könnte der Mann im Vordergrund sein?

• Was macht der Schatten?

• Was könnte diese Karikatur ausdrücken?

Das Parlament

 :: b :: Mit dem Internet arbeiten und ein Mini-Referat halten

Suchen Sie im Internet nach Informationen zur 68er-Bewegung in Deutschland. Notieren Sie drei Stichworte, die Ihnen interessant erscheinen.

1. Erklären Sie die Stichworte.

2. Warum sind sie Ihrer Meinung nach relevant für das Thema?

Halten Sie dazu ein dreiminütiges Referat im Unterricht.

 :: 3 :: Mit einem Text von Peter Schneider arbeiten

:: a :: Lesen Sie vorerst mit einer Partnerin/einem Partner eine Information über den Autor Peter Schneider: *Zur Person*. Welche Informationen erscheinen Ihnen wichtig? Unterstreichen Sie.

Zur Person

Peter Schneider

Peter Schneider, Jahrgang 1940, war einer der Wortführer und Organisatoren der Berliner Studentenbewegung. Vierzig Jahre nach '68 widmet sich Peter Schneider seinen Tagebuch-Aufzeichnungen von damals und setzt sich mit ihnen in seinem Buch „Rebellion und Wahn – Mein '68" kritisch auseinander.

:: b :: Ordnen Sie nun als Vorbereitung auf das Lesen der *Stellungnahme zu '68 von Peter Schneider* den folgenden Ausdrücken die entsprechenden Erklärungen zu. Benutzen Sie ein Wörterbuch, falls die Begriffe für Sie neu sind.

Ausdrücke

1. die Verklemmung ___b___
2. das Schweigen ___d___
3. das Gefängnis ___f___
4. das Obrigkeitsverhältnis ___g___
5. keine Luft bekommen ___e___
6. der Gehorsam ___c___
7. das Verbot ___h___
8. die Frauenbewegung ___a___

Erklärungen

a. eine Bewegung für die Interessen der Frauen

b. die Hemmung; die Angst davor, etwas zu tun oder zu sagen

c. ein Verhalten, bei dem man tut, was man gesagt bekommt

d. das Gegenteil von sprechen

e. nicht atmen können

f. ein Ort, wo Menschen nicht frei sind

g. die autoritäre Beziehung

h. eine Regel oder ein Gesetz, die/das etwas nicht erlaubt

:: C :: **Autoritär oder antiautoritär?**

Lesen Sie nun, was der Autor Peter Schneider über die Bedeutung der 68er zu sagen hat. Autoritär oder antiautoritär? Unterstreichen Sie die jeweils passenden Begriffe mit zwei unterschiedlichen Farben: Nehmen Sie Rot für die autoritären Begriffe und Blau für die antiautoritären. Besprechen Sie Ihre Ergebnisse mit einer Partnerin/einem Partner.

STELLUNGNAHME ZU '68 VON PETER SCHNEIDER

'68 war eine Umkrempelung[1] des Lebens. Man kann '68 überhaupt nicht verstehen, wenn man sich nicht mit den 50er-Jahren beschäftigt. Die 50er-Jahre waren emotional von absurden Verboten und Verklemmungen geprägt[2]. Die meisten dürften noch mit dem wilhelminischen Handwerkszeug[3] der Erziehung – nämlich Rute, Stock und Teppichklopfer[4] – aufgezogen[5]
5 worden sein. In der Schule herrschte zwischen Lehrern und Schülern ein klares, nie angezweifeltes Obrigkeitsverhältnis: der Lehrer hatte immer Recht, der Schüler immer Unrecht. Wir sind damals mit dem Gefühl aufgewachsen, in einer Käseglocke zu leben, in der man keine Luft bekam und ein großes Schweigen herrschte. Dieses Schweigen betraf keineswegs nur die Nazivergangenheit, sondern jede Art von emotionalen Konflikten: ob
10 es um Geld ging oder um den Anspruch, sich mit einem Liebespartner zu treffen. Einen Teil der Jugend hat damals das Gefühl erfasst: raus aus diesem emotionalen Gefängnis, es muss etwas geschehen, was auch immer. Die 68er-Bewegung hat eine absolut notwendige und fällige Zäsur[6] in der Geschichte der Bundesrepublik bewirkt. Ihr größter Verdienst ist

---

[1]**die Umkrempelung** die Veränderung [2]**geprägt** geformt [3]**das wilheminische Handwerkszeug** strenge Mittel aus der autoritären Zeit von Kaiser Wilhelm, z.B. wurden Kinder geschlagen [4]**der Teppichklopfer** man klopft oder schlägt auf den Teppich, damit er sauber wird; manche Kinder wurden damals durch Schläge mit einem solchen Klopfer erzogen. [5]**Kinder aufziehen** Kindern helfen groß zu werden, erwachsen zu werden
[6]**die Zäsur** der Einschnitt; Zeitpunkt, ab dem sich etwas ändert

Die Bedeutung von 1968 heute, reprinted by permission of Bundeszentrale für politische Bildung.

vielleicht, dass sie endgültig mit der Kultur des Gehorsams in Deutschland gebrochen hat.
15 Die Frauenbewegung, die Kinderladenbewegung, die Bürgerinitiativen und eine – wie Cohn-Bendit[7] bemerkt hat – Frau als Bundeskanzlerin wären ohne diese Bewegung kaum möglich. Das halte ich für Verdienste, die man nicht wegdiskutieren kann.

Quelle: http://www.bpb.de/themen/XZVVC3,0,Die_Bedeutung_von_1968_heute.html

---

[7]**Daniel Cohn-Bendit** ein Politiker und Publizist

:: 4 :: Zusammenfassen

Notieren Sie zu jeder Frage mindestens drei Aspekte in Stichworten. Benutzen Sie die Redemittel in **STRUKTUREN Adjektive mit Präpositional-Ergänzung** (unten) für Ihre mündliche Zusammenfassung im Plenum.

:: a :: Was sind laut Peter Schneider typische Aspekte der 50er-Jahre in der Bundesrepublik Deutschland?

Mögliche Antworten: Verbote; Kinder wurden geschlagen; großes

Schweigen; Schweigen über die Nazivergangenheit; emotionale Konflikte

wurden unterdrückt; Lehrer hat immer recht, Schüler hat immer unrecht

:: b :: Was sind laut Peter Schneider typische Aspekte der 68er-Bewegung?

raus aus dem emotionalen Gefängnis

notwendige Zäsur in der deutschen Geschichte

Ende der Kultur des Gehorsams

:: c :: Was hat die 68er-Bewegung laut Peter Schneider möglich gemacht?

Frauenbewegung; Kinderladenbewegung; Bürgerinitiativen;

Frau als Bundeskanzlerin

Übungsbuch
Einheit 7,
Abschnitt A

STRUKTUREN Adjektive mit Präpositional-Ergänzung

Benutzen Sie die folgenden Adjektive und die jeweils dazugehörigen Präpositionen für die Zusammenfassung Ihrer Antworten aus Aufgabe 4 im Plenum.

BEISPIEL: *Verbote und Autorität waren <u>charakteristisch für</u> die 50er-Jahre in Deutschland.*

charakteristisch für	enttäuscht von
bezeichnend für	entschlossen zu
typisch für	wichtig für
(nicht) einverstanden mit	wegbereitend für

Die 68er-Bewegung   223

„Rauch-Haus-Song" von Ton Steine Scherben

:: 1 :: Slogans der Hausbesetzer erarbeiten

:: a :: Sehen Sie sich die Fotos an. Was sehen Sie darauf? Was steht auf den Transparenten? Warum?

> **Redemittel**
>
> Auf dem Transparent steht ... / heißt es ...
> Es steht geschrieben, dass ...
> Der Slogan auf dem Transparent lautet ...
> Ich vermute, dass ...
> Ich denke/glaube ...
> Wahrscheinlich/Eventuell/Möglicherweise ...

© AP Photo/Michael Sohn

Hausbesetzung in Westberlin

Besetztes Haus in Berlin-Kreuzberg

::2:: **Wortschatz**

:: a :: Ordnen Sie jeden der folgenden Begriffe der richtigen Gruppe zu: Wer möchte das machen bzw. macht das?

heulen	jemanden rauskriegen
räumen	(heraus bekommen)
besetzen	rufen
rausschmeißen	Tränengas benutzen
knüppeln	brüllen

Die Polizei:	Die Demonstranten:
räumen	heulen
rausschmeißen	besetzen
knüppeln	brüllen
jemanden rauskriegen	rufen
rufen	
Tränengas benutzen	
brüllen	

:: b :: In dem folgenden Lied geht es um einen Konflikt zwischen der Polizei (der Obrigkeit[1]) und den Protestierenden. Der Inhalt des Liedes geht auf eine wahre Begebenheit, die Besetzung des Rauch-Hauses in Berlin-Kreuzberg, zurück. Lesen Sie die folgenden Aussagen und besprechen Sie mit Ihrer Partnerin/Ihrem Partner, von wem die Aussagen stammen könnten: von der Polizei (=Obrigkeit) (PO) oder den Protestierenden (PR).

<u> PO </u> „Ich brauche Platz zum Knüppeln."

<u> PR </u> „Ihr kriegt uns hier nicht raus!"

<u> PO </u> „Räumt den Mariannenplatz!"

<u> PR </u> „Das ist unser Haus, schmeißt doch endlich ... raus!"

<u> PR </u> „Ach wie schön, wär doch das Leben, gäb' es keine Polizei mehr!"

:: c :: Lesen Sie die Ausdrücke auf der linken Seite und die Erklärungen auf der rechten. Ordnen Sie dann jedem Ausdruck das passende Synonym zu.

<u>b</u> 1. [der Mariannenplatz war] blau   a. weinen

<u>c</u> 2. die Bullen   b. voller Polizisten in Uniform

<u>a</u> 3. heulen   c. die Polizei

<u>d</u> 4. knüppeln   d. schlagen

:: 3 :: Das Lied hören

Track 11

Das Lied befindet sich auf der *Anders gedacht Instructor's Audio CD.*

:: a :: Hören Sie sich nun die erste Strophe und den Refrain des Liedes an und lesen Sie den Text mit. Setzen Sie dabei die fehlenden Wörter aus dem Kasten auf der nächsten Seite ein.

RAUCH-HAUS-SONG

Der Mariannenplatz war blau, soviel <u>Bullen</u> waren da, und Mensch Meier musste heulen, das war wohl das Tränengas. Und er fragt irgendeinen: „Sag mal, ist hier heut 'n Fest?" „So was ähnliches", sachte[1] einer, „das Bethanien[2] wird <u>besetzt</u> " „Wird
5 auch Zeit", sachte Mensch Meier, stand ja lange genug leer. Ach, wie schön wär doch das Leben, gäb es keine Pollis[3] mehr. Doch der Einsatzleiter <u>brüllte</u>: „Räumt[4] den Mariannenplatz, damit meine Knüppelgarde[5] genug Platz zum Knüppeln hat!"

Doch die Leute im besetzten Haus <u>riefen</u>: „Ihr kriegt uns hier
10 nicht raus! Das ist unser Haus, <u>schmeißt</u> doch endlich Schmidt und Press und Mosch[6] aus Kreuzberg <u>raus</u>."

...

---

[1]**sachte** sagte   [2]**Bethanien** das Haus, das besetzt wurde, war ein ehemaliges Schwesternheim und hieß Bethanien
[3]**Pollis** *ugs, veraltet für* Polizei   [4]**etwas räumen** den Leuten, die dort sind, sagen, dass sie weggehen müssen
[5]**der Knüppel** ein großer Schlagstock; **die Garde** Schutztruppe   [6]**Schmidt, Press, Mosch** Senatoren in Berlin
Rauch-Haus-Song, Text & Musik: Ralph Möbius, DVP 1972. Diese Aufnahme ist bei MöbiusRekords 1999 auf der
CD: „Rio Reiser am Piano II." erschienen.

---

[1]**die Obrigkeit** die Autorität

```
    besetzt              riefen
       schmeißt ... raus
    Bullen              brüllte
```

🔊 👥 :: 4 :: Das Lied komplett hören und Fragen diskutieren

Track 11

Hören Sie nun das vollständige Lied und achten Sie auch auf die Musik und den Gesang der Gruppe „Ton Steine Scherben". Diskutieren Sie mit einer Partnerin/einem Partner über die folgenden Fragen. Benutzen Sie die Redemittel im Kasten.

- Wie finden Sie die Musik dieser Gruppe? Beschreiben Sie sie.
- Glauben Sie, dass Musik bei den 68ern eine große Rolle gespielt hat?
- Was sollte Musik wohl für die 68er-Generation ausdrücken?
- Wie gefällt Ihnen das Lied? Begründen Sie, was Ihnen gut und weniger gut gefällt.
- Diskutieren Sie mit Ihrer Partnerin/Ihrem Partner, warum Menschen Häuser besetzen. Berücksichtigen Sie dabei die Zeit (1970). Was ist politisch zu dieser Zeit passiert?

Redemittel

Mir gefällt das Lied [nicht], weil ...	Meiner Meinung nach ...
Ich finde das Lied [nicht] interessant, denn ...	Ich mag das Lied [nicht], weil ...
	Menschen besetzen Häuser, weil ...

:: 5 :: Hypothesen aufstellen

Lesen Sie die Aussagen und stellen Sie Vermutungen an. Kreuzen Sie an, ob die Behauptung Ihrer Meinung nach eher richtig (R) oder falsch (F) ist.

a. __R__ Das Georg-von-Rauch-Haus ist das älteste besetzte Haus.

b. __F__ Das Rauch-Haus wurde von alleinerziehenden Müttern besetzt, die in Not waren.

c. __F__ Das Rauch-Haus befindet sich in Hamburg.

d. __F__ Die Besetzungen hatten eine Ursache: niedrige Mieten.

e. __R__ In Berlin gab es Tausende von besetzten Häusern.

f. __F__ Die Bewegung war friedlich und gewaltfrei.

g. __F__ Die Hausbesetzungen fanden positive Resonanz bei konservativen Deutschen.

h. __R__ Die 68er-Bewegung war eine heterogene Bewegung.

i. __R__ Deutschland wurde durch die 68er-Bewegung eine für Kritik offenere Gesellschaft.

j. __R__ Die 68er-Bewegung ist für einen Wertewandel verantwortlich.

k. __F__ Weltweit wird die 68er-Bewegung stark diskutiert.

:: 6 :: **Informationen aus dem Internet zum Georg-von-Rauch-Haus zusammenfassen**

Versuchen Sie nun Antworten zu mindestens sechs der oben besprochenen Aussagen im Internet zu finden und fassen Sie diese in einem ca. dreiminütigen Referat zusammen.

 :: 7 :: **Eine Zusammenfassung schreiben**

Formulieren Sie nun mit Ihrer Partnerin/Ihrem Partner ca. zehn Sätze zum Georg-von-Rauch-Haus. Erklären Sie, wo es sich befindet, woher der Name kommt, welche Funktion(en) und welche Geschichte es hat/hatte usw.

:: 8 :: **Einen Text über Hausbesetzer in den 80er-Jahren lesen**

:: a :: Lesen Sie vorerst die Fragen.

1. Welchen Grund zur Hausbesetzung gab es in den 80er-Jahren?
2. Gab es verschiedene Gruppierungen? Wenn ja, welche und wie haben sie sich verhalten?
3. Wie reagierte der Staat?
4. Wie war die Resonanz in der Bevölkerung?

:: b :: Lesen Sie jetzt den Artikel *Hausbesetzer* und suchen Sie nach den Antworten zu den Fragen. Unterstreichen Sie entsprechende Textstellen.

HAUSBESETZER

Die erste Welle der Hausbesetzungen Anfang der Siebzigerjahre hatte zu keiner grundsätzlich neuen Wohnungspolitik geführt. 1980 gab es nach offiziellen
5 Schätzungen in der Bundesrepublik mehr als eine Million Wohnungssuchende, gleichzeitig standen Tausende Häuser leer – häufig aus Spekulationsgründen. So existierten beispielsweise in Berlin
10 mehr als 200 besetzte Häuser.[...]

So wurden allein in Berlin jährlich etwa 3000 Altbauwohnungen durch Abriss zerstört. Da die Hausbesetzer also auf ein viele Menschen betreffendes und
15 empörendes Problem aufmerksam machten, fiel das Echo der Bevölkerung erstaunlich positiv aus. Das ist umso erstaunlicher, da die Hausbesetzer das Prinzip der Gewaltfreiheit, das die
20 Alternativbewegung der Siebzigerjahre geprägt hatte, zu großen Teilen aufgaben. Zur „Müsli-Fraktion" hatte sich nun eine autonome „Molli-Fraktion" gesellt, die den Häuserkampf zu einem
25 „Guerillakrieg gegen das Schweine-System" ausweiten wollte. Pflastersteine wurden zu Argumenten, während oder nach Demonstrationen wurden gezielt Scheiben von Banken, Konzernen und
30 Behörden eingeworfen, ein Teil der Szene suchte nun vorrangig die militante Konfrontation mit der Polizei, die ihrerseits häufig unnötig brutal gegen Besetzer vorging.

35 Quelle: http://www.bpb.de/themen/ 11DFFB,0,Hausbesetzer_II.html

Hausbesetzer II, Reprinted by permission of Klaus Farin.

STRUKTUREN Rektion der Nomen

Setzen Sie die folgenden Nomen mit ihren jeweiligen Präpositionen in die Lücken der Zusammenfassung ein.

Protest gegen   Mangel an + *Dat.*

~~Reaktion auf + *Akk.*~~   Forderung nach

Kritik an + *Dat.*   Ärger über + *Akk.*

Bereitschaft zu

Zusammenfassung

Die Hausbesetzungen waren die ___*Reaktion auf*___ die Wohnungspolitik der Städte in den 70er- und 80er-Jahren. Auf der einen Seite gab es einen ___Mangel an___ Wohnraum, auf der anderen Seite standen viele Häuser leer. Ihren ___Ärger über___ diese Situation zeigten die Hausbesetzer der 70er-Jahre noch friedlich, in den 80er-Jahren wurde der ___Protest gegen___ diese Politik lauter. Die Demonstranten gaben ihrer ___Forderung nach___ mehr Wohnraum jetzt stärker Ausdruck und zeigten ___Bereitschaft zu___ Gewalt. Die Mehrheit der Bevölkerung reagierte trotzdem positiv auf die ___Kritik an___ den Politikern, da dieses Problem viele Menschen betraf.

Interview mit einem Augenzeugen

STRUKTUREN Das Perfekt (Wiederholung)

Ergänzen Sie die folgenden zusätzlichen Informationen zum Thema Hausbesetzungen im Perfekt, so, als ob Sie mündlich erzählen würden. Leiten Sie die korrekten Perfektformen von den vorgegebenen Präteritumsformen ab und setzen Sie sie ein.

1. Sehr oft (waren) ___sind___ es damals aus den Heimen geflohene Jugendliche ___gewesen___, die Häuser (besetzten) ___besetzt haben___.

2. 1980 (gab) ___hat___ es nach offiziellen Schätzungen in der Bundesrepublik mehr als eine Million Wohnungssuchende ___gegeben___, gleichzeitig (standen) ___haben___ Tausende Häuser leer ___gestanden___.

3. So (existierte) ___haben___ beispielsweise in Berlin mehr als 200 besetzte Häuser ___existiert___.

4. „Die typischen 68er" (gab) ___hat___ es schon 1968 nicht ___gegeben___, sie (waren) ___sind___ eine heterogene Masse mit unterschiedlichen Auffassungen ___gewesen___.

5. Sie (waren) ___sind___ stark darin ___gewesen___, zusammen die richtigen Fragen an eine kriselnde Gesellschaft zu stellen; aber in den Antworten auf diese Fragen (kamen) ___sind___ sie zu widersprüchlichen Antworten ___gekommen___.

♟♟ :: 1 :: Ein Interview mit einem Augenzeugen vorbereiten

Diese Fragen sind etwas vereinfacht und zusammengefasst und entsprechen in ihrer Formulierung nicht ganz genau dem eigentlichen Interview. Inhaltlich stimmen sie aber mit dem Interview überein.

Lesen Sie vorerst einige Interviewfragen als Vorbereitung auf das Hören eines Interviews mit einem „Alt-68er". Arbeiten Sie mit einer Partnerin/ einem Partner und unterstreichen Sie die Perfektformen.

1. Der Titel dieses Interviews heißt ja: „Im Gespräch mit einem Alt-68er". Was hat damals viele junge 68er ausgezeichnet?

2. Bist du auch bei der Besetzung des bekannten Georg-von-Rauch-Hauses dabei gewesen?

3. Welche Rolle hat dieses Haus gespielt, dass sogar eine Band namens „Ton Steine Scherben" ein Lied darüber geschrieben hat?

4. Was für ein Lebensgefühl haben die jungen Leute gehabt und was wollten sie verändern?

5. Welche Parallelen kannst du zur heutigen Zeit ziehen? Sind es ähnliche Gründe, die zur Besetzung der „Wall Street" geführt haben?

6. Viele Jugendliche haben heutzutage keinen Respekt mehr vor älteren Menschen, vor Lehrern, vor der Polizei oder vor ihren eigenen Eltern. Glaubst du, dass die 68er schuld an dem Werteverfall der heutigen Gesellschaft sind?

:: 2 :: Hypothesen zum Interview aufstellen

Geben Sie hypothetische Antworten auf die Fragen in Aufgabe 1 mit den Ausdrücken aus den Interviewfragen. Was könnte der „Alt-68er" antworten? Schreiben Sie Ihre Vermutung auf die erste Zeile. Benutzen Sie das Perfekt.

a. **Frage 1: jemanden auszeichnen**

Meine Vermutung: _____

Antwort im Interview: Damals hat sie ausgezeichnet, dass es ein ganz starkes Gefühl war von Gemeinsamkeit, man wollte etwas verändern, verbessern, ausprobieren, experimentieren.

b. **Frage 2: dabei sein**

Meine Vermutung: _____

Antwort im Interview: Ja, ich bin dabei gewesen.

c. **Frage 3: eine Rolle spielen**

Meine Vermutung: _____

Antwort im Interview: Das Haus stand über fünf Jahre leer, war aber voll funktionstätig. Dieses Haus konnte man von einer Sekunde auf die andere nutzen und das haben wir getan, indem wir es besetzt haben: für Schüler, die von Zuhause abgehauen sind, die schwierige Kindheiten hatten, die nicht mehr mit ihren Familien klar kamen.

d. **Frage 4: etwas verändern**

Meine Vermutung: _____

Antwort im Interview: Wir wollten die Gesellschaft verändern.

e. **Frage 5: zu etwas führen**

Meine Vermutung: _____

Antwort im Interview: Es ist die gleiche Motivation wie damals, die zum heutigen Occupy

Movement geführt hat.

f. **Frage 6: schuld sein**

Meine Vermutung: _____

Antwort im Interview: Nein, das ist nicht den Alt-68ern anzulasten.

🔊 :: 3 :: Das Interview global hören
Track 12

Hören Sie nun das Interview und versuchen Sie Ihre Vermutungen zu korrigieren. Schreiben Sie die Antworten im Interview auf die zweite Zeile jeder Teilaufgabe in Aufgabe 2.

Das Interview befindet sich auf der *Anders gedacht Instructor's Audio CD*.

🔊 :: 4 :: Das Interview im Detail hören
Track 12

Lesen Sie die folgenden Fragen vor dem zweiten Hören des Interviews und versuchen Sie dann während des Hörens die Antworten zu notieren.

Ein Transkript des Interviews befindet sich im Anhang des Buches.

Die Antworten im Interview sind nicht alle mit den Ausdrücken aus Aufgabe 1 formuliert, entsprechen diesen aber inhaltlich.

Übungsbuch
Einheit 7,
Abschnitt B

a. Bezeichnet Herr B. sich als „Alt-68er"?
Er würde „alt" weglassen und lieber von der 68er-Generation sprechen.

b. Warum ist er nach Berlin gezogen?
Er kam aus einem kleinen Dorf bei Frankfurt und hatte das Gefühl, an Grenzen zu stoßen.

c. Was hat ihn an der Stadt fasziniert?
Es gab viele Gleichgesinnte, das Studentenleben war sehr ausgeprägt. Es gab große Wohnungen, man konnte Wohngemeinschaften, Kinderläden gründen und man konnte viel ausprobieren.

d. Hat er seine Kinder antiautoritär erzogen?
Er hat versucht, mit den anderen Eltern neue Wege zu gehen. Man wollte die eigenen Kinder nicht so autoritär erziehen, wie das in den 50er-Jahren üblich war und wie man selbst erzogen wurde.

e. Welche heutige Partei ist aus der 68er-Bewegung entstanden?
Die Grünen.

👥 :: 5 :: Mit der Partnerin/dem Partner diskutieren

Diskutieren Sie mit Ihrer Partnerin/Ihrem Partner:

Inwieweit hat die 68er-Bewegung die heutige Gesellschaft (positiv und negativ) geprägt?

_____

_____

_____

_____

_____

Die RAF (Rote Armee Fraktion)

Einstimmung auf den Film

In diesem Abschnitt lernen Sie die politischen Ideen der 68er und die Reaktionen von Presse und Regierung kennen, die zu ernsten Konflikten zwischen Studenten und ihren Gegnern führten. Anhand des Films „Der Baader Meinhof Komplex" von Uli Edel beschäftigen Sie sich mit der extremistischen Gruppe RAF (Rote Armee Fraktion) und ihrem Einfluss auf die politischen Geschehnisse der 60er- und 70er-Jahre.

Vorwissen aktivieren, Hypothesen aufstellen

Sehen Sie sich das Bild an. Bearbeiten Sie dann die Aufgabe auf der nächsten Seite.

Szene aus dem Film *Der Baader Meinhof Komplex*

© AF archive / Alamy

Äußern Sie Vermutungen zum Bild. Benutzen Sie die W-Fragen:

Wann?	Wo?	Wer?	Warum?
_____	_____	_____	_____
_____	_____	_____	_____
_____	_____	_____	_____
_____	_____	_____	_____

Der Baader Meinhof Komplex

Erste Filmsequenz

 :: 1 :: **Erstes Sehen: Filmsequenz 1**

:: a :: Die Klasse wird in zwei Gruppen geteilt.

Gruppe A bekommt den Wortschatz im Kasten und verlässt das Klassenzimmer. Die Gruppe versucht mit Hilfe des Wortschatzes in Gruppenarbeit die Handlung der ersten Sequenz zu antizipieren.

Gruppe B sieht sich die erste Sequenz an und macht sich Notizen zu den Geschehnissen.

Wortschatz zur Filmsequenz für Gruppe A

die Studenten
der Hörsaal an der Uni
eine Rede halten
Rudi Dutschke
gegen den Vietnamkrieg
Deutschlands Beteiligung
demonstrieren
protestieren
die Aggression
Polizisten
die Konferenz unterbrechen
Ulrike Meinhof
schießen
gegen Linksgerichtete sein

Filmsequenz
Sequenz: 1
Start: „Genossen, wir haben nicht mehr viel Zeit"
Stopp: „Ich kann keine Kommunisten leiden" (DVD Sequenzauswahl Kapitel 4: 13:25–17:49)

Die Informationen zur Sequenzauswahl beziehen sich auf die deutsche Version des Films *Der Baader Meinhof Komplex*.

Zur Aufgabe: Gruppe A kommt wieder ins Klassenzimmer zurück, nachdem Gruppe B die erste Filmsequenz gesehen hat. Jeweils zwei Studenten arbeiten zusammen, d.h. eine Person aus Gruppe A mit einer Person aus Gruppe B. Studenten aus Gruppe A erzählen, was sie antizipiert haben und Personen aus Gruppe B korrigieren und erzählen die tatsächliche Handlung.

:: b :: Nach dem ersten Sehen: Antizipierte Handlung erzählen

Gruppe A kommt wieder ins Klassenzimmer. Jede Studentin/jeder Student aus Gruppe A erzählt einer Partnerin/einem Partner aus Gruppe B, welche Handlung sie/er antizipiert hat.

:: c :: Tatsächliche Handlung erzählen

Die Partnerin/der Partner aus Gruppe B erzählt, was tatsächlich in der Sequenz passiert ist.

:: 2 :: Zweites Sehen: Filmsequenz 1

Sehen Sie sich nun im Plenum die Sequenz an und beantworten Sie nach dem Sehen gemeinsam mit Ihrer Partnerin/Ihrem Partner folgende Fragen:

1. Wie heißt der Mann, der eine Rede hält?

   Rudi Dutschke

2. Zu wem spricht er?

   zu Studenten

3. Wie reagieren die Zuhörer auf ihn?

   Mit Beifall

4. Wer ist Ulrike Meinhof – haben Sie schon etwas über sie gehört?

   Damals war sie Journalistin, später Terroristin.

5. Wer ist Ihrer Meinung nach der Mann, der die Rede unterbricht?

   Er könnte der Rektor der Universität sein.

6. Was passiert danach?

   Rudi Dutschke wird von einem jungen Mann verfolgt.

7. Wer ist der Mann, der auf Rudi Dutschke schießt?

   Ein junger Mann, der gegen Linksgerichtete und Kommunisten ankämpft.

8. Warum schießt er auf Rudi Dutschke?

   Er sagt, dass er Kommunisten hasst.

9. Was passiert mit dem Attentäter?

   Er wird von der Polizei verfolgt.

:: 3 :: Weitere Handlung antizipieren

Welche Auswirkungen könnte das Attentat auf Rudi Dutschke gehabt haben? Vermuten Sie, wie Studenten und Presse reagiert haben.

:: 4 :: Mit dem Internet arbeiten

Suchen Sie im Internet Informationen zu Rudi Dutschke oder zu Ulrike Meinhof. Machen Sie Notizen zu folgenden Punkten und berichten Sie im Unterricht.

Wer war er/sie?

Was war für ihn/sie wichtig? Warum?

Was ist mit ihm/ihr passiert?

Zweite Filmsequenz

:: 1 :: Stilles Lesen

Lesen Sie die Information über den Axel Springer Verlag und suchen Sie nach folgender Information: Warum kämpften die Studenten gegen den Axel Springer Verlag?

Unterstreichen Sie die entsprechenden Textstellen. Geben Sie den Inhalt in Ihren eigenen Worten wieder.

> Die Studenten warfen dem Axel Springer Verlag vor, durch seine marktbeherrschende Position[1] (Tageszeitungen wie z.B. *Bild*, überregionale Zeitungen, Sonntagszeitungen und Zeitschriften) die öffentliche Meinung[2] gegen linke Kreise zu beeinflussen. Die
> 5 Studenten sahen das als Bedrohung[3] der Pressefreiheit. Besonders nach dem Attentat auf Rudi Dutschke radikalisierte sich die Studentenbewegung, unter anderem durch den Kampf gegen den Springer Konzern.
>
> ---
> [1]**marktbeherrschende Position** der Verlag publiziert viele Tages- und Wochenzeitungen, die von viel mehr Menschen gelesen werden als andere Zeitungen   [2]**die öffentliche Meinung** das, was die meisten Menschen denken   [3]**die Bedrohung** man hat Angst, dass etwas schlechte Folgen haben könnte

Filmsequenz
Sequenz: 2
Start: Axel Springer Verlag.
Stopp: Anwalt Mahler: „Dann müssten Sie Ihre Roben ausziehen und sich an die Spitze der Protestbewegung stellen" (DVD Sequenzauswahl Kapitel 5: 17:50 – Kapitel 6: 21:33)

:: 2 :: Sehen der zweiten Sequenz

Sehen Sie sich nun die zweite Sequenz an. Der Regisseur benutzt hier Originalaufnahmen und eine kommentierende Stimme im Off. Versuchen Sie nach dem Sehen mit Ihrer Partnerin/Ihrem Partner die Ereignisse aus dem Kasten den Ländern in der Tabelle zuzuordnen. Der Infinitiv der Verben steht in Klammern, sodass Sie die Bedeutung leichter in Ihrem Wörterbuch finden können.

Vietnam	Bolivien	USA	Mexiko	Tschecho-slowakei	Frankreich	Deutschland/Westberlin
9	4	2, 3	5	7	1, 8	1, 6

1. Der Staat spricht von Anarchie. (sprechen von)
2. Senator Robert Kennedy erschossen (erschießen). Richard Nixon wird der 37. Präsident. (werden)
3. Gestern fiel Martin Luther King einem Attentat zum Opfer. (einem Attentat zum Opfer fallen)

4. Che Guevara wurde von der bolivianischen Armee und der CIA gefangen genommen und dann ermordet. (gefangen nehmen, ermorden)

5. 2000 Soldaten riegelten den Platz ab und schossen in die Menge. (abriegeln, schießen)

6. „Je mehr ich Geschrei dieser Art höre, desto deutlicher wird mir, wie notwendig es ist, in unserem Land für Ordnung zu sorgen!" (für Ordnung sorgen)

7. ... eines der ersten sowjetischen Fahrzeuge. Eine halbe Stunde später rollten Panzer in Prag ein. (einrollen)

8. Die Studenten bezeichnen die Vorgänge in Paris als kulturelle Revolution. (bezeichnen als + *Akk*.)

9. Man ermordet Zivilisten, darunter Frauen und Kinder, brutal. (ermorden)

:: 3 :: Verben notieren und Sätze erweitern

:: a :: Notieren Sie alle Verben aus Aufgabe 2 in der 3. Person Singular.

Infinitiv	Präsens	Präteritum	Perfekt	Passiv
sprechen von	spricht von	sprach von	hat ... von ... gesprochen	es wurde von ... gesprochen
erschießen	erschießt	erschoss	hat ... erschossen	wurde ... erschossen
werden	wird	wurde	ist ... geworden	-
zum Opfer fallen	fällt ... zum Opfer	fiel ... zum Opfer	ist ... zum Opfer gefallen	-
gefangen nehmen	nimmt ... gefangen	nahm ... gefangen	hat ... gefangen genommen	wurde ... gefangen genommen
ermorden	ermordet	ermordete	hat ... ermordet	wurde ... ermordet
abriegeln	riegelt ... ab	riegelte ... ab	hat ... abgeriegelt	wurde ... abgeriegelt
schießen	schießt	schoss	hat ... geschossen	wurde ... geschossen
für Ordnung sorgen	sorgt ... für Ordnung	sorgte ... für Ordnung	hat ... für Ordnung gesorgt	es wurde für Ordnung gesorgt
einrollen	rollt ... ein	rollte ... ein	ist ... eingerollt	-
bezeichnen als + *Akk*.	bezeichnet ... als	bezeichnete ... als	hat ... als ... bezeichnet	wurde ... als ... bezeichnet

:: b :: Erweitern Sie dann gemeinsam im Plenum die Sätze aus Aufgabe 2 mit Ihrem Vorwissen.

BEISPIEL: *Senator Robert Kennedy wurde während der Vorwahlen 1968 in Los Angeles erschossen. Er war ein Kritiker der Vietnampolitik von Lyndon B. Johnson.*

:: 4 :: Meinung äußern

:: a :: Überlegen Sie mit Ihrer Partnerin/Ihrem Partner, was Gudrun Ensslin mit dem folgenden Satz gemeint haben könnte: „Reden ohne Handeln ist unrecht."

:: b :: Was meint der Anwalt Mahler mit: „Dann müssten Sie Ihre Roben ausziehen und sich an die Spitze der Protestbewegung stellen."?

:: c :: Was bedeutet „Unter den Talaren - Muff von 1000 Jahren"?

:: d :: Fassen Sie zusammen, wogegen die jungen Menschen kämpften. Warum sind sie Ihrer Meinung nach so wütend?

:: 5 :: Informationen zum Film recherchieren

Im Jahr 2008 entstand der Film *Der Baader Meinhof Komplex* von Uli Edel, der sich mit dem Thema Terrorismus in Deutschland in den 70er-Jahren beschäftigt. Recherchieren Sie im Internet über diesen Film und finden Sie heraus, was der Film *Der Baader Meinhof Komplex* darzustellen versucht. Notieren Sie auch die Namen von zwei Schauspielern, die Ihnen schon aus anderen deutschen Filmen bekannt sind. Fassen Sie Ihre Ergebnisse in einem dreiminütigen Referat zusammen.

Meine Notizen:

_____

_____

_____

_____

_____

_____

_____

_____

_____

_____

_____

_____

STRUKTUREN Funktionsverbgefüge (FVG)

Ein Funktionsverbgefüge (FVG) ist eine feste Verbindung von Verb und Nomen. Die Bedeutung des FVGs wird durch das Nomen bestimmt, das Verb hat in dieser Kombination keine eigene Bedeutung, sondern nur grammatische Funktion.

BEISPIEL: *Krieg führen*

Die Baader-Meinhof-Gruppe <u>führte Krieg</u> gegen die Bundesrepublik Deutschland.

Funktionsverbgefüge:

(einen) Krieg führen

ein Verbrechen/einen Mord begehen

etwas in Frage stellen

Kritik üben an + *Dativ*

Einfluss nehmen auf + *Akk.*

eine Entscheidung treffen

Übung

Formen Sie die Sätze um und benutzen Sie dazu jeweils ein FVG.

1. Die RAF kämpfte gegen den Staat. (Krieg führen)
   Die RAF führte Krieg gegen den Staat.

2. Die RAF tötete Menschen, um ihre Ziele zu erreichen. (Morde begehen)
   Die RAF beging Morde, um ihre Ziele zu erreichen.

3. Baader und Meinhof zweifelten am „System". (in Frage stellen)
   Baader und Meinhof stellten das „System" in Frage.

4. Sie kritisierten die Gesellschaft. (Kritik üben an)
   Sie übten Kritik an der Gesellschaft.

5. Durch ihre Taten beeinflussten sie die Politik. (Einfluss nehmen auf)
   Durch ihre Taten nahmen sie Einfluss auf die Politik.

6. Die Politik musste sich entscheiden. (eine Entscheidung treffen)
   Die Politik musste eine Entscheidung treffen.

:: c :: Schreiben Sie mit einigen Funktionsverbgefügen aus **STRUKTUREN** (oben) Sätze über die Baader-Meinhof-Gruppe.

1. _____

2. _____

3. _____

4. _____

Quelle: http://www.planet-wissen. de/politik_geschichte/verbrechen/ raf/img/intro_raf_symbol_g.jpg

:: 6 :: Assoziogramm zum Thema *Terrorismus* erstellen

Die Mitglieder der RAF werden als Terroristen bezeichnet. Woran denken Sie, wenn Sie an Terrorismus denken?

:: a :: Erstellen Sie mit Ihrer Partnerin/Ihrem Partner ein Assoziogramm.

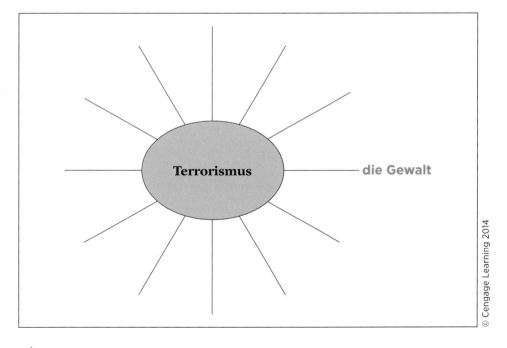

:: b :: Was sind Terroristen für Sie?

Dritte Filmsequenz

:: 1 :: Vorwissen aktivieren und sich neue Informationen aneignen

:: a :: Was bedeutet RAF? Zu welchen Ideen und wofür steht diese Organisation? Wann war sie aktiv? Wo war sie aktiv? Tragen Sie Ihr Vorwissen im Plenum zusammen.

 :: b :: Suchen Sie im Internet nach Informationen über die RAF.

:: 2 :: Filmszene sehen

Filmsequenz
Sequenz: 3
Start: Kapitel 9:
Zurück in Berlin:
32:40 Start: Der
Freund/Mann von
Ulrike Meinhof
öffnet die Tür
Stopp: Kapitel 10:
Haftanstalt Moabit,
41:48 Stopp: „Der
Lesesaal ist eben
besetzt." „Dann
warten wir eben
hier." (Die beiden
Mädchen betreten
das Institut).

Sehen Sie sich die folgende Sequenz an und markieren Sie, wer was sagt. (Ulrike Meinhof = M, Andreas Baader = B, Gudrun Ensslin = E, Mann im Trenchcoat = MT, Freund von Ulrike Meinhof = FM)

_____E_____ Was wir brauchen ist eine neue Moral.

_____E_____ ... aus dem System ausklinken.

_____M_____ Ich könnte meine Kinder nie verlassen.

_____MT_____ Sie haben ihn nach Moabit[1] gebracht.

_____E_____ Gefangenenbefreiung steht im Mittelpunkt der politischen Diskussion.

_____E_____ Man muss den Schweinen zeigen, dass wir etwas tun, wenn die unsere Leute wegsperren.

_____FM_____ Die lassen ihn aus dem Knast raus.

_____FM_____ Das ist doch Wahnsinn!

_____M_____ Ich muss das jetzt machen!

:: 3 :: Fortgang des Films besprechen

Wie wird der Film wohl weitergehen? Erzählen Sie Ihrer Partnerin/Ihrem Partner Ihre eigene Fortsetzung. Was werden Ensslin und Meinhof tun, um Baader zu befreien?

Filmsequenz
Sequenz: 4
Start: Kapitel 11:
Befreiung von
Baader: 42:18
Start: Die als
junge Mädchen
verkleideten
Terroristinnen sitzen
auf der Bank Stopp:
Ende des Kapitels
45:00 Stopp: „ Das
gehört sozusagen
zum Erfolg der
Geschichte"

Vierte Filmsequenz

:: 1 :: Sehen der vierten Sequenz

Achten Sie beim Sehen der Sequenz besonders auf Ulrike Meinhof.

:: a :: Welche Rolle hat Ulrike Meinhof bei der Befreiung Baaders gespielt?

:: b :: Was passiert mit ihren Kindern?

:: c :: Ist der Freund von Meinhof auch an der Aktion beteiligt? Warum oder warum nicht? Besprechen Sie Ihre Eindrücke nach dem Sehen.

---

[1]**Moabit** ein Gefängnis

:: 2 :: Beschreibung von Ulrike Meinhof

Verfassen Sie nun einige Sätze, in denen Sie Ulrike Meinhof beschreiben. Benutzen Sie den Wortschatz unten im Kasten und vervollständigen Sie die Sätze.

Sie ist ... von Beruf und wichtig ist für sie ...

Ich bin der Meinung, dass ...

Sie ist weiter gegangen, als sie ursprünglich geplant hatte, weil ...

> die Einstellung
> das politische Engagement
> die Überzeugung
> das Anti-Establishment
> gegen die Unterdrückung
> aus Sympathie zur Bewegung

_____

_____

_____

_____

_____

:: 3 :: Aussage Meinhofs lesen und kommentieren

Lesen Sie diese Aussage von Ulrike Meinhof und kommentieren Sie sie. Wie wichtig ist dieses Statement für den Werdegang der RAF?

„Wir sagen, der Typ in der Uniform ist ein Schwein, das ist kein Mensch und so haben wir uns mit ihm auseinanderzusetzen. Wir haben also nicht mit ihm zu reden ... und natürlich kann geschossen werden. Es ist möglich, dass bewaffnete Auseinandersetzungen[1] durchführbar sind. Es ist möglich, dass wir Aktionen machen, wo wir siegen[2] und nicht wo die andere Seite siegt und wo es wichtig ist, dass sie uns nicht kriegen. Das gehört sozusagen zum Erfolg der Geschichte."

 ## :: 4 :: Geschichte der RAF lesen

Lesen Sie mit einer Partnerin/einem Partner den folgenden Text und unterstreichen Sie die vier Informationen, die für Sie am wesentlichsten sind.

---

[1]Auseinandersetzungen Konflikte   [2]siegen gewinnen

DIE GESCHICHTE DER RAF

Die Existenz der RAF erstreckte sich über drei „Generationen". Während dieser Zeit eskalierte die Gewalt und Brutalität wegen der unterschiedlichen Ziele und Ideologien der drei RAF-Generationen. Trotz der unterschiedlichen Zielsetzung[1] blieb der antiautoritäre
5 und revoltierende Grundtenor[2] erhalten. Die erste Generation sah die Zerstörung des „staatlichen Herrschaftsapparates" als wesentlich an. Während der zweiten Generation stand die Erpressung der Freilassung der schon inhaftierten RAF-Terroristen im Vordergrund. Statt der ursprünglichen Ideologie standen Mordanschläge gegen
10 Prominente aus Politik und Wirtschaft für die dritte Generation im Vordergrund. 1998 löste sich die RAF auf.

Weitere Informationen zur Chronologie der RAF finden Sie auf der Webseite der Bundeszentrale für politische Bildung:

Quelle: http://www.bpb.de/themen/NE29AP,0,
Chronologie_der_RAF.html

---

[1] **die Zielsetzung** man setzt sich ein Ziel; das, was man erreichen möchte   [2] **der Grundtenor** das wesentliche Thema

Filmsequenz
Sequenz: 5
Start: Bild Gefängnis von innen –
Stimme Ensslins im Off: „Wir sind verantwortlich ..."
Stopp: Ende des Kapitels: Brigitte Mohnhaupt verlässt das Gefängnis Stammheim (Frühjahr 1977)
(DVD Sequenzauswahl:
Kapitel 24: Bekenntnisse
1:45:24 – Ende Kapitel 24: 1:48:39)

Fünfte Filmsequenz

:: 1 :: Sehen der fünften Sequenz

:: a :: Sehen Sie sich die Sequenz an und machen Sie sich Notizen zu den W-Fragen.

1. Wer? Ulrike Meinhof

2. Was? Sie ist in ihrer Zelle tot aufgefunden worden. Sie hat sich das Leben genommen. Sie hat sich erhängt.

3. Wo? Gefängnis, Stammheim

4. Warum? Sie hat keine andere Lösung gesehen.

 :: b :: Arbeiten Sie mit einer Partnerin/einem Partner und vergleichen Sie Ihre Ergebnisse.

:: 2 :: Aussagen als richtig oder falsch bewerten

Was behaupten die Terroristen? Was ist richtig (R), was falsch (F), was nicht klar (NK)? Diskutieren Sie anschließend im Plenum. Denken Sie auch an die Informationen Ihrer Recherche und der vorhergehenden Aufgaben.

1. Ulrike Meinhof ist in Stuttgart-Stammheim gestorben. R
2. Sie hat Selbstmord begangen[1]. R / NK
3. Sie ist in Stuttgart-Stammheim hingerichtet[2] worden. F
4. Man hat eine kalt konzipierte Hinrichtung geplant. F
5. Man hat sie und andere Terroristen umgebracht[3]. F
6. Ulrike Meinhof ist an einer Krankheit gestorben. F
7. Man hat Ulrike ermordet. F / NK
8. Ulrike Meinhof hat sich an einem Fenstergitter erhängt. R / NK
9. Holger und Sigfried Hausner hat man auch hingerichtet. F / NK
10. Brigitte Mohnhaupt hat auch Selbstmord begangen. F

Weiterführende Aufgaben

:: 1 :: Eine weitere Meinung lesen: Bedeutung der 68er heute

Lesen Sie den folgenden Text und unterstreichen Sie Informationen, die neu für Sie sind.

Es gibt in Deutschland keine Chiffre, die so viele Emotionen weckt wie „68". Die heiße Phase des Protests begann am 2. Juni 1967, als ein Polizist den Studenten Benno Ohnesorg erschoss. Ohnesorg hatte gegen den Schah von Persien demonstriert, der Berlin besuchte. Unter
5 der geistigen Führung Dutschkes stritten linksgesinnte Studenten, die sogenannte außerparlamentarische Opposition (APO), für eine andere Gesellschaft, ein anderes politisches System, einen anderen Umgang mit der braunen Vergangenheit.

Ende der 60er Jahre zerfiel die Studentenbewegung, aber der Kampf
10 ging weiter, in kommunistischen Gruppen, in der SPD, später auch bei den Grünen, in Familien, in Schulen, in Behörden, an Universitäten, in der Terrorgruppe „Rote Armee Fraktion" (RAF).

Für die Generation der 68er war und ist ein Wort zentral: Kritik. Ihre Philosophie war die kritische Theorie, ihre Haltung war die Kritik an
15 allem, was bestand. Jetzt ist die Erinnerung an „68" dran, die Kritik der Kritik. Am liebsten machen sie das naturgemäß selbst. Es war ihre Rolle und sie bleibt es.

Quelle: Spiegel Special, das Magazin zum Thema, Nr 4/2005, „Gnadenlos und selbstgerecht", Kurt Kurbjuweit, Seite 39

---

[1]**Selbstmord begehen** sich selbst töten   [2]**hinrichten** exekutieren   [3]**umbringen** töten

:: 2 :: Referate halten

Wählen Sie ein Thema, recherchieren Sie im Internet und halten Sie ein Kurzreferat.

1. das Ende der RAF

2. Deutscher Herbst

3. Benno Ohnesorg

4. die APO (Außerparlamentarische Opposition)

5. Joschka Fischer und die 68er

:: 3 :: Eigene Meinung bilden und Vergleiche ziehen – eine Gruppendiskussion

Besprechen Sie die folgenden Themen oder eines der folgenden Themen in kleinen Gruppen:

:: a :: Fassen Sie gemeinsam in einigen Sätzen zusammen, was für Sie wesentliche Aspekte der 68er-Bewegung in Deutschland sind.

:: b :: Gab es auch in Ihrem Land eine 68er-Bewegung? Was war für diese Bewegung typisch? Welche Ziele hatte sie? War sie anders oder ähnlich wie in Deutschland?

:: c :: Gibt es Ihrer Meinung nach Parallelen zwischen 1968 und der heutigen Zeit?

Grundwortschatz

:: VERBEN

aufwachsen: er/sie/es wächst auf, wuchs auf, ist ... aufgewachsen	to grow up
aufziehen: er/sie/es zieht auf, zog auf, hat ... aufgezogen	to raise
besetzen: er/sie/es besetzt, besetzte, hat ... besetzt	to occupy
betreffen: er/sie/es betrifft, betraf, hat ... betroffen	to concern
bewirken: er/sie/es bewirkt, bewirkte, hat ... bewirkt	to cause
erschießen: er/sie/es erschießt, erschoss, hat ... erschossen	to shoot to death
handeln: er/sie/es handelt, handelte, hat ... gehandelt	to act
herrschen: er/sie/es herrscht, herrschte, hat ... geherrscht	to prevail
kämpfen (gegen): er/sie/es kämpft, kämpfte, hat ... gekämpft	to fight against
vorwerfen: er/sie/es wirft vor, warf vor, hat ... vorgeworfen	to accuse, to reproach
zulassen: er/sie/es lässt zu, ließ zu, hat. ... zugelassen	to allow

die Atomkraft	nuclear energy
die Bedrohung , -en	threat
die Befreiung, -en	liberation
die Besetzung, -en	occupation
die Bewegung, -en	movement
der Gehorsam	obedience
die Gewalt	force, violence
der Kinderladen, -läden	preschool, mostly run as a coop
der Mordanschlag, -schläge	assassination
das Verbot, -e	ban

:: ADJEKTIVE UND ADVERBIEN

bewaffnet	armed, with weapons
deutlich	clear
unrecht	not fair, not right

:: ANDERE AUSDRÜCKE

es geht um: es ging um, es ist um ... gegangen	it concerns
für Ordnung sorgen	to make sure that there is order
geprägt sein von	to be affected by
recht haben	to be right
die Verhältnisse ändern	to change the circumstances

Umgang mit der Vergangenheit

FORMEN DER VERGANGENHEITSBEWÄLTIGUNG

:: ABSCHNITTE

A Aufarbeitung der Vergangenheit
B „Todesfuge" von Paul Celan
C Film: *Deutschland, bleiche Mutter* von Helma Sanders-Brahms

:: TEXTE UND HÖRTEXTE

- Paul Celan: Todesfuge (Gedicht, Lese- und Hörtext)
- Bertolt Brecht: Deutschland (Gedicht, in Auszügen)
- Eine Filmbeschreibung (Ein Film von Helma Sanders-Brahms, BRD 1980)
- Brüder Grimm: Der Räuberbräutigam (Märchen)

:: FILM

- *Deutschland, bleiche Mutter* von Helma Sanders-Brahms, 1980

:: INTERNET-AKTIVITÄTEN

- Willy Brandts Kniefall
- Jüdisches Museum Berlin
- Das Holocaust-Mahnmal in Berlin
- Zur Person: Paul Celan
- Das Gedicht „Todesfuge": Interpretation
- Zur Person: Bertolt Brecht

:: SPRACHLICHE STRUKTUREN

- Temporale Konjunktionen und temporale Präpositionen
- Plusquamperfekt
- Neben- und unterordnende Konjunktionen, adverbiale Konjunktionen

:: IN DIESER EINHEIT

Vergangenheitsbewältigung, also der Versuch die Zeit des Nationalsozialismus aufzuarbeiten, begann mit der Studentenrevolte 1968 und hat die jüngere deutsche Kultur stark geprägt. Das Thema hat Politiker, Intellektuelle, Künstler und viele andere auf unterschiedliche Weise zur Auseinandersetzung mit dieser Zeit veranlasst. In dieser Einheit werden Sie einige Ergebnisse dieser Auseinandersetzung kennenlernen.

Denkmal für die ermordeten Juden Europas, auch Holocaust-Mahnmal genannt, in Berlin

8

EINHEIT

EINHEIT

Einstimmung auf das Thema

:: 1 :: Einführung

Übungsbuch
Einheit 8

Sammeln Sie Ihr Wissen über die deutsche Vergangenheit nach 1945. Beschreiben Sie die Bilder. Der Wortschatz im Kasten hilft Ihnen dabei.

Mögliche Antworten: Nach dem Krieg war Deutschland zerstört und musste wieder aufgebaut werden. Durch den Marshallplan boomte die Wirtschaft in den 50er-Jahren und den Menschen ging es gut. Die Einstellungen waren aber die alten geblieben. Die 68er-Bewegung revoltierte gegen diese Mentalität und bewirkte schließlich auch eine kritische Auseinandersetzung mit der Nazi-Vergangenheit.

Wortschatz

zerstört	unverändert
wieder aufbauen	revoltieren
boomen	kritische
das Wirtschaftswachstum	Auseinandersetzung
die Einstellung, -en	die Aufarbeitung der
die Mentalität	Vergangenheit

:: 2 :: Begriff erklären

Bearbeiten Sie die folgenden drei Aufgaben.

- Schlagen Sie zunächst im Wörterbuch das Wort **Bewältigung** oder **bewältigen** nach.

> Redemittel
>
> | ... bedeutet ...
> | Das Wörterbuch gibt folgende
> | Synonyme für ...
> | Im Wörterbuch steht ...

- Versuchen Sie den Begriff **Vergangenheitsbewältigung** zu erklären und zeitlich einzuordnen. Begründen Sie Ihre Meinung. Was muss/soll bewältigt werden?

- Wer muss Ihrer Meinung nach etwas bewältigen? Opfer[1] oder Täter[2]?

Diskutieren Sie zunächst mit einer Partnerin/einem Partner und machen Sie sich Notizen. Besprechen Sie Ihr Ergebnis dann im Plenum.

---

[1]**das Opfer** jemand, dem etwas Böses angetan wurde   [2]**der Täter** jemand, der eine böse Tat begangen und jemanden zu einem Opfer gemacht hat

Gesten der Vergangenheitsbewältigung

:: 1 :: Vorwissen sammeln

Welche Formen der Auseinandersetzung der Deutschen mit der Zeit des Nationalsozialismus sind Ihnen bekannt? Kennen Sie ein Museum, ein Mahnmal[1], ein Kunstwerk, eine Geste[2], einen Film oder eine andere Form der Aufarbeitung der nationalsozialistischen Vergangenheit? Erzählen Sie und sammeln Sie im Plenum.

:: 2 :: Die nächste Unterrichtsstunde planen

Die nächste Unterrichtsstunde wird von den Studierenden gehalten. Hausaufgabe ist es, in Kleingruppen Referate vorzubereiten und sie am nächsten Kurstag zu halten. Die Themen finden Sie unten. Sie können auch eigene Themen hinzufügen.

> Schritt 1: Gruppen von 3-5 Studierenden bilden
>
> Schritt 2: Themen verteilen
>
> Schritt 3: Gemeinsam die ‚Strategien für das Halten von Referaten' auf Seite 89 wiederholen
>
> Schritt 4: Grundregeln besprechen:

- Vor Beginn des Referats wird eine kurze Vokabelliste verteilt und besprochen.
- Jedes Gruppenmitglied muss einen Sprechanteil haben.
- Bereiten Sie kurze, gut verständliche Sätze vor.
- Zeigen Sie Bilder.
- Jedes Referat soll 5-10 Minuten dauern.
- Nach dem Referat soll es Zeit für Fragen der Kommilitoninnen/ Kommilitonen geben.

Themen

:: a :: **Willy Brandts Kniefall, 1970**

Willy Brandts Kniefall im Jahr 1970 war eine wichtige Geste im Kontext der deutschen Wiedergutmachung. Halten Sie ein Referat über dieses Bild. Suchen Sie Informationen darüber im Internet.

---

[1]das Mahnmal, -e ein Monument als Warnung an zukünftige Generationen   [2]die Geste die symbolische Handlung

Willy Brandt kniet am Denkmal des
Warschauer Ghettos, 7. Dezember 1970

Berichten Sie in Ihrem Referat über die folgenden Punkte:

· Was waren wichtige Stationen im Leben von Willy Brandt?

· Welche politische Funktion hatte er zum Zeitpunkt des Kniefalls?

· Bei welcher Gelegenheit machte er den Kniefall und warum?

· Wie reagierte die Öffentlichkeit auf diese Geste?

 :: b :: **Jüdisches Museum Berlin**

Auch ein Versuch der Vergangenheitsbewältigung sind die jüdischen Museen
in Deutschland. In Berlin gibt es seit 2001 ein neues jüdisches Museum, das
von dem bekannten Architekten Daniel Libeskind konzipiert wurde. Halten
Sie ein Referat über das Museum, insbesondere über seine Konzeption und
deren Bedeutung. Suchen Sie Informationen darüber im Internet.

Jüdisches Museum Berlin

 :: c :: **Das Holocaust-Mahnmal in Berlin**

Zur Aufarbeitung der Vergangenheit gehören auch die vielen Mahnmale
in ganz Deutschland. Auf Seite 247 sehen Sie das Holocaust-Mahnmal in
Berlin. Recherchieren Sie und berichten Sie über seine Konzeption und
deren Bedeutung. Beziehen Sie sich auch auf die W-Fragen: Wann? Wo?
Wer? Was? Warum? Wie?

:: 3 :: Mündliche Stellungnahme

Äußern Sie im Plenum Gedanken, die Ihnen beim Hören der Referate
gekommen sind.

„Todesfuge" von Paul Celan

Der 1920 geborene Paul Celan schrieb sein Gedicht „Todesfuge" gegen Ende des Zweiten Weltkriegs. Es wurde 1948 in Deutschland veröffentlicht und gilt heute als eines der wichtigsten Gedichte in deutscher Sprache.

Paul Celan

Lesen • Global- und Detailverständnis

:: 1 :: Titel analysieren

Konzentrieren Sie sich zunächst auf den Titel. Sehen Sie im Wörterbuch nach, was eine Fuge ist. Woher kommt der Begriff? Celan gab dem Gedicht den Titel „Todesfuge". Vermuten Sie, was der Inhalt des Gedichtes sein könnte.

:: 2 :: Gedicht lesen

Lesen Sie das Gedicht und vervollständigen Sie in Gruppen die Tabelle. Notieren Sie vorerst nur Informationen, die tatsächlich im Gedicht stehen, interpretieren Sie noch nicht. Berichten Sie dann im Plenum.

Was wissen Sie über „wir"?
Wir ...
trinken schwarze Milch.

_____

_____

_____

...

Was wissen Sie über den Mann?
Der Mann ...
wohnt im Haus.

_____

_____

_____

...

Mögliche Antworten: Wir … schaufeln ein Grab in den Lüften / müssen zum Tanz aufspielen / müssen singen / werden geschlagen / steigen als Rauch in die Luft / haben ein Grab in den Wolken / liegen nicht eng / werden erschossen / werden von Hunden attackiert. Der Mann … spielt mit den Schlangen / schreibt abends Briefe nach Deutschland / befiehlt zum Tanz aufzuspielen / befiehlt ins Erdreich zu stechen / zu singen und zu spielen / schlägt / hat blaue Augen / erschießt Menschen / hetzt seine Hunde auf Menschen / schenkt anderen ein Grab in der Luft

Das von Paul Celan gelesene Gedicht befindet sich auf der *Anders gedacht Instructor's Audio CD*.

Track 13

TODESFUGE

Schwarze Milch der Frühe wir trinken sie abends
wir trinken sie mittags und morgens wir trinken sie nachts
wir trinken und trinken
wir schaufeln[1] ein Grab[2] in den Lüften da liegt man nicht eng
5 Ein Mann wohnt im Haus der spielt mit den Schlangen[3] der schreibt
der schreibt wenn es dunkelt nach Deutschland dein goldenes Haar Margarete
er schreibt es und tritt vor das Haus und es blitzen[4] die Sterne er pfeift[5] seine Rüden[6] herbei
er pfeift seine Juden hervor läßt schaufeln ein Grab in der Erde
10 er befiehlt[7] uns spielt auf nun zum Tanz

Schwarze Milch der Frühe wir trinken dich nachts
wir trinken dich morgens und mittags wir trinken dich abends
wir trinken und trinken
Ein Mann wohnt im Haus der spielt mit den Schlangen der schreibt
15 der schreibt wenn es dunkelt nach Deutschland dein goldenes Haar Margarete
Dein aschenes[8] Haar Sulamith wir schaufeln ein Grab in den Lüften da liegt man nicht eng
Er ruft stecht[9] tiefer ins Erdreich[10] ihr einen ihr andern singet und spielt
er greift[11] nach dem Eisen im Gurt[12] er schwingts seine Augen sind blau
20 stecht tiefer die Spaten[13] ihr einen ihr andern spielt weiter zum Tanz auf

---

[1]**schaufeln** graben [2]**das Grab** Tote sind in einem Grab [3]**die Schlange** langes dünnes Tier, das oft gefährlich ist [4]**blitzen** leuchten, scheinen [5]**pfeifen** mit den Lippen einen Ton machen [6]**der Rüde** männlicher Hund [7]**befehlen** sagen, was andere Leute machen müssen [8]**aschen** die Farbe von Asche; grau [9]**stechen** schaufeln, graben [10]**das Erdreich** die Erde [11]**greifen** nehmen [12]**der Gurt** der Gürtel; Band aus Leder [13]**der Spaten** ein Gerät, mit dem man Löcher schaufelt

Schwarze Milch der Frühe wir trinken dich nachts
wir trinken dich mittags und morgens wir trinken dich abends
wir trinken und trinken
ein Mann wohnt im Haus dein goldenes Haar Margarete
25 dein aschenes Haar Sulamith er spielt mit den Schlangen
Er ruft spielt süßer den Tod der Tod ist ein Meister[14] aus Deutschland
er ruft streicht dunkler die Geigen[15] dann steigt ihr als Rauch[16] in die Luft
dann habt ihr ein Grab in den Wolken da liegt man nicht eng

Schwarze Milch der Frühe wir trinken dich nachts
30 wir trinken dich mittags der Tod ist ein Meister aus Deutschland
wir trinken dich abends und morgens wir trinken und trinken
der Tod ist ein Meister aus Deutschland sein Auge ist blau
er trifft[17] dich mit bleierner[18] Kugel[19] er trifft dich genau
ein Mann wohnt im Haus dein goldenes Haar Margarete
35 er hetzt seine Rüden auf uns[20] er schenkt uns ein Grab in der Luft
er spielt mit den Schlangen und träumet der Tod ist ein Meister aus Deutschland

dein goldenes Haar Margarete
dein aschenes Haar Sulamith

—von Paul Celan

---

[14]**der Meister** eine Person, die etwas besonders gut kann; der Beste   [15]**die Geige streichen** die Geige spielen (**die Geige** = die Violine)   [16]**der Rauch** wenn etwas verbrennt, sieht und riecht man den Rauch, auch z.B. bei einer Zigarette   [17]**treffen** auf jemanden schießen   [18]**bleiern** aus Blei (ein Metall, aus dem Munition gemacht wird)   [19]**die Kugel** ein kleiner Ball; in einem Gewehr oder einer Pistole sind Kugeln   [20]**die Hunde auf jemanden hetzen** den Hunden befehlen, jemanden zu attackieren

Paul Celan, Mohn und Gedächtnis © 1952 Deutsche Verlags-Anstalt, München, in der Verlagsgruppe Random House GmbH.

:: 3 :: Fragen beantworten

Besprechen Sie im Plenum die Fragen.

Wer sind „**wir**"?

Welchen Beruf hat der Mann?

Wo sind „**wir**" und der Mann?

:: 4 :: Mit dem Internet arbeiten

Suchen Sie im Internet Informationen über das Leben Paul Celans. Berichten Sie im Plenum.

:: 5 :: Den Inhalt untersuchen

Markieren Sie Begriffe, die im Gedicht oft vorkommen: z.B. **schwarz** und **Milch**. Setzen Sie die Liste der wiederkehrenden Ausdrücke und ihrer Bedeutung fort. Berichten Sie anschließend im Plenum.

Siehe Hinweise
für die Arbeit
mit Einheit 8,
Abschnitt B in den
Unterrichtsnotizen
und Materialien.

Begriff	allgemeine Bedeutung	Bedeutung im Gedicht
schwarz	Farbe	tödlich, als Gegensatz zu weiß
Milch		

:: 6 :: Mit dem Internet arbeiten

Gehen Sie nun wieder ins Internet. Dort finden Sie Erklärungen zu den verschiedenen Elementen des Gedichtes. Berichten Sie im Plenum über die Bedeutung der Gedichtelemente. Vergleichen Sie die Erklärungen mit Ihrer eigenen Interpretation. Stimmen Sie den Erklärungen zu?

Redemittel

… symbolisiert …
… ist eine Metapher für …
… steht für …
… bedeutet … / … könnte … bedeuten.
… stellt … dar. (*Infinitiv:* darstellen)
… bezieht sich auf …
… ist eine Provokation.

Weiterführende Aufgaben

:: 7 :: Diskussion

Diskutieren Sie in der Gruppe.

:: a :: Versuchen Sie, nachdem Sie das Gedicht besser kennengelernt haben, noch einmal den Titel „Todesfuge" zu erklären.

:: b :: Welche Paradoxe werden hier dargestellt?

:: c :: Welche Bilder sind Ihrer Meinung nach besonders stark und welche Bedeutung haben sie?

:: 8 :: Mündlich Stellung nehmen

Reflektieren Sie über das Gedicht: Schreiben Sie Ihre Gedanken auf und bereiten Sie eine kurze mündliche Stellungnahme vor, die Sie dann Ihren Kommilitoninnen/Kommilitonen vorstellen.

Film: *Deutschland, bleiche Mutter* von Helma Sanders-Brahms

In diesem Abschnitt sehen Sie den Film *Deutschland, bleiche Mutter* von Helma Sanders-Brahms, einer der international bekanntesten deutschen Regisseurinnen. Die Erzählerin reflektiert ihre Kindheit und die eigenen familiären Beziehungen vor dem historischen Hintergrund der nationalsozialistischen Herrschaft und der Nachkriegszeit in Deutschland. Außerdem beschäftigen Sie sich mit einem Gedicht von Bertolt Brecht und einem Märchen der Brüder Grimm, da beide in diesem Film vorkommen.

„Deutschland" von Bertolt Brecht

Der Film *Deutschland, bleiche Mutter* beginnt mit dem Gedicht „Deutschland" von Bertolt Brecht.

Lesen • Globalverständnis

Das vollständige Gedicht befindet sich im Anhang des Buches.

:: 1 :: Lücken ergänzen

Im Folgenden lesen Sie die erste und die letzte Strophe des Gedichtes. Einige Wörter fehlen. „Schreiben" Sie nun, unter Berücksichtigung Ihres Vorwissens, Ihr eigenes Gedicht „Deutschland", indem Sie die Lücken füllen.

DEUTSCHLAND

Mögen andere von ihrer _____ sprechen,
ich spreche von der meinen.

O Deutschland, _____ Mutter!
Wie sitzest du _____
5 unter den Völkern.
Unter den _____
Fällst du auf[1]....
O Deutschland, _____ Mutter!
Wie haben deine Söhne dich zugerichtet[2]

---

[1]**auffallen** anders sein/aussehen   [2]**etwas/jemanden zurichten** etwas Schlimmes mit etwas/jemandem machen

---

10 Daß du unter den Völkern sitzest
Ein _____ oder eine _____!

—von Bertolt Brecht

Aus: Bertolt Brecht, *Die Gedichte von Bertolt Brecht in einem Band*,
Suhrkamp: Frankfurt am Main, 1993, S. 487–488

"Deutschland", from: Bertolt Brecht, Werke. *Große kommentierte Berliner und Frankfurter Ausgabe, Band 11: Gedichte 1.* © Bertolt-Brecht-Erben / Suhrkamp Verlag 1988.

:: 2 :: Gedichte vortragen

Lesen Sie jetzt im Kurs einige Versionen des Gedichtes vor.

:: 3 :: Das Original lesen

Lesen Sie nun im Anhang des Buches, was Bertolt Brecht geschrieben hat.
Vergleichen Sie Ihr Gedicht mit dem Original.

:: 4 :: Gedicht zeitlich einordnen

Vermuten Sie, wann das Gedicht geschrieben wurde.
Begründen Sie Ihre Meinung. Benutzen Sie die
Redemittel.

Das Gedicht wurde
1933 geschrieben.

Redemittel
Vermutlich ...
Wahrscheinlich ...
Möglicherweise ...

Weiterführende Aufgabe

:: 5 :: Referat halten

Bertolt Brecht ist einer der wichtigsten deutschen Autoren des 20. Jahrhunderts. Seine Gedichte beinhalten oft kritische Perspektiven zu
Politik und Gesellschaft. Suchen Sie im Internet oder in der Bibliothek
Informationen über Leben und Werk von Bertolt Brecht. Halten Sie dann
im Kurs ein Referat.

Deutschland, bleiche Mutter

Einstimmung auf den Film

:: 1 :: Ein Zitat aus einer Filmbeschreibung lesen

Welche wichtigen Informationen gibt Ihnen die folgende Filmbeschreibung?
Lesen Sie sie mit Ihrer Partnerin/Ihrem Partner und fassen Sie sie
zusammen.

Film: *Deutschland, bleiche Mutter* von Helma Sanders-Brahms

Ein Film von Helma Sanders-Brahms, BRD 1980

Helma Sanders-Brahms' autobiografische Darstellung der Beziehung ihrer Eltern ist auch das Porträt zweier Menschen, denen der Krieg keine Zeit ließ, einander kennenzulernen. *Deutschland, bleiche Mutter*
5 gehört zu den intimsten einer Reihe von Filmen, in denen Frauen der ersten Nachkriegsgeneration sich [...] mit der deutschen Geschichte und ihren Eltern, insbesondere ihren Müttern, auseinandergesetzt haben.

Quelle: Reclams Lexikon des Deutschen Films, hrsg.
Thomas Kramer, Stuttgart: Reclam, 1995, S. 73

:: 2 :: Bild beschreiben

Sehen Sie sich das Bild unten an und beschreiben Sie die Situation. Wann könnte das passiert sein? Was könnte vorher passiert sein? Was sagen die Menschen auf dem Bild? Wie könnte es weitergehen?

© Westdeutscher Rundfunk/The Kobal Collection/Art Resource

Szene aus dem Film
Deutschland, bleiche Mutter

Filmsequenz
Sequenz: 1
Start: Beginn des Films
Stopp: Nachdem er Anna gesehen hat, geht Hans wieder an die Front.
Länge: circa 1 Stunde

:: 3 :: Die erste Filmsequenz sehen

Wir lernen die Hauptfiguren kennen: Hans, Ulrich, Lene und Hanne. Hans und Lene heiraten, er muss in den Krieg, Anna wird geboren, Hans muss wieder in den Krieg ziehen.

:: 4 :: Ereignisse nummerieren

Sehen Sie sich die erste Filmsequenz an und nummerieren Sie anschließend die Ereignisse bzw. Szenen gemäß der Handlung im Film.

_____ 6 _____ Hans wird zum Kriegsdienst gezwungen.

_____ 5 _____ Hochzeit

_____ 12 _____ Annas Geburt

_____ 10 _____ Hans muss nach Frankreich.

_____ 2 _____ Vorstellung: Lene, Hanne

_____ 17 _____ in der Badewanne

_____ 4 _____ Rachel Bernstein, eine Freundin von Hanne, wird von den Nazis deportiert.

_____ 1 _____ Vorstellung: Hans, Ulrich

_____ 3 _____ Ulrichs Entschluss zu heiraten

_____ 9 _____ Hans kommt für einige Tage nach Hause.

_____ 11 _____ Erschießung auf den Sanddünen

_____ 8 _____ Hans bleibt seiner Frau treu, er nimmt keine Kondome.

_____ 19 _____ Hans rät Lene aufs Land zu gehen.

_____ 14 _____ im Luftschutzkeller

_____ 13 _____ Weihnachten

_____ 7 _____ Hans kann vorerst nicht auf Menschen schießen.

_____ 16 _____ die reichen Verwandten in Berlin

_____ 18 _____ Hans sieht zum ersten Mal seine Tochter Anna.

_____ 15 _____ Zerstörung des Hauses durch Bomben

Übungsbuch
Einheit 8,
Teil C

STRUKTUREN Temporale Konjunktionen und temporale Präpositionen

Temporale Konjunktionen	Temporale Präpositionen
bevor	vor (+ *Dativ*)
nachdem	nach (+ *Dativ*)
seit/seitdem	seit (+ *Dativ*)
während	während (+ *Genitiv*)

Regel: Die Konjunktionen **bevor**, **nachdem**, **seit/seitdem** und **während** sind unterordnende Konjunktionen, das heißt, sie stehen am Anfang eines _Nebensatzes_, das Verb steht am _Ende_ des Nebensatzes. Die Präpositionen **vor**, **nach**, **seit** und **während** stehen vor einem _Nomen_.

Film: *Deutschland, bleiche Mutter* von Helma Sanders-Brahms

STRUKTUREN Plusquamperfekt

Formen Sie sehen hier die Formen des Plusquamperfekts am Beispiel der Verben **kommen** und **verlieren**.

ich **war** ... gekommen	wir **waren** ... gekommen
du **warst** ... gekommen	ihr **wart** ... gekommen
er/sie/es **war** ... gekommen	sie/Sie **waren** ... gekommen

ich **hatte** ... verloren	wir **hatten** ... verloren
du **hattest** ... verloren	ihr **hattet** ... verloren
er/sie/es **hatte** ... verloren	sie/Sie **hatten** ... verloren

:: → :: **Gebrauch** Das Plusquamperfekt wird für alle Handlungen, Vorgänge und Zustände verwendet, die *vor* dem Präteritum/Perfekt liegen. Unterstreichen Sie in jedem der folgenden Sätze den Teil, der zuerst passiert ist.

- Hans ging in den Krieg, <u>nachdem er Lene geheiratet hatte</u>.
- <u>Nachdem Anna zur Welt gekommen war</u>, verließ Lene die Stadt.
- <u>Nachdem Lene alles verloren hatte</u>, zog sie mit Anna durch den Wald.

Die Konjunktion *nachdem* Wenn Sie **nachdem** benutzen, darf im Hauptsatz und im Nebensatz nicht die gleiche Zeit stehen.

BEISPIEL:

PLUSQUAMPERFEKT   PRÄTERITUM

Nachdem Hans und Lene <u>geheiratet hatten</u>, <u>musste</u> Hans nach Frankreich.

Nebensatz mit *nachdem*		Hauptsatz
Plusquamperfekt	→	Präteritum oder Perfekt
Perfekt	→	Präsens oder Futur

Übung zur Benutzung von *nachdem* Beenden Sie die folgenden Sätze. Achten Sie dabei auf die Zeit.

1. Nachdem Hans und Lene geheiratet hatten, _____ musste Hans in den Krieg. _____.

2. Nachdem Hans und Lene geheiratet haben, _____ muss Hans in den Krieg. _____.

3. Nachdem _____ Hans und Lene geheiratet hatten _____, wurde Anna geboren.

4. Nachdem _____ Hans und Lene geheiratet haben _____, wird Anna geboren.

Zusammenfassung

Übungsbuch
Einheit 8,
Teil C

:: 5 :: Erste Filmsequenz zusammenfassen

Fassen Sie mit Hilfe der Ereignisse aus Aufgabe 4 auf Seite 259 die erste
Sequenz zusammen. Benutzen Sie die temporalen Konjunktionen und
Präpositionen von Seite 259.

BEISPIEL: (Temporale Konjunktionen):

*Kurz **nachdem** Hans und Lene geheiratet hatten, wurde Hans
zum Kriegsdienst gezwungen. **Während** Hans in Frankreich war,
wurde Anna geboren. …*

BEISPIEL: (Präpositionen):

*Kurz **nach** der Hochzeit von Hans und Lene wurde Hans
zum Kriegsdienst gezwungen. **Während** seines Aufenthalts in
Frankreich wurde Anna geboren. …*

_____

_____

_____

_____

_____

_____

_____

_____

_____

_____

Mögliche Antworten:
Nachdem ihr Haus
durch Bomben
zerstört worden war,
ging Lene zu den
reichen Verwandten
nach Berlin. / Nach
der Zerstörung
ihres Hauses durch
Bomben ging Lene
zu den reichen
Verwandten nach
Berlin. Während Lene
bei den Verwandten
in Berlin blieb, kam
Hans für einige Tage
zu Besuch. / Während
Lenes Aufenthalt bei
den Verwandten in
Berlin kam Hans für
einige Tage zu Besuch.
Während Hans zu
Besuch in Berlin war,
sah er seine Tochter
zum ersten Mal. /
Während seines
Besuchs in Berlin sah
Hans seine Tochter
zum ersten Mal. Bevor
Hans Berlin wieder
verließ, riet er Lene
aufs Land zu gehen. /
Vor seiner Abreise riet
Hans Lene aufs Land
zu gehen.

Der Räuberbräutigam

In der zweiten Sequenz des Films erzählt Lene ihrer Tochter das
Grimm'sche Märchen „Der Räuberbräutigam".

Lesen • Detailverständnis

:: 1 :: Märchen lesen und Szenen illustrieren

Lesen Sie das Märchen auf den Seiten 262–265 und illustrieren Sie
zusammen mit Ihrer Partnerin/Ihrem Partner jede Szene des Textes auf
einem Blatt Papier. Sie können auch Sprechblasen dazu schreiben. Die erste
Szene ist als Beispiel schon illustriert worden.

DER RÄUBERBRÄUTIGAM[1]

© Cengage Learning 2014

Szene 1

Es war einmal ein Müller, der hatte eine schöne Tochter, und als sie herangewachsen war, 5 so wünschte er, sie wäre versorgt und gut verheiratet: Er dachte, „kommt ein ordentlicher Freier[2] und hält um sie an, so will ich sie 10 ihm geben." Nicht lange, so kam ein Freier, der schien nicht reich zu sein, und da der Müller nichts an ihm auszusetzen[3] wusste, 15 so versprach er ihm seine Tochter. Das Mädchen aber hatte ihn nicht so recht lieb, wie eine Braut ihren Bräutigam lieb haben soll, 20 und hatte kein Vertrauen zu ihm: Sooft sie ihn ansah oder an ihn dachte, fühlte sie ein Grauen[4] in ihrem Herzen. Einmal sprach er 25 zu ihr, „du bist meine Braut und besuchst mich nicht einmal." Das Mädchen antwortete, „ich weiß nicht, wo Euer Haus ist." Da 30 sprach der Bräutigam, „mein Haus ist draußen im dunklen Wald." Es suchte Ausreden[5] und meinte, es könnte den Weg dahin nicht finden.

Szene 2 35 Der Bräutigam sagte, „künftigen Sonntag musst du hinaus zu mir kommen, ich habe die Gäste schon eingeladen, und damit du 40 den Wald findest, so will ich dir Asche streuen." Als der Sonntag kam und das Mädchen sich auf den Weg machen sollte, ward ihm so 45 angst, es wusste selbst nicht recht, warum, und damit es den Weg bezeichnen könnte, steckte es sich beide Taschen voll Erbsen[6] und 50 Linsen[7]. An dem Eingang

---

[1]**der Räuber** ein Mann, der anderen etwas wegnimmt, der stiehlt; **der Bräutigam** ein Mann, der kurz vor der Hochzeit steht; **die Braut** eine Frau, die kurz vor der Hochzeit steht [2]**der Freier** im 19. Jahrhundert ein Mann, der heiraten wollte und einer Frau Interesse zeigte [3]**an jemandem etwas aussetzen** jemanden für etwas kritisieren [4]**das Grauen** ein Gefühl von Angst

[5]**die Ausrede** eine Entschuldigung, wenn man etwas nicht machen will [6]**die Erbse** Gemüse; Erbsen sind klein, grün und rund [7]**die Linse** Gemüse; Linsen sind klein, braun und flach

des Waldes war Asche
gestreut, der ging es nach,
warf aber bei jedem Schritt
rechts und links ein paar
55 Erbsen auf die Erde.

Szene 3
Es ging fast den ganzen
Tag, bis es mitten in
den Wald kam, wo er
am dunkelsten war, da
60 stand ein einsames Haus,
das gefiel ihm nicht,
denn es sah so finster
und unheimlich aus. Es
trat hinein, aber es war
65 niemand darin und es
herrschte die größte Stille.
Plötzlich rief eine Stimme

„kehr um, kehr um[8], du
junge Braut,

70 du bist in einem
Mörderhaus."

Das Mädchen blickte auf
und sah, dass die Stimme
von einem Vogel kam, der da
75 in einem Bauer an der Wand
hing. Nochmals rief er

„kehr um, kehr um, du
junge Braut,

du bist in einem
80 Mörderhaus."

Da ging die schöne Braut
weiter aus einer Stube
in die andere und ging
durch das ganze Haus,
85 aber es war alles leer und
keine Menschenseele zu
finden. Endlich kam sie
auch in den Keller, da saß
eine steinalte Frau, die

90 wackelte mit dem Kopf.
„Könnt Ihr mir sagen",
sprach das Mädchen,
„ob mein Bräutigam hier
wohnt?" „Ach, armes Kind",
95 antwortete die Alte, „wo
bist du hingeraten! Du bist
in einer Mördergrube. Du
meinst du wärst eine Braut,
die bald Hochzeit[9] macht,
100 aber du wirst die Hochzeit
mit dem Tode halten. Siehst
du, da habe ich einen
großen Kessel mit Wasser
aufsetzen müssen, wenn sie
105 dich in ihrer Gewalt haben,
so zerhacken[10] sie dich ohne
Barmherzigkeit, kochen
dich und essen dich, denn es
sind Menschenfresser. Wenn
110 ich nicht Mitleid[11] mit dir
habe und dich rette, so bist
du verloren."

Szene 4
Darauf führte es die Alte
hinter ein großes Fass[12], wo
115 man es nicht sehen konnte.
„Sei wie ein Mäuschen
still", sagte sie, „rege dich
nicht und bewege dich
nicht, sonst ist's um dich
120 geschehen[13]. Nachts,
wenn die Räuber schlafen,
wollen wir entfliehen, ich
habe schon lange auf eine
Gelegenheit gewartet."

125 Kaum war das geschehen,
so kam die gottlose Rotte[14]
nach Hause. Sie brachten

---

[8]**umkehren** zurückgehen

[9]**die Hochzeit** die Zeremonie, bei der man heiratet
[10]**zerhacken** in kleine Stücke schneiden [11]**das Mitleid** das
Gefühl, wenn man jemandem helfen möchte [12]**das Fass**
z.B. Bier ist in einem Fass; ein Fass ist aus Holz, groß und
rund [13]**sei still, … sonst ist's um dich geschehen** du hast keine
Chance mehr, wenn du nicht still bist [14]**die Rotte** eine kleine
Gruppe von Menschen, die Horde (*negativ*)

eine andere Jungfrau
mitgeschleppt, waren
130 trunken[15] und hörten
nicht auf ihr Schreien und
Jammern. Sie gaben ihr
Wein zu trinken, drei Gläser
voll, ein Glas weißen, ein
135 Glas roten und ein Glas
gelben, davon zersprang[16]
ihr das Herz. Darauf rissen
sie ihr die feinen Kleider
ab, legten sie auf einen
140 Tisch, zerhackten ihren
schönen Leib[17] in Stücke
und streuten Salz darüber.
Die arme Braut hinter dem
Fass zitterte[18] und bebte,
145 denn sie sah wohl, was
für ein Schicksal ihr die
Räuber zugedacht hatten.

Einer von ihnen bemerkte
an dem kleinen Finger der
150 Gemordeten einen goldenen
Ring, und als er sich nicht
gleich abziehen ließ, so
nahm er ein Beil[19] und
hackte den Finger ab; aber
155 der Finger sprang in die
Höhe über das Fass hinweg
und fiel der Braut gerade
in den Schoß. Der Räuber
nahm ein Licht und wollte
160 ihn suchen, konnte ihn aber
nicht finden. Da sprach ein
anderer „hast du auch schon
hinter dem großen Fasse
gesucht?" Aber die Alte rief,
165 „kommt und esst und lasst
das Suchen bis morgen; der
Finger läuft euch nicht fort."

---

[15]**trunken** betrunken, hatten zu viel Alkohol
getrunken   [16]**zerspringen** in Stücke fallen   [17]**der Leib** der
Körper   [18]**zittern** wenn einer Person kalt ist oder sie Angst hat,
zittert sie   [19]**das Beil** kleine Axt

Szene 5   Da sprachen die Räuber
„die Alte hat recht", ließen
170 vom Suchen ab, setzten
sich zum Essen, und die
Alte tröpfelte ihnen einen
Schlaftrunk[20] in den Wein,
dass sie sich bald in den
175 Keller hinlegten, schliefen
und schnarchten. Als die
Braut das hörte, kam sie
hinter dem Fass hervor,
und musste über die
180 Schlafenden wegschreiten,
die da reihenweise auf
der Erde lagen, und hatte
große Angst, sie möchte
einen aufwecken. Aber Gott
185 half ihr, dass sie glücklich
durchkam, die Alte stieg
mit ihr hinauf, öffnete
die Türe und sie eilten, so
schnell sie konnten, aus der
190 Mördergrube fort.

Szene 6   Die gestreute Asche hatte
der Wind weggeweht, aber
die Erbsen und Linsen
hatten gekeimt und waren
195 aufgegangen[21], und zeigten
im Mondschein den Weg.
Sie gingen die ganze
Nacht, bis sie morgens
in der Mühle ankamen.
200 Da erzählte das Mädchen
seinem Vater alles, wie es
sich zugetragen hatte.

Szene 7   Als der Tag kam, wo die
Hochzeit sollte gehalten
205 werden, erschien der
Bräutigam, der Müller aber
hatte alle seine Verwandten

---

[20]**der Schlaftrunk** wenn man dieses Getränk trinkt, schläft man
sofort ein   [21]**gekeimt und aufgegangen** zu Pflanzen geworden

und Bekannten einladen
lassen. Wie sie bei Tische
210 saßen, ward[22] einem jeden
aufgegeben, etwas zu
erzählen. Die Braut saß
still und redete nichts.
Da sprach der Bräutigam
215 zur Braut, „nun, mein
Herz, weißt du nichts?
Erzähl uns auch etwas."
So antwortete sie, „so will
ich einen Traum erzählen.
220 Ich ging allein durch einen
Wald und kam endlich zu
einem Haus, da war keine
Menschenseele darin, aber
an der Wand war ein Vogel
225 in einem Bauer, der rief

,kehr um, kehr um, du
junge Braut, du bist in
einem Mörderhaus.'

Und rief es noch mal. Mein
230 Schatz, das träumte mir
nur. Da ging ich durch alle
Stuben, und alle waren leer,
und es war so unheimlich
darin; ich stieg endlich
235 hinab in den Keller, da
saß eine steinalte Frau
darin, sie wackelte mit
dem Kopfe. Ich fragte sie,
,wohnt mein Bräutigam
240 in diesem Haus?'. Sie
antwortete, ,ach, du armes
Kind, du bist in eine
Mördergrube geraten, dein
Bräutigam wohnt hier,
245 aber er will dich zerhacken
und töten, und will dich
dann kochen und essen.'
Mein Schatz, das träumte

mir nur. Aber die alte Frau
250 versteckte mich hinter ein
großes Fass, und kaum war
ich da verborgen, so kamen
die Räuber heim und
schleppten eine Jungfrau
255 mit sich, der gaben sie
dreierlei Wein zu trinken,
weißen, roten und gelben,
davon zersprang ihr das
Herz. Mein Schatz, das
260 träumte mir nur. Darauf
zogen sie ihr die feinen
Kleider ab, zerhackten
ihren schönen Leib auf
einem Tisch in Stücke und
265 bestreuten ihn mit Salz.
Mein Schatz, das träumte
mir nur. Und einer von den
Räubern sah, dass an dem
Goldfinger noch ein Ring
270 steckte, und weil er schwer
abzuziehen war, so nahm
er ein Beil und hieb ihn ab,
aber der Finger sprang in
die Höhe und sprang hinter
275 das große Fass und fiel mir
in den Schoß. Und da ist
der Finger mit dem Ring."
Bei diesen Worten zog sie
ihn hervor und zeigte ihn
280 den Anwesenden.

Szene 8 Der Räuber, der bei der
Erzählung ganz kreideweiß
geworden war, sprang auf
und wollte entfliehen, aber
285 die Gäste hielten ihn fest
und überlieferten ihn den
Gerichten[23]. Da ward er
und seine ganze Bande für
ihre Schandtaten gerichtet.

---

[22]**ward** *alte Form für:* wurde

[23]**das Gericht** eine öffentliche Institution, die mit Hilfe eines
Richters entscheidet, ob eine Person z.B. ins Gefängnis muss

Übungsbuch
Einheit 8,
Teil C

STRUKTUREN Neben- und unterordnende Konjunktionen, adverbiale Konjunktionen

:: a :: **Konjunktionen suchen** Bilden Sie fünf Gruppen. Jede Gruppe beschäftigt sich mit einer oder mehreren der Szenen im Märchen.

Gruppe 1: Szenen 1 + 2

Gruppe 2: Szene 3

Gruppe 3: Szene 4

Gruppe 4: Szenen 5 + 6 + 8

Gruppe 5: Szene 7

Suchen Sie alle nebenordnenden, unterordnenden und adverbialen Konjunktionen aus Ihrer Szene/Ihren Szenen im Märchentext heraus und schreiben Sie sie in die Tabelle. Geben Sie immer auch die Zeilenzahl dazu an.

- Nebenordnende Konjunktionen sind alle Konjunktionen, die zwei Hauptsätze verbinden, z.B. **und**. Nebenordnende Konjunktionen stehen auf Position 0.

  Ein Müller hatte eine schöne Tochter <u>und</u> er wollte sie gut verheiraten.

- Unterordnende Konjunktionen, z.B. **als**, stehen am Anfang eines Nebensatzes. Im Nebensatz steht dann das Verb am Ende.

  Die Tochter kannte ihren Bräutigam kaum, <u>als</u> sie ihn heiraten sollte. *Oder:* <u>Als</u> die Tochter ihren Bräutigam heiraten sollte, kannte sie ihn kaum.

- Adverbiale Konjunktionen sind Adverbien, die zwei Sätze miteinander verbinden, z.B. **deshalb**. Das Adverb steht auf Position 1, danach folgt das Verb.

  Eines Tages lud er sie zu sich in den Wald ein, <u>deshalb</u> ging sie durch den Wald zu seinem Haus.

a *nebenordnende Konjunktionen:* und (3-mal), oder (1-mal), denn (3-mal), aber (12-mal); *unterordnende Konjunktionen:* als (5-mal), da (1-mal), sooft (1-mal), damit (2-mal), bis (2-mal), dass (4-mal), ob (1-mal), wenn (3-mal), weil (1-mal); *adverbiale Konjunktionen:* — (keine)

nebenordnende Konjunktionen	unterordnende Konjunktionen	adverbiale Konjunktionen
und (Zeile 3)		

Tragen Sie jetzt Ihre Ergebnisse an der Tafel zusammen. Nennen Sie immer die Konjunktion, sagen Sie, um welche Art von Konjunktion es sich handelt, nennen Sie die Zeile und lesen Sie dann den Satz vor, in dem Sie diese Konjunktion gefunden haben.

:: b :: **Weitere Konjunktionen** Wie Sie sehen, haben die Brüder Grimm nur wenige Konjunktionen benutzt. Adverbiale Konjunktionen finden sich im Text überhaupt nicht. Schreiben Sie nun die Konjunktionen aus der Liste unten auch in die Tabelle in a. Vergleichen Sie sie dann im Kurs, Ihre Kursleiterin/Ihr Kursleiter hilft Ihnen.

b *nebenordnende Konjunktionen*: doch, sondern; *unterordnende Konjunktionen*: als ob, bevor/ehe, falls, indem, nachdem, obwohl, seit/seitdem, sobald, solange, während; *adverbiale Konjunktionen*: aus diesem Grund, außerdem, daher, darum, dennoch, deshalb, deswegen, stattdessen, trotzdem

Weitere Konjunktionen		
als ob	deshalb	seit/seitdem
aus diesem Grund	deswegen	sobald
außerdem	doch	solange
bevor/ehe	falls	sondern
daher	indem	stattdessen
darum	nachdem	trotzdem
dennoch	obwohl	während

Zusammenfassung

:: 2 :: Märchen zusammenfassen

Schreiben Sie zunächst Konjunktionen aus den Tabellen auf den Seiten 266–267 in die Lücken unten. Manchmal gibt es mehrere Lösungen. Anschließend erzählen Sie das Märchen mit Ihrer Partnerin/Ihrem Partner zu Ende. Nehmen Sie Ihre Bilder zu Hilfe und schreiben Sie das Märchen „besser" als die Brüder Grimm, d.h. benutzen Sie viele Konjunktionen. Schreiben Sie im Präteritum.

Der Räuberbräutigam

Es war einmal ein Müller, der seine Tochter verheiraten wollte. Eines Tages kam ein Mann und tat so, _____als ob_____[1] er das Mädchen heiraten wollte. _____Obwohl_____[2] er nicht reich war, versprach ihm der Müller seine Tochter. Aber das Mädchen hatte ihren Bräutigam nicht lieb, _____denn/und_____[3] sie hatte Angst vor ihm. Eines Tages lud der Bräutigam das Mädchen in sein Haus in den Wald ein. Das Mädchen hatte große Angst dorthin zu gehen, _aus diesem Grund/daher/darum/deshalb/deswegen_[4] streute es Erbsen und Linsen an den Wegesrand. Je tiefer es in den Wald hineinging, desto größere Angst bekam es, _____da/weil_____[5] der Wald immer dunkler wurde. Endlich kam es zu dem Haus, _____aber/doch_____[6] es konnte seinen Bräutigam nirgends sehen. …

Filmsequenz
Sequenz: 2
Start: Lene geht im
Winter mit Anna
aufs Land.
Stopp: nach der
Szene, in der Lene
und Anna mit dem
Zug unterwegs sind
Länge: circa 23
Minuten

Deutschland, bleiche Mutter

Lene zieht mit Anna im Winter aufs Land. Sie erzählt ihrer Tochter das Märchen vom Räuberbräutigam.

:: 3 :: Zweite Filmsequenz sehen

Achten Sie beim Sehen der zweiten Sequenz darauf, welche Bilder uns die Regisseurin zeigt, während das Märchen erzählt wird. Schreiben Sie Stichworte in die Tabelle. Notieren Sie auch Ihre Assoziationen.

Bilder	Assoziationen
...	...

Vergleichen Sie jetzt Ihre Ergebnisse im Plenum und benutzen Sie die Redemittel.

> **Redemittel**
> Während das Märchen erzählt wird, sieht man ...
> Während der Märchenerzählung wird/werden ... gezeigt.
> Mit ... assoziiere ich ...
> Dabei muss ich an ... denken.

 ### :: 4 :: Meinung äußern

Arbeiten Sie in Gruppen. Warum, denken Sie, hat Helma Sanders-Brahms so ein grausames[1] Märchen für ihren Film gewählt?

:: 5 :: Symbole deuten

Was symbolisieren die folgenden Elemente im Film, im Märchen vom Räuberbräutigam, in Märchen im Allgemeinen und in den Gedichten von Celan und Brecht? Gibt es Parallelen? Wählen Sie drei Symbole mit den Kommilitoninnen/Kommilitonen in Ihrer Gruppe aus. Versuchen Sie mögliche Deutungen zu finden. Stellen Sie Ihre Ergebnisse anschließend im Plenum vor. Nicht alle Elemente sind überall zu finden.

> **Redemittel**
> ... ist ein Symbol für/symbolisiert ..., weil/da/denn ...

[1]**grausam** wenn furchtbare Dinge passieren; schrecklich, brutal

	Film	„Räuberbräutigam"	Märchen im Allgemeinen	Gedichte von Celan/Brecht
Spiegel				
Wald				
dreimal				
Nadel				
Haarfarbe				
Wein				
Hexe				
Vogel				
Finger und Ring				
Erbsen/Linsen				
Asche				
Grab				
Tür				
Tanz/Ball				

Deutschland, bleiche Mutter

In den Jahren nach dem Krieg lag in vielen Städten alles in Trümmern.
Hunger und Not waren an der Tagesordnung, es wurde auf dem
Schwarzmarkt viel gehandelt. Die sogenannten „Trümmerfrauen" haben mit
dem Wiederaufbau begonnen. Viele deutsche Soldaten sind erst mehrere
Monate nach der Kapitulation nach Hause gekommen.

© Süddeutsche Zeitung Photo/Zscheile

Schwarzmarkt in Berlin am Brandenburger Tor im
April 1947

Film: *Deutschland, bleiche Mutter* von Helma Sanders-Brahms

Lebensmittelmarke: Nach dem Krieg wurden Nahrungsmittel und andere Dinge rationiert.

Filmsequenz
Sequenz: 3
Start: Lene trifft ihre Schwester auf dem Schwarzmarkt.
Stopp: Ende des Films
Länge: circa 40 Minuten

Dritte Filmsequenz

Der letzte Teil des Films zeigt die gesellschaftlichen und familiären Probleme nach dem Ende des Krieges.

Vor dem Sehen

 :: 1 :: Filmende antizipieren

Was denken Sie, wie wird der Film zu Ende gehen? Erzählen Sie Ihrer Partnerin/Ihrem Partner „Ihr" Ende.

Sehen • Dritte Sequenz

 :: 2 :: Eindrücke mitteilen

Teilen Sie Ihrer Partnerin/Ihrem Partner nach dem Sehen der dritten Sequenz spontan Ihre Eindrücke zum Film mit.

:: 3 :: Hypothesen verifizieren

Vergleichen Sie Ihre Hypothesen zum Ende des Films aus Aufgabe 1 mit der eigentlichen Handlung.

:: 4 :: Sätze verbinden

Übungsbuch
Einheit 8,
Teil C

Verbinden Sie je einen Satzteil aus der rechten Spalte mit einem Satzteil aus der linken Spalte.

BEISPIEL: 1: __c__,

2: __h__,

3: __a__,

4: __d__,

5: __g__,

6: __e__,

7: __f__,

8: __b__

1. Nachdem der Krieg zu Ende gegangen war,
2. Seitdem Hans aus dem Krieg gekommen war,
3. Wenn Lene während des Krieges nicht so stark gewesen wäre,
4. Obwohl Hans nie Nazi war,
5. Immer wenn Hans nach dem Krieg mit Anna sprach,
6. Lenes Krankheit könnte ein Zeichen dafür sein,
7. Obwohl Anna immer stärker an die verschlossene Badezimmertür klopfte,
8. Obwohl Lene die Tür letztlich doch öffnete,

a. wäre es ihr nicht gelungen, mit ihrer Tochter durchzukommen.
b. erschien es Anna, als hätte ihre Mutter die Tür auch später nie wirklich aufgemacht.
c. begannen die Kämpfe zu Hause.
d. hatte er es nicht leicht, im Beruf weiterzukommen.
e. dass sie sich unverstanden fühlt und gleichzeitig sprachlos ist.
f. dauerte es sehr lange, bis Lene die Tür öffnete.
g. verhielt er sich sehr autoritär.
h. gab es zu Hause viele Probleme.

Weiterführende Aufgaben

:: 5 :: Über den Film reflektieren

Beenden Sie die folgenden Sätze und vergleichen Sie sie dann im Kurs.

1. Hans und Lene haben nach Kriegsende Probleme, weil _____
   _____.

2. Anna kennt ihren Vater kaum, deshalb _____
   _____.

3. Lene war während des Krieges sehr stark, trotzdem _____
   _____.

4. Hans hatte keine gute Beziehung zu seiner Tochter, denn _____
   _____.

Übungsbuch
Einheit 8,
Teil C

:: 6 :: Den Film interpretieren

Beantworten Sie die Fragen zum Film.

- Was beschreibt Helma Sanders-Brahms in ihrem Film?

- Warum konnten Lene und Hans einander nie wirklich kennenlernen?

- Worin liegt die Tragik des Films?

- Welche Bedeutung hat Lenes Gesichtslähmung?

- Ulrich, aber auch die Verwandten von Lene in Berlin, haben den Krieg relativ gut überstanden. Warum? Wie hat sich ihr Leben nach dem Krieg gestaltet?

- Die Regisseurin Helma Sanders-Brahms hat den Anfang des Gedichtes „Deutschland" von Bertolt Brecht als Titel ihres Films gewählt. Das Gedicht wird auch am Anfang des Films eingeblendet und gelesen. Was denken Sie, warum hat sie dieses Gedicht gewählt?

:: 7 :: Zum Film Stellung nehmen

Bereiten Sie eine dreiminütige mündliche Stellungnahme zum Film vor. Was hat Sie besonders beeindruckt? Welche Problematik hat Sanders-Brahms aufgegriffen? Die folgenden Punkte sind Anregungen:

- Täter und Opfer

- die Sprachlosigkeit der Frauen

- Symbole im Film

- Lenes Gesichtslähmung

- die Familie

- die Stellung des Vaters

- Vaterland und Muttersprache

- Annas Beziehung zu ihren Eltern

- Krieg

- der Einfluss des öffentlichen Lebens auf das private

:: 8 :: Diskussion

Einigen Sie sich mit Ihren Kommilitoninnen/Kommilitonen auf ein Thema und diskutieren Sie darüber im Plenum.

Thema 1: Es ist eine gute Idee, den Film *Deutschland, bleiche Mutter* im Deutschunterricht zu sehen.

Thema 2: Es ist nicht nötig, über den Umgang der Deutschen mit ihrer Vergangenheit im Deutschunterricht zu sprechen.

Reflexionen zum Thema

:: 1 :: Definition überdenken

Sie haben in dieser Einheit verschiedene Formen der Vergangenheitsbewältigung kennengelernt. Versuchen Sie nun noch einmal, den Begriff **Vergangenheits-bewältigung** zu erklären.

:: 2 :: Definitionen vergleichen

Übungsbuch
Einheit 8,
Teil C

Vergleichen Sie Ihre Definition mit der Definition von Christian Meier (Historiker): „… Erinnern, damit es sich nicht wiederholt." Was halten Sie von dieser Definition? Hat er recht? Begründen Sie Ihre Meinung.

:: 3 :: Mit dem Internet arbeiten

> „Vielleicht gibt es kein besseres Land für Juden als Deutschland."
> Das Echo der Worte hängt in der Genfer Küche, und es schweigt der Rabbi, als habe er sich selber erschrocken.

Lesen Sie den vollständigen Artikel RABBI-AUSBILDUNG *„Kein besseres Land für Juden"* auf http://www.zeit.de/2012/15/DOS-Rabbiner oder auf der *Anders gedacht*-Website und berichten Sie in Form eines Referates im Kurs vom Inhalt des Artikels.

:: 4 :: Schreiben: Gedanken zum Thema

Alles, was Sie in dieser Einheit gelesen, gesehen und gehört haben, ist Teil des Versuchs, die Vergangenheit aufzuarbeiten und nicht zu vergessen. Schreiben Sie die Gedanken auf, die Ihnen während der Arbeit an dieser Einheit gekommen sind.

Grundwortschatz

:: VERBEN

auf•arbeiten: er/sie/es arbeitet ... auf, arbeitete ... auf, hat ... aufgearbeitet	to look back on s.th. and analyze it
sich auseinander•setzen mit + *Dat*: er/sie/es setzt sich mit ... auseinander, setzte sich mit ... auseinander, hat sich mit ... auseinandergesetzt	to engage (critically) with
bewältigen: er/sie/es bewältigt, bewältigte, hat ... bewältigt	to come to terms with s.th.
deuten: er/sie/es deutet, deutete, hat ... gedeutet	to interpret
kritisieren: er/sie/es kritisiert, kritisierte, hat ... kritisiert	to criticize
verbrennen: er/sie/es verbrennt, verbrannte, hat ... verbrannt	to burn up, destroy or be destroyed by fire
verlieren: er/sie/es verliert, verlor, hat ... verloren	to lose
verurteilen: er/sie/es verurteilt, verurteilte, hat ... verurteilt	to sentence, condemn
vor•werfen: er/sie/es wirft ... vor, warf ... vor, hat ... vorgeworfen	to accuse (s.o. of s.th.)
etwas zu•geben: er/sie/es gibt ... zu, gab ... zu, hat ... zugegeben	to admit, confess (s.th.)
zwingen: er/sie/es zwingt, zwang, hat ... gezwungen	to force

:: NOMEN

die Asche	ash
die Beziehung	relationship
das Grab, die Gräber	grave
der Holocaust	Holocaust
das Konzentrationslager, -	concentration camp
die Muttersprache	native language, mother tongue
das Opfer, -	victim
die Schuld	guilt, blame
der Täter, -	perpetrator, person who has committed a crime
die Trümmerfrau, -en	women who worked amid the ruins right after the war, cleaning and preparing bricks for reuse in building new houses

das Vaterland	native country, country in which one was born
die Vergangenheitsbewältigung	coming to terms with the past

:: ADJEKTIVE UND ADVERBIEN

autoritär	authoritarian
grausam	cruel, gruesome
naiv	naive(ly)
öffentlich	public
schuldig	guilty, responsible
sprachlos	speechless
subtil	subtle, subtly
symbolisch	symbolic

:: ANDERE AUSDRÜCKE

Selbstmord begehen	to commit suicide
die Vergangenheit bewältigen	to overcome, deal with, or cope with the past

Kunst und Künstler

ANSELM KIEFER

:: IN DIESER EINHEIT

Das kulturelle Wissen, das Sie sich in den
vorhergehenden Einheiten angeeignet haben,
wird Ihnen in dieser Einheit die Welt der Bilder
von Anselm Kiefer eröffnen. Der Konzeptkünstler
setzt sich in seinen Kunstwerken kritisch mit der
Frage auseinander, was es heißt, Deutsche oder
Deutscher zu sein.

Der Künstler Anselm Kiefer 2007 im Louvre
vor seinem Bild *Athanor*, das er eigens für
diese Stelle im Museum angefertigt hat.

9

EINHEIT

EINHEIT

Einstimmung auf das Thema

👥 **Ein Bild beschreiben**

Lesen Sie mit einer Partnerin/einem Partner den folgenden Abschnitt aus einem Interview aus dem *Spiegel* mit Anselm Kiefer und ergänzen Sie die fehlenden Wörter aus dem Wortschatzkasten unten. Fassen Sie danach in zwei Sätzen zusammen, was Kiefer sagt.

Wortschatz

> Leben
> Ergebnis
> laufen
> Gesellschaft
> schmückendes
> Kunst
> Bilder

Bissinger:	Spielen Künstler eine Rolle im gesellschaftlichen Dialog? Oder ist Kunst eher ein ___schmückendes___ Element?
Kiefer:	Meine ___Bilder___ schmücken nicht.
Bissinger:	Verändert Kunst die ___Gesellschaft___?
Kiefer:	Ja und nein! Persönlich habe ich keine Absichten[1]. Ich kann nicht sagen, ich möchte das und das mit der ___Kunst___ erreichen[2], bestimmt nicht. Und doch gibt es ein ___Ergebnis___, aber meist nicht das, was man gewollt hat. Wunsch und Erfüllung[3] ___laufen___ immer auseinander, das ist ja auch im ___Leben___ so …

(Der Spiegel: 44/2011, S 114)

Meiner Meinung nach bedeutet Anselm Kiefers Aussage Folgendes:

_____

_____

_____

_____

---

[1] **die Absicht** das, was man vorhat, plant; die Intention [2] **erreichen** wenn man am Ziel ist, hat man das Ziel erreicht [3] **die Erfüllung** ein Wunsch wird wahr: er geht in Erfüllung

Werke von Anselm Kiefer

In diesem Abschnitt werden Sie sich mit acht Bildern von Anselm Kiefer beschäftigen, die von Dezember 1998 bis März 1999 im Metropolitan Museum of Art in New York zu sehen waren.

Sprechanlass – Bildbetrachtung

Arbeiten Sie in vier Gruppen (A–D). Betrachten Sie in Ihrer Gruppe die angegebenen Bilder und bearbeiten Sie dann gemeinsam die Aufgaben 1–8.

:: 1 :: Bildelemente erfassen

Schreiben Sie die Bildelemente Ihrer Bilder (z.B. *der Baum, der Mann*) in die erste Spalte des Rasters unten. Die anderen Spalten werden Sie in späteren Aufgaben füllen. Die Bilder finden Sie auf den Seiten 280–283. Die folgenden Wörter dienen als Hilfestellung.

GRUPPE A: *die Kuppel, die Pfütze*

GRUPPE B: *der Farbfleck, der Schriftzug*

GRUPPE C: *die Palette, der Schriftzug, die Taube*

GRUPPE D: *der Schriftzug*

Bild 1, Titel: _____

Bildelemente	Farben, Formen, andere Adjektive	Inhalte/Bezug

Bild 2, Titel: _____

Bildelemente	Farben, Formen, andere Adjektive	Inhalte/Bezug

Gruppe A

Bild 1: *Jeder steht unter seiner Himmelskuppel*[1]

Kiefer, Anselm (1945–) Everyone Stands Under His Own Dome of Heaven. 1970. Watercolor, gouache, and graphite pencil on joined paper, H. 15-3/4, W. 18-7/8 inches, (40 x 47.9 cm.). Denise and Andrew Saul Fund, 1995 (1995.14.4). The Metropolitan Museum of Art/ Art Resource, NY/ © Anselm Kiefer. Courtesy Gagosian Gallery

Bild 2: *Ohne Titel (Heroische Sinnbilder)*

Kiefer, Anselm (1945–) Untitled (Heroic Symbols). Ca. 1969. Watercolor, gouache, and charcoal on paper, H. 14-1/8, W. 17-7/8 inches, (35.9 x 45.4 cm.). Purchase, Lila Acheson Wallace Gift, 1995 (1995.14.2). The Metropolitan Museum of Art/ Art Resource, NY/© Anselm Kiefer. Courtesy Gagosian Gallery

[1]**die Himmelskuppel** der Himmel, der wie eine Halbkugel geformt ist

Gruppe B
Bild 1: *Winterlandschaft*

Kiefer, Anselm (1945-) Winter Landscape. 1970. Watercolor, gouache, and graphite pencil on paper, H. 16-7/8, W. 14 inches, (42.9 x 35.6 cm.). Denise and Andrew Saul Fund. 1995 (1995.14.5). The Metropolitan Museum of Art/ Art Resource, NY/ © Anselm Kiefer. Courtesy Gagosian Gallery

Bild 2: *Dein goldenes Haar, Margarete*

Kiefer, Anselm (1945-) Your Golden Hair, Margarete. 1980. Watercolor, gouache, and acrylic on paper, H. 16-3/8, W. 21-7/8 inches, (41.6 x 55.6 cm.). Gift of Cynthia Hazen Polsky, in memory of her father, Joseph H. Hazen, 2000 (2000.96.7). The Metropolitan Museum of Art/ Art Resource, NY/ © Anselm Kiefer. Courtesy Gagosian Gallery

Gruppe C
Bild 1: *Glaube², Hoffnung, Liebe*

Kiefer, Anselm (1945–) Faith, Hope, Love. 1976. India ink, watercolor, pastel, and graphite pencil on joined papers, H. 36-5/8, W. 24-5/8 inches, (93.0 x 62.5 cm.). Gift of Cynthia Hazen Polsky, in memory of her father, Joseph H. Hazen, 2000 (2000.96.5). The Metropolitan Museum of Art/ Art Resource, NY/ © Anselm Kiefer. Courtesy Gagosian Gallery

Bild 2: *Sende Deinen Geist aus*

Kiefer, Anselm (1945–) Send Forth your Spirit. 1974. Watercolor, gouache, pen and ink, ballpoint pen, and colored pencil on paper, H. 13-3/8, W. 9-1/2 inches, (34 x 24.1 cm.). Purchase, Lila Acheson Wallace Gift, 1995 (1995.14.6). The Metropolitan Museum of Art / Art Resource, NY/ © Anselm Kiefer. Courtesy Gagosian Gallery

---

²**der Glaube** man glaubt an etwas; *hier:* eins der drei Grundelemente des christlichen Glaubens (Glaube, Liebe und Hoffnung)

Gruppe D

Bild 1: *Der Mond ist aufgegangen*

Bild 2: *Über allen Gipfeln ist Ruh*

:: 2 :: Position der Bildelemente erfassen

 Beschreiben Sie jetzt die Position der Bildelemente schriftlich in ganzen Sätzen. Benutzen Sie die Schreibmittel im Kasten.

Übungsbuch
Einheit 9,
Teil A

BEISPIEL: *In der Mitte des Bildes sieht man einen Baum. Daneben steht ein Mann.*

Schreibmittel

im Hintergrund (*m.*)	darüber	neben
im Vordergrund	darunter	in
in der Mitte (des Bildes)	daneben	vor
oben	darin	hinter
unten	davor	an
links	dahinter	in der linken/rechten/
rechts	daran	oberen/unteren Ecke
vorne	zwischen	auf der rechten/linken Seite
hinten	auf	das Zentrum bildet …
dazwischen	über	der Malgrund
darauf	unter	

:: 3 :: Adjektive zuordnen

Übungsbuch
Einheit 9,
Teil A

Entscheiden Sie nun, welche Adjektive aus den Listen unten Sie zur näheren Beschreibung der Bildelemente benutzen möchten und notieren Sie sie in der zweiten Spalte im Raster auf Seite 279, in Aufgabe 1. Notieren Sie auch weitere Adjektive. In den Listen unten finden Sie auch hilfreiche Nomen.

BEISPIEL:

Bildelemente	Farben, Formen, andere Adjektive	Inhalte/Bezug
der Baum	*tot*	
der Mann	*dunkel gekleidet*	

Farben:

Primärfarben	gelb	rot	hellblau
Sekundärfarben	grau	schwarz	blaugrün
blau	grün	violett (lila)	...
braun	orange	dunkelblau	

Farbqualität:

pastos[1]	kalt	dunkel	traurig
verdünnt	warm	hell	verschwommen
wässrig	leuchtend	kraftvoll	...
kräftig	klar	fröhlich	der Kontrast

Formen:

rund	das Dreieck	senkrecht[2]	der Umriss
oval	gerade	waagerecht[3]	der Kreis
quadratisch	gewellt	dreieckig	der Halbkreis
rechteckig	unterbrochen	die Linie	der Strich
krumm	...		

oval   rund   quadratisch   dreieckig

© Cengage Learning 2014

rechteckig   krumm   gerade

Andere Adjektive:

groß	dünn	liegend	tot
klein	dick	stehend	...

---

[1]**pastos** die Farbe wird sehr dick und deckend aufgetragen; wenig verdünnt   [2]**senkrecht** vertikal
[3]**waagerecht** horizontal

STRUKTUREN Adjektivendungen nach *ein*-Wörtern (Wiederholung)

Sehen Sie sich die Adjektivendungen nach *ein*-Wörtern noch einmal an:
Wiederholen Sie die Regeln.

	maskulin	feminin	neutrum	Plural
Nominativ	ein brauner Baum	eine weiße Wolke	ein schwarzes Haus	keine schwarzen Wolken
Akkusativ	einen braunen Baum	eine weiße Wolke	ein schwarzes Haus	keine schwarzen Wolken
Dativ	einem braunen Baum	einer weißen Wolke	einem schwarzen Haus	keinen schwarzen Wolken
Genitiv	eines braunen Baumes	einer weißen Wolke	eines schwarzen Hauses	keiner schwarzen Wolken

ᵀᵀᵀ :: 4 :: Sätze erweitern

Erweitern Sie nun die Sätze, die Sie in Aufgabe 2 auf Seite 284 geschrieben
haben, mit den Adjektiven aus Aufgabe 3. Achten Sie auf die Endungen der
Adjektive.

BEISPIEL: *In der Mitte des Bildes sieht man einen toten Baum.*
Daneben steht ein dunkel gekleideter Mann.

ALTERNATIVE: *In der Mitte des Bildes sieht man einen Baum, er ist tot.*
Daneben steht ein Mann, der dunkel gekleidet ist.

Interpretation

 :: 5 :: Bilder deuten

Vermuten Sie, was der Künstler mit dem Bild ausdrücken will. Diskutieren Sie spontan die Inhalte und Bezüge. Schreiben Sie Schlagwörter in die dritte Spalte des Rasters auf Seite 279 in Aufgabe 1.

Übungsbuch
Einheit 9,
Teil A

STRUKTUREN Adjektivendungen nach **der**-Wörtern

Sehen Sie sich die Adjektivendungen nach **der**-Wörtern an. Formulieren Sie eine Regel. Stellen Sie Regelmäßigkeiten und Unregelmäßigkeiten grafisch/farblich dar. Unter einem **der-Wort** versteht man sowohl die bestimmten Artikel **der, die, das, …** als auch die Artikelwörter **dies-, welch-, jed-, solch-, manch-** und die Pluralformen **alle** und **beide**.

	maskulin	feminin	neutrum	Plural
Nominativ	der braune Baum	die weiße Wolke	das schwarze Haus	die schwarzen Wolken
Akkusativ	den braunen Baum	die weiße Wolke	das schwarze Haus	die schwarzen Wolken
Dativ	dem braunen Baum	der weißen Wolke	dem schwarzen Haus	den schwarzen Wolken
Genitiv	des braunen Baumes	der weißen Wolke	des schwarzen Hauses	der schwarzen Wolken

 :: 6 :: Ergebnisse schriftlich zusammenfassen

Fassen Sie nun das Ergebnis Ihres Gespräches von Aufgabe 5 schriftlich zusammen. Achten Sie diesmal besonders auf die Endungen bei Adjektiven, die nach *der*-Wörtern stehen. Benutzen Sie die Schreibmittel im Kasten.

BEISPIEL: *Der tote Baum symbolisiert (unserer Meinung nach) … und der dunkel gekleidete Mann steht (vielleicht) für …*

Schreibmittel

```
… symbolisiert …
… ist eine Metapher für …
… steht für …
… bedeutet … / … könnte … bedeuten.
… stellt … dar. (Infinitiv: darstellen)
… bezieht sich auf …
… ist eine Provokation.
```

Weiterführende Aufgaben

:: 7 :: Technik beschreiben

Arbeiten Sie in Gruppen und besprechen Sie die Maltechnik der Bilder. Welche Technik hat Anselm Kiefer Ihrer Meinung nach in seinen Bildern verwendet? Wie ist er vorgegangen?

Technik	
die Gouache[1]	die Kohle
das Aquarell[2]	die Tusche[5]
die Mischtechnik[3]	kombinieren
die Farbschicht[4]	zusammenfügen

© Lyudmyla Kharlamova/Shutterstock.com

Gouache (Wasserlösliche Farben)

:: 8 :: Ergebnisse im Plenum präsentieren

Bereiten Sie nun in Ihrer Gruppe eine Präsentation vor, indem Sie alle bisherigen Ergebnisse zusammenfassen. Machen Sie auch weitere Aussagen:

• Formulieren Sie das Thema der Bilder.

• Vermuten Sie, was Anselm Kiefer mit diesen Bildern beabsichtigt.

• Begründen Sie Ihre Meinung.

Ihre Präsentation sollte also folgende Gliederung haben:

1. Angabe des Titels des Bildes

2. Beschreibung des Bildes und eventuell der Technik

3. Angabe des Themas und Interpretation des Bildes

4. Absicht des Künstlers

5. Fragen und Diskussion

---

[1]**die Gouache** Temperafarbe mit Wasser   [2]**das Aquarell** dünn aufgetragene Farbe mit viel Wasser gemischt
[3]**die Mischtechnik** verschiedene Techniken gemischt   [4]**die Schicht** man malt zuerst einmal, dann ein zweites
Mal darüber, dann ein drittes Mal   [5]**die Tusche** schwarze Tinte

Vita des Künstlers

Lesen • Globalverständnis

:: 1 :: Informationen festhalten

Lesen Sie den Text. Notieren Sie nach dem Lesen die drei für Sie wichtigsten
Informationen über Kiefer.

1. _____

2. _____

3. _____

ZUR PERSON: ANSELM KIEFER

Anselm Kiefer wurde 1945 im süddeutsch*en* Donaueschingen*
geboren. Er gilt als einer der wichtigst*en* Künstler Deutschlands.
Von 1965 bis 1970 studierte er Romanistik und Jura. Schon in dieser
Zeit beschäftigte er sich mit Malerei. In Freiburg begann er 1966 ein
5 Kunststudium und studierte dann bei Horst Antes an der bekannt*en*
Karlsruher Kunstakademie und bei Joseph Beuys in Düsseldorf. Er
ließ sich in dieser Zeit in der Schweiz, in Italien und in Frankreich
mit faschistischem Gruß fotografieren, um die Diskussion über die
tabuisiert*e* nationalsozialistisch*e* Vergangenheit Deutschlands
10 wieder anzuregen[1]. Anselm Kiefer blieb diesem Thema treu[2]. Als
26-Jähriger zog Kiefer sich mit seiner damaligen Frau Julia in
ein alt*es* Schulhaus im Odenwald zurück, wo viele seiner früh*en*
Werke entstanden sind. In Inhalten und Titeln verweist[3] Kiefer auf
mythologische und ideologische Implikationen deutscher Geschichte,
15 wie z.B. das *Nibelungenlied*, aber auch auf Gedichte von Goethe oder
Claudius.

In Kiefers Bildern wurden oft Farbschichten, die dick aufgetragen
worden waren, wieder gewaltsam[4] bearbeitet, z.B. mit einer Axt oder
Feuer, und mit neuen Materialien übermalt und kombiniert, z.B.
20 mit Fotografien oder Buchseiten. Seit 1995 gehören 54 seiner Werke
auf Papier zur ständig*en*[5] Sammlung des Metropolitan Museum
of Art in New York. Seit 1992 lebt und arbeitet Kiefer in Barjac in
Südfrankreich in einer ehemalig*en* Seidenfabrik.

---

*Donaueschingen ist eine Stadt in Baden-Württemberg östlich von Freiburg.

---

[1]**anregen** beginnen   [2]**einem Thema treu bleiben** ein Thema immer wieder behandeln   [3]**verweisen auf** sich
beziehen auf   [4]**gewaltsam** brutal   [5]**ständig** permanent

Excerpt of an interview with Anselm Kiefer, *Der Spiegel*: 44/2011, S 114.

:: 2 :: Endungen im Text einsetzen

Setzen Sie mit Ihrer Partnerin/Ihrem Partner die fehlenden
Adjektivendungen in den Lesetext in Aufgabe 1 ein.

Übungsbuch
Einheit 9,
Teil A

Zeile 8: mit
faschistischem
Gruß; Zeile 14: auf
mythologische
und ideologische
Implikationen;
Zeile 14: deutscher
Geschichte; Zeile
19: mit neuen
Materialien

STRUKTUREN Attributive Adjektive ohne Artikelwort

:: a :: **Endungen eintragen** An vier Stellen im Text wird das attributive
Adjektiv ohne Artikel verwendet. Suchen Sie diese Textstellen und
unterstreichen Sie die Adjektive. Schreiben Sie dann die Endungen
der Adjektive an die richtige Stelle in der Tabelle unten.

:: b :: **Regel formulieren** Versuchen Sie die Tabelle zu vervollständigen.
Formulieren Sie dann die Regel. Nur im Genitiv gibt es zwei
Ausnahmen zu der Regel.

Die Regel lautet: Die Endungen von attributiven Adjektiven ohne vorhergehendes Artikelwort
orientieren sich am bestimmten Artikel. Ausnahmen: Im Genitiv maskulin und neutrum wird die
Endung *-en* angefügt, nicht *-es*.

Endungen attributiver Adjektive ohne Artikelwort:

	maskulin	feminin	neutrum	Plural
Nominativ	-er	-e	-es	-e
Akkusativ	-en	-e	-es	-e
Dativ	-em	-er	-em	-en
Genitiv	*-en*	-er	*-en*	-er

Briefmarke, die eine Installation von Joseph Beuys zeigt

░▓ :: 3 :: Frage-Antwort-Spiel

Arbeiten Sie wieder mit Ihrer Partnerin/Ihrem Partner. Schreiben Sie sechs Fragen zu Anselm Kiefer auf. Machen Sie anschließend ein Frage-und-Antwort-Spiel im Plenum.

BEISPIEL: *Wo wurde Anselm Kiefer geboren?*

1. _____
2. _____
3. _____
4. _____
5. _____
6. _____

Die Klasse wird in zwei Gruppen eingeteilt: Team A und B. Beide Teams spielen gegeneinander. Zuerst stellt Team A eine Frage und Team B antwortet. Wenn die Antwort richtig ist, bekommt Team B einen Punkt. Dann stellt Team B eine Frage und Team A antwortet. Wenn die Frage nicht richtig beantwortet wird, gibt es keinen Punkt.

Schlagworte

Karlsruher Kunstakademie
1945
Julia
Joseph Beuys
Jura und Romanistik
Goethe
Südfrankreich
Malerei
Düsseldorf
Donaueschingen
Künstler
Axt und Feuer
Nibelungenlied
Metropolitan Museum of Art, New York
die tabuisierte nationalsozialistische Vergangenheit

Redemittel

Schüler von
mit ... verheiratet
wurde ... geboren
sich beschäftigen mit
leben
studieren

© Peter Probst/Alamy

Joseph Beuys war Anselm Kiefers Lehrer.

Der Ring des Nibelungen, Richard Wagner

Der deutsche Komponist Richard Wagner (1813–1883) war vor allem für seine Opern bekannt. *Der Ring des Nibelungen* ist ein Zyklus, der aus vier Opern besteht und der auf die Themen der alten germanischen Legende der Nibelungen* zurückgreift. Die Geschichte der Nibelungen findet man auch in dem *Nibelungenlied*, einer mittelalterlichen Epik in Versform, die um 1200 anonym niedergeschrieben wurde, nachdem der Erzählstoff schon seit Jahrhunderten mündlich tradiert[1] worden war.

Eine weitere wichtige Quelle für Wagners *Ring* waren die alten isländischen *Edda*-Heldenlieder, die auch zur germanischen Sagenwelt gehören.

Wortschatz

:: 1 :: Verben in verschiedenen Zeitformen notieren

Lesen Sie die drei Verben und notieren Sie die Grundformen (Präsens, Präteritum und Perfekt) und auch die Passivform. Die Verben sind regelmäßig.

	PRÄSENS	**PRÄTERITUM**
inspirieren	inspiriert	inspirierte
anfertigen	fertigt … an	fertigte … an
verarbeiten	verarbeitet	verarbeitete

	PERFEKT	**PASSIV**
inspirieren	hat … inspiriert	wurde … inspiriert
anfertigen	hat … angefertigt	wurde … angefertigt
verarbeiten	hat … verarbeitet	wurde … verarbeitet

*Die Nibelungen waren ein germanischer Stamm, der nicht nur in der deutschen, sondern auch in der skandinavischen Mythologie vorkommt.

[1]**mündlich tradieren** *hier:* mündlich erzählen

:: 2 :: Verben einsetzen

Schreiben Sie die Verben aus Aufgabe 1 im Präteritum in die Lücken.
Einmal brauchen Sie eine Passivform.

In den 70er- und frühen 80er-Jahren __fertigte__ Anselm Kiefer eine Reihe von
Aquarellen und Holzschnitten[1] über Themen aus der deutschen Mythologie
__an__. Viele Bilder Kiefers __wurden__ von dem *Nibelungenlied* __inspiriert__, in
ähnlicher Weise wie[2] es Richard Wagner in seinem Opernzyklus *Der Ring
des Nibelungen* __verarbeitete__.

:: 3 :: Wortschatz anwenden

Beantworten Sie mit Ihrer Partnerin/Ihrem Partner die Fragen. Benutzen
Sie dabei die Verben aus Aufgabe 1.

- Womit beschäftigte sich Anselm Kiefer in den 70er- und frühen
  80er-Jahren?
- Wovon wurden viele seiner Bilder inspiriert?
- Welches gemeinsame Thema haben Anselm Kiefer und Richard Wagner in
  ihren Werken?

Er fertigte Werke
über Themen aus
der deutschen
Mythologie an.
Viele seiner Bilder
wurden von dem
Nibelungenlied
inspiriert. Als
gemeinsames Thema
verarbeiteten sie das
Nibelungenlied.

Lesen

:: 4 :: Informationen im Internet suchen und präsentieren

Im Folgenden werden diese drei Bilder von Kiefer, die Sie auf den Seiten
295–296 in Aufgabe 8 sehen können, wichtig sein:

> *Brünhilde schläft*
>
> *Siegfrieds Difficult Way to Brünhilde*
>
> *Brünhildes Tod*

Recherchieren Sie, wer Brünhilde ist. Benutzen Sie das Internet oder die
Bibliothek. Notieren Sie Stichworte in der Grafik unten und bereiten Sie
eine kurze mündliche Stellungnahme über Brünhilde vor.

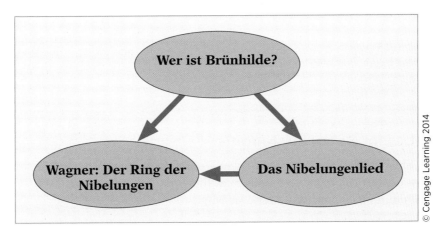

© Cengage Learning 2014

---

[1]**der Holzschnitt** eine Drucktechnik   [2]**in ähnlicher Weise wie** so wie, ähnlich wie

Protagonisten:
Siegfried, Brünnhilde,
Wotan, Grane (ein
Pferd), Gunther,
Hagen, Gutrune, die
Rheintöchter

:: 5 :: Lesen: Globalverständnis

Sie haben schon Informationen über das *Nibelungenlied* eingeholt.
Lesen Sie nun den Inhalt von Richard Wagners Opern *Siegfried* und
Götterdämmerung, der dritten und vierten Oper aus Wagners Opernzyklus
Der Ring des Nibelungen. Unterstreichen Sie beim ersten Lesen die Namen
der Protagonisten.

INHALTSANGABE VON *SIEGFRIED* UND *GÖTTERDÄMMERUNG*

In Richard Wagners Version des *Nibelungenliedes* gibt es zwei Grundideen: einerseits die
Lust und das Verlangen[1] nach Macht und Reichtum[2], andererseits die Suche nach Liebe. Das
Verlangen nach Macht wird durch den Zauber[3] eines goldenen Ringes dargestellt und die
Suche nach Liebe wird durch die tragische Liebesgeschichte des Helden Siegfried und der
5   Walküre Brünnhilde personifiziert.

In der Oper *Siegfried*, der dritten Oper von Wagners Zyklus, legt Siegfried einen schwierigen
Weg zurück, um Brünnhilde zu retten. Sie schläft seit langer Zeit auf einem Felsen, der von
Feuer eingeschlossen ist. Schließlich weckt Siegfried sie aus dem tiefen Schlaf, welcher von
ihrem Vater Wotan als Strafe angeordnet wurde.

10   Zu Beginn der Oper *Götterdämmerung* schwören sich Siegfried und Brünnhilde ihre
ewige Liebe und beschenken sich gegenseitig. Siegfried schenkt ihr den mächtigen, aber
fluchbeladenen[4] Ring und sie schenkt Siegfried ihr Pferd Grane. Als sich Siegfried aufmacht,
um Abenteuer zu bestehen, kommt er zum Schloss von König Gunther, dessen Halbbruder
Hagen Unfrieden stiftet, um den Ring zu bekommen. Siegfried wird durch einen Zaubertrank[5]
15   dazu gebracht, Brünnhilde zu vergessen und sich in Gunthers Schwester Gutrune zu
verlieben. Gunther will jetzt Brünnhilde zur Frau nehmen und Hagen hofft dadurch, an den
Ring zu kommen. Aus Rache[6] an Siegfried zeigt Brünnhilde Hagen, wie er Siegfried töten
kann. Während Siegfried stirbt, kommt seine Erinnerung zurück und auch seine Liebe zu
Brünnhilde. Diese bemerkt, dass sie beide von König Gunther manipuliert wurden. Sie lässt
20   einen riesigen Scheiterhaufen[7] errichten, um Siegfrieds Leiche zu verbrennen, sattelt das Pferd
Grane, springt damit durch das Feuer und stirbt. Während sich die Flammen ausbreiten, tritt
der Rhein aus seinem Ufer[8] und die Rheintöchter[9] holen den Ring von Brünnhilde zurück. Als
Hagen versucht, den Rheintöchtern den Ring wegzunehmen, ertrinkt er in den Fluten.

---

[1]**das Verlangen** das Wollen, der Wunsch   [2]**der Reichtum** wenn man viel Geld hat   [3]**der Zauber** die Magie   [4]**fluchbeladen** ein Fluch ist auf etwas;
ein Fluch ist ein böser Wunsch   [5]**der Zaubertrank** ein Getränk, das eine magische Wirkung hat   [6]**die Rache** man tut einer Person etwas Böses,
weil sie auch etwas Böses getan hat   [7]**der Scheiterhaufen** ein Berg von Holzstücken, zum Feuer machen   [8]**aus dem Ufer treten** das Wasser
eines Flusses überschwemmt das Land   [9]**die Rheintöchter** mythologische Wesen, die im Rhein leben

Siegfried und
Brünnhilde sind
Geliebte. Grane
ist Brünnhildes
Pferd. Hagen ist
König Gunthers
Halbbruder. Gutrune
ist Gunthers
Schwester. Gutrune
ist Siegfrieds zweite
Geliebte.

:: 6 :: Lesen: Detailverständnis

Lesen Sie die Inhaltsangabe der beiden Opern ein zweites Mal und finden
Sie heraus, wer mit wem verwandt bzw. liiert[1] ist. Sie können grafisch
arbeiten und ein Diagramm oder eine Mind-Map erstellen.

BEISPIEL: Wotan ist Brünnhildes Vater.

---

[1]**liiert sein** ein Liebesverhältnis haben

:: 7 :: Opern anhand von selbstgemalten Bildern nacherzählen

Übungsbuch
Einheit 9,
Teil B

Ihre Kursleiterin/Ihr Kursleiter gibt Ihnen einen oder mehrere Sätze oder Ausdrücke. Malen Sie den Inhalt mit Ihrer Partnerin/Ihrem Partner auf ein Blatt Papier und hängen Sie die Bilder an die Tafel. Berichten Sie, was Sie auf den Bildern Ihrer Kommilitoninnen/Kommilitonen sehen. Bringen Sie die Bilder in die richtige Reihenfolge und erzählen Sie den Inhalt der Opern *Siegfried* und *Götterdämmerung* anhand der Bilder nach.

Die Sätze befinden sich auf der *Anders gedacht Instructor's Companion Website*. Sie werden zerschnitten und einzeln an die Studierenden verteilt.

:: 8 :: Bilder interpretieren und Präsentation vorbereiten

Übungsbuch
Einheit 9,
Teil B

Suchen Sie sich eins der drei folgenden Bilder, die Anselm Kiefer zum *Nibelungenlied* gemalt hat, aus und beschreiben Sie es in Gruppen. Präsentieren Sie dann Ihr Ergebnis im Plenum. Gehen Sie auf Bildelemente und Inhalte ein. Teilen Sie Ihren Text genauso ein, wie bei Ihren Präsentationen in Aufgabe 8 auf Seite 288:

1. Angabe des Titels

2. Beschreibung des Bildes

3. Angabe des Themas und Interpretation des Bildes

4. Absicht des Künstlers

5. Fragen und Diskussion

Reihenfolge zu Aufg. 7:
1. Siegfrieds schwieriger Weg zu Brünnhilde.
2. Brünnhilde schläft.
3. Siegfried weckt Brünnhilde. 4. Siegfried schenkt Brünnhilde einen mächtigen Ring und Brünnhilde schenkt ihm ihr Pferd Grane als Zeichen der ewigen Liebe.
5. Siegfried geht fort, um Abenteuer zu bestehen und kommt zum Schloss von König Gunther.
6. König Gunthers Halbbruder Hagen möchte den Ring. 7. Siegfried trinkt einen Zaubertrank und vergisst Brünnhilde.
8. Siegfried verliebt sich in Gunthers Schwester Gutrune. 9. Brünnhilde ist wütend und zeigt Hagen wie er Siegfried töten kann. 10.Während Siegfried stirbt, kommt seine Erinnerung und seine Liebe zu Brünnhilde zurück.
11. Brünnhilde merkt, dass Gunther Siegfried und sie manipuliert hat.
12.Brünnhilde lässt einen großen Scheiterhaufen bauen, um Siegfrieds Leiche zu verbrennen.
13. Brünnhilde springt selbst mit ihrem Pferd Grane in das Feuer.
14.Brünnhilde stirbt.
15. Das Feuer breitet sich aus. 16. Der Rhein überschwemmt alles.
17. Die Rheintöchter holen den Ring von Brünnhilde zurück. 18. Hagen versucht den Rheintöchtern den Ring wegzunehmen und ertrinkt.

Kiefer, Anselm (1945–) Brünnhilde Sleeps. 1980. Acrylic and gouache on photograph, H. 23, W. 32-7/8 inches, (58.4 × 83.5 cm.). Denise and Andrew Saul Fund, 1995 (1995.14.30). The Metropolitan Museum of Art / Art Resource, NY / © Anselm Kiefer. Courtesy Gagosian Gallery

Brünnhilde schläft

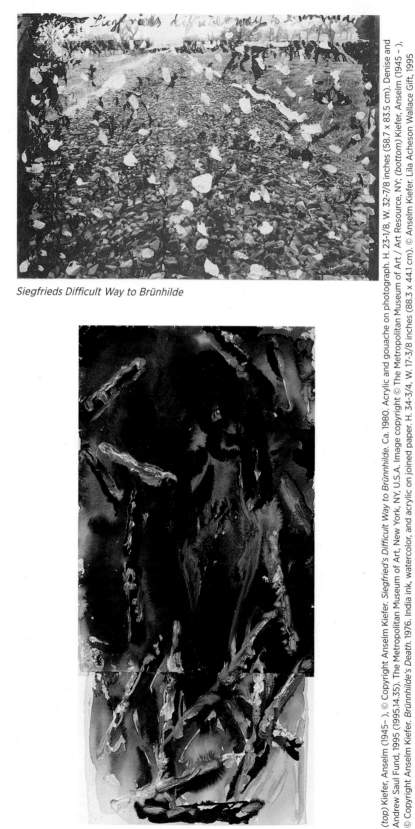

Siegfrieds Difficult Way to Brünhilde

Brünhildes Tod

Fortsetzung von Aufgabe 8 auf Seite 295: Hilfestellung: Sie können sich bei der Vorbereitung Ihrer Präsentation an folgenden Fragen orientieren:

· Was können Sie erkennen?

· Gibt es etwas Besonderes in dem Bild?

· Welche Vermutungen und Hypothesen haben Sie?

Verwenden Sie Redemittel aus dem Kasten, wenn Sie möchten.

Redemittel

Es ist möglich, dass ...
Es kann sein, dass ...
Es wäre denkbar, dass ...
vermutlich
vielleicht
wahrscheinlich
bestimmt
sicherlich
möglicherweise

Weitere Hilfestellung zu *Siegfrieds Difficult Way to Brünhilde*:

· Was assoziieren Sie mit dem steinigen Weg im Bild?

· Worauf weist Kiefer Ihrer Meinung nach hin?

· Wie erklären Sie den Titel?

· Warum hat Kiefer einen englischen Titel gewählt?

Weitere Hilfestellung zu *Brünhilde schläft*:

· Wie sieht Brünnhilde aus?

· Was symbolisiert sie wohl?

· Was will Kiefer Ihrer Meinung nach mit seinem Bild sagen?

Weitere Hilfestellung zu *Brünhildes Tod*:

· Erklären Sie noch einmal, wie Brünnhilde gestorben ist, und versuchen Sie das Bild zu deuten.

· Wo ist Brünnhilde im Bild, wo das Feuer, wo der Scheiterhaufen?

· Warum besteht das Bild aus zusammengefügten Teilen?

· Welche Farben verwendet Kiefer?

· Woran erinnern Sie die Farben?

· Welche Parallelen zieht Kiefer?

Weiterführende Aufgaben

Diese Aufgabe kann bei Zeitmangel weggelassen werden.

:: 9 :: Symbole: Bezüge herstellen

In Einheit 8 haben Sie sich mit Symbolen in Grimm'schen Märchen beschäftigt (z.B. im „Räuberbräutigam"). Einige der Symbole, die Sie in der *Götterdämmerung* kennengelernt haben, kommen auch in den Märchen der Brüder Grimm vor. Welche Bedeutung könnten diese Symbole haben? Notieren Sie Ihre Gedanken im Raster. Nicht jedes Symbol kommt in der *Götterdämmerung*, in Grimm'schen Märchen und bei Kiefer vor.

Symbol	*Götterdämmerung*	Grimm'sche Märchen	Kiefer
der Ring	_____	_____	_____
der Schlaf	_____	_____	_____
das Pferd	_____	_____	_____
das Wasser (der Rhein)	_____	_____	_____
das Feuer (die Flammen)	_____	_____	_____
der Scheiterhaufen (die Asche)	_____	_____	_____
der Zaubertrank	_____	_____	_____
Farben: rot, gelb, schwarz	_____	_____	_____
der Wald (Baum)	_____	_____	_____

Track 14

Der Opernauszug befindet sich auf der *Anders gedacht Instructor's Audio CD*.

:: 10 :: Hören: Musik und Emotionen beschreiben

Sehen Sie sich das Aquarell *Brünhildes Tod* in Aufgabe 8 noch einmal an und hören Sie gleichzeitig das Finale aus Wagners *Götterdämmerung*. Falls Sie sich für den gesungenen Text interessieren, können Sie ihn im Anhang nachlesen. Achten Sie auf die Musik.

Wie würden Sie die Musik beschreiben?

Welche Gefühle hat Brünnhilde, während sie mit ihrem Pferd in das Feuer springt?

:: 11 :: Wortschatz: Enzyklopädie der Gefühle erstellen

Übungsbuch
Einheit 9,
Teil B

Arbeiten Sie zunächst alleine mit dieser Enzyklopädie der Gefühle. Ergänzen Sie danach gemeinsam das Raster. Es gibt nicht immer für jede Spalte ein Wort.

das Gefühl / der Zustand	Verb	Adjektiv
a. die Liebe	*lieben*	*lieb*
b. die Hoffnung	hoffen	*hoffnungsvoll*
c. die Freundschaft	sich anfreunden mit	freundschaftlich/befreundet
d. die Wut	wüten	wütend
e. die Sorge	sich sorgen über/um	besorgt
f. der Mut	–	mutig
g. der Frieden	–	friedlich
h. die Einsamkeit	vereinsamen	einsam
i. das Glück	–	glücklich
j. die Ehrlichkeit	–	ehrlich
k. die Freude	sich freuen auf/über	freudig
l. das Lachen	lachen	lächerlich/lachhaft
m. die Leidenschaft	–	leidenschaftlich
n. der Schmerz	schmerzen	schmerzhaft
o. das Vertrauen	vertrauen	vertraulich/vertrauensvoll/vertrauenswürdig
p. das Leiden	leiden	leidig/leidvoll
q. der Hass	hassen	hasserfüllt/hässlich
r. die Angst	Angst haben/sich ängstigen	ängstlich/angstvoll
s. die Gerechtigkeit	–	gerecht
t. die Spannung	–	spannend

:: 12 :: Zusammenfassen

Versuchen Sie nun folgende Fragen zu beantworten. Machen Sie sich Notizen. Ein Gruppensprecher berichtet dann über das Ergebnis Ihres Gesprächs.

- Warum greift Kiefer Wagners *Ring*, die deutsche Mythologie und das Heldentum auf?

- Wie stellt er die Themen dar?

- Was sagt Kiefer Ihrer Meinung nach mit seinem Bild *Brünhildes Tod*?

Die Rolle der Kunst heute

Aussage von Peter Handke

Peter Handke, 1942 in Kärnten (Österreich) geboren, ist Schriftsteller, Übersetzer, Filmautor und Regisseur. Er lebt in Frankreich und Salzburg. In diesem kurzen Textauszug schreibt er über Malerei.

Lesen • Selektives Verstehen

:: 1 :: Aussagen bewerten

Lesen Sie zunächst die Aussagen a–d, damit Sie schon eine Idee über den Textinhalt bekommen. Lesen Sie dann den Text. Bewerten Sie nach dem Lesen die Aussagen mit richtig (**R**) oder falsch (**F**) (laut dem Text):

a. _R_ Malerei ist notwendig.

b. _F_ Malerei hat in der jetzigen Weltgeschichte viel Platz.

c. _F_ Malerei muss nicht unbedingt sein.

d. _R_ Malerei ist eine unerklärbare Notwendigkeit.

PETER HANDKE ÜBER MALEREI

„Malerei, auch wenn sie vielleicht keinen Platz hat in der gegenwärtigen[1] Weltgeschichte, muss sein! Sie ist wie sie war und wie sie sein wird, eine – unentschlüsselbare[2], geheimnisvolle – Notwendigkeit."

Quelle: *Die Zeit*, 9. November 1999

[1]**gegenwärtig** jetzt   [2]**unentschlüsselbar** man kann es nicht verstehen

:: 2 :: Debatte

Bilden Sie zwei Gruppen und debattieren Sie über die Aussage:

Kunst ist eine Notwendigkeit.

Die eine Gruppe sammelt Argumente für und die andere Gruppe sammelt Argumente gegen diese Aussage. Machen Sie sich in Ihren Gruppen Notizen. Überlegen Sie auch, wer bei der Debatte was sagen wird, sodass alle Studentinnen/Studenten zu Wort kommen.

Weiterführende Aufgaben

 :: 3 :: Referate halten

Suchen Sie im Internet Informationen über einen der folgenden Künstler. Halten Sie dann ein Referat über sie/ihn.

- Gerhard Richter
- Candida Höfer
- Neo Rauch

 :: 4 :: Schreiben: Gedanken zum Thema

Übungsbuch
Einheit 9,
Teil C

Wählen Sie ein Bild von Anselm Kiefer oder einer anderen Künstlerin oder einem anderen Künstler aus dem deutschsprachigen Kulturkreis aus, beschreiben und interpretieren Sie es. Die folgenden Punkte helfen Ihnen bei der Vorbereitung und dem Formulieren Ihrer Gedanken.

:: a :: Bildelemente erfassen Beschreiben Sie zuerst, was Sie sehen. Achten Sie auf die attributiven Adjektivendungen.

:: b :: Deuten Die folgenden Fragen geben Ihnen eine Orientierung:

- Welches Thema wird angesprochen?
- Achten Sie darauf, wann das Bild entstanden ist. Überlegen Sie, was zu dieser Zeit in Deutschland / Österreich / der Schweiz passiert ist. Manchmal machen Künstler Referenzen zu politischen, gesellschaftlichen oder kulturellen Ereignissen.
- Was will der Künstler mit diesem Bild ausdrücken?

:: c :: Stellung nehmen Denken Sie, dass dieses Bild *notwendig* ist, oder ist es einfach nur *schön*?

Grundwortschatz

:: VERBEN

an•fertigen: er/sie/es fertigt … an, fertigte … an, hat … angefertigt	to make, do, prepare
betrachten: er/sie/es betrachtet, betrachtete, hat … betrachtet	to look at, observe, study
sich beziehen auf + *Akk.*: er/sie/es bezieht sich auf, bezog sich auf, hat sich auf … bezogen	to refer (to), relate (to)
dar•stellen: er/sie/es stellt … dar, stellte … dar, hat … dargestellt	to depict, portray, represent
inspirieren: er/sie/es inspiriert, inspirierte, hat … inspiriert	to inspire
symbolisieren: er/sie/es symbolisiert, symbolisierte, hat … symbolisiert	to symbolize

:: NOMEN

das Aquarell, -e	watercolor (painting)
das Bildelement, -e	picture element
das Feuer	fire
die Figur, -en	figure
der Halbkreis, -e	semicircle
der Hintergrund, die Hintergründe	background
der Kreis, -e	circle
der Künstler, - / die Künstlerin, -nen	artist
das Kunstwerk, -e	work of art
die Linie, -n	line
die Metapher, -n	metaphor
die Mythologie	mythology
die Provokation, -en	provocation
der Strich, -e	line, stroke
der Umriss, -e	outline
der Vordergrund, die Vordergründe	foreground

:: ADJEKTIVE UND ADVERBIEN

angstvoll	anxious(ly); afraid
bunt	colorful(ly), multicolored
dunkel	dark(ly)
germanisch	Germanic, Teutonic
kräftig	strong(ly), powerful(ly)

künstlerisch	artistic(ally)
leuchtend	shining
mythologisch	mythological(ly)
oval	oval
quadratisch	square
rechteckig	rectangular
rund	round
senkrecht	vertical(ly)
waagerecht	horizontal(ly)

∷ ANDERE AUSDRÜCKE

ein Bild deuten	to interpret a picture
das Bild bezieht sich auf (+ *Akk.*)	the picture refers to, relates to
Götterdämmerung	*The Twilight of the Gods* (a Wagner opera)
das *Nibelungenlied*	*The Lay of the Nibelungs* (a Middle High German epic poem)

Das Leben im anderen Deutschland

ALLTAG IN DER DDR UND DER FALL DER MAUER

:: IN DIESER EINHEIT

Diese Einheit schließt den geschichtlichen Überblick der deutschen Geschichte des 20. Jahrhunderts ab und wirft einen Blick auf politische Entwicklungen nach dem Krieg, den Einfluss der USA auf Deutschland, die Teilung des Landes und die Wiedervereinigung. Anhand von Filmsequenzen aus den Filmen *Good Bye, Lenin!* und *Das Leben der Anderen* werden Sie sich mit dem Alltag in der DDR beschäftigen.

Abschied von der DDR

10

EINHEIT

EINHEIT

Einstimmung auf das Thema

:: 1 :: Vorwissen sammeln

Was wissen Sie bereits über die deutsche Nachkriegsgeschichte seit 1945?
Sammeln Sie im Plenum.

:: 2 :: Bilder beschreiben und Hypothesen aufstellen

Beschreiben Sie, was Sie auf den Bildern **a** und **b** sehen. Vermuten Sie, was
die Personen machen und warum. Wo sind sie? Wann ist das? Benutzen Sie
die Redemittel und den Wortschatz.

Redemittel und Wortschatz

Auf Bild **a** sieht man …	Ich könnte mir	zumauern
Bild **a** zeigt …	vorstellen, dass …	hinübersehen
Ich vermute, dass …	Möglicherweise …	
	Vermutlich …	

© Landesarchiv Berlin

a

© dpa / Landov

b

Die Geschichte der beiden deutschen Staaten

In diesem Abschnitt werden Sie erfahren, wie die beiden deutschen Staaten entstanden sind und welchen Einfluss die Westmächte und die Sowjetunion auf die gesellschaftliche und politische Entwicklung der beiden deutschen Staaten hatten.

Deutsch-deutsche Geschichte

:: 1 :: Wortschatz: Eine Wortfamilie untersuchen

Bilden Sie Gruppen und sammeln Sie möglichst viele Wörter, die zur Wortfamilie „teilen" gehören. Notieren Sie danach alle Wörter an der Tafel. Erklären Sie die Wörter.

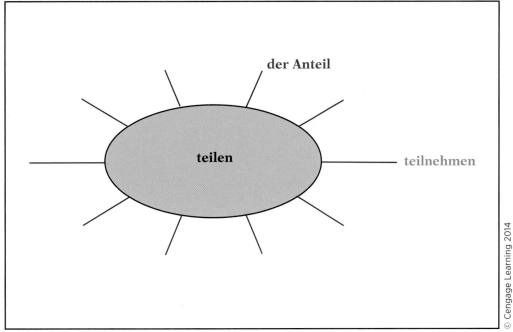

:: 2 :: Wortschatz erklären und zuordnen

Ordnen Sie als Vorbereitung auf den Lesetext jedem Ausdruck auf der linken Seite eine Erklärung von der rechten Seite zu.

__2__	beitreten	1. andere Ideen
__3__	die Einleitung	2. Mitglied werden
__7__	einsehen	3. der Beginn
__5__	sich entscheiden	4. die Lieferung der Dinge, die man zum Leben braucht
__9__	fliehen	5. eine von zwei Möglichkeiten wählen
__4__	die Versorgung	6. eine Idee äußern
__8__	verwalten	7. merken, realisieren
__6__	vorschlagen	8. dafür sorgen, dass alles in Ordnung ist
__1__	unterschiedliche Vorstellungen	9. vor einer Gefahr weglaufen

Lesen • Globalverständnis

:: 3 :: Überschriften zuordnen

Lesen Sie die Abschnitte 1–11 des Textes „Deutsch-deutsche Geschichte". Ordnen Sie danach die Überschriften den entsprechenden Textabschnitten zu.

ÜBERSCHRIFTEN

__3__	a. Berliner Luftbrücke
__6__	b. Volksaufstand gegen das SED[1]-Regime in Ostberlin
__1__	c. die Aufteilung Deutschlands
__9__	d. die Wende
__10__	e. der Fall der Mauer
__4__	f. die Gründung der Bundesrepublik und der DDR
__5__	g. das Wirtschaftswunder
__7__	h. der Bau der Mauer
__2__	i. die Blockade Berlins
__11__	j. die Wiedervereinigung
__8__	k. Beginn der Verständigung zwischen Ost und West

---

[1]**SED** Sozialistische Einheitspartei Deutschlands

Deutschland 1945

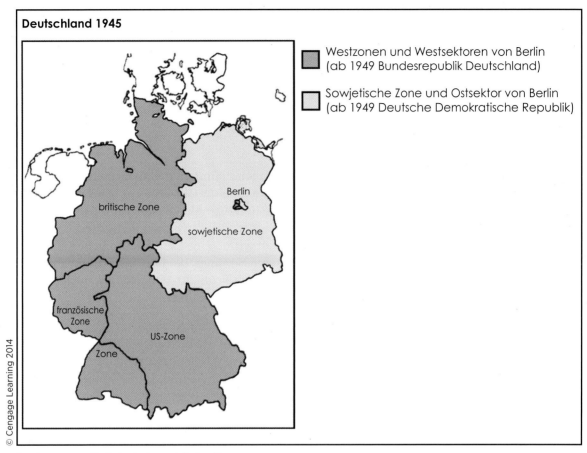

◼ Westzonen und Westsektoren von Berlin
(ab 1949 Bundesrepublik Deutschland)

◻ Sowjetische Zone und Ostsektor von Berlin
(ab 1949 Deutsche Demokratische Republik)

© Cengage Learning 2014

Besatzungszonen: Berlin lag in der sowjetischen Zone.

Textabschnitt 1

Nach dem Ende des Zweiten Weltkrieges wurde Deutschland 1945 in vier Zonen aufgeteilt[1]: in eine amerikanische, britische, französische und in eine sowjetische Zone. Als ehemalige Hauptstadt wurde Berlin in vier Sektoren unterteilt, obwohl es mitten in der sowjetischen Zone lag (siehe Karte). Deutschland sollte trotz der Aufteilung als Ganzes verwaltet werden.

Textabschnitt 2

5 Doch schon bald nach dem Ende des Krieges zeigten sich Konflikte, besonders zwischen den USA und der Sowjetunion. Als klar wurde, dass die Sowjetunion und die westlichen Alliierten unterschiedliche Vorstellungen von der Verwaltung Deutschlands hatten,

---

[1]**aufteilen** etwas Ganzes in Teile zerlegen

wurden die Spannungen[2] größer. Schließlich kam es zum Eklat[3], als die Westmächte eine Währungsreform[4] vorschlugen, um die deutsche Wirtschaft zu stimulieren. Die Sowjetunion
10 war dagegen, da die kapitalistische Tendenz einer solchen Reform ihrer kommunistischen Ideologie widersprach. Gegen den Willen der Sowjetunion führten die drei Westmächte 1948 die neue Währung, die Deutsche Mark, in ihren Zonen ein. Als Reaktion blockierte die Sowjetunion alle Straßen und Zugverbindungen nach Berlin, stoppte die Versorgung der Westsektoren von Berlin mit Elektrizität und kappte[5] auch die Wasserversorgung. Berlin lag
15 isoliert mitten in der sowjetischen Besatzungszone.

Textabschnitt 3
Ohne Verbindung zu den drei Zonen in Westdeutschland konnten die Menschen im Westteil Berlins sowie die dort stationierten alliierten Soldaten nicht mehr versorgt werden. Der Oberbefehlshaber[6] der amerikanischen Streitkräfte in Deutschland, General Lucius D. Clay, entschied sich daher für die Versorgung Berlins aus der Luft. Zwischen dem Rhein-Main-
20 Gebiet in der amerikanischen Zone und Berlin-West wurde eine Luftbrücke eingerichtet und die „Rosinenbomber" versorgten Westberlin vom Sommer 1948 bis ins Frühjahr 1949 mit Lebensmitteln[7], Medikamenten und Brennstoff[8]. Im Frühjahr 1949 sah die sowjetische Regierung ein, dass die Blockade ihr Ziel nicht erreicht[9] hatte und beendete sie.

Textabschnitt 4
Deutschland wurde in zwei getrennte Staaten geteilt. 1949 wurde die Bundesrepublik
25 Deutschland (BRD) gegründet, die aus den drei westlichen Zonen Deutschlands und den drei westlichen Sektoren Berlins bestand. Die sowjetische Zone und der Sowjetsektor Berlins wurden zur Deutschen Demokratischen Republik (DDR). Die Bundesrepublik hatte die „Soziale Marktwirtschaft" als wirtschaftliches Modell und stand nach wie vor unter dem Einfluss der USA, Großbritanniens und Frankreichs. In der DDR bestimmte die Sowjetunion
30 Politik und Wirtschaft und führte die Planwirtschaft ein.

Textabschnitt 5
Durch die Währungsreform, die Soziale Marktwirtschaft und die Aufnahme in den Marshallplan 1949 erholte sich die westdeutsche Wirtschaft schnell, sodass die 50er-Jahre von wirtschaftlichem Wachstum und Wohlstand[10] geprägt waren. Im Osten hingegen war die Wirtschaft bei weitem nicht so erfolgreich.

35 Viele Menschen aus dem Osten zogen nach Westdeutschland, um am wirtschaftlichen Aufschwung teilzuhaben.

Textabschnitt 6
Im Juni 1953 kam es in Ostberlin und anderen Orten der DDR zu Demonstrationen gegen die kommunistische Regierung und deren Wirtschaftspolitik. Der Aufstand[11] wurde am 17. Juni von sowjetischen Panzern und Soldaten blutig niedergeschlagen[12].

---

[2]**die Spannung** eine Situation, in der man nervös ist, in der sich Konflikte anfangen zu zeigen   [3]**der Eklat** eine Situation, in der es einen Konflikt zwischen zwei Parteien gibt   [4]**die Währung** das Geld, das in einem Staat benutzt wird, z.B. Euro, Dollar, ...   [5]**kappen** unterbrechen, stoppen   [6]**der Oberbefehlshaber** jemand, der wichtige Befehle erteilt   [7]**Lebensmittel** Essen, z.B. Gemüse, Milch, ...   [8]**der Brennstoff** man braucht ihn zum Heizen, damit es im Winter warm ist   [9]**ein Ziel erreichen** die Konsequenz haben, die man geplant hat   [10]**der Wohlstand** Reichtum   [11]**der Aufstand** die Rebellion   [12]**blutig niederschlagen** (eine Rebellion) mit Gewalt und Blut beenden; brutal beenden

Textabschnitt 7

40 Von 1949 bis 1961 flohen etwa 2,5 Millionen Menschen aus der DDR in die Bundesrepublik, vor allem von Ost- nach Westberlin. Um weitere DDR-Bürger von der Flucht in den Westen abzuhalten, baute die DDR in einer Nacht-und-Nebel-Aktion vom 12. auf den 13. August 1961 eine Mauer mitten durch Berlin. Die Berliner Mauer wurde zum Symbol für die geteilte Stadt und auch Präsident John F. Kennedy besuchte sie 1963.

Textabschnitt 8

45 Schon vor dem Bau der Mauer hatte „Kalter Krieg" zwischen Ost und West geherrscht. Doch durch die Mauer wurden die Berliner von ihren Familien, Freunden und Kollegen getrennt. Für sie war es nun fast unmöglich, diese Menschen wiederzusehen, denn Reisen waren den DDR-Bürgern nur in andere kommunistische Länder im Osten erlaubt, z.B. nach Russland. Erst 1969, mit der Einleitung der Entspannungspolitik zwischen den 50 beiden deutschen Staaten, konnten sich die Menschen aus der Bundesrepublik und der DDR leichter besuchen. Dies war vor allem ein Verdienst[13] des damaligen sozialdemokratischen Bundeskanzlers Willy Brandt. Allerdings waren es eher die Bundesbürger, die in den Osten reisen durften, als umgekehrt.

Textabschnitt 9

Im Mai 1989 öffnete Ungarn überraschend die Grenze zu Österreich und im Sommer 55 flüchteten Hunderte von DDR-Urlaubern über die ungarische Grenze nach Österreich. Viele andere DDR-Bürger suchten in osteuropäischen Botschaften der Bundesrepublik Zuflucht[14], unter anderem in Budapest und Prag. Im September 1989 begannen DDR-Bürger in Leipzig mit regelmäßigen friedlichen[15] Montagsdemonstrationen für Reformen und Reisefreiheit, zu denen jede Woche mehr Menschen kamen. Im Oktober trat DDR-Staats- und Parteichef Erich 60 Honecker zurück.

Textabschnitt 10

Schließlich öffnete die DDR im November 1989 nach 28 Jahren die Mauer.

Textabschnitt 11

Die durch freie Wahlen gebildete neue Regierung der DDR entschied sich am 3. Oktober 1990 für den Beitritt zur Bundesrepublik. Seitdem gibt es nur noch einen deutschen Staat, die Bundesrepublik Deutschland.

---

[13]**der Verdienst** eine besonders gute Handlung   [14]**Zuflucht suchen** an einem Ort Schutz und Hilfe suchen   [15]**friedlich** ohne Gewalt, ohne Brutalität

:: 4 :: Textverständnis überprüfen

Beantworten Sie folgende Fragen zunächst in Stichworten schriftlich.
Vergleichen Sie dann im Plenum.

1. Welcher Teil Deutschlands gehörte während der Teilung zur
   Bundesrepublik, welcher zur DDR?

   Der Westen gehörte zur Bundesrepublik, der Osten zur DDR.

2. Wer blockierte 1948 alle Straßen und Zugverbindungen nach Berlin? Warum?

   Die Sowjetunion. Weil die Westmächte gegen den Willen der Sowjetunion eine neue Währung, die
   Deutsche Mark, in ihren Zonen eingeführt hatten, um die deutsche Wirtschaft zu stimulieren.

3. Wessen Idee war die Luftbrücke?

   Es war die Idee des Oberbefehlshabers der amerikanischen Streitkräfte, Lucius D. Clay.

4. Welches wirtschaftliche Modell hatte die Bundesrepublik, welches die DDR?

   Die Bundesrepublik hatte und hat auch heute eine soziale Marktwirtschaft, die DDR hatte eine Planwirtschaft.

5. Was war die Ursache für den großen wirtschaftlichen Aufschwung in
   der Bundesrepublik Deutschland in den 50er-Jahren?

   Die Währungsreform und der Marshallplan.

6. Warum wurde 1953 in der DDR demonstriert?

   Die Demonstrationen waren gegen die kommunistische Regierung und deren Wirtschaftspolitik.

7. Was war die Konsequenz dieser Demonstrationen?

   Sie wurden von sowjetischen Panzern blutig niedergeschlagen.

8. In welchem Zeitraum flüchteten mehr als 2 Millionen Menschen aus der
   DDR in die Bundesrepublik?

   Von 1949 bis 1961.

9. Warum baute man die Mauer? Wann wurde die Mauer gebaut?

   Um weitere DDR-Bürger von der Flucht in die Bundesrepublik abzuhalten, wurde 1961 die Mauer gebaut.

10. Wohin durften die DDR-Bürger reisen?

    In andere kommunistische Länder.

11. Seit wann gab es die Entspannungspolitik? Was wurde dadurch erleichtert?

    Seit 1969. Die Menschen konnten leichter zwischen der Bundesrepublik und der DDR reisen.

12. Welches kommunistische Land öffnete als erstes die Grenze zum Westen?

    Ungarn.

13. Was begann im September 1989?

    DDR-Bürger begannen in Leipzig mit regelmäßigen friedlichen Montagsdemonstrationen.

14. Wann wurde die Mauer geöffnet?

    Im November 1989.

15. Wann trat die DDR der Bundesrepublik Deutschland bei?

    Am 3. Oktober 1990.

:: 5 :: Nomen und Verben notieren

Tragen Sie die passenden Nomen beziehungsweise Verben in die Tabelle ein. Alle Partizip-Formen in dieser Aufgabe sind regelmäßig. Die Verben **wachsen** und **fallen** haben keine Passivform.

Nomen	Verb im Infinitiv	Verb im Passiv
die Aufteilung	aufteilen	wird ... aufgeteilt
die Blockade	blockieren	wird ... blockiert
die Versorgung	versorgen	wird ... versorgt
die Gründung	gründen	wird ... gegründet
das Wachstum	wachsen (Prät.: wuchs)	—
die Demonstration	demonstrieren	wird ... demonstriert
der Bau	bauen	wird ... gebaut
die Einleitung	einleiten	wird ... eingeleitet
die Öffnung	öffnen	wird ... geöffnet
der Fall	fallen (Prät.: fiel)	—
die Wiedervereinigung	wiedervereinigen	wird ... wiedervereinigt

:: 6 :: Schreiben: Zusammenfassung

Übungsbuch
Einheit 10,
Teil A

Fassen Sie nun die Ereignisse der deutsch-deutschen Geschichte zusammen. Benutzen Sie die Verben aus der Tabelle in Aufgabe 5. Schreiben Sie, wenn möglich, im Passiv. Beenden Sie zunächst die Sätze unten. Schreiben Sie dann eine Zusammenfassung, in der Sie diese Sätze mit Informationen aus dem Text *Deutsch-deutsche Geschichte* erweitern.

1945 _wurde_ Deutschland in vier Zonen _aufgeteilt._

Von 1948 bis 1949 wurde Westberlin von der Sowjetunion blockiert.

Vom Sommer 1948 bis zum Frühjahr 1949 wurde Westberlin von den westlichen Alliierten über die Luftbrücke versorgt.

1949 wurden die Bundesrepublik und die DDR gegründet.

Von 1949 an wuchs die westdeutsche Wirtschaft sehr schnell.

1953 wurde bei einem Volksaufstand in der DDR gegen die Regierung demonstriert.

1961 wurde die Mauer gebaut.

1969 wurde von Willy Brandt die Entspannungspolitik zwischen Ost und West eingeleitet.

Im Mai 1989 wurde die Grenze zwischen Ungarn und Österreich geöffnet.

Im November 1989 fiel die Berliner Mauer.

1990 wurden die Bundesrepublik und die DDR wiedervereinigt.

:: 7 :: Bilder erklären

Schreiben Sie die richtige Jahreszahl unter jedes Bild. Die Bilder 4 und 5 gehören zusammen. Beschreiben Sie, was auf diesen Bildern passiert. Überlegen Sie zunächst mit Ihrer Partnerin/Ihrem Partner und dann im Plenum. Sie können auch Hypothesen aufstellen, falls Sie nicht sicher sind.

1989	1948/49	1953	1961	1953	1963

© AP Photo

BILD 1: 1963: John F. Kennedy bei seinem Berlin-Besuch mit Bundeskanzler Konrad Adenauer und dem Regierenden Bürgermeister von Berlin, Willy Brandt; er sagte später: „Ich bin ein Berliner."

© Bettmann/Corbis

BILD 2: 1948/49: Menschen in Westberlin zur Zeit der Luftbrücke; sie warten auf die „Rosinenbomber"

© AP Photo

BILD 3: 1989: Fall der Mauer: Menschen stehen auf der Berliner Mauer vor dem Brandenburger Tor.

© Landesarchiv Berlin

BILD 4: 1953: Menschen demonstrieren in Ostberlin gegen das DDR-Regime.

© Landesarchiv Berlin

BILD 5: 1953: Der Volksaufstand wird blutig niedergeschlagen.

© Ullstein-Leibing/The Granger Collection, NY

BILD 6: 1961: DDR-Grenzsoldat Hans Conrad Schumann springt über den Stacheldraht in den französischen Sektor.

Bundesrepublik und DDR: zwei unterschiedliche politische und wirtschaftliche Systeme

 :: 1 :: Vorwissen sammeln

Durch die Teilung Deutschlands für 40 Jahre waren zwei sehr unterschiedliche deutsche Staaten entstanden. Besprechen Sie mit Ihrer Partnerin/Ihrem Partner: Welche Unterschiede zwischen der Bundesrepublik und der DDR sind Ihnen bekannt? Sammeln Sie dann die Ergebnisse an der Tafel.

 :: 2 :: Wortschatz: Begriffe sortieren

Schreiben Sie die Begriffe im Kasten in die Tabelle.

Übungsbuch
Einheit 10,
Teil A

---

garantierter Arbeitsplatz	~~der Sozialismus~~	kostenlose Ausbildung
~~die Demokratie~~	die Reisefreiheit	die Meinungsfreiheit
der volkseigene[1] Betrieb (VEB)	die Abhängigkeit der Justiz von der Regierung	die Unabhängigkeit der Justiz
die SED (Sozialistische Einheitspartei Deutschlands)	die Pressefreiheit	keine Pressefreiheit
die soziale Marktwirtschaft	keine Meinungsfreiheit	die Reiseerlaubnis nur für die Ostblockländer (Ungarn, Russland, Polen, die Tschechoslowakei, …)
kostenlose Krankenversicherung	die Planwirtschaft (der Staat gibt Arbeitspläne vor)	
die Konkurrenz um Arbeitsplätze und Wohnungen	die Parteienvielfalt der private Besitz	

[1]**volkseigen** dem Staat bzw. den Staatsbürgern gehörend

BRD (**B**undes**r**epublik **D**eutschland)	DDR (**D**eutsche **D**emokratische **R**epublik)
die Demokratie	*der Sozialismus*
die soziale Marktwirtschaft	garantierter Arbeitsplatz
die Konkurrenz um Arbeitsplätze und Wohnungen	der volkseigene Betrieb (VEB)
die Reisefreiheit	die SED (Sozialistische Einheitspartei Deutschlands)
die Pressefreiheit	kostenlose Krankenversicherung
die Parteienvielfalt	die Abhängigkeit der Justiz von der Regierung
der private Besitz	keine Meinungsfreiheit
die Meinungsfreiheit	die Planwirtschaft
die Unabhängigkeit der Justiz	kostenlose Ausbildung
evtl. kostenlose Ausbildung	keine Pressefreiheit
	die Reiseerlaubnis nur für die Ostblockländer

B

Film: *Good Bye, Lenin!* von Wolfgang Becker

ABSCHNITT

In diesem Abschnitt werden Sie anhand zweier Sequenzen aus dem Film *Good Bye, Lenin!* einen Einblick in das Alltagsleben der DDR bekommen und die unmittelbaren Konsequenzen des Mauerfalls für die Menschen in der DDR kennenlernen.

Einstimmung auf den Film

:: 1 :: Vorwissen aktivieren

Was haben Sie schon über das Leben in der DDR gehört? Kennen Sie typische DDR-Produkte? Was waren Ihrer Meinung nach positive Aspekte für die Menschen in der DDR, was waren negative?

:: 2 :: Internetrecherche

Wählen Sie ein DDR-Produkt aus und recherchieren Sie im Internet. Bereiten Sie ein etwa fünfminütiges Referat vor, in dem Sie das Produkt und die Geschichte des Produkts kurz darstellen. Was ist mit diesem Produkt nach der Wiedervereinigung passiert? Gibt es das Produkt noch? Warum (nicht)?

• das DDR-Ampelmännchen

© Ullstein bild / The Granger Collection

• der Plattenbau

© Friedel Bernd/picture-alliance / Berliner_Kuri/Newscom

• der „Trabi" (der Trabant), auch Rennpappe genannt

© Wouter van Caspel/iStockphoto.com

:: 3 :: Vermutungen äußern

Wie sahen die folgenden Dinge in der DDR wohl aus bzw. wie waren sie?
Wie unterschieden sie sich von denen im Westen? Vermuten Sie.

a. Straßen und Häuser

b. Lebensmittel

c. Zeitungen

d. Fernsehsendungen

e. Nachrichtensendungen

f. Autos

g. Ampeln

h. Organisationen

i. politische Slogans

j. Lieder

Redemittel

Ich vermute, dass …
Ich habe gehört, dass …
Wahrscheinlich …
Ich könnte mir vorstellen, dass …

:: 4 :: Filmbeschreibung lesen

Welche Informationen gibt Ihnen die Filmbeschreibung? Lesen Sie sie mit Ihrer Partnerin/Ihrem Partner und fassen Sie sie zusammen.

Übungsbuch
Einheit 10,
Teil B

GOOD BYE, LENIN!, WOLFGANG BECKER, 2003 (ZUSAMMENFASSUNG)

Der Film behandelt die fiktive Geschichte der DDR-Familie Kerner vor, während und nach der Zeit des Berliner Mauerfalls. Das Jahr 1989 steht im Mittelpunkt des Films, der die Gegenüberstellung der ost- und westdeutschen Kultur, ihrer Werte und Lebensauffassungen auf mehreren Ebenen darstellt. Alex, der Sohn der Familie,
5 reflektiert aus kritischer Distanz sein Leben als Kind und Jugendlicher in der DDR und zur Zeit der Wende. Alex' Mutter Christiane, die durch die Republikflucht[1] des Vaters zu einer enthusiastischen Sozialistin und Lehrerin geworden ist, erleidet einen Herzinfarkt, als sie zufällig in eine Demonstration gerät, auf der Alex festgenommen wird. Sie erwacht acht Monate später aus dem Koma. In der Zwischenzeit ist die
10 Mauer gefallen und die DDR-Alltagskultur verschwindet nach und nach. Alex und seine zwei Jahre ältere Schwester Ariane, die inzwischen mit einem neuen Freund aus dem Westen in der Wohnung der Familie Kerner lebt, bringen die Mutter nach Hause. Um die Mutter vor Aufregungen zu schützen, entschließt sich Alex, für sie eine unveränderte DDR-Welt vorzutäuschen. Dabei setzt der vorher eher passiv und
15 verträumt wirkende Junge all seine Tatkraft und Fantasie ein …

[1] **die Republikflucht** Flucht aus der DDR in den Westen

Szene aus dem Film *Good Bye, Lenin!*

Erste Filmsequenz

:: 5 :: Handlungen antizipieren

Überlegen Sie mit einer Partnerin/einem Partner, was Alex tun wird, damit seine Mutter nichts von den politischen und historischen Veränderungen erfährt. Notieren Sie.

Redemittel

Alex muss unbedingt …
Alex wird wahrscheinlich …
Alex sollte auf jeden Fall …

:: 6 :: Filmszene sehen

Übungsbuch
Einheit 10,
Teil B

Lesen Sie die Sätze und sehen Sie sich dann die Filmszene an. Nach dem Sehen kreuzen Sie an, was Sie gesehen haben. Drei der Sätze entsprechen nicht der Handlung im Film. Vergleichen Sie anschließend im Plenum.

Es empfiehlt sich, die beiden Sequenzen aus diesem Film ohne englische Untertitel zu zeigen; die Filmsprache ist sehr aufschlussreich.

Filmsequenz

Sequenz: 1
Start: Alex im Supermarkt vor leeren Regalen
Stopp: Lara verlässt wütend die Geburtstagsfeier der Mutter Christiane
Länge: circa 20 Minuten (DVD Sequenzauswahl 10–13)

Was tut Alex, damit seine Mutter nichts von den politischen und historischen Veränderungen erfährt? Er …

- ☒ sucht nach Ostprodukten in Geschäften.
- ☒ hängt Bilder von Che Guevara und Lenin im Schlafzimmer der Mutter auf.
- ☒ sagt seiner Mutter, sie solle das Schlafzimmer nicht verlassen.
- ☐ öffnet nie die Gardinen, damit seine Mutter nicht aus dem Fenster schauen kann.
- ☒ sucht nach Ostprodukten auf Flohmärkten.
- ☒ zieht typische Kleider aus DDR-Zeiten an und weist alle anderen Menschen an, die Kontakt mit seiner Mutter haben, das auch zu tun.
- ☒ überredet den ehemaligen Schulleiter der Schule, an der seine Mutter als Lehrerin gearbeitet hat, zur Geburtstagsfeier der Mutter zu kommen.
- ☐ schreibt einen Brief an die Nachbarn im Haus, um sie über den Zustand der Mutter zu informieren.
- ☒ sagt dem aus dem Westen kommenden Freund seiner Schwester Ariane, welche Ausdrücke er benutzen soll und dass er sich als „Dispatcher" ausgeben soll, obwohl er eigentlich bei Burger King arbeitet.
- ☒ sucht nach dem Sparbuch der Mutter, da jetzt die Möglichkeit besteht, das Ostgeld* in Westgeld umzutauschen.
- ☒ zeigt seiner Mutter, als sie fernsehen möchte, alte Videoaufzeichnungen von der DDR-Nachrichtensendung „Aktuelle Kamera" (AK) und tut so, als ob sie aktuell wären.
- ☒ gibt zwei Jungen 20 DM, damit sie so wie in DDR-Zeiten als „Junge Pioniere" der Mutter das Lied „Unsere Heimat" zum Geburtstag vorsingen.
- ☐ backt nach einem alten DDR-Rezept eine Torte für die Mutter.
- ☒ versucht zu verhindern, dass seine Mutter eine Coca Cola-Werbung sieht.

---

*Am 1. Juli 1990 trat der Staatsvertrag zur Währungsunion in Kraft; die Mark der DDR war von diesem Zeitpunkt an nicht mehr gültig. Für eine DDR-Mark bekamen die Menschen für eine begrenzte Zeit 0,50 DM (Deutsche Mark).

:: 7 :: Wahrheit oder Lüge?

Überprüfen Sie die Aussagen aus dem Film. Was entspricht der Wahrheit
(W) und was ist eine Lüge bzw. Notlüge (L)? Kreuzen Sie an.

W L

☐ ☒ ARIANE: Fernsehgucken ist wohl noch zu anstrengend für dich.

☒ ☐ ALEX: Wir brauchen eine Bankvollmacht[1] für dein Konto.

☐ ☒ ALEX: Wir wollen unseren Trabant abholen.

☐ ☒ ALEX (auf die Frage seiner Mutter, ob Genosse Ganske
        Westfernsehen guckt): Hat sich beim Ungarnurlaub in eine
        Rentnerin aus München verliebt und seitdem hat seine
        Parteiliebe etwas gelitten.

☐ ☒ DIREKTOR KLAPPRATH: Liebe Christiane, ich möchte dir im Namen
        der Parteileitung alles Gute wünschen.

☐ ☒ RAINER: Ich bin Dispatcher.

☐ ☒ ALEX: Ja, Mama, wieder ist 'n Jahr rum und was hat sich
        verändert? Eigentlich nicht viel.

☒ ☐ ALEX: Paula hat ihre Zähne bekommen und 'n neuen Papa.

☒ ☐ ALEX: Wir können heute leider nicht rübergehen ins Café
        Moskau und auf dich anstoßen, aber wir sind ja alle zusammen,
        das ist die Hauptsache.

☒ ☐ ALEX (als seine Mutter die Coca-Cola-Werbung sieht): Wird
        schon seine Richtigkeit haben. Gibt für alles 'ne Erklärung.

:: 8 :: Filmsprache deuten

Wie gestaltet der Regisseur Wolfgang Becker diese Sequenz? Welche
filmischen Mittel setzt er dabei ein und warum? Kreuzen Sie an und
besprechen Sie mit einer Partnerin/einem Partner, was der Regisseur Ihrer
Meinung nach durch diese Mittel ausdrücken möchte.

☐ Off-Kommentar
☐ Humor, Ernst, Spannung, Ironie
☐ chronologische Erzählstruktur
☐ lineare Handlung
☐ Gegenüberstellung Ost-West
☐ schnelle Schnitte
☐ Animation

---

[1]**die Bankvollmacht** die offizielle Erlaubnis, über das Bankkonto eines anderen zu verfügen

:: 9 :: Off-Kommentare von Alex deuten

:: a :: Lesen Sie die Kommentare und ordnen Sie die fettgedruckten Begriffe in die Tabelle ein. Schreiben Sie dann Sätze mit den Begriffen.

DDR	Bundesrepublik	
mit gewohnter Geduld	echtes Geld	
sich einreihen	D-Mark	
die Kaufhallen	buntes Warenparadies	
ersehnt	als Kunde zum König werden	
kleine Menschengemeinschaft		
tauschen (getauscht wurde 2:1)		
graue Kaufhalle		

- „Während **sich** die meisten Bürger **mit gewohnter Geduld** vor den Sparkassen der Republik **einreihten**, suchten wir fieberhaft nach Mutters Sparbuch."

- „Es leerten sich die Regale unserer **Kaufhallen** und aus dem Land jenseits der Mauer kam **echtes Geld**."

- „Von allen **ersehnt**, überflutete die **D-Mark** unsere **kleine Menschengemeinschaft**."

- „**Getauscht wurde 2:1**, Deutschland gewann 1:0."

- „Über Nacht hatte sich unsere **graue Kaufhalle** in ein **buntes Warenparadies** verwandelt und ich **wurde als Kunde zum König**."

:: b :: Besprechen Sie jetzt, was sich für die Menschen in der ehemaligen DDR nach der Wiedervereinigung verändert hat. Freut sich Alex Ihrer Meinung nach über die Veränderungen?

 ## :: 10 :: Fortgang des Films

Wie wird der Film weitergehen? Erzählen Sie Ihrer Partnerin/Ihrem Partner „Ihre" Fortsetzung.

Zweite Filmsequenz

:: 11 :: Hypothesen aufstellen

Eines Tages, Alex und seine Schwester sind nicht zu Hause, hält Christiane es in ihrem Zimmer nicht mehr aus. Sie verlässt die Wohnung. Welche Veränderungen wird die Mutter draußen sehen? Wie hat sich wohl das Straßenbild verändert? Vermuten Sie.

Übungsbuch
Einheit 10,
Teil B

:: 12 :: Sehen der zweiten Sequenz

Achten Sie beim Sehen der Sequenz besonders auf die Bildsprache. Notieren Sie Ihre Beobachtungen im Raster und überlegen Sie nach dem Sehen, was diese Bilder ausdrücken. Achten Sie auch auf die Plakate und Aufschriften. Vergleichen Sie dann im Plenum.

Filmsequenz
Sequenz: 2
Start: Die Mutter zieht ihren Mantel an und geht das erste Mal nach acht Monaten auf die Straße.
Stopp: Die Mutter mit Ariane und Alex im Aufzug, sie sagt: „Was ist eigentlich hier los?"
Länge: circa 4 Minuten (DVD Sequenzauswahl 18)

Bilder	Bedeutung
Farbiges IKEA-Plakat mit Aufschrift „Billy"	*Möbelfirma aus dem kapitalistischen Westen, Möbel mit westlichem Design und Namen – Hinweis auf globalisierte Welt*
Männer aus dem Westen, die ins Haus einziehen	
alte DDR-Möbel, die entsorgt werden sollen	
Plakate, die Werbung für Westprodukte machen	
ein Autohändler, bei dem man Autos aus dem	
Westen kaufen kann	
eine Lenin-Statue, die demontiert wird	
West-Autos	

Es empfielt sich, diese Sequenz ohne englische Untertitel zu zeigen; der Fokus ist die Filmsprache.

:: 13 :: Filmsprache deuten

Konzentrieren Sie sich auf die Schlüsselszene des Films, die „Lenin-Szene". Welche Wirkung hat die computeranimierte Szene auf Sie? Was ist die Absicht des Regisseurs und welche filmischen Mittel setzt er ein? Benutzen Sie die Liste der filmischen Mittel auf Seite 320.

:: 14 :: Rollenspiel

Bilden Sie 3er-Gruppen und spielen Sie die Szene weiter. Vermuten Sie, was Ariane und Alex auf die Frage der Mutter, „Was ist hier eigentlich los?" antworten werden. Überlegen Sie, ob es hier sinnvoller wäre, der Mutter die Wahrheit oder weitere Lügen zu erzählen.

Weiterführende Themen

:: 15 :: Eine fiktive Fernsehnachricht bewerten

Alex und sein Freund Denis „produzieren" eine fiktive Fernsehnachricht, die der Mutter am Krankenbett vorgespielt wird. Damit wollen sie der Mutter „erklären", was sie auf der Straße gesehen hat.

:: a :: Lesen Sie die folgende Aussage, die von Denis, der einen Fernsehsprecher der ostdeutschen Fernsehsendung *AK* spielt, gelesen wird.

> „Auf einer heutigen Sitzung der SED[1] … hat der Genosse Erich
> Honecker in einer großen humanitären Geste der Einreise der seit
> zwei Monaten in den DDR-Botschaften von Prag und Budapest
> Zuflucht suchenden BRD-Bürger zugestimmt.“

[1]**SED** Sozialistische Einheitspartei Deutschlands, die kommunistische und einzige Partei der DDR

:: b :: Was entspricht hier nicht der Realität? Wie war das wirklich? Warum
hat Alex sich wohl für diese Antwort auf die Frage der Mutter entschieden?
Was sagt diese Szene über die Medien-Berichterstattung und die Frage von
Wahrheit und Lüge im Kontext von Politik und Geschichte?

Übungsbuch
Einheit 10,
Teil B

:: 16 :: Schreiben

Charakterisieren Sie Alex.

:: a :: Kreuzen Sie zutreffende Eigenschaften an.

- ☐ aggressiv
- ☐ aktiv
- ☐ begeistert
- ☐ effizient
- ☐ egoistisch
- ☐ ehrgeizig
- ☐ emotional
- ☐ fröhlich

- ☐ hilfsbereit
- ☐ idealistisch
- ☐ kreativ
- ☐ kritisch
- ☐ mutig
- ☐ nostalgisch
- ☐ passiv
- ☐ zufrieden

:: b :: Schreiben Sie einen Aufsatz über Alex. Versuchen Sie Alex'
Motivation zu beschreiben, seine Wünsche und Träume. Was ist Ihrer
Meinung nach für ihn im Leben wichtig?

Schreibmittel – Vermutungen:

Es könnte sein, dass …
Es scheint, dass …
Meiner Meinung nach …
Es scheint, als ob … (+ Konjunktiv II)

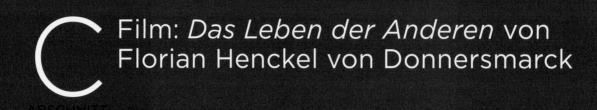

Film: *Das Leben der Anderen* von Florian Henckel von Donnersmarck

In diesem Abschnitt werden Sie mit zwei Sequenzen aus dem Film *Das Leben der Anderen* (Deutschland 2006) arbeiten. Der Film erhielt 2007 den Oscar in der Kategorie „Bester nicht englischsprachiger Film".

Einstimmung auf den Film

 :: 1 :: Vorwissen aktivieren

Besprechen Sie mit einer Partnerin/einem Partner:

:: a :: Was haben Sie über den Film *Das Leben der Anderen* gehört? Haben Sie den Film gesehen? Worum geht es?

:: b :: Überlegen Sie, was die Abkürzung „Stasi" bedeuten könnte. Vielleicht haben Sie schon etwas über die Stasi gehört.

 :: 2 :: Internetrecherche

Suchen Sie im Internet nach Informationen über die Stasi. Finden Sie heraus, was die Aufgabe der Stasi war und wie sie arbeitete. Was ist nach der Wende mit den Stasi-Akten passiert? Berichten Sie in einem kurzen Referat.

Übungsbuch
Einheit 10,
Teil C

:: 3 :: Informationen zum Inhalt des Films

Lesen Sie den Text und notieren Sie Informationen zu folgenden Personen:

Gerd Wiesler	Georg Dreymann	Christa Maria Sieland	Bruno Hempf
arbeitet für die Stasi	wird von Gerd Wiesler bespitzelt	ist eine berühmte Schauspielerin	ist Kulturminister der DDR
bespitzelt Georg Dreymann und seine Lebensgefährtin Christa Maria Sieland	ist berühmter Dramaturg	lebt mit Georg Dreymann zusammen	lässt Georg Dreymann und Christa Maria Sieland bespitzeln
ist ein überzeugter, ehrgeiziger Sozialist	ist mit der Schauspielerin Christa Maria Sieland liiert	wird von Gerd Wiesler bespitzelt	will eine Affäre mit Christa
erkennt im Laufe des Films, dass er für eine Sache benutzt wird, die nichts mit seinen Überzeugungen als Sozialist zu tun hat	soll als Rivale des Kulturministers Bruno Hempf, der eine Affäre mit Christa will, ausgeschaltet werden		
erkennt im Laufe des Films, wie monoton sein Leben ist			
toleriert zunehmend systemwidrige Handlungen von Georg und Christa			

DAS LEBEN DER ANDEREN

Zu Anfang des Films lernen wir Gerd Wiesler kennen, der 1984 in Ostberlin als Stasi-Hauptmann arbeitet. Er bekommt den Auftrag, den in der DDR erfolgreichen Dramaturgen Georg Dreymann und seine Lebensgefährtin Christa Maria Sieland zu bespitzeln. Christa ist
5 berühmte Schauspielerin und gehört mit Georg zum Kreis der DDR Intellektuellen.

Gerd Wiesler ist ein gewissenhafter und überzeugter Sozialist, der wie es scheint nur für seinen Beruf lebt. Er bespitzelt[1] nun Georg und Christa Tag und Nacht aus der Dachkammer ihres Wohnhauses und
10 dokumentiert jede Einzelheit. Dabei wird Hauptmann Wiesler klar, dass er immer mehr in das Leben dieser Menschen hineingezogen wird. Bald bemerkt er, dass er für die Tätigkeit, die systemwidrigen Handlungen von Georg Dreymann aufzudecken, nur deshalb eingesetzt wurde, weil der Kultusminister Bruno Hempf eine Affäre mit Christa
15 Maria Wieland erzwingen möchte. Damit könnte nämlich Georg Dreymann als Konkurrent von Bruno Hempf ausgeschaltet werden.

Im Laufe seiner Abhöraktionen beginnt er immer mehr über das Leben der Intellektuellen, des Theaters und der Literatur herauszufinden. Dieses Leben, in das er sich schon fest eingebunden
20 fühlt, steht in starkem Kontrast zu seiner eigenen Einsamkeit. So beginnt Gerd Wiesler nun mehr und mehr über die Handlungen, die sich gegen das System richten, hinwegzusehen. ...

---

[1] **bespitzeln** jemanden überwachen; alle Tätigkeiten und Gespräche von Personen beobachten, abhören und dokumentieren

Szene aus dem Film *Das Leben der Anderen*: Gerd Wiesler hört mit, was Georg und Christa sagen.

Erste Filmsequenz

 :: 4 :: Gruppenarbeit

Es empfiehlt sich, diese Filmsequenz ohne englische Untertitel zu zeigen, da die Bildsprache aufschlussreich ist.

Filmsequenz
Sequenz: 1
Start: Fußballspiel, Georg Dreyman mit Kindern vor seinem Haus
Stopp: Der Stasi-Hauptmann Gerd Wiesler sagt: „Schicken Sie Frau Meinecke ein Geschenk zur Anerkennung ihrer Verschwiegenheit." Ende des Gesprächs an der Tür von Frau Meinecke.
Länge: 0:18 – 0:23, circa 5 Minuten (DVD Sequenzauswahl 6)

Die Klasse wird in zwei Gruppen geteilt.

- Gruppe A bekommt die Redemittel im Kasten und verlässt das Klassenzimmer. Die Gruppe versucht mit Hilfe der Redemittel in Gruppenarbeit die Handlung der ersten Sequenz zu antizipieren.

- Gruppe B sieht sich die erste Sequenz an und beantwortet folgende Fragen:

    a. Was machen die Stasi-Mitarbeiter in Georgs und Christas Wohnung?

    b. Welche verdächtigen Gegenstände finden sie?

a. Die Stasi-Mitarbeiter installieren Abhörmikrofone, legen Kabel, schauen in die Schubladen, inspizieren persönliche Gegenstände, machen sich Notizen. b. Sie finden den *Spiegel* und die *FAZ (Frankfurter Allgemeine Zeitung)*.

---

20 Minuten Zeit haben   Abhörmikrofone[1] installieren   am Tag

auf der anderen Straßenseite stehen   aus dem Haus/ins Haus gehen   an der Tür läuten

aus einem Auto steigen   das Kabel legen   der Dachboden

beobachten

Der Spiegel   Die Frankfurter Allgemeine Zeitung (FAZ)   drohen (+ Dativ)

durch ein Guckloch in der Tür schauen   ein Schloss öffnen   Fußball spielen

hinter der Tür stehen   in der Nacht   in die Schubladen schauen

mit einem Team arbeiten   persönliche Gegenstände inspizieren   sich Notizen machen

---

[1]**das Abhörmikrofon** ein Mikrofon, durch das man hören kann, was andere Leute sagen

Nach dem ersten Sehen

 :: 5 :: Antizipierte Handlung erzählen

Gruppe A kommt wieder ins Klassenzimmer. Jede Studentin/jeder Student aus Gruppe A erzählt einer Partnerin/einem Partner aus Gruppe B, welche Handlung sie/er antizipiert hat.

 :: 6 :: Tatsächliche Handlung erzählen

Die Partnerin/der Partner aus Gruppe B erzählt, was tatsächlich in der Sequenz passiert ist. Dazu werden auch die Redemittel benutzt.

:: 7 :: Filmsprache deuten

Die Partner aus Gruppe A stellen Hypothesen zur Atmosphäre in der Sequenz auf: Musik, Kameraführung, Farben usw. Wie hat der Regisseur diese Sequenz wohl gestaltet? Die Partner aus Gruppe B kommentieren die Vermutungen.

Zweites Sehen • Erste Sequenz

:: 8 :: Sequenz im Plenum sehen

Übungsbuch Einheit 10, Teil C

Sehen Sie sich nun alle die Sequenz an und beschreiben Sie nach dem Sehen gemeinsam mit Ihrer Partnerin/Ihrem Partner die Atmosphäre. Welches Gefühl soll Ihrer Meinung nach hervorgerufen werden und wie geht der Regisseur vor, um diese Atmosphäre zu vermitteln?

Filmsequenz
Sequenz: 2
Start: Gerd Wiesler sitzt mit Kopfhörern an der Schreibmaschine
Stopp: Freunde entkorken gemeinsam mit Georg Dreymann eine Flasche Sekt: „Auf gutes Gelingen", Wiesler mit Kopfhörern
Länge: 1:15 – 1:20, circa 5 Minuten (DVD Sequenzauswahl: 16)

Zweite Filmsequenz

Gerd Wiesler geht seiner Abhör-Tätigkeit nach und tippt eifrig das, was er aus der verwanzten[1] Wohnung hört, in der Georg Dreymann und Christa Sieland wohnen. Nach einer seiner Abhör-Aktionen dokumentiert er auf seiner Schreibmaschine: „Keine weiteren berichtenswerten Vorkommnisse." Darauf wird das folgende Gespräch eingeblendet.

Es empfiehlt sich, diese Sequenz MIT englischen Untertiteln zu zeigen, da es sich um ein Gespräch mit Einzelheiten handelt.

:: 9 :: Sehen der zweiten Sequenz

Sehen Sie sich den Filmausschnitt an, in dem Gerd Wiesler ein Gespräch abhört. Versuchen Sie danach, die Fragen zu beantworten. Falls es keine klare Antwort zu einer der Fragen gibt, stellen Sie vorerst eine Hypothese auf.

a. Wer ist Gregor Hessenstein? Gregor Hessenstein ist ein Redakteur des Magazins *Der Spiegel*.

b. Was möchte er von Georg Dreymann? Er möchte, dass Georg Dreymann einen Artikel für den *Spiegel* schreibt.

c. Was glauben Sie, worüber schreibt Georg Dreymann? Er schreibt über das Leben in der DDR.

d. Schreiben Paul Hauser und Georg Dreymann tatsächlich an einem Theaterstück anlässlich des 40. Jahrestages der DDR? Begründen Sie Ihre Meinung. Nein, das wird nur offiziell gesagt, weil niemand etwas von dem *Spiegel*-Artikel wissen darf.

e. Warum fragen sie Christa Sieland, ob sie lieber Lenin oder seine Mutter spielen möchte? Weil sie wollen, dass Christa merkt, dass sie nicht dabei sein soll.

f. Warum bringt Gregor Hessenstein eine Schreibmaschine mit? Weil die Stasi das Schriftbild von Georgs Schreibmaschine kennt. Georg soll eine andere Schreibmaschine benutzen, damit niemand weiß, von wem der Artikel geschrieben wurde, falls die Stasi das Dokument findet.

g. Welche Anweisungen bekommt Georg Dreymann? Er soll die Schreibmaschine immer verstecken, wenn er nicht damit arbeitet.

h. Worauf stoßen sie am Ende an[2]? Sie stoßen darauf an, dass Georgs Artikel Furore machen und den Menschen die Wahrheit über die DDR zeigen wird.

---

[1]**verwanzt** mit Mikrofonen zum Abhören versehen
[2]**anstoßen** das Glas erheben; ein Glas Sekt, Wein o. Ä. auf etwas trinken

Lesen Sie das Gespräch in Vierergruppen. Jede Studentin/jeder Student übernimmt eine Rolle: Gregor Hessenstein, Georg Dreymann, Paul Hauser oder Christa Sieland. Überprüfen Sie im Anschluss, ob Sie die Fragen aus Aufgabe 9 richtig beantwortet haben.

HESSENSTEIN: … gerade 67 … aber warum 1977 für uns Westler am höchsten war, das müssen Sie schon erklären. Sie müssen doch die sozialen Umstände
5 deutlicher machen.

DREYMANN: Es soll ein literarischer Text bleiben und keine journalistische Hetzschrift.

HESSENSTEIN: Der Text ist großartig,
10 wie er ist. Ich will nur sicher stellen, dass er bei uns im Westen auch richtig verstanden wird.

HAUSER: Er wird Furore machen[1], so oder so.

15 **HESSENSTEIN:** Ich lasse Ihnen zukommen, was wir noch an Materialien haben. Zwei Wochen, können Sie das schaffen? Dann könnte ich Sie noch in die erste Märzausgabe hineinbringen, vielleicht
20 sogar als Titel.

(Christa Sieland kommt nach Hause.)

DREYMANN: Das ist Christa!

SIELAND: Georg!

DREYMANN: Das ist Gregor Hessenstein –
25 Christa Sieland.

HESSENSTEIN: Aber das weiß ich doch.

DREYMANN: Hauser und ich wollen ein Theaterstück zum 40. Jahrestag der Republik schreiben.

30 **SIELAND:** Ein Stück zu zweit?

DREYMANN: *Der Spiegel* will vielleicht darüber berichten.

SIELAND: Und wer spielt die Hauptrolle?

HAUSER: Wir wollten dich fragen. Christa,
35 wen würdest Du lieber spielen, Lenin oder seine liebe, alte Mutter?

SIELAND: Gut, ich sehe schon, ich bin hier nicht erwünscht. Ich gehe kurz schlafen.

HESSENSTEIN: Ich finde Ihre Vorsicht
40 löblich. Je weniger Menschen von diesem Projekt etwas wissen, desto besser. Mit der Stasi ist nicht zu scherzen.

HESSENSTEIN: In dem Zusammenhang hab' ich Ihnen auch etwas mitgebracht.

45 **DREYMANN:** Eine ganze Torte wäre mir lieber gewesen. Ich habe schon eine Schreibmaschine.

HESSENSTEIN: … deren Schriftbild schon längst von der Stasi erfasst ist.

50 **HESSENSTEIN:** Wenn dieser Text an der Grenze abgefangen wird, mit Ihrer Maschine geschrieben, dann sind Sie am nächsten Tag in Hohenschönhausen* … und dass das nicht viel Spaß macht,
55 darüber kann Paul ein Lied singen. Leider habe ich in diesem Miniformat nur ein rotes Farbband auftreiben können. Macht es Ihnen etwas aus, den Artikel in Rot zu schreiben? …

---

[1]**Furore machen** sehr erfolgreich sein

*Name des Gefängnisses in Berlin, in dem Systemgegner inhaftiert wurden

Quelle: *Das Leben der Anderen*

Stasi Hauptmann Wiesler ist zunächst wütend auf Georg Dreymann. Er plant seinem Vorgesetzten Folgendes über das Gespräch zu berichten, das er gerade abgehört hat:

> Dreymann sagte, dass der Text ein literarischer Text bleiben solle. Der Redakteur Hessenstein hat geantwortet, dass der Text großartig sei. Er wolle nur sicher stellen, dass er im Westen auch richtig verstanden werde.

Diese Sätze sind in der indirekten Rede, das heißt, es wird etwas wiedergegeben, das jemand gesagt hat. Im Deutschen wird dies durch den Konjunktiv I oder Konjunktiv II ausgedrückt.

Verwendung des Konjunktivs I In der indirekten Rede wird meistens der Konjunktiv I verwendet.

Direkte Rede   Dreymann sagte: „Der Text <u>soll</u> ein literarischer Text bleiben."

Indirekte Rede   Dreymann sagte, der Text <u>solle</u> ein literarischer Text bleiben.

Bildung des Konjunktivs I An den Infinitivstamm werden die gleichen Endungen gehängt wie beim Konjunktiv II:

Infinitiv	Singular	Plural
1. Person	-e	-en
2. Person	-est	-et
3. Person	-e	-en

Das Verb **kommen** im Konjunktiv I (Infinitivstamm = **komm**):

	Singular	Plural
1. Person	komm<u>e</u>	komm<u>en</u>
2. Person	komm<u>est</u>	komm<u>et</u>
3. Person	komm<u>e</u>	komm<u>en</u>

Nur das Verb **sein** ist im Konjunktiv I unregelmäßig:

	Singular	Plural
1. Person	sei	seien
2. Person	sei(e)st	sei(e)t
3. Person	sei	seien

Verwendung des Konjunktivs II Meistens wird der Konjunktiv I für die indirekte Rede verwendet. Manchmal wird aber auch der Konjunktiv II benutzt:

- Ist die Konjunktiv I-Form mit dem Präsens Indikativ identisch, so wird die indirekte Rede meist mit der Präsensform des Konjunktivs II formuliert, damit man sie vom Indikativ unterscheiden kann.

KONJUNKTIV I		INDIKATIV PRÄSENS		KONJUNKTIV II
wir kommen	=	wir kommen	→	wir kämen

- Ist aber die Konjunktiv II-Form mit dem Präteritum identisch, so wird die indirekte Rede mit *würde* + Infinitiv formuliert, damit man sie vom Präteritum unterscheiden kann.

KONJUNKTIV II		PRÄTERITUM		*WÜRDE* + INFINITIV
ich machte	=	ich machte	→	ich würde ... machen

Zusammenfassung Es entstehen folgende Verbreihen. Die Formen der dritten Person sind die am häufigsten benötigten. Setzen Sie die fehlenden Formen ein.

	machen	kommen	arbeiten	haben	sein	werden
ich	würde machen	käme	würde arbeiten	hätte	sei	würde
du	machest	kommest	würdest arbeiten	habest	sei(e)st	werdest
er/sie/es	mache	komme	arbeite	habe	sei	werde
wir	würden machen	kämen	würden arbeiten	hätten	seien	würden
ihr	machet	kommet	würdet arbeiten	habet	sei(e)t	würdet
sie/Sie	würden machen	kämen	würden arbeiten	hätten	seien	würden

Übung Schreiben Sie weiter: Setzen Sie die direkte Rede in die indirekte Rede. Die Verben, die Sie in den Konjunktiv I setzen sollen, sind fett gedruckt.

Das hätte Gerd Wiesler seinem Vorgesetzten in einem ersten Impuls beinahe gesagt:

BEISPIEL: *Gregor Hessenstein sagte, der Text **werde** im Westen Furore machen. ...*

Hessenstein sagt: „Der Text **wird** im Westen Furore machen. … Ich **lasse** Ihnen zukommen, was wir noch an Materialien **haben**. Dann **könnte** ich Sie noch in die erste Märzausgabe hineinbringen, vielleicht sogar als Titel. … Ich **finde** Ihre Vorsicht löblich. Je weniger Menschen von diesem Projekt etwas **wissen**, desto besser. Mit der Stasi **ist** nicht zu scherzen. In dem Zusammenhang **habe** ich Ihnen auch etwas mitgebracht. … Wenn dieser Text an der Grenze **abgefangen wird**, mit Ihrer Maschine geschrieben, dann **sind** Sie am nächsten Tag in Hohensch önhausen. Und, dass das nicht viel Spaß **macht**, darüber **kann** Paul ein Lied singen. Leider **habe** ich in dem Miniformat nur ein rotes Farbband auftreiben können.“

Er versprach, er lasse ihm zukommen, was sie noch an Materialien hätten. Dann könne er ihn noch in die

erste Märzausgabe hineinbringen, vielleicht sogar als Titel. … Er sagte, er finde seine Vorsicht löblich.

Je weniger Menschen von diesem Projekt etwas wüssten, desto besser. Mit der Stasi sei nicht zu

scherzen. In dem Zusammenhang habe er ihm auch etwas mitgebracht. … Wenn dieser Text an der Grenze

abgefangen werde, mit seiner Maschine geschrieben, dann sei er am nächsten Tag in Hohenschönhausen.

Und, dass das nicht viel Spaß mache, darüber könne Paul ein Lied singen. Leider habe er in dem

Miniformat nur ein rotes Farbband auftreiben können.

Weiterführende Aufgaben

Der Abschnitt *Weiterführende Aufgaben* kann bei Zeitmangel weggelassen werden.

:: 11 :: Referate halten

Wie geht der Film *Das Leben der Anderen* zu Ende? Recherchieren Sie. Fassen Sie das Ende des Films zusammen und berichten Sie dann in der Klasse.

:: 12 :: Reaktionen zum Film *Das Leben der Anderen*

Übungsbuch
Einheit 10,
Teil C

:: a :: Lesen Sie die beiden Reaktionen zum Film. Was wird als positiv oder negativ bewertet? Woran erkennen Sie das?

STASI-OPFER BIERMANN LOBT DEN FILM
DAS LEBEN DER ANDEREN

Der 1976 aus der DDR ausgebürgerte Liedermacher Wolf Biermann
hat den neuen Stasi-Film *Das Leben der Anderen* von Florian Henckel
von Donnersmarck als „realistisches Sittenbild der DDR" gelobt.
Er komme „aus dem Staunen gar nicht raus[1]", dass „ein westlich
5 gewachsener Regieneuling wie Donnersmarck mit ein paar arrivierten
Schauspielern in den Hauptrollen" einen solchen Film gedreht habe.

Quelle: „Stasi-Opfer Biermann lobt den Film",
Stern, 23. März 2006, www.stern.de/unterhaltung/film/558174.html

---

[1]**aus dem Staunen gar nicht rauskommen** nicht aufhören zu staunen; sich immerzu wundern

---

DAS LEBEN DER ANDEREN

Mit dieser Handlung fügt sich *Das Leben der Anderen* den klassischen
Gesetzen des Melodrams. Das bleibt immer spannend und ist oft
bewegend. Zwar ist auch dies nicht „die Wahrheit" über die DDR, wie
der Regisseur und manche Nachbeter jetzt behaupten, sondern nur
5 eine andere Wahrheit als jene, von der *Sonnenallee* und *Good Bye,
Lenin!* erzählten. Aber der Film gibt einem ein Gefühl für das, was
Überwachungsstaat[1] bedeutet.

Quelle: Rüdiger Suchsland, „Ohne Leben",
www.artechock.de/film/text/kritik/l/ledean.htm

---

[1]**der Überwachungsstaat** ein Staat, in dem die Menschen keine Freiheiten haben und in dem sie vom Staat überwacht werden

---

:: b :: Fassen Sie kurz in eigenen Worten zusammen, was in den beiden
Stellungnahmen zu der Darstellung der DDR gesagt wird. Entspricht die
Darstellung der DDR im Film *Das Leben der Anderen* der Wirklichkeit?

:: C :: Im Artikel aus dem *Stern* gibt es einen Satz mit Konjunktiv I-Formen. Unterstreichen Sie sie und erklären Sie, warum diese Formen benutzt werden. Notieren Sie in direkter Rede, was Wolf Biermann gesagt hat.

Wolf Biermann sagte: „Ich _____

_____

_____

Wolf Biermann sagte: „Ich komme aus dem Staunen gar nicht raus, dass ein westlich gewachsener Regieneuling wie Donnersmarck mit ein paar arrivierten Schauspielern in den Hauptrollen einen solchen Film gedreht hat."

:: 13 :: Mit dem Internet arbeiten

Suchen Sie im Internet Informationen zu den in den Filmen angesprochenen Themen.

> DDR-Alltagsleben
> Hohenschönhausen
> Geschichte der Berliner Mauer
> die Maueropfer
> Rock, Beat und Punk – Welche Musik war verboten?
> Wolf Biermann
> informelle Mitarbeiter (IM)

© Peter Turnley/Corbis

40-Jahr-Feier der DDR

Film: *Das Leben der Anderen* von Florian Henckel von Donnersmarck

Typisches Straßenbild in der DDR

Mauer mit Todesstreifen und Wachturm, Berlin 1978

Zitat aus DIE ZEIT lesen

:: 14 :: Hypothesen aufstellen

Nachdem die Mauer gefallen war, wurden die Akten der Stasi offengelegt,
d.h. jeder konnte die Akten lesen. Das hat viele Geheimnisse ans Tageslicht
gebracht, die auch manchmal großen Schock bei den Lesern auslösten.
Können Sie sich vorstellen, warum? Stellen Sie Hypothesen auf.

:: 15 :: Zitat lesen

Lesen Sie den folgenden Abschnitt aus *DIE ZEIT*. Verifizieren Sie Ihre
Hypothesen. Welche anderen Informationen bekommen Sie zu der
Problematik der Stasi-Akten?

> „Die Stasi mit ihren Spitzeln hat viele ostdeutsche Lebensgeschichten entwertet[1]. Die Opfer mussten sich bei der Lektüre ihrer Akten bestürzt fragen, ob der Freund ein Freund war, der Liebende ein Liebender und die fürsorgliche Lehrerin eine fürsorgliche Lehrerin –
> 5 oder ob sie alle in Wahrheit Feinde waren, Zuträger[2] des Ministeriums für Staatssicherheit. Die Tatsache, dass der Alltag von IMs[3] durchsetzt war, konfrontiert viele Menschen mit der unheimlichen Frage: Was war an meinem Leben eigentlich echt?"
>
> Quelle: Bernd Ulrich, „Der 68er Komplex",
> *DIE ZEIT* Nr. 23, 28. Mai 2009

---

[1]**entwerten** kleiner machen, wertlos machen
[2]**der Zuträger** der Informant
[3]**IM = informeller Mitarbeiter** Privatleute, die Informationen an die Stasi lieferten, oft über Familienmitglieder, Freunde, Arbeitskollegen usw.

 ## ∷ 16 ∷ Mit dem Internet arbeiten

Gehen Sie folgender Frage auf den Grund:

„Was hat der deutsche Bundespräsident Joachim Gauck mit der Stasi zu tun?" Erstellen Sie ein Porträt über Joachim Gauck, in dem Sie seinen Lebensweg darstellen.

Zusammenfassung des Themas

∷ 17 ∷ Eindrücke äußern

Berichten Sie in einer kurzen Stellungnahme von den Eindrücken, die Sie in dieser Einheit bekommen haben.

 ### ∷ 18 ∷ Debattieren

Wählen Sie im Plenum ein Debatten-Thema aus. Bilden Sie eine Pro- und eine Kontra-Gruppe und sammeln Sie Argumente, die Sie bei der Debatte benutzen werden. Überlegen Sie, wer was sagen wird. Jeder soll zu Wort kommen. Die Themen lauten:

· Man hätte die Stasi-Akten niemals öffnen sollen.
· Man sollte die Aktivitäten von Menschen, die regimegetreu gehandelt haben, nicht offenlegen, nachdem sich das Regime geändert hat.
· Die beiden deutschen Staaten waren zu unterschiedlich. Sie hätten nicht wiedervereinigt werden sollen.

∷ 19 ∷ Schreiben: So war das Leben in der DDR

Fassen Sie zusammen, was Sie in dieser Einheit über den Alltag im „anderen Deutschland" erfahren haben.

Grundwortschatz

:: VERBEN

abhören: er/sie/es hört ... ab, hörte ... ab, hat ... abgehört	to tap, secretly listen in on (e.g. a conversation or a telephone)
ausbürgern: er/sie/es bürgert ... aus, bürgerte ... aus, hat ... ausgebürgert	to deprive (s.o.) of citizenship
bespitzeln: er/sie/es bespitzelt, bespitzelte, hat ... bespitzelt	to spy on
sich entscheiden für: er/sie/es entscheidet sich, entschied sich, hat sich ... entschieden	to choose, decide in favor of
fallen (die Mauer): er/sie/es fällt, fiel, ist ... gefallen	to fall
scheitern: er/sie/es scheitert, scheiterte, ist ... gescheitert	to fail
teilen: er/sie/es teilt, teilte, hat ... geteilt	to share, divide
überwachen: er/sie/es überwacht, überwachte, hat ... überwacht	to watch, keep under surveillance
versorgen: er/sie/es versorgt, versorgte, hat ... versorgt	to supply, provide
vor•schlagen: er/sie/es schlägt ... vor, schlug ... vor, hat ... vorgeschlagen	to suggest, propose

:: NOMEN

das Ampelmännchen, -	the little man depicted in WALK/DON'T WALK pedestrian lights in the former East Germany
die Bespitzelung	spying
der Einfluss, die Einflüsse	influence
der Plattenbau	a type of nondescript high-rise apartment building common in former East Germany
die SED (Sozialistische Einheitspartei Deutschlands)	the Socialist Unity Party (official name of the communist party in former East Germany)

der Sektor, -en	sector, zone
die Spannung, -en	tension, suspense
der Spitzel, -	informer
der Staat, -en	state, country as a political entity
die Stasi (Staatssicherheit)	the state security service of the former East Germany
die Teilung	division
der Trabi, -s (Trabant, -en)	model of car manufactured in former East Germany
der Überwachungsstaat	surveillance state
die Versorgung	supplying
die Währungsreform	currency reform
die Wende	turning point
die Wiedervereinigung	reunification
die Wirtschaft	economy
das Wirtschaftswunder	economic miracle, the rapid rebuilding and development of the West German economy after World War II

:: ADJEKTIVE UND ADVERBIEN

idealistisch	idealistic(ally)
sozialistisch	socialistic(ally)
staatlich	of the state, administered by the state
verwanzt	bugged, wire-tapped
wirtschaftlich	economic(ally)

:: ANDERE AUSDRÜCKE

der Bau/Fall der Mauer	construction/fall of the Berlin Wall
die Berliner Luftbrücke	Berlin Airlift
Deutsche Demokratische Republik (DDR)	German Democratic Republic (GDR) (official name of the former East Germany)
die soziale Marktwirtschaft	social market economy

Anhang A: Vollständige Texte und Hörtexte

EINHEIT 1

WANDERSCHAFT
von Wilhelm Müller

Das Wandern ist des Müllers Lust,
Das Wandern!
Das muss ein schlechter Müller sein,
Dem niemals fiel das Wandern ein,
5 Das Wandern.

Vom Wasser haben wir's gelernt,
Vom Wasser!
Das hat nicht Rast bei Tag und Nacht,
Ist stets auf Wanderschaft bedacht,
10 Das Wasser.

Das sehn wir auch den Rädern ab,
Den Rädern!
Die gar nicht gerne stille stehn,
Die sich bei Tag nicht müde drehn,
15 Die Räder.

Die Steine selbst, so schwer sie sind,
Die Steine!
Sie tanzen mit den muntern Reihn
Und wollen gar noch schneller sein,
20 Die Steine.

O Wandern, Wandern, meine Lust,
O Wandern!
Herr Meister und Frau Meisterin,
Lasst mich in Frieden weiterziehn
25 Und wandern.

WANDRERS NACHTLIED
von Johann Wolfgang von Goethe

Über allen Gipfeln
Ist Ruh,
In allen Wipfeln
Spürest du

5 Kaum einen Hauch;
Die Vöglein schweigen im Walde.
Warte nur, balde
Ruhest du auch.

ABENDLIED
von Matthias Claudius

Der Mond ist aufgegangen,
Die goldnen Sternlein prangen
Am Himmel hell und klar;
Der Wald steht schwarz und schweiget,
5 Und aus den Wiesen steiget
Der weiße Nebel wunderbar.

Wie ist die Welt so stille,
Und in der Dämmrung Hülle
So traulich und so hold!
10 Als eine stille Kammer,
Wo ihr des Tages Jammer
Verschlafen und vergessen sollt.

Seht ihr den Mond dort stehen? –
Er ist nur halb zu sehen
15 Und ist doch rund und schön.
So sind wohl manche Sachen,
Die wir getrost belachen,
Weil unsre Augen sie nicht sehn.

Wir stolze Menschenkinder
20 Sind eitel arme Sünder
Und wissen gar nicht viel;
Wir spinnen Luftgespinste
Und suchen viele Künste
Und kommen weiter von dem Ziel.

25 So legt euch denn, ihr Brüder,
In Gottes Namen nieder,
Kalt ist der Abendhauch;
Verschon uns Gott mit Strafen
Und laß uns ruhig schlafen
30 Und unsern kranken Nachbarn auch.

EINHEIT 3

ES IST ZEIT
von Aziza A.
Track 5

Ich habe braune Augen, habe schwarzes
    Haar.
Und komm' aus einem Land wo der Mann
    über der Frau steht
5 und dort nicht wie hier ein ganz anderer
    Wind weht!
In den zwei Kulturen, in denen ich
    aufgewachsen bin,
ziehen meine lieben Schwestern meist den
10   kürzeren,
weil nicht nur die zwei Kulturen
    aufeinander krachen,
weil auch Väter über ihre Töchter wachen:
„Du bist die Ehre der Familie, klar,
15   gehorsam, schweigsam,
wie deine Mutter auch mal war."

So ein Mist, du hast Angst, kein Ast,
an dem du dich festhalten kannst, ist in
    Sicht …
20 Du überlegst: ist es meine Pflicht,
das Leben meiner Eltern so zu leben, wie sie
    es bestreben?
Mit Autorität mir meinen Mund zukleben!

Ja, ja, nun ich nehme mir die Freiheit!
25 AZIZA-A tut das, was sie für richtig hält,
auch wenn sie aus den Augen der ganzen
    Sippe fällt
und niemand sie zu den gehorsamen Frauen
    zählt!
30 Ist es mir egal, ich muß sagen was ich denk',
    und zwar …

Frau, Mutter, Mädchen oder Kind,
egal aus welchem Land sie kamen: jeder ein
    Mensch,
35 der selbständig denken kann, verstehst du
    Mann!

Sah und sehe, was geschieht: nämlich
    nichts, kein Unterschied!
Es ist Zeit, steht auf! Angesicht zu
40   Angesicht,
erkennt: wir haben das Gewicht!

Mit Hip-Hop vermischt,
erwischt meine Stimme auch die Ohren derer,
45 die ihre dicken Finger in ihre Ohren bohren.
Nichts sehen, nicht hören wollen, wie die
    drei Affen,
nur mit einem Unterschied:
sie reden, ohne zu wissen, was in uns
50   geschieht!!!

Refrain
Daracik, Daracik sokaklar kizlar misket
    yuvarlar
Used by permission of Wolfgang Galler.

EIN INTERVIEW MIT WLADIMIR KAMINER

Track 6

*Das folgende Interview mit Wladimir Kaminer
wurde von den Autorinnen am 14. August 2004
während der Russendisko im Café Burger in
Berlin aufgenommen. Da die Musik in der Disko
5 zu laut für eine gute Aufnahme war, wurde das
Interview auf der Straße durchgeführt.*

Autorinnen Im Kurs haben wir uns mit
dem Thema „Ausländer in Deutschland"
beschäftigt. Die erste Frage ist: Warum sind
10 Sie nach Deutschland immigriert?

Kaminer Na, zuerst 1990 aus Neugier, und
weil das am einfachsten war, ausgerechnet
nach Deutschland zu fahren und nicht
nach Amerika oder andere europäische
15 Länder. Und eigentlich wollte ich ja
sofort weiterfahren, ich wollte nicht in
Deutschland bleiben. Ich bin als Tourist
hierher gekommen und bin dann geblieben
aus verschiedenen Gründen, weil sich
20 plötzlich dann ein neues Leben hier

aufgebaut hat, unglaublich schnell. Das
kann man schwer heute sich vorstellen
oder auch erklären, aber damals 1991 in
Berlin – das war eine besondere Zeit. Es
25 war der Zauber der Wende, nennt man
das. Vieles war möglich, was man sich gar
nicht vorstellen konnte in der Sowjetunion
oder auch heute im heutigen Deutschland.
Ich habe sehr schnell dann Freunde, tollen
30 Job, super Wohnung, gute Elektronik und
supertolle Frau gefunden – alles auf einmal
und innerhalb der kürzesten Zeit. Da will
man natürlich nicht wegfahren.

Autorinnen Wohin wollten Sie eigentlich?

35 Kaminer Komischerweise wollte ich nach
Dänemark, weil ich dort viele Freunde
hatte. Davor gab es eine Jugendbewegung.
Dänische Jugendliche waren in Moskau
und St. Petersburg und haben sehr viele von
40 meinen Freunden und Kollegen von damals
mitgenommen nach Dänemark. „Next stop"
hieß diese Bewegung, deswegen wollte ich
auch nach Dänemark, also denen hinterher.

Autorinnen Im Unterricht haben wir einen
45 Auszug aus *Russendisko* gelesen, das Kapitel
„Sprachtest". Dort werden drei Fragen
aus dem Sprachtest für Ausländer zitiert.
Was sind Ihrer Meinung nach die richtigen
Antworten auf diese drei Fragen? Frage
50 Nummer 1 ist: „Ihr Nachbar lässt immer
wieder spätabends Musik laufen. Sie können
nicht schlafen. Was machen Sie?"

Kaminer Wahrscheinlich war die Aufgabe
dieses Sprachtestes herauszufinden, wie
55 integrationsfähig die Russen sind. Ob sie
zu den …, na, was würde ein Deutscher
machen? Der würde bestimmt Polizei
rufen. Ein Russe würde entweder ihm
die Schnauze polieren oder selbst zu
60 dieser Musik dann – zusammen mit dem

Nachbarn – tanzen. Aber er würde bestimmt
keine Polizei rufen, das kommt von der
alten sowjetischen Tradition. Man hatte
eben Misstrauen an die Organe des Staates
65 und Vertrauen an sich selbst.

Autorinnen Und was hätten Sie auf diese
Frage geantwortet?

Kaminer Also mein Vater würde auf jeden
Fall keine Polizei rufen, der würde bestimmt
70 sich selbst vertrauen und mit dem Nachbarn
das klären.

Autorinnen Die zweite Frage war:
„Was kaufen die Deutschen im
Sommerschlussverkauf oder im
75 Winterschlussverkauf und warum?"

Kaminer Das ist eine andere
Mentalitätsebene hier, diese sogenannte
„Schnäppchenjagd", dass die Leute
immer die falschen Sachen kaufen, also
80 im Sommer die Wintersachen und im
Winter die Sommersachen. Da sind die
Russen eigentlich auch so. Und dann
haben sie das Gefühl dabei, dass sie so
total gut abgeschnitten haben, super
85 Schnäppchen, alles zu super Preis gemacht
haben. Aber das ist – ich glaube nicht, dass
das eine typisch deutsche oder typisch
russische Mentalität ist. Ich glaube, das
gehört zu sehr weit verbreiteten Fallen
90 des Kapitalismus. Das war ja in Amerika
eigentlich viel viel skurriler, als wir da
gesehen haben, dass da eine Tablette
Aspirin viel teurer ist als tausend von
diesen Tabletten oder wenn jemand
95 bereit ist, zum Beispiel 10-Kilo-Packung
Orangensaft zu kaufen, der wird auch viel
besser abschneiden. Hier in Deutschland
gibt's 10-Liter-Packung Orangensaft gar
nicht. 10-Liter-Packung! Das muss man sich
100 vorstellen!

Autorinnen Die letzte Frage war: „Schwimmen Sie gern? Haben Sie Gesundheitsprobleme? Was essen Sie zum Frühstück?" Was ist die richtige Antwort, Ihrer Meinung nach?

Kaminer Ich habe vermutet, dass diese Frage extra in Sprachtest aufgenommen wurde, um so hinterhältig zu erfahren, wie die gesundheitlichen Zustände derjenigen sind, ob er nun gesund ist und irgendwie nützlich fürs Deutschland oder vielleicht ein kranker Invalide.

Autorinnen Und warum, denken Sie, ist die Frage über den Winterschlussverkauf oder Sommerschlussverkauf in dem Test?

Kaminer Gut, hätte mein Vater geantwortet: „Ach, ich weiß überhaupt nicht, was diese Deutschen kaufen, interessiert mich auch nicht, ich bin sowieso keine große Kaufkraft", dann wäre das wahrscheinlich die falsche Antwort gewesen. Die suchen nach der richtigen Kaufkraft. Das gehört ja auch zu dem Programm, das hier durchgeführt wird, von der Regierung, ach, von allen Regierungen.

Autorinnen Und hat Ihr Vater mittlerweile den Sprachtest bestanden und die deutsche Staatsbürgerschaft bekommen?

Kaminer Nein.

Autorinnen Warum nicht? Er wollte doch den Test machen.

Kaminer Ja, er versucht's immer wieder, aber er schafft's nicht, ich glaube, er ist zu unschlüssig, er ist zu unschlüssig. Er schafft's nicht zu Ende. Das ist auch … deutsche Bürokratie, braucht einen bestimmten Umgang. Man muss Geduld haben. Man darf überhaupt alles nicht zu nah an sich zehren lassen. Man muss es wie ein Spiel betrachten und das kann er nicht, ich weiß nicht, warum. Also, ich kann viele Gründe vermuten.

Autorinnen Haben Sie die deutsche Staatsbürgerschaft?

Kaminer Ich ja, wir sind gerade dabei, jetzt für die Kinder die Staatsangehörigkeit zu beantragen und auch zu bekommen, ich stehe im aktiven Briefwechsel mit dem Bürgeramt für Staatsangehörigkeitsangelegenheiten.

Autorinnen Was ist für Sie gut und was ist schlecht an Deutschland?

Kaminer Na, diese Eigenart, diese Eigenart, zum Beispiel bei der Sprache, diese zusammengeklappten Worte, die man ins Unendliche ziehen kann. Diese Eigenart hat so Vorteile und Nachteile, obwohl fast sind die Vorteile und Nachteile ja gleich. Zum einen kann man alles mit einem Wort sagen, was man will. Zum anderen – man lernt als Ausländer eigentlich nie aus.

Autorinnen Sind die Deutschen Ihrer Meinung nach ausländerfreundlich?

Kaminer Die Deutschen? Ist das jetzt eine provokative Frage?

Autorinnen Nein, ich frage nach Ihren Erfahrungen.

Kaminer Wer ist schon ausländerfreundlich? Es gibt keine ausländerfreundlichen Völker, das ist absurd. Alle Völker sind ausländerfeindlich.

Autorinnen Warum sagen Sie das? Haben Sie schlechte Erfahrungen?

Kaminer Nein, weil das normal ist. Ich meine, es betrifft nicht jeden, aber die meisten Leute, die Leute haben normalerweise Angst. Angst ist die Triebkraft für unsere Gesellschaft und Angst braucht eben immer Projektionen.

180 Man muss irgend so eine Projektionsfläche für eigene Angst finden, sei es nun Arbeitslosigkeit oder gesundheitliche Probleme oder sonst was. Dann sind das eben … die Angst vor dem Fremden.

185 **Autorinnen** Was halten Sie vom Stichwort „Integration"?

Kaminer Ja, Integration ist auch ein Hirngespinst im Grunde genommen, weil man sich ins Leben gar nicht, schon gar

190 nicht mit staatlichen Mitteln, integrieren kann. Das Leben verändert sich ständig. Integration ist ein Prozess, eigentlich bedarf jede Bevölkerungsschicht einer Integration, auch die Deutschen, die Ostdeutschen, die

195 Westdeutschen. Jetzt ist dieses neue EU noch ein Grund für eine allgemeine Integration. Jeder Mensch … außerdem wird jeder älter und muss integriert werden in seine neue Altersphase. Integration ist etwas, was mit

200 Ausländern wenig zu tun hat. Deswegen ist … die Integration als Lebensprozess ist im Grunde genommen ein halbes Leben, wenn nicht noch mehr. Integration jetzt als irgendwelches staatliches Förderprogramm

205 ist Quatsch! Ich kenne jede Menge Leute, die hier ohne jegliche Integration leben und es geht ihnen gut.

Autorinnen Können Sie zum Schluss noch ein bisschen von der Russendisko erzählen?

210 **Kaminer** Russendisko ist eine Tanzveranstaltung, wo nur russische Musik aufgelegt wird, aber nur gute, also kein billiger Pop, Trash oder nicht das, was in den russischen Dörfern aus dem Radio

215 kommt, sondern Musik, die wir mit großer Mühe überall suchen, in allen ehemaligen Republiken der Sowjetunion oder auch in anderen Ländern, wo russische Musiker leben und arbeiten, sei es nun Kalifornien,

220 Australien oder Holland. Inzwischen sind ja russische Musiker überall. In Frankreich gibt's eine sehr gute Band. Diese Musik legen wir hier auf, die Veranstaltung hat im November Jubiläum, wir werden fünf

225 Jahre alt. Wir waren mit Russendisko mit unterschiedlichem aber immer großem Erfolg in sehr unterschiedlichen Ländern überall in Europa, in Israel, in Amerika, in Russland, fahren jeden Monat … machen

230 wir diese Auslandseinsätze und zweimal im Monat hier im Café Burger, in unserem Domizil. Kaffee Burger wird im November auch fünf Jahre alt sein. Wir feiern zusammen ein gemeinsames Jubiläum.

235 **Autorinnen** Und können die Deutschen tanzen?

Kaminer Ja, zu unserer Musik können alle tanzen.

Autorinnen Vielen Dank.

EINHEIT 5

BEZIEHUNGSGESPRÄCH 1 AUS *LOLA RENNT*

Lola	Manni?
Manni	Mmh …
Lola	Liebst du mich?
Manni	Ja, sicher.
5 Lola	Wie kannst du sicher sein?
Manni	Weiß ich nicht. Bin's halt.
Lola	Aber ich könnt' auch irgend 'ne andere sein.
Manni	Nee nee.
10 Lola	Wieso nicht?
Manni	Weil du die Beste bist.

Lola	Die beste was?
Manni	Na, die beste Frau.
Lola	Von allen, allen Frauen?
15 Manni	Na klar!
Lola	Woher willst du das wissen?
Manni	Das weiß ich halt.
Lola	Du glaubst es.
Manni	Gut, ich glaub's.
20 Lola	Siehst du!
Manni	Was?
Lola	Du bist dir nicht sicher.
Manni	Na, spinnst du jetzt oder was?
Lola	Und wenn du mich nie getroffen hättest?
25	
Manni	Wie, was wär' dann?
Lola	Dann würdest du jetzt dasselbe 'ner anderen erzählen.
Manni	Ich brauch's ja nicht zu sagen, wenn du's nicht hören willst.
30	
Lola	Ich will überhaupt nichts hören, ich will wissen, was du fühlst.
Manni	OK, ich fühle, ... dass du die Beste bist.
35 Lola	Dein Gefühl, wer ist denn das, dein Gefühl?
Manni	Na ich, mein Herz.
Lola	Dein Herz sagt: „Guten Tag Manni, die da, die is' es"?
40 Manni	Genau.
Lola	Und du sagst: „Ah ja, danke für diese Information. Auf Wiederhören bis zum nächsten Mal."?
Manni	Genau.
45 Lola	Und du machst alles, was dein Herz dir sagt?
Manni	Na, das sagt ja nichts, also, ja was weiß ich, das, ... es fühlt halt.

Lola	Und was fühlt es jetzt?
50 Manni	Es fühlt, dass da gerade jemand ziemlich blöde Fragen stellt.
Lola	Mann, du nimmst mich überhaupt nicht ernst.
Manni	Lola, was is' denn los? Willst du irgendwie weg von mir?
55	
Lola	Ich weiß nicht, ich muss mich halt entscheiden, glaub ich.

BEZIEHUNGSGESPRÄCH 2 AUS *LOLA RENNT*

Manni	Lola?
Lola	Mmh ...
Manni	Wenn ich jetzt sterben würde, was würdest du dann machen?
5 Lola	Ich würde dich nicht sterben lassen.
Manni	Na ja, wenn ich todkrank wäre und es gibt keine Rettungsmöglichkeit.
Lola	Ich würde eine finden.
Manni	Jetzt sag doch mal ... Ich lieg' jetzt im Koma und der Arzt sagt: „Einen Tag noch."
10	
Lola	Ich würde mit dir ans Meer fahren und dich ins Wasser schmeißen. Schocktherapie.
15 Manni	Na gut, und wenn ich dann trotzdem tot wär'?
Lola	Was willst du denn jetzt hören?
Manni	Jetzt sag doch mal.
Lola	Ich würde nach Rügen fahren und deine Asche in den Wind streuen.
20	
Manni	Und dann?
Lola	Was weiß ich, so 'ne blöde Frage.
Manni	Ich weiß es, du würdest mich vergessen.
25 Lola	Nee.

Manni Doch, doch, klar, sonst könntest du
ja gar nicht weiterleben. Ich mein',
klar würdest du trauern die ersten
Wochen, bestimmt, ist ja auch
30 nicht schlecht. Alle total mitfühlend
und echt betroffen und alles ist so
unendlich traurig und du kannst
einem einfach nur tierisch leid tun.
Dann kannst du allen zeigen, wie
35 stark du eigentlich bist, „Was für
eine tolle Frau!" werden die dann
alle sagen, „Die reißt sich echt am
Riemen, ist nicht hysterisch und
heult den ganzen Tag 'rum." oder so.
40 Und dann kommt auf einmal dieser
unheimlich nette Typ mit den grünen
Augen und der ist so supersensibel,
hört dir den ganzen Tag zu und
lässt sich so richtig schön von dir
45 volllabern. Und dem kannst du dann
erzählen, wie schwer du es gerade
hast und dass du dich jetzt echt erst
mal um dich selbst kümmern musst
und dass du nicht weißt, wie es
50 weitergehen wird und bä, bä, bä …
dann hockst du plötzlich bei ihm auf
dem Schoß und ich bin gestrichen
von der Liste. So läuft das nämlich.

Lola Manni?

55 **Manni** Was?

Lola Du bist aber nicht gestorben.

EINHEIT 6

FRAUENERFOLGE: GESTERN – HEUTE – MORGEN Track 7

(Auszug: Rede der Politikerin Micheline Calmy-Rey am 14. Juni 2003)

Frauen Regierungsrätinnen, Frau
Ständerätin, Frauen Nationalrätinnen, liebe
Frauen, der 14. Juni ist für uns Frauen in der
Schweiz ein ganz besonderer Tag. Am 14. Juni
5 1991 haben wir uns etwas ganz Unerhörtes
erlaubt. Wir haben gestreikt. Wir haben
gestreikt in einem Land, in dem Arbeitsfriede
herrscht und Streik ein verpöntes Mittel
ist. Wir haben für unsere Gleichstellung
10 gestreikt, und wir haben gefordert, dass wir
Frauen die gleichen Rechte erhalten wie die
Männer. Dies war umso erstaunlicher, als wir
Schweizerinnen in Sachen Gleichstellung
für unsere Bescheidenheit und Engelsgeduld
15 bekannt waren.

Am 14. Juni 1991 war unsere Geduld zu
Ende. Wir forderten klar und deutlich, was
uns zustand. „20 Jahre Frauenstimmrecht,
10 Jahre Gleichstellung in der Verfassung,
20 0 Jahre Gleichstellung." So lautete 1991
unsere Bilanz. Nun wollten wir
endlich Gleichstellung. Nicht nur auf
dem Papier, sondern in Taten, und zwar
sofort.

Eine halbe Million Frauen haben sich
25 öffentlich und fantasievoll ausgedrückt.
Transparente wie „Die Frau lebt nicht vom
Lob allein" oder „Wir helfen immer den
andern – ab jetzt helfen wir uns selbst"
geben einen Eindruck der Gefühlslage
30 von vielen Frauen. Denn viele hatten sich
in traditionelle Rollenmuster eingefügt,
und plötzlich haben sie die Einseitigkeit
dieses sozialen Vertrages erkennen müssen.
Unter dem Motto „Wenn Frau will, steht
35 alles still" hat eine halbe Million Frauen
deutlich gemacht, dass sie zwar einen
unentbehrlichen Beitrag zur Gesellschaft
leisten, dieser Beitrag jedoch von der
Gesellschaft nicht honoriert wird.

40 Wir wollten endlich die Verwirklichung
der in der Verfassung versprochenen
Lohngleichheit, und wir wollten
Rahmenbedingungen, welche Frauen nicht
a priori benachteiligen im Erwerbsleben.

45 Mehr Kinderkrippen etwa und kürzere
Arbeitszeiten. Oder Teilzeitstellen sowohl für
Männer wie für Frauen. Wir wollten, dass die
Männer sich an der Hausarbeit beteiligen.
Und wir wollten endlich Maßnahmen für
50 die berufliche Besserstellung der Frauen,
nämlich Maßnahmen, die verhindern, dass
Frauen vor allem in schlecht bezahlten
Berufen anzutreffen sind.

Sie werden sich nun fragen: Hat dieser
55 Frauenstreik von 1991 uns tatsächlich
die Gleichstellung gebracht? ... Liebe
Frauen, wie wir sehen, gibt es noch immer
Unterschiede in der Stellung von Frauen
und Männern. Mit Gesetzen allein lassen
60 sich diese nicht beseitigen. ...

SCHWARZER PETER
von Peter Henisch

Romanauszug Teil V: Was Mutter erzählt
Track 10

Meine Mutter hat selten von ihm
erzählt. Nur manchmal, in adventlichen
Abendstunden, die von meiner Erinnerung
wegen ihrer nicht nur von unserem
5 alten Kanonenofen ausgehenden Wärme
besonders gern reproduziert werden,
hat sich ihre Zunge gelöst. Draußen,
vor dem Küchenfenster, schneit es in
langsam sinkenden Flocken, meine liebe
10 Mamma steht am Tisch, der mit einem
großen, mehlbestaubten Leintuch bedeckt
ist, und walkt Teig. Ich darf allerlei
hübsche Formen – Blumen, Tiere, Sterne,
Kartenspielsymbole – aus dem Teig
15 ausstechen, während sie, hinter meinem
Rücken ab und zu einen Schluck aus der
Rumflasche nehmend, aus der sie zuvor
einige Tropfen in den Teig gemischt hat,
ungefähr Folgendes preisgibt:

20 Dass er ein netter, freundlicher, höflicher
Mensch gewesen sei, der ihr nicht

nur Zigaretten und Nylonstrümpfe,
sondern auch weißen Flieder und rote
Rosen geschenkt habe. Dass er nicht
25 nur gut Boogie gespielt, sondern auch
leidlich Walzer getanzt und auf dem
Piano nicht nur *Ol' Man River*, sondern
auch den Klavierauszug von Schuberts
Forellenquintett gespielt habe, zur
30 Besänftigung meiner Oma. Bei dieser
Gelegenheit fiel meiner Mutter ein, wie
schön seine Hände gewesen seien, mit ihren
langen, schlanken, dunkelbraunen Fingern,
an denen die hellen, gepflegten Nägel
35 mit den fast rosigen Monden umso mehr
auffielen. *Meine* Patschhände hatten noch
nicht ganz diesen Appeal, aber was nicht
war, konnte ja noch werden.

Quelle: Peter Henisch, *Schwarzer Peter*,
Residenz Verlag, Salzburg und Wien, 2000,
S. 7–8.

EINHEIT 7

RAUCH-HAUS-SONG
von Ton Steine Scherben, 1972
Track 11

Der Mariannenplatz war blau, soviel Bullen
    waren da,
und Mensch Meier musste heulen, das war
    wohl das Tränengas.
5 Und er fragt irgendeinen: „Sag mal, ist hier
    heut'n Fest?"
„Sowas ähnliches", sachte einer, „das
    Bethanien wird besetzt."
„Wird auch Zeit", sachte Mensch Meier,
10   stand ja lange genug leer.
Ach, wie schön wär doch das Leben, gäb es
    keine Pollis mehr.
Doch der Einsatzleiter brüllte: „Räumt den
    Mariannenplatz,
15 damit meine Knüppelgarde genug Platz zum
    Knüppeln hat!"

Doch die Leute im besetzen Haus
riefen: „Ihr kriegt uns hier nicht raus!
Das ist unser Haus, schmeißt doch endlich
20 Schmidt und Press und Mosch aus
    Kreuzberg raus."

Der Senator war stinksauer, die CDU war
    schwer empört,
daß die Typen sich jetzt nehmen, was ihnen
25   sowieso gehört.
Aber um der Welt zu zeigen, wie großzügig
    sie sind,
sachten sie: „Wir räumen später, lassen sie
    erstmal drin!"
30 Und vier Monate später stand in Springer's
    heißem Blatt,
daß das Georg-von-Rauch-Haus eine
    Bombenwerkstatt hat.
Und die deutlichen Beweise sind zehn leere
35   Flaschen Wein
und zehn leere Flaschen können schnell
    zehn Mollies sein.

Doch die Leute im Rauch-Haus
riefen: „Ihr kriegt uns hier nicht raus!
40 Das ist unser Haus, schmeißt doch endlich
Schmidt und Press und Mosch aus
    Kreuzberg raus."

Letzten Montag traf Mensch Meier in der
    U-Bahn seinen Sohn.
45 Der sagte: „Die woll'n das Rauch-Haus
    räumen,
ich muß wohl wieder zu Hause wohnen."
„Is ja irre", sagt Mensch Meier „sind wa
    wieder einer mehr
50 in uns'rer Zweizimmer-Luxuswohnung und
    das Bethanien steht wieder leer.
Sag mir eins, ha'm die da oben Stroh oder
    Scheiße in ihrem Kopf?
Die wohnen in den schärfsten Villen,
55   unsereins im letzten Loch.
Wenn die das Rauch-Haus wirklich räumen,
bin ich aber mit dabei und hau den ersten
    Bullen,

60 die da auftauchen ihre Köppe ein.

Und ich schrei's laut:
‚Ihr kriegt uns hier nicht raus!
Das ist unser Haus, schmeißt doch endlich
Schmidt und Press und Mosch aus
65   Kreuzberg raus.' "

[3x] Und wir schreien's laut:
„Ihr kriegt uns hier nicht raus!
Das ist unser Haus, schmeißt doch endlich
Schmidt und Press und Mosch aus
70   Kreuzberg raus."

Rauch-Haus-Song, Text & Musik: Ralph Möbius, DVP 1972. Diese
Aufnahme ist bei MöbiusRekords 1999 auf der CD: „Rio Reiser am
Piano II." erschienen.

AUGENZEUGENBERICHT

Track 12

Im Gespräch mit einem „Alt-68er"
Der Interviewte: Wolfgang Büttner
Die Interviewende: Miranda Emre

M.E. Schön, dass Sie heute Zeit gefunden
5 haben, für das Interview. Oder wollen wir
eher „du" sagen? Ich glaube, es war damals
eher verpönt, sich zu „Siezen", oder?

W.B. „Du" ist total wichtig. „Du", bitte
lass uns „du" sagen. Wir haben in der
10 damaligen Zeit immer „du" gesagt, zu den
Professoren und in der Arbeitswelt war das
„du" eigentlich üblich. Es macht eigentlich
heute noch die 68er-Generation aus. Heute
noch im Berufsleben, wer gleich „du" zu
15 einem sagt, auch zu Vorgesetzten, [...] der
ist eigentlich ein 68er, das weiß man. Sehr
gerne sagen wir „du".

M.E. OK, gut, dann sagen wir du.
Der Titel dieses Interviews lautet ja „Im
20 Gespräch mit einem ‚Alt-68er' ".
Würdest du dich als so einen „Alt-68er"
bezeichnen?

W.B. Den Begriff „alt" lassen wir auch zur
Seite wie das „Sie". Das „alt" ist viel später

entstanden. Ich würde gerne von der 68er-Generation sprechen.

M.E. Gut. Wie zeichnen sich die 68er oder die 68er-Generation aus oder was hat sie damals ausgezeichnet?

W.B. Damals hat sie ausgezeichnet, dass es ein ganz starkes Gefühl war von Gemeinsamkeit, man war wild und wollte was verändern, man will die Gesellschaft verändern, man will die Gesellschaft für alle Menschen verbessern, also die Lebensgefühle verbessern, man will was anderes ausprobieren, man will experimentieren. Das hat eigentlich so die 68er-Generation ausgemacht.

M.E. Du hast mir ja schon erzählt, dass du auch eigene Kinder hast. Hast du die denn auch, ich weiß, die sind ja nicht in den 68ern geboren, aber hast du die denn auch antiautoritär erzogen? Dieser Erziehungsstil kommt ja so aus dieser Zeit.

W.B. Antiautoritäre Erziehung, was heißt das? Es heißt eigentlich, dass man sehr viele Sachen in Frage stellt, dass man das, was man selbst erfahren hat auf keinen Fall seinen eigenen Kindern weitergeben will. Wir wurden ja in den 50er-Jahren sehr autoritär nach dem Zweiten Weltkrieg auch erzogen und das wollte man den eigenen Kindern nicht mehr so antun und hat dann mit anderen Eltern zusammen versucht, neue Wege zu gehen und die sind auch gegangen worden. Wir haben eigene Vereine gegründet, wir haben Kinderläden gegründet, wo ganz viele Kinder mit dem eigenen Konzept der Eltern erzogen wurden und das war, glaube ich, eine ganz wichtige Entwicklung in den 70er-Jahren.

M.E. Und kommen Sie / kommst du ursprünglich (ich bin immer noch beim Sie, weil das ja heutzutage so üblich ist) aus Berlin? – weil du das in unserem Vorgespräch mal erwähnt hattest.

W.B. Viele, viele Studenten kamen nicht aus Berlin. Wir kamen, damals hat man Westdeutschland gesagt. Ich kam aus einem kleinen Dorf bei Frankfurt und hab da gemerkt, dass ich dort ganz schnell an Grenzen stoße und bin mit zwanzig Jahren dann nach Westberlin gegangen. Also Westberlin ist nicht mit dem heutigen Berlin zu vergleichen.

M.E. Nee, das ist klar. Was hat dich damals an der Stadt fasziniert?

W.B. Man wusste und hat das auch gleich erfahren, dass in Westberlin sehr, sehr viele Gleichgesinnte waren. Es gab die Universität, es gab die Technische Universität, es gab sehr, sehr viele Hochschulen und Fachhochschulen. Das Studentenleben war sehr ausgeprägt. In Berlin gab es keine Polizeistunden, es gab große Wohnungen, man konnte also Wohngemeinschaften gründen, man konnte Kinderläden gründen, mieten. Man konnte also sehr, sehr viel ausprobieren in Berlin, mehr als in anderen deutschen Städten. Das hat mich und viele andere an Westberlin fasziniert.

M.E. Und [...] es gab ja dann auch die Zeit der sogenannten Hausbesetzungen. In dieser Hausbesetzerszene warst du da konkret dran beteiligt?

W.B. Ja, da habe ich auch so meine Erfahrung machen dürfen.

M.E. Das eine sehr bekannte war ja das Georg-von-Rauch oder das Rauch-Haus, das sogenannte Rauch-Haus. Was war denn da genau ... ?

W.B. Georg von Rauch war ein junger Student gewesen, der bei seiner Festnahme, schon Anfang der 70er-Jahre, erschossen wurde und dieses Georg-von-Rauch-Haus war ein ehemaliges Schwesternhaus/Krankenhaus (Bethanien-Krankenhaus), das leer stand. Das hat man besetzt, nicht für sich selbst, sondern für junge Leute, für Trebegänger, für Schüler, die von zu Hause abgehauen sind, die schwierige Kindheiten hatten, die nicht mehr mit ihren Familien klarkamen, die Drogenerfahrungen schon gemacht haben. Dafür haben wir dieses Haus damals besetzt, für diese jungen Menschen.

M.E. Und du warst ganz aktiv dabei?

W.B. Ja, damals war das ja viel einfacher als heute, so ein Haus zu besetzen. Diese bekannte Gruppe „Ton Steine Scherben" haben ein Konzert gegeben, damals im Audimax der TU und hatten damals ein sehr bekanntes Lied „Macht kaputt, was euch kaputt macht". Da konnte man sich sehr viel drunter vorstellen. Dieses Lied haben sie natürlich auch gesungen und wir fanden das Lied sehr gut. Die haben da Flugblätter verteilt und haben gesagt „So, ihr kommt mit der U-Bahn, fahrt da und da hin, steigt da um, steigt da aus, geht zum ehemaligen Bethanien-Krankenhaus am Mariannenplatz und da wird dieses Schwesternhaus besetzt." Das Haus stand über fünf Jahre leer, war aber voll funktionstätig, die Heizungen gingen, die Fenster waren OK. Dieses Haus konnte man von einer Sekunde auf die andere nutzen und das haben wir getan, indem wir es besetzt haben. Natürlich

hat das so die Polizei nicht [...] hat sofort reagiert, das ist klar. Die kam da an mit Blaulicht, Wasserwerfern.

M.E. Da gab es ja das bekannte Lied „Der Mariannenplatz war blau" oder?

W.B. Ja genau, das wurde dann später von „Ton Steine Scherben" ein paar Monate später nach der Besetzung veröffentlicht.

M.E. Denkst du denn, dass die heutigen Missstände in der Gesellschaft auch, wenn wir jetzt auf dieses „Occupy Wall Street" kommen, ähnliche Ursachen hat wie damals?

W.B. Ich weiß es nicht. Ich weiß da zu wenig drüber. Aber wenn diese Bewegung der Wall Street die Gesellschaft verändern will, das Kapital verändern will, das Kapital gerechter verteilen will, dann ist das die gleiche Bewegung und die gleiche Motivation wie damals.

M.E. Noch eine abschließende Frage. Haben die 68er die heutige Gesellschaft geprägt? ... ist klar. Ist die heutige Gesellschaft so wie sie ist durch die 68er?

W.B. Ja, ja, wenn man das heute rückblickend betrachtet, ist das so. Man muss sich vorstellen, dass in Deutschland eine alternative Partei entstanden ist, die heutigen Grünen, es sind die Frauenbewegungen entstanden, es ist ganz viel entstanden und in Bewegung geraten, was man sich heute gar nicht mehr wegdenken kann.

M.E. Noch eine Frage. In Deutschland ist ja die Diskussion immer wieder sehr aktuell, dieser Werteverfall der heutigen Jugendlichen. Ist es unter anderem auch darauf zurückzuführen? Da gab es mal

diese Theorie. Mit Wertefall meine ich die
Jugendlichen, die heutzutage wenig Respekt
vor Autoritäten haben wie Lehrern, wie
180 Polizei oder den eigenen Eltern.

W.B. Nein, das ist nicht den Alt-68ern
anzulasten. Sondern das ist ein Phänomen
von bildungsfernen Schichten, meiner
Meinung nach.

185 M.E. OK, dann danke ich dir für das Gespräch.
Hat Spaß gemacht und ich habe viel gelernt.

W.B. Ich hoffe, ich konnte das damalige
Lebensgefühl so einigermaßen rüberbringen.

Courtesy of Wolfgang Büttner

EINHEIT 8

DEUTSCHLAND
von Bertolt Brecht

*Mögen andere von ihrer Schande sprechen, ich
spreche von der meinen.*

O Deutschland, bleiche Mutter!
Wie sitzest du besudelt
Unter den Völkern.
Unter den Befleckten
5 Fällst du auf.

O Deutschland, bleiche Mutter!
Wie haben deine Söhne dich zugerichtet
Daß du unter den Völkern sitzest
Ein Gespött oder eine Furcht!

10 Von deinen Söhnen der ärmste
Liegt erschlagen.
Als sein Hunger groß war
Haben deine anderen Söhne
Die Hand gegen ihn erhoben.
15 Das ist ruchbar geworden.

Mit ihren so erhobenen Händen
Erhoben gegen ihren Bruder

Gehen sie jetzt frech vor dir herum
Und lachen in dein Gesicht.
20 Das weiß man.

In deinem Hause
Wird laut gebrüllt, was Lüge ist
Aber die Wahrheit
Muß schweigen.
25 Ist es so?

Warum preisen dich ringsum die
    Unterdrücker, aber
Die Unterdrückten beschuldigen dich?
Die Ausgebeuteten
30 Zeigen mit Fingern auf dich, aber
Die Ausbeuter loben das System
Das in deinem Hause ersonnen wurde!

Und dabei sehen dich alle
Den Zipfel deines Rockes verbergen, der
35   blutig ist
Vom Blut deines
Besten Sohnes.

Hörend die Reden, die aus deinem Hause
dringen, lacht man.
40 Aber wer dich sieht, der greift nach dem
    Messer
Wie beim Anblick einer Räuberin.

EINHEIT 9

FINALE DER *GÖTTERDÄMMERUNG*
Fliegt heim, ihr Raben!

Track 14

Raunt es eurem Herren, was hier am Rhein
    ihr gehört!
An Brünnhildes Felsen fahrt vorbei.
Der dort noch lodert, weiset Loge nach
5   Walhall!
Denn der Götter Ende dämmert nun auf.

So – werf' ich den Brand in Walhalls
    prangende Burg.

Grane, mein Roß, sei mir gegrüßt!
10 Weißt du auch, mein Freund, wohin ich
dich führe?
Im Feuer leuchtend, liegt dort dein Herr,
Siegfried, mein seliger Held.

Dem Freunde zu folgen, wieherst du
15 freudig?
Lockt dich zu ihm die lachende Lohe?
Fühl meine Brust auch, wie sie entbrennt;
helles Feuer das Herz mir erfaßt,
ihn zu umschlingen, umschlossen von ihm,
20 in mächtigster Minne vermählt ihm zu sein!

Heiajoho! Grane!
Grüß deinen Herren!
Siegfried! Siegfried! Sieh!
Selig grüßt dich dein Weib!

Richard Wagner: *Götterdämmerung*, Finale

Anhang B: Unregelmäßige Verben

Diese Liste enthält die für dieses Textbuch relevanten unregelmäßigen Verben und Modalverben.

Infinitiv	3. Pers. Sing. Präs.	3. Pers. Sing. Prät.	Hilfsverb ... Partizip Perfekt
abnehmen	nimmt ... ab	nahm ... ab	hat ... abgenommen
anbieten	bietet ... an	bot ... an	hat ... angeboten
anfangen	fängt ... an	fing ... an	hat ... angefangen
ankommen	kommt ... an	kam ... an	ist ... angekommen
annehmen	nimmt ... an	nahm ... an	hat ... angenommen
anrufen	ruft ... an	rief ... an	hat ... angerufen
anschließen	schließt ... an	schloss ... an	hat ... angeschlossen
ansehen	sieht ... an	sah ... an	hat ... angesehen
ansteigen	steigt ... an	stieg ... an	ist ... angestiegen
anwerben	wirbt ... an	warb ... an	hat ... angeworben
auftreten	tritt ... auf	trat ... auf	ist ... aufgetreten
aufwachsen	wächst ... auf	wuchs ... auf	ist ... aufgewachsen
ausgeben	gibt ... aus	gab ... aus	hat ... ausgegeben
aussehen	sieht ... aus	sah ... aus	hat ... ausgesehen
aussteigen	steigt ... aus	stieg ... aus	ist ... ausgestiegen
befehlen	befiehlt	befahl	hat ... befohlen
beginnen	beginnt	begann	hat ... begonnen
behalten	behält	behielt	hat ... behalten
bekommen	bekommt	bekam	hat ... bekommen
beschließen	beschließt	beschloss	hat ... beschlossen
beschreiben	beschreibt	beschrieb	hat ... beschrieben
besitzen	besitzt	besaß	hat ... besessen
bestehen	besteht	bestand	hat ... bestanden
betragen	beträgt	betrug	hat ... betragen
betreffen	betrifft	betraf	hat ... betroffen
sich bewerben	bewirbt sich	bewarb sich	hat sich ... beworben
sich beziehen (auf)	bezieht sich	bezog sich	hat sich ... bezogen
bitten	bittet	bat	hat ... gebeten
bleiben	bleibt	blieb	ist ... geblieben

Infinitiv	3. Pers. Sing. Präs.	3. Pers. Sing. Prät.	Hilfsverb ... Partizip Perfekt
brennen	brennt	brannte	hat ... gebrannt
bringen	bringt	brachte	hat ... gebracht
denken	denkt	dachte	hat ... gedacht
durchfallen	fällt ... durch	fiel ... durch	ist ... durchgefallen
dürfen	darf	durfte	hat ... gedurft
eintreten	tritt ... ein	trat ... ein	ist ... eingetreten
empfehlen	empfiehlt	empfahl	hat ... empfohlen
enthalten	enthält	enthielt	hat ... enthalten
entlassen	entlässt	entließ	hat ... entlassen
sich entscheiden	entscheidet sich	entschied sich	hat sich ... entschieden
sich entschließen	entschließt sich	entschloss sich	hat sich ... entschlossen
entstehen	entsteht	entstand	ist ... entstanden
erfahren	erfährt	erfuhr	hat ... erfahren
ergreifen	ergreift	ergriff	hat ... ergriffen
erhalten	erhält	erhielt	hat ... erhalten
erkennen	erkennt	erkannte	hat ... erkannt
erscheinen	erscheint	erschien	ist ... erschienen
erschießen	erschießt	erschoss	hat ... erschossen
essen	isst	aß	hat ... gegessen
fahren	fährt	fuhr	ist ... gefahren
fallen	fällt	fiel	ist ... gefallen
fangen	fängt	fing	hat ... gefangen
finden	findet	fand	hat ... gefunden
fliegen	fliegt	flog	ist ... geflogen
fliehen	flieht	floh	ist ... geflohen
frieren	friert	fror	hat ... gefroren
geben	gibt	gab	hat ... gegeben
geboren werden	wird ... geboren	wurde ... geboren	ist ... geboren worden
gefallen	gefällt	gefiel	hat ... gefallen
gehen	geht	ging	ist ... gegangen
gelingen	gelingt	gelang	ist ... gelungen
gelten	gilt	galt	hat ... gegolten
genießen	genießt	genoss	hat ... genossen
geschehen	geschieht	geschah	ist ... geschehen
gewinnen	gewinnt	gewann	hat ... gewonnen

Infinitiv	3. Pers. Sing. Präs.	3. Pers. Sing. Prät.	Hilfsverb ... Partizip Perfekt
graben	gräbt	grub	hat ... gegraben
greifen	greift	griff	hat ... gegriffen
haben	hat	hatte	hat ... gehabt
halten	hält	hielt	hat ... gehalten
hängen	hängt	hing	hat ... gehangen
heißen	heißt	hieß	hat ... geheißen
helfen	hilft	half	hat ... geholfen
hinfallen	fällt ... hin	fiel ... hin	ist ... hingefallen
kennen	kennt	kannte	hat ... gekannt
klingen	klingt	klang	hat ... geklungen
kommen	kommt	kam	ist ... gekommen
können	kann	konnte	hat ... gekonnt
lassen	lässt	ließ	hat ... gelassen
laufen	läuft	lief	ist ... gelaufen
leiden	leidet	litt	hat ... gelitten
(sich) leihen	leiht (sich)	lieh (sich)	hat (sich) ... geliehen
lesen	liest	las	hat ... gelesen
liegen	liegt	lag	hat ... gelegen
lügen	lügt	log	hat ... gelogen
misslingen	misslingt	misslang	ist ... misslungen
möchten*	möchte	wollte	hat ... gewollt
mögen	mag	mochte	hat ... gemocht
müssen	muss	musste	hat ... gemusst
nehmen	nimmt	nahm	hat ... genommen
nennen	nennt	nannte	hat ... genannt
pfeifen	pfeift	pfiff	hat ... gepfiffen
rennen	rennt	rannte	ist ... gerannt
rufen	ruft	rief	hat ... gerufen
scheinen	scheint	schien	hat ... geschienen
schießen	schießt	schoss	hat ... geschossen
schlafen	schläft	schlief	hat ... geschlafen
schlagen	schlägt	schlug	hat ... geschlagen
schließen	schließt	schloss	hat ... geschlossen

*Die Verbform **möchten** wird hier als Infinitiv des Modalverbs benutzt, um die Verwechslung mit dem Hauptverb **mögen** zu vermeiden. Die Formen **wollte** und **hat ... gewollt** sind von dem Infinitiv **wollen** abgeleitet, da **möchten** keine eigene Vergangenheitsform hat.

Infinitiv	3. Pers. Sing. Präs.	3. Pers. Sing. Prät.	Hilfsverb ... Partizip Perfekt
schneiden	schneidet	schnitt	hat ... geschnitten
schreiben	schreibt	schrieb	hat ... geschrieben
schreien	schreit	schrie	hat ... geschrien
schweigen	schweigt	schwieg	hat ... geschwiegen
schwimmen	schwimmt	schwamm	ist ... geschwommen
schwören	schwört	schwor	hat ... geschworen
sehen	sieht	sah	hat ... gesehen
sein	ist	war	ist ... gewesen
singen	singt	sang	hat ... gesungen
sitzen	sitzt	saß	hat ... gesessen
sollen	soll	sollte	hat ... gesollt
sprechen	spricht	sprach	hat ... gesprochen
springen	springt	sprang	ist ... gesprungen
stattfinden	findet ... statt	fand ... statt	hat ... stattgefunden
stechen	sticht	stach	hat ... gestochen
stehen	steht	stand	hat ... gestanden
stehlen	stiehlt	stahl	hat ... gestohlen
steigen	steigt	stieg	ist ... gestiegen
sterben	stirbt	starb	ist ... gestorben
streichen	streicht	strich	hat ... gestrichen
streiten	streitet	stritt	hat ... gestritten
teilnehmen	nimmt ... teil	nahm ... teil	hat ... teilgenommen
tragen	trägt	trug	hat ... getragen
treffen	trifft	traf	hat ... getroffen
treten	tritt	trat	hat ... getreten
trinken	trinkt	trank	hat ... getrunken
tun	tut	tat	hat ... getan
überfahren	überfährt	überfuhr	hat ... überfahren
überfahren werden	wird ... überfahren	wurde ... überfahren	ist ... überfahren worden
überfallen	überfällt	überfiel	hat ... überfallen
umbringen	bringt ... um	brachte ... um	hat ... umgebracht
umziehen	zieht ... um	zog ... um	ist ... umgezogen
sich unterhalten	unterhält sich	unterhielt sich	hat sich ... unterhalten
unterscheiden	unterscheidet	unterschied	hat ... unterschieden
verbieten	verbietet	verbot	hat ... verboten

Infinitiv	3. Pers. Sing. Präs.	3. Pers. Sing. Prät.	Hilfsverb ... Partizip Perfekt
verbringen	verbringt	verbrachte	hat ... verbracht
vergessen	vergisst	vergaß	hat ... vergessen
vergleichen	vergleicht	verglich	hat ... verglichen
sich verhalten	verhält sich	verhielt sich	hat sich ... verhalten
verlassen	verlässt	verließ	hat ... verlassen
verlieren	verliert	verlor	hat ... verloren
versprechen	verspricht	versprach	hat ... versprochen
verstehen	versteht	verstand	hat ... verstanden
verzeihen	verzeiht	verzieh	hat ... verziehen
vorschlagen	schlägt ... vor	schlug ... vor	hat ... vorgeschlagen
vorwerfen	wirft ... vor	warf ... vor	hat ... vorgeworfen
wachsen	wächst	wuchs	ist ... gewachsen
werden	wird	wurde	ist ... geworden
werfen	wirft	warf	hat ... geworfen
widersprechen	widerspricht	widersprach	hat ... widersprochen
wissen	weiß	wusste	hat ... gewusst
ziehen	zieht	zog	hat/ist ... gezogen
zulassen	lässt ... zu	ließ ... zu	hat ... zugelassen
zunehmen	nimmt ... zu	nahm ... zu	hat ... zugenommen
zurückgehen	geht ... zurück	ging ... zurück	ist ... zurückgegangen

Anhang C
Einheit 5, Seite 172:
Domino: Vierte Sequenz zusammenfassen

Kopieren Sie diese Seite für die Arbeit in Kleingruppen von 3-5 Studierenden. Jede Kleingruppe braucht die Tabelle einmal. Zerschneiden Sie die Tabelle für jede Gruppe, wie durch die Markierung angezeigt, bevor Sie sie an die Studierenden verteilen.

Anfang	Der Junge im Treppenhaus stellt ihr ein Bein und sie fällt hin.	Er hat Streit mit seiner Geliebten, Jutta Hansen.	Jutta ist schwanger, aber nicht von Lolas Vater.
Warum war Lola in dieser Version langsamer als in der ersten?	Warum hat Lolas Vater keine Zeit, als sie in die Bank kommt?	Warum haben sie Streit?	Worum bittet Lola ihren Vater?
Um viel Geld.	Sie sagt, Lola soll sich schämen.	Sie bewirft ihn mit einigen Gegenständen und läuft aus dem Raum.	Sie nimmt den Revolver und läuft zurück ins Büro ihres Vaters.
Wie reagiert Jutta darauf?	Was macht Lola, als sie merkt, dass ihr Vater ihr nicht helfen wird?	Was macht Lola, als sie an dem Wachmann vorbeikommt?	Was macht sie in seinem Büro?
Sie nimmt ihren Vater als Geisel und verlangt 100.000 Mark am Bankschalter.	Nein, es sind nur 88.000 Mark dort. Der Angestellte muss den Rest noch holen.	Sie wirft ihn weg.	Viele bewaffnete Polizisten, die auf den Bankräuber warten.
Ist genug Geld am Bankschalter?	Was macht Lola mit dem Revolver, als sie das Geld hat?	Was sieht Lola, als sie aus der Bank herauskommt?	Was machen die Polizisten mit ihr?
Sie schicken sie weg, weil sie nicht wissen, dass sie der Bankräuber ist.	Sie kommt auf die Sekunde pünktlich bei Manni an.	Manni achtet nicht auf die Autos und wird überfahren.	
Ist Lola pünktlich?	Was passiert, als Manni Lola sieht?	Ende.	

Glossar

ABKÜRZUNGEN

≈	Synonym	*jmdn.*	jemanden
⟷	Antonym	*mst.*	meistens
Akk.	Akkusativ	*Sg.*	Singular
Art.	Artikel	*Pass.*	Passiv
ca.	circa	*Pl.*	Plural
Dat.	Dativ	*z.B.*	zum Beispiel
etw.	etwas	*ugs.*	umgangssprachlich
jmd.	jemand	*usw.*	und so weiter
jmdm.	jemandem		

das Abgas, -e	*die schlechte Luft, die z.B. aus Autos und Fabriken kommt*
ab•hauen (haut … ab), haute … ab, ist abgehauen	*weglaufen:* Nach dem Banküberfall sagte der Räuber: „Kommt, lasst uns schnell abhauen!"
abhören, hat abgehört	*über versteckte Mikrofone mithören, was jmd. sagt, ohne dass diese Person es weiß*
das Abkommen, -	*ein Vertrag, der zwischen zwei oder mehreren Parteien geschlossen wird*
ab•leiten, (leitet … ab), leitete … ab, hat abgeleitet	*seinen Ursprung in etwas haben:* Aus dem Namen „die Grünen" kann man das Interesse an der Umwelt ableiten.
ab•nehmen (nimmt … ab), nahm … ab, hat abgenommen	*Gewicht verlieren, eine Diät machen; weniger werden:* Leider hat sein Interesse am Umweltschutz abgenommen.
der Abschied (*mst. Sg.*)	*Situation, in der man „Auf Wiedersehen" sagt:* Bevor Harry Deutschland für immer verlässt, besucht er zum Abschied das Grab seiner Eltern.
achten, hat geachtet: auf jmdn./etw. achten	*jmdm./etw. besonderes Interesse oder Aufmerksamkeit schenken:* Bitte achten Sie darauf, dass Sie Ihren Müll sortieren.
die Alliierten (*Pl.*)	*Mitglieder eines Bündnisses; im Ersten und Zweiten Weltkrieg die Länder, die sich gegen Deutschland verbündeten*

an•fangen (fängt ... an), fing ... an, hat angefangen	*beginnen*
an•fertigen (fertigt ... an), fertigte ... an, hat angefertigt	*machen, produzieren, herstellen*
das Anführungszeichen, -	*es markiert ein Zitat:* „ ..."
an•gehören (gehört ... an), gehörte ... an, hat angehört	*Mitglied sein; dazugehören:* Angela Merkel gehört der CDU an.
angemessen	*passend für eine Situation:* Die Braut trug zu ihrer Hochzeit einen Bikini – das war nicht gerade angemessene Kleidung.
angenehm	*etw., das genauso ist wie man es mag und eine positive Reaktion hervorruft:* Das Wasser hatte eine angenehme Temperatur.
der Angriff, -e	*die Attacke:* der Angriff auf Pearl Harbor
die Angst: Angst haben vor	*psychische Kondition, in der man sich bedroht fühlt:* Ich habe schreckliche Angst vor Hunden.
angstvoll	*wenn man sehr viel Angst hat:* Angstvoll schaute der Bungeespringer von der Brücke nach unten.
der Anhaltspunkt, -e	*Information, ... etw., das einem hilft:* Wir haben einen Hund gefunden und haben keinen Anhaltspunkt über seine Herkunft.
der Anhang (*mst. Sg.*)	*zusätzliche Materialien am Ende eines Buches, Appendix*
an•kommen (kommt ... an), kam ... an, ist angekommen	*den Destinationsort erreichen*
sich an•passen (passt sich ... an), passte sich ... an, hat sich angepasst	*sich adaptieren, angleichen:* Einige Leute sagen, dass sich die Ausländer an die Kultur anpassen sollen.
an•rufen (ruft ... an), rief ... an, hat angerufen	*telefonieren*
sich an•schließen (schließt sich ... an), schloss sich ... an, hat sich angeschlossen	*sich an etw. beteiligen, ein Teil von etw. werden:* Wir gehen heute ins Kino. Willst du dich uns anschließen?; *der gleichen Meinung sein*

an•sehen (sieht ... an), sah ... an, hat angesehen	*etw. anschauen, betrachten:* einen Film ansehen
an•steigen (steigt ... an), stieg ... an, ist angestiegen	*etw. wird größer:* Die Preise sind seit der Einführung des Euro angestiegen.
der Antrag, die Anträge: einen Antrag stellen	*eine offizielle und schriftliche Bitte, dass man etw. bekommt oder machen darf:* Die *Comedian Harmonists* stellten einen Antrag auf Aufnahme in die Reichskulturkammer.
an•werben (wirbt ... an) warb ... an, hat angeworben	*Arbeit anbieten/geben, einstellen:* In den 60er-Jahren warb Deutschland viele Ausländer an.
die Anzahl (*nur Sg.*)	*die Quantität*
das Aquarell, -e	*dünn aufgetragene Farbe mit viel Wasser gemischt*
der Arbeitgeber, -/die Arbeitgeberin, -nen	*jmd., der Leute beschäftigt; jmd., der Leuten Arbeit gibt; der Firmenbesitzer*
der Arbeitnehmer, -/die Arbeitnehmerin, -nen	*Person, die für einen Arbeitgeber arbeitet*
die Arbeitskraft, die Arbeitskräfte	*Arbeiter*
die Arbeitslosenquote, -n	*eine Zahl, die in Prozent angibt, wie viele Menschen keine Arbeit haben:* Die Arbeitslosenquote in Deutschland lag im Mai 2012 bei 5,4 Prozent.
die Arbeitslosigkeit (*nur Sg.*)	*der Zustand, keine Arbeit zu haben*
die Armee, -n	*das Militär*
die Atomkraft	*nukleare Energie*
auf•arbeiten (arbeitet ... auf), arbeitete ... auf, hat aufgearbeitet	*an etw. arbeiten, bis es fertig ist; etw. innerlich verarbeiten, indem man noch einmal darüber nachdenkt und es analysiert:* Therapie ist eine gute Methode, Probleme aufzuarbeiten.
der Aufbau (*nur Sg.*)	*die Konstruktion, das Aufstellen:* Der Aufbau der Bühne ging sehr schnell; *etw. Zerstörtes wieder errichten:* Nach dem Krieg erfolgte der Aufbau der zerstörten Städte.
der Aufenthalt, -e	*die Zeit, in der man an einem bestimmten Ort ist:* Goethes erster Aufenthalt in Rom begann am 29.10.1786 und endete am 23.4.1788.

auf•heben (hebt ... auf), hob ... auf, hat aufgehoben	*für ungültig erklären:* Die Nazis hoben viele Rechte der Juden auf.
die Aufklärung (*nur Sg.*)	*eine geistige Strömung des 18. Jahrhunderts in Europa, die Konzepte wie den Rationalismus und naturwissenschaftliches Denken betonte*
die Aufnahme, -n	*man wird Mitglied einer Organisation; die Aufzeichnung von etwas auf CD, MP3 oder Video:* Die Aufnahme des Konzertes ist leider nicht sehr gut geworden.
der Aufschwung	*der Boom, die Konjunktur:* Wirtschaftsaufschwung
auf•teilen (teilt ... auf), teilte ... auf, hat aufgeteilt	*in Stücke/Portionen zerlegen:* Nach dem Zweiten Weltkrieg wurde Deutschland in vier Zonen aufgeteilt.
auf•treten (tritt ... auf), trat ... auf, ist aufgetreten	*etw. vor einem Publikum darbieten, präsentieren*
der Auftritt, -e	*Darbietung/Präsentation vor einem Publikum*
auf•wachsen (wächst ... auf), wuchs ... auf, ist aufgewachsen	*groß werden, die Kindheit verbringen:* Anna aus dem Film *Deutschland, bleiche Mutter* ist im Krieg aufgewachsen.
auf•ziehen (zieht ... auf), zog ... auf, hat aufgezogen	*einem Kind helfen groß/erwachsen zu werden:* Der Junge hatte keine Eltern; er wurde von seiner Großmutter aufgezogen.
aus•geben (gibt ... aus), gab ... aus, hat ... ausgegeben	*Geld zahlen für Waren und Dienstleistungen:* In New York kann man viel Geld ausgeben.
das Ausland (*kein Pl.*)	*jedes Land, das nicht das eigene Heimatland ist*
der Ausländer, -/die Ausländerin, -nen	*jede Person, die in einem Land wohnt und nicht die Staatsbürgerschaft dieses Landes hat, ist dort ein Ausländer*
die Ausländerfeindlichkeit	*negative Gefühle und Aggressionen gegen Ausländer*
die Auslandsreise, -n	*eine Fahrt (zum Vergnügen oder auch beruflich) in ein Land, das nicht das eigene Heimatland ist*
aus•rufen (ruft ... aus), rief ... aus, hat ausgerufen	*deklarieren:* Nach dem Hurrikan rief der Gouverneur den Notstand aus.

aus•sehen (sieht ... aus), sah ... aus, hat ausgesehen	*die Art und Weise, wie eine Person oder Situation erscheint:* Dieses Kleid sieht schick aus.
aus•steigen (steigt ... aus), stieg ... aus, ist ausgestiegen	*ein Transportmittel (Auto, Bus usw.) verlassen:* Er stieg am Museum aus dem Bus aus; *etw. beenden:* Deutschland steigt aus der Atomkraft aus.
der Ausstieg (*nur Sg.*)	*Das Beenden, z.B. der Atomkraft:* Man wird sehen, wie man den Atomausstieg bis 2022 schaffen kann.
aus•tauschen (tauscht ... aus), tauschte ... aus, hat ausgetauscht	*sich gegenseitig von Ideen, Gedanken, Erfahrungen usw. erzählen*
aus•wandern (wandert ... aus), wanderte ... aus, ist ausgewandert	*emigrieren; das Heimatland permanent verlassen*
aus•zeichnen, (zeichnet ... aus), zeichnete ... aus, hat ausgezeichnet	*einen Preis verleihen:* Die Akademie hat den Film *Das Leben der Anderen* mit dem Oscar ausgezeichnet.
der Auszug, die Auszüge	*ein Teil von einem Buch, Artikel oder Dokument; Exzerpt*
der Autodiebstahl, die Autodiebstähle	*das illegale Nehmen eines Autos*

:: B ::

der/die Bankangestellte, -n	*Person, die in einer Bank arbeitet*
das Bankkonto, die Bankkonten	*dort hat man sein Geld:* ein Bankkonto eröffnen, schließen
der Banküberfall, die Banküberfälle	*plötzlich in eine Bank kommen und die Angestellten mit Waffen bedrohen und Geld fordern*
der Bau (*nur Sg.*): der Bau der Mauer	*die Konstruktion der Berliner Mauer, die Ostberlin von Westberlin trennte*
beantragen, hat beantragt	*etw. von einer offiziellen Institution haben wollen:* einen Reisepass beantragen
sich beeilen, hat sich beeilt	*schnell machen*
beenden, hat beendet	*fertig machen, zu Ende machen*

die Beerdigung, -en	*das Legen eines toten Menschen in ein Grab*
sich befassen (mit), hat sich ... mit ... befasst	*sich beschäftigen mit; von etw. handeln:* Die Grünen befassen sich viel mit dem Schutz der Umwelt.
befehlen (befiehlt), befahl, hat befohlen	*jmdm. sagen, dass er etwas tun muss*
begehen (begeht), beging, hat begangen: Selbstmord begehen	*sich umbringen, sich selbst töten*
begeistert	*enthusiastisch; sehr glücklich:* Nach dem Konzert applaudierte das Publikum begeistert.
begrenzen, hat begrenzt	*limitieren:* Wenn mehr Menschen mit dem Bus oder Zug fahren, kann man die Zahl der Autos auf den Straßen begrenzen.
begründen, hat begründet	*sagen, warum etwas so ist; Gründe sagen*
die Behauptung, -en	*ein Statement, eine Meinung*
beispielsweise	*zum Beispiel*
bekommen (bekommt), bekam, hat bekommen	*erhalten:* ein Geschenk oder eine Postkarte bekommen
beliebt	*wenn viele Menschen eine Sache, eine Person oder einen Ort mögen:* Der Grand Canyon ist ein beliebtes Urlaubsziel.
die Bemerkung, -en	*kurze Äußerung oder kurzer Kommentar zu einem Thema:* Seine Bemerkung war sehr informativ.
das Benzin (*nur Sg.*)	*Flüssigkeit, die man in den Tank eines Fahrzeuges (Auto, Bus usw.) füllt, damit es fahren kann*
berichten, hat berichtet	*erzählen*
berühmt	*erfolgreich und bei vielen Menschen bekannt:* Waren die *Comedian Harmonists* damals so berühmt wie heute Madonna?
die Besatzung	*die Okkupation*
beschäftigen, hat beschäftigt	*jmdm. etw. zu tun geben; jmdm. Arbeit geben*
der/die Beschäftigte, -n	*die Personen, die für einen Arbeitgeber arbeiten; die Angestellten*
beschleunigen, hat beschleunigt	*bewirken, dass etwas schneller wird:* das Auto/einen Prozess beschleunigen

beschreiben (beschreibt), beschrieb, hat beschrieben	*genau sagen, wie etw. aussieht:* ein Bild beschreiben
besitzen (besitzt), besaß, hat besessen	*etw. haben, das einem gehört:* ein Haus oder ein Auto besitzen
bespitzeln, hat bespitzelt	*jmdn. beobachten und Gespräche mithören, ohne dass die Person es weiß*
die Bespitzelung, -en	*Tätigkeit des Beobachtens und Mithörens von Gesprächen, ohne dass die Person, die bespitzelt wird, davon weiß*
bestehen (besteht), bestand, hat bestanden	*bei etw. Erfolg haben:* eine Deutschprüfung bestehen
bestimmen, hat bestimmt	*festlegen, sagen, wie etwas sein/geschehen soll:* Der Professor bestimmt die Verteilung der Referatsthemen.
sich beteiligen (an + *Dat.*), hat sich … an … beteiligt	*bei etw. mitmachen:* Marlene Dietrich hat sich nicht an der Nazi-Bewegung beteiligt.
betrachten, hat betrachtet	*etw. ansehen, anschauen:* Er betrachtete das Bild eine lange Zeit.
betrunken	*wenn man zu viel Alkohol getrunken hat*
die Bevölkerung	*alle Menschen, die in einem Land leben*
bewaffnet	*eine Waffe (Pistole usw.) bei sich tragen:* Manni ist bewaffnet, als er in den Supermarkt geht.
bewältigen, hat bewältigt	*ein Problem, ein Trauma usw. innerlich verarbeiten und analysieren*
bewältigen: die Vergangenheit bewältigen	*die Vergangenheit verarbeiten und analysieren*
sich bewerben (bewirbt sich), bewarb sich, hat sich beworben	*man versucht eine Arbeitsstelle durch ein Schreiben oder ein Gespräch zu bekommen*
bewirken (bewirkt), bewirkte, hat bewirkt	*einen Effekt haben*
sich beziehen (auf + *Akk.*) (bezieht sich … auf …), bezog sich … auf …, hat sich … auf … bezogen	*eine Verbindung besteht zwischen Menschen, Organisationen, Objekten usw.:* Anselm Kiefers Bild *Dein goldenes Haar, Margarete* bezieht sich auf Paul Celans Gedicht *Die Todesfuge*.
die Beziehung, -en	*eine Verbindung zwischen Menschen, Organisationen usw.:* Die *Comedian Harmonists* hatten zu Beginn eine gute Beziehung.

der Bezug	*mit etw. verbunden sein:* Wo ist der Bezug zwischen Anselm Kiefer und Paul Celan?
bilden, hat gebildet	*konstruieren:* Kannst du einen Satz mit dem Wort „Schadstoffe" bilden?
der Bildhauer, -/die Bildhauerin, -nen	*ein Künstler, der Skulpturen macht*
die Bildung (*nur Sg.*)	*das Wissen und Können, das man in der Schule und an der Universität erhält*
bitten (bittet), bat, hat gebeten	*jmdn. höflich fragen, ob er etw. für einen tun kann*
bleiben (bleibt), blieb, ist geblieben	*nicht weggehen; einen Ort nicht verlassen:* zu Hause bleiben
bleifrei	*ohne Blei:* Heute ist Benzin meistens bleifrei.
die BRD	*die Bundesrepublik Deutschland*
buchen, hat gebucht	*eine Reise (Zugfahrt, Hotel usw.) reservieren und bezahlen:* Ich habe gerade meinen Urlaub in Puerto Rico gebucht.
die Bühne, -n	*die erhöhte Fläche in einem Theater, auf der die Schauspieler sind*
die Bundeswehr (*nur Sg.*)	*die deutsche Armee*
bunt	*mit vielen Farben*
der Bürgersteig, -e	*ein Weg an der Seite der Straße für Fußgänger,* ≈ *der Gehsteig,* ≈ *der Gehweg*

:: C ::

das Carsharing	*die gemeinsame Nutzung eines (oder mehrerer) Autos von Menschen, die sich nicht kennen*

:: D ::

dar•stellen (stellt ... dar), stellte ... dar, hat dargestellt	*zeigen, repräsentieren:* Dieses Bild stellt den Künstler in seinem Garten dar.

die DDR	*die Deutsche Demokratische Republik*
deuten, hat gedeutet	*interpretieren*
deutlich	*klar, genau*
der Dichter, -/die Dichterin, -nen	*eine Person, die literarische Werke schreibt:* Goethe war ein großer Dichter; *jmd., der Gedichte schreibt*
der Dispatcher, -	*jmd., der in der DDR dafür verantwortlich war, dass z.B. in einem Betrieb der Produktionsplan erfüllt wird*
doppelt	*zweimal*
das Drehbuch, die Drehbücher	*ein Buch, in dem der Text für die Schauspieler und die Regieanweisungen für einen Film stehen*
drehen, hat gedreht: einen Film drehen	*einen Film machen*
das Dreieck, -e	*eine geometrische Form mit drei Ecken*
dunkel	*nicht hell, ohne Licht:* Wenn die Sonne untergeht, dann wird es dunkel.
durch•fallen (fällt ... durch), fiel ... durch, ist durchgefallen	*keinen Erfolg bei etw. haben, etw. nicht bestehen:* bei einer Deutschprüfung durchfallen

:: E ::

eifersüchtig	*extreme Angst einer Person, eine andere Person, die man liebt, an eine dritte Person zu verlieren:* Harry war eifersüchtig, als Erna mit Bob zusammen war.
die Einbürgerung, -en	*man gibt einer Person die Staatsbürgerschaft des Landes, in dem sie lebt:* Die Deutsche Marlene Dietrich wurde Amerikanerin; ihre Einbürgerung fand 1939 statt.
die Einfahrt, -en	*ein Weg, der zu einem Haus/Gebäude führt:* Als ich nach Hause kam, stand der Wagen meines Vaters schon in der Einfahrt.
der Einfluss, die Einflüsse	*die Wirkung:* Westdeutschland hat einen großen Einfluss auf Ostdeutschland gehabt.

ein•führen (führt ... ein), führte ... ein, hat eingeführt	*importieren; etw. Neues bekannt machen; etw. Neues benutzen:* Wann wurde in Europa der Euro eingeführt?
ein•holen (holt ... ein), holte ... ein, hat eingeholt	*jmdm. hinterhergehen und erreichen:* Der Polizist verfolgte den Verbrecher und holte ihn schließlich ein; *sammeln:* Informationen einholen
ein•laden (lädt ... ein), lud ... ein, hat eingeladen	*jmdm. sagen, dass er als Gast kommen soll*
ein•ordnen (ordnet ... ein), ordnete ... ein, hat eingeordnet	*etw. in Kategorien einteilen, ≈ zu•ordnen*
ein•treten (tritt ... ein), trat ... ein, ist eingetreten	*in einen Raum kommen; Mitglied einer Organisation werden:* Er ist in die SPD eingetreten.
die Einwanderung (*mst. Sg.*)	*die Immigration*
das Einwanderungsland, die Einwanderungsländer	*ein Land, in das viele Menschen immigrieren:* Amerika ist ein Einwanderungsland.
empfehlen (empfiehlt), empfahl, hat empfohlen	*etw. Positives über jmdn./etw. sagen, das für eine bestimmte Situation günstig ist:* Wenn du deutsche Grammatik verstehen willst, dann kann ich dir dieses Buch empfehlen.
das Ensemble, -s	*eine Gruppe von Künstlern (Sänger, Schauspieler, Musiker usw.), die zusammen auftreten*
entdecken, hat entdeckt	*finden:* Gestern habe ich ein sehr interessantes Buch in der Bibliothek entdeckt.
entlassen (entlässt), entließ, hat entlassen	*jmdn. nicht weiter bei sich arbeiten lassen*
entlehnen, hat entlehnt	*≈ ausleihen* (österreichisch): In Wien kann man kostenlos Fahrräder entlehnen und sich damit die Stadt ansehen.
sich entscheiden (entscheidet sich), entschied sich, hat sich entschieden	*aus mehreren Möglichkeiten eine wählen:* Ich habe mich entschieden, am Barnard College zu studieren.
sich (*Akk.*) entscheiden (für + *Akk.*)	*aus mehreren Möglichkeiten eine wählen:* Ich habe mich für Barnard College entschieden.
sich entschließen (entschließt sich), entschloss sich, hat sich entschlossen	*nach gründlicher Überlegung eine Entscheidung treffen:* Ich habe mich entschlossen, Deutschland zu verlassen.

sich entspannen, hat sich entspannt	≈ *relaxen*
entsprechend	*passend oder richtig für eine Situation oder Gelegenheit:* „Hochzeit" *ist ein Nomen, wie heißt das entsprechende Verb?*
entstehen (entsteht), entstand, ist entstanden	*ins Leben rufen, etw. beginnt zu sein:* Die *Comedian Harmonists entstanden, weil Harry eine Annonce in die Zeitung gesetzt hatte.*
das Entstehungsjahr	*das Jahr, in dem etw. gemacht oder ins Leben gerufen wurde:* Das *Entstehungsjahr des Filmes* Lola rennt *ist 1998.*
enttäuscht	≈ *frustriert,* ≈ *unzufrieden*
sich entwickeln, hat sich entwickelt	*entstehen: Zwischen den* Comedian Harmonists *entwickelte sich eine enge Freundschaft.*
sich ereignen, hat sich ereignet	≈ *geschehen,* ≈ *passieren: Der Mauerbau ereignete sich 1961.*
das Ereignis, -se	*das, was geschieht oder passiert: Der Fall der Mauer war ein freudiges Ereignis.*
die Erfahrung, -en	*Wissen und Fähigkeiten, die man durch die Praxis und nicht durch die Theorie lernt*
Erfahrungen machen	*ein Erlebnis haben, aus dem man etwas lernt: Ich habe die Erfahrung gemacht, dass die Handlung in Märchen oft sehr grausam ist.*
Erfahrungen sammeln	*viele Erlebnisse haben, durch die man Wissen und Fähigkeiten bekommt: Die Wanderburschen haben auf der Wanderschaft bestimmt viele Erfahrungen gesammelt.*
der Erfolg, -e	*ein positives Resultat: Der Film* Lola rennt *war ein großer Erfolg.*
erfolgreich	*sehr positive Ergebnisse haben: Viele Menschen haben die Musik der* Comedian Harmonists *gemocht – man kann also sagen, dass sie erfolgreich waren.*
ergänzen, hat ergänzt	*hinzufügen, vollständig machen*
das Ergebnis, -se	*das Resultat*
das Ergebnis: zu einem Ergebnis kommen	*zu einem Resultat kommen*
ergreifen (ergreift), ergriff, hat ergriffen	*nehmen: Hitler ergriff 1933 in Deutschland die Macht.*

erhöhen, hat erhöht	*größer werden; mehr Geld kosten:* Die Grünen wollen die Benzinpreise erhöhen.
sich erholen, hat sich erholt	*sich ausruhen, z.B. im Urlaub; eine Pause machen*
erkennen (erkennt), erkannte, hat erkannt	*jmdn./etw. anhand bestimmter Merkmale identifizieren:* Ein Experte kann Kunstwerke verschiedener Künstler an der Technik erkennen.
das Erlebnis, -se	*etw., das einem passiert:* Vor zwei Jahren war ich im Grand Canyon in Urlaub; das war ein tolles Erlebnis.
ermöglichen, hat ermöglicht	*möglich machen:* Meine Eltern ermöglichten mir einen Urlaub in Afrika.
die Erwärmung (*nur Sg.*)	*der Prozess des wärmer Werdens:* Wir sprechen zurzeit von einer Erderwärmung.
erweitern, hat erweitert	*etw. größer/länger machen:* das Vokabular erweitern
die Erwerbsquote, -n	*gibt an, wie viele Menschen (in einem Land oder einer bestimmten Region) arbeiten gehen:* Die Erwerbsquote bei Frauen in der Schweiz ist hoch, allerdings arbeiten viele Frauen nur in Teilzeit.

:: F ::

das Fahrzeug, -e	*ein Transportmittel (das Auto, das Fahrrad usw.)*
der Fall (*nur Sg.*): der Fall der Mauer	*das Entfernen der Mauer, das Öffnen der Grenze zwischen Ost- und Westdeutschland*
fangen (fängt), fing, hat gefangen	Im Meer kann man Fische fangen.
faul	*wenn man nichts tut:* Ich bin heute faul und liege den ganzen Tag auf der Couch.
faulenzen, hat gefaulenzt	*faul sein*
der Felsen, -	*eine hohe Masse aus Stein:* Kennst du die weißen Kreidefelsen von Dover?
die Ferien (*immer im Pl.*)	*eine bestimmte Zeitspanne, in der Schulen und Universitäten geschlossen sind:* Alle Schüler freuten sich schon auf die Sommerferien.

fest•halten (hält ... fest), hielt ... fest, hat festgehalten	*etw. mit den Händen greifen und nicht loslassen*
das Feuer, -	*etw. brennt (Holz usw.) und es entstehen Flammen und Hitze:* Um ein Feuer zu löschen, braucht man Wasser.
flanieren, ist flaniert	*spazieren gehen*
der Flüchtling, -e	*jmd., der sein Land verlassen will oder muss:* Jeden Sommer kommen viele Flüchtlinge aus Afrika mit Booten nach Europa.
die Folge, -n	*die Konsequenz:* Die drei Juden der *Comedian Harmonists* durften in Deutschland nicht mehr auftreten. Die Folge davon war, dass die Gruppe sich trennen musste.
fordern, hat gefordert	*etw. wollen/verlangen:* Der Pilot forderte, dass sich die Passagiere bei schlechtem Wetter hinsetzen.
der Fortschritt, -e	*eine Verbesserung, eine Weiterentwicklung:* Wir hoffen Fortschritte bei der Entwicklung von „grünen Autos" zu machen.
die Forschung, -en	*die Recherche:* Es sollte mehr Geld für die Forschung ausgegeben werden.
die Freizeit (*nur Sg.*)	*die Zeit, die man für sich hat und während der man nicht arbeiten oder lernen muss:* Als Student hat man während des Semesters nicht viel Freizeit.
fremd	*das, was man nicht kennt; das, was anders ist*
friedlich	*ohne Gewalt:* Es war eine friedliche Demonstration.
froh	*≈ glücklich*
furchtbar	*sehr negativ; schrecklich*

:: G ::

die Gage, -n	*das Geld, das Künstler für ihren Auftritt bekommen:* Sehr berühmte Schauspieler bekommen mehr als 20 Millionen Dollar Gage pro Film.
die Garderobe, -n	*ein Raum in einem Theater, Fernsehstudio usw., in dem sich Künstler vor oder nach ihrem Auftritt umziehen und schminken; ein Raum in einem Theater, Museum usw., wo Besucher ihre Mäntel abgeben können; die Kleidung, die man besitzt*

der Gastarbeiter, -/die Gastarbeiterin, -nen	*Menschen, die von einem fremden Land eingeladen werden, um dort für eine bestimmte Zeit zu arbeiten:* Die deutsche Regierung holte in den 60er-Jahren viele Türken als Gastarbeiter nach Deutschland.
geboren werden (wird ... geboren), wurde ... geboren, ist geboren worden	*als Baby auf die Welt kommen*
der Geburtsort, -e	*die Stadt, in der man geboren wurde*
das Gedicht, -e	*ein meist sehr kurzer literarischer Text, der oft in Strophen aufgeteilt ist und der sich oft reimt:* Kennst du Goethes Gedicht *Wandrers Nachtlied?*
die Geduld	*die Fähigkeit, warten zu können:* Ich habe lange genug gewartet, meine Geduld ist am Ende.
gefährlich	*Mit Risiko verbunden, etwas Schlechtes kann passieren:* Bei Rot über die Straße zu gehen ist gefährlich.
gefallen (gefällt), gefiel, hat gefallen	*sich über etw. freuen oder etwas schön oder gut finden:* Mir gefällt Mozarts Musik.
die Geisel, -n	*Person, die man so lange gefangen nimmt, bis eine andere Person bestimmte Forderungen erfüllt:* Lola hat in einem Szenario ihren eigenen Vater als Geisel genommen und 100.000 DM gefordert.
der/die Geliebte, -n	*eine Person, mit der man eine sexuelle Beziehung hat, obwohl man verheiratet ist:* Lolas Vater hat eine Geliebte, die Jutta heißt.
gelungen	*besonders gut; erfolgreich*
das Gemälde, -	*ein Bild, das mit Farbe (Öl, Wasserfarbe usw.) gemalt wird*
genießen (genießt), genoss, hat genossen	*etw. sehr gerne mögen, an einer Sache viel Spaß haben:* Er hat die Ferien genossen.
der Genuss, die Genüsse	*die Freude, die man an einer Sache hat:* Dieses Essen war ein Genuss.
geprägt sein	*etw. ist typisch für eine Zeit:* Die 50er-Jahre sind musikalisch durch die Entstehung des Rock and Roll geprägt.
gerecht	*≈ fair*
die Gerechtigkeit (*nur Sg.*)	*das faire Handeln:* Man bemüht sich darum, alle Menschen gleich zu behandeln, man bemüht sich um Gerechtigkeit.

gerührt	*in einer freudigen oder traurigen Situation sehr emotional sein:* Ich war sehr gerührt, weil meine Kollegen eine Überraschungsparty für mich gemacht haben.
geschehen (geschieht), geschah, ist geschehen	*≈ passieren, ≈ sich ereignen:* Heute ist ein langweiliger Tag, es ist nichts geschehen.
gesellschaftlich	*betrifft die ganze Gesellschaft*
das Gesetz, -e	*Regeln, die vom Staat gemacht werden und die alle beachten müssen*
die Gewalt (*nur Sing.*)	*Negative, physische Kraft*
die Gewerkschaft, -en	*eine Organisation von Arbeitnehmern, die das Ziel hat, die Arbeitsbedingungen zu verbessern*
gewinnen (gewinnt), gewann, hat gewonnen	*etw. durch Glück oder Zufall bekommen:* Ich habe heute eine Million im Lotto gewonnen.; *einen Wettbewerb durch Können oder Geschick für sich entscheiden:* im Fußball gewinnen
die Glasscheibe, -n	*der transparente Teil eines Fensters, der aus Glas ist*
die Gleichberechtigung (*nur Sg.*)	*wenn es keinen Unterschied zwischen Gruppen von Menschen (Männer und Frauen, soziale Klassen usw.) gibt:* Ein Ziel der Grünen ist die Gleichberechtigung von Männern und Frauen auf dem Arbeitsmarkt.
gleich•stellen (stellt ... gleich), stellte ... gleich, hat gleichgestellt	*keinen Unterschied zwischen Gruppen von Menschen (Männer und Frauen, soziale Klassen usw.) machen:* Männer und Frauen sollten immer gleichgestellt sein.
die Gleichstellung (*nur Sg.*)	*es gibt keinen Unterschied zwischen Gruppen von Menschen (Männer und Frauen, soziale Klassen, ethnische Gruppen):* Wenn es keinen Unterschied zwischen Männern und Frauen gibt, kann man von Gleichstellung sprechen.
die *Götterdämmerung*	*eine Oper von Richard Wagner*
das Grab, die Gräber	*ein Loch in der Erde, in das man einen Toten legt*
die Grenze, -n	*eine markierte Linie, die zwei Länder/Grundstücke trennt*
großzügig	*wenn man anderen gerne sein Geld, seine Zeit usw. gibt:* Mein Vater ist sehr großzügig – er hat mir eine Weltreise geschenkt.
gründen, hat gegründet	*etw. ins Leben rufen, etw. beginnen:* Carl Benz und Gottlieb Daimler gründeten die Daimler-Benz AG, die heute Daimler AG heißt.

das Grundrecht, -e	*elementare Rechte der Menschen, die als Gesetze aufgeschrieben sind*
die Gründung, -en	*etwas ins Leben rufen, der Beginn einer Sache:* Die Gründung der DDR erfolgte 1949.

:: **H** ::

das Hakenkreuz, -e	*im Dritten Reich Symbol für den Nationalsozialismus*
der Halbkreis, -e	*geometrische Form, die halbrund ist:* Wenn die Sonne am Horizont untergeht, ist sie ein Halbkreis.
halten (hält), hielt, hat gehalten	*etw. mit den Händen fassen und nicht loslassen:* Er hält das Buch.; *stoppen:* Das Auto hält an der Ampel.; *sich vor ein Publikum stellen und sprechen:* ein Referat, eine Rede halten
das Handy, -s	*Mobiltelefon*
hängen (hängt), hing, hat gehangen	*etw. ist am oberen Teil befestigt, sodass der untere Teil beweglich ist:* eine Lampe an die Decke hängen
häufig	*oft:* Ich gehe häufig ins Kino.
die Häufigkeit (*nur Sg.*)	*die Frequenz; wie oft man etw. tut*
der (männliche) Hauptdarsteller, -/ die (weibliche) Hauptdarstellerin, -nen	*Person, die die größte und wichtigste Rolle in einem Film spielt:* Franka Potente ist die Hauptdarstellerin in *Lola rennt*.
die Hauptrolle, -n	*die größte und wichtigste Rolle in einem Film oder einem Theaterstück:* Franka Potente spielt die Hauptrolle in *Lola rennt*.
die Heimat (*nur Sg.*)	*das Land, in dem man geboren wurde, in dem man lange Zeit gelebt hat oder in dem man sich zu Hause fühlt*
hell	*mit viel Licht:* Im Sommer wird es morgens früh hell.
heraus•greifen (greift ... heraus), griff ... heraus, hat herausgegriffen	*etw./eine Person aus einer Gruppe auswählen; isolieren:* Von den vielen Migranten, die in Deutschland leben, möchte ich die Italiener herausgreifen.
herrschen, hat geherrscht	*sein, existieren:* Auf der Party herrschte eine gute Atmosphäre.; *ein Land regieren:* Die englische Königin herrscht nicht mehr über ihr Land, sie repräsentiert es nur noch.

hin•fallen (fällt … hin), **fiel … hin, ist hingefallen**	*auf den Boden fallen:* Als Lola die Treppe hinunterläuft, stolpert sie und fällt hin.
hören (auf + *Akk.***),** **hat auf … gehört**	*hören, was jmd. zu sagen hat, zuhören:* Bitte hör auf mich und fahr nicht alleine in den Urlaub.
der Horizont, -e: den **Horizont erweitern**	*(Redewendung) die eigenen Gedanken modifizieren:* Auf der Wanderschaft haben die Gesellen durch ihre Erfahrungen ihren Horizont erweitert.

∷ | ∷

der Inhalt, -e	*das, was sich in einem Behälter befindet; die Ereignisse eines Films, eines Buches usw.:* Was ist der Inhalt des Films?
die Inschrift, -en	*etw., das man auf Stein, Holz oder Metall schreibt:* die Grabinschrift

∷ J ∷

das Jahrhundert, -e	*eine Zeitspanne von 100 Jahren, die von einem bestimmten Zeitpunkt an gerechnet wird:* Das 20. Jahrhundert dauerte von 1900 bis 1999.
der Jude, -n/die Jüdin, -nen	In Israel leben viele Juden.
jüdisch	Israel ist ein jüdischer Staat.
Jura (*ohne Art.***)**	*die Wissenschaft, die sich mit den Gesetzen und dem Recht beschäftigt:* Er studiert Jura an der Universität.

∷ K ∷

kennen (kennt), kannte, hat **gekannt**	*Informationen über jmdn./etw. haben, vor allem Charakteristika:* Ich kenne meinen Nachbarn nicht.
die Kernenergie (*nur Sing.***)**	*die Atomkraft*
klar	*man kann etwas genau verstehen:* eine klare Erklärung; *man kann etwas deutlich und genau sehen:* Ich kann den Mann auf dem Bild klar erkennen.; *etw. ist so sauber, dass es durchsichtig ist:* Ich kann die Fische im klaren Wasser sehen.

klatschen, hat geklatscht	≈ *applaudieren*
klauen, hat geklaut	*(ugs.) etw. nehmen, das jmd. anderem gehört; ≈ stehlen:* Manni will Geld in einem Supermarkt klauen.
klingen (klingt), klang, hat geklungen	*etw. hört sich auf eine bestimmte Weise an:* Dieses Lied klingt traurig.
die Klippe, -n	*ein großer, steiler Felsen an der Küste des Meeres*
knallhart	*(ugs.) extrem:* knallharte Konkurrenz; *sehr schwer:* ein knallhartes Examen
der Kommilitone, -n/ die Kommilitonin, -nen	*die anderen Studenten*
komponieren, hat komponiert	*Musik schreiben:* Mozart komponierte schon als kleines Kind.
der Komponist, -en/ die Komponistin, -nen	*Person, die Musik schreibt:* Beethoven war ein großer Komponist.
die Konjunktur, -en	*die wirtschaftliche Situation eines Landes*
der Konkurrenzkampf (*nur Sg.*)	*Rivalität; Situation, die entsteht, wenn viele Gruppen das Gleiche anbieten:* Der Konkurrenzkampf zwischen Musikgruppen ist groß, nur die besten haben Erfolg.
das Konzentrationslager, -	*Ort, an dem die Nationalsozialisten viele Menschen gefangen hielten und töteten*
sich konzentrieren (auf + *Akk.*), hat sich ... auf ... konzentriert	*die Aufmerksamkeit auf einen gewissen Punkt richten:* Beim Autofahren sollte man sich auf den Verkehr konzentrieren.
die Kraft, die Kräfte: in Kraft treten	*beginnen zu wirken:* 2008 trat in Deutschland das Rauchverbot in Kraft.
außer Kraft treten	*nicht mehr gültig sein:* In einigen Regionen in Deutschland trat das Rauchverbot schnell wieder außer Kraft, da viele Leute dagegen waren.
kräftig	*stark, robust; eine intensive Wirkung haben:* Rot und Blau sind kräftige Farben.
der Kraftstoff, -e	*Stoff, den man braucht um eine Maschine, einen Motor anzutreiben:* Ein Auto braucht zum Fahren Kraftstoff.
der Kreis, -e	*geometrische Form, die rund ist:* Ein Rad hat die Form eines Kreises.

kritisieren, hat kritisiert	*Kritik üben*
der Künstler, -/die Künstlerin, -nen	*Personen, die Gemälde, Skulpturen usw. herstellen:* Picasso ist ein Künstler, der sehr bekannt ist.
künstlerisch	*≈ artistisch*
das Kunstwerk, -e	*die Kreation eines Künstlers/einer Künstlerin:* Die *Mona Lisa* von da Vinci ist ein beeindruckendes Kunstwerk.
der Kurswechsel (*nur Sg.*)	*Die Meinungsänderung.* In Deutschland kam es nach Fukushima zu einem Kurswechsel in der Politik.

:: L ::

die Landschaft, -en	*ein Teil der Erdoberfläche mit Bäumen, Häusern usw., so wie wir ihn sehen:* Die Wüstenlandschaft Arizonas ist fantastisch.
die Landsleute (*Pl.*)	*die Menschen, die mit einem in einem Land wohnen*
lassen (lässt), ließ, hat gelassen	*jmdm. etw. erlauben oder ermöglichen; bewirken, dass etw. geschieht:* Der Polizist ließ den Räuber verhaften.
der Lebenslauf, die Lebensläufe	*ein Text, der die wichtigsten Stationen eines Lebens auflistet*
die Lebensmittel (*Pl.*)	*Essen:* Gemüse, Milch usw.
leihen (leiht) lieh, hat geliehen	*jmdm. etw. für eine bestimmte Zeit geben*
leisten, hat geleistet: Militärdienst leisten	*Militärdienst absolvieren; die Zeit beim Militär verbringen*
sich etw. leisten können	*genug Geld für etw. haben:* Ich kann mir den Pullover nicht leisten, er ist für mich zu teuer.
leuchtend	*etw. strahlt sehr hell:* Der leuchtende Mond steht am dunklen Himmel.
die Linie, -n	*ein (mst. gerader) Strich:* Eine Tabelle besteht aus horizontalen und vertikalen Linien.
lügen (lügt), log, hat gelogen	*nicht die Wahrheit sagen*

:: M ::

die Machtergreifung (*nur Sg.*)	*wenn jmd. die Kontrolle über etw./jmdn. (ein Land, ein Volk usw.) bekommt:* Hitlers Machtergreifung erfolgte 1933.
malen, hat gemalt	*mit Farbe (Öl, Wasserfarbe usw.) ein Bild erstellen*
der Maler, -/die Malerin, -nen	*Person, die ein Bild mit Farbe (Öl, Wasserfarbe usw.) erstellt*
das Märchen, -	*Hänsel und Gretel* ist ein Märchen der Brüder Grimm.
die Marktwirtschaft: die soziale Marktwirtschaft	*das wirtschaftliche System in Deutschland*
der Militärdienst (*nur Sg.*)	*eine bestimmte Zeit, die eine Person in der Armee verbringt oder verbringen muss*
misslingen (misslingt), misslang, ist misslungen	*nicht funktionieren:* Mein Versuch, heute Nachmittag zu lernen, ist misslungen, da ich eingeschlafen bin.
das Mitglied, -er	*eine Person, die Teil einer Organisation/Gruppe ist:* Die *Comedian Harmonists* bestanden aus sechs Mitgliedern.
moderieren, hat moderiert	*ein Programm führen:* Jay Leno moderiert *The Tonight Show*.
mögen (mag), mochte, hat gemocht	*etw. gerne haben:* Ich mag Pizza.
der Mond, -e	*Himmelskörper, der sich um die Erde dreht und den wir nachts am Himmel sehen*
morden, hat gemordet	*töten*

:: N ::

nachhaltig	*sich langfristig positiv auf die Umwelt auswirkend:* Ich versuche, nachhaltig zu konsumieren: Lieber bezahle ich ein bisschen mehr Geld, aber dafür gehen die Dinge auch nicht so schnell kaputt.
die Nachkriegszeit	*die Zeit nach dem Krieg*
der Nachteil, -e	*der negative Aspekt*

die Natur	*alles, was nicht von Menschen gemacht wurde (Bäume, Pflanzen, Tiere usw.)*
der Nebel, -	*Wolken, die sich am Boden bilden, sodass man schlecht oder gar nicht sehen kann:* London ist für seinen Nebel berühmt.
die Nebenrolle, -n	*eine kleine Rolle in einem Film oder Theaterstück:* Die Rolle des Penners in *Lola rennt* ist eine Nebenrolle.
nehmen (nimmt), nahm, hat genommen: Rücksicht nehmen (auf + *Akk.*)	*auf die Gefühle, die Situation usw. anderer achten; eine Situation berücksichtigen:* Wir recyceln, weil wir auf die Umwelt Rücksicht nehmen.
nennen (nennt), nannte, hat genannt	*jmdm. einen Namen geben; etw. angeben:* Ich kann dir 100 Gründe nennen, warum du zu Hause bleiben sollst.
das *Nibelungenlied*	*mittelalterliche Heldendichtung*

obdachlos	*auf der Straße lebend*
der/die Obdachlose, -n	*Person, die auf der Straße lebt*
das öffentliche Verkehrsmittel, die öffentlichen Verkehrsmittel (*mst. Pl.*)	*Transportmittel, die von vielen Menschen benutzt werden (Bus, Zug usw.)*
oft	*etw., was immer wieder passiert; ≈ häufig:* Ich gehe oft ins Kino.
die Ökologie (*nur Sg.*)	*das System der Umwelt und ihrer Lebewesen und wie sie miteinander leben*
die Oper, -n	*ein musikalisches Theaterstück mit Sängern und Orchester*
das Opfer, -	*jemand, dem etw. Böses getan wurde oder dem etw. Schlimmes passiert:* Opfer eines Banküberfalls, Opfer eines Verkehrsunfalls
das Original, -e: einen Film im Original sehen	*einen Film in der originalen Sprache sehen:* Lola rennt ist im Original auf Deutsch.
im Original mit Untertiteln	*einen Film in der originalen Sprache sehen, aber mit Text in der Sprache des Publikums:* Ich habe *Lola rennt* auf Deutsch mit englischen Untertiteln gesehen.

:: P ::

die Partei, -en	*eine Gruppe von Menschen, die die gleichen politischen Ideen haben:* Die Grünen sind eine Partei.
der Pass, die Pässe	*ein Dokument, mit dem man in andere Länder einreisen kann*
der Penner, -/die Pennerin, -nen	*(ugs.) Person, die auf der Straße lebt; ≈ der Obdachlose*
pflegen, hat gepflegt	*sich um jmdn. kümmern:* Er pflegte den Kranken bis zu seinem Tod; *etwas gewöhnlich tun:* Morgens pflege ich immer einen Kaffee zu trinken.
die Pflicht, -en	*das, was man tun muss*
die Plakette, -n	*ein Sticker, der bestimmte Informationen enthält:* Ich kann nicht mit dem Auto ins Zentrum von Berlin fahren, weil mein Auto keine Umwelt-Plakette hat.
Plattenbauten	*die typischen DDR-Häuser: aus Platten in großen Mengen preiswert gebaute Häuser*
proben, hat geprobt	*etw. üben; etw. so oft tun, bis man es gut kann:* ein Theaterstück, ein Lied proben
provozieren, hat provoziert	*jmdn. durch Handlung zu einer Reaktion bringen:* Künstler wollen provozieren, um die Menschen zum Nachdenken zu bringen.
prüfen, hat geprüft	*untersuchen, ob etw. so ist, wie es sein soll; testen:* Kannst du bitte prüfen, ob die Antwort richtig ist?
das Publikum (*nur Sg.*)	*die Menschen, die bei einem Konzert, einem Theaterstück usw. zusehen und zuhören*
pünktlich	*genau zur vereinbarten Zeit:* Wir wollten uns um 12 Uhr treffen. Jetzt ist es 12.05 Uhr und du bist nicht pünktlich.

:: Q ::

quadratisch	*viereckig, aus vier gleich langen Linien und vier 90°-Winkeln geformt*
die Quelle, -n	*der Ursprung; Ort, wo etw. herkommt*

:: R ::

der/das Raster, -	*eine Tabelle:* Tragen Sie die Verbkonjugationen in das folgende Raster ein.
raten (rät), riet, hat geraten	*jmdm. sagen, was er tun sollte:* Ich rate dir, für die Prüfung zu lernen.
rechteckig	*viereckig, aus vier Linien geformt, von denen jeweils zwei gleich lang und parallel sind:* Postkarten sind meistens rechteckig.
sich rechtfertigen, hat sich gerechtfertigt	*sich verteidigen, eine Entschuldigung finden:* Der Dieb versuchte, sich zu rechtfertigen, aber niemand hat ihm geglaubt.
die Rechtfertigung, -en	*Ausrede; Erklärung, Entschuldigung:* Für den Holocaust gibt es keine Rechtfertigung.
die Rede, -n	*das Sprechen vor einem Publikum:* Jeder erinnert sich an J. F. Kennedys Rede in Berlin.
das Referat, -e	*ein Text mit Informationen zu einem Thema, die man gesammelt hat und dann vor einem Publikum mündlich vorträgt:* Im Deutschunterricht musste ich ein Referat über Paul Celan halten.
das Referendum, Referenden	*≈ die Volksabstimmung*
die Regie (*nur Sg.*)	*die Anweisungen des Regisseurs an die Schauspieler*
Regie führen	*die Herstellung eines Filmes leiten:* Tom Tykwer hat bei dem Film *Lola rennt* Regie geführt.
die Regierung, -en	*die Politiker eines Landes, die von der Bevölkerung gewählt werden*
der Regisseur, -e/die Regisseurin, -nen	*Person, die die Anweisungen an die Schauspieler gibt:* Tom Tykwer ist der Regisseur des Films *Lola rennt*.
der Reim, -e	*der gleiche Klang von Wörtern oder Silben am Zeilenende eines Gedichtes*
sich reimen (reimt sich), reimte sich, hat sich gereimt	*Wörter benutzen, die am Ende gleich klingen:* Die Wörter „Lust" und „Frust" reimen sich.
die Reise, -n	*eine Fahrt, die man zum Vergnügen in den Ferien macht; eine Fahrt, die man wegen des Berufes macht (die Dienstreise)*
die Reiselust (*nur Sg.*)	*der Spaß am Reisen*

reisen, ist gereist	*an andere Orte, in andere Länder fahren, zur Erholung oder beruflich*
relaxen, hat relaxt	*≈ sich entspannen*
die Romantik (*nur Sg.*)	*eine Epoche; ein Kunststil in der ersten Hälfte des 19. Jahrhunderts*
rufen (ruft), rief, hat gerufen	*laut sprechen*
die Ruhe (*nur Sg.*)	*die Stille, ⟷ der Lärm:* Auf dem Berg hörte man nichts – es herrschte absolute Ruhe.
ruhig	*still; ohne viel Bewegung:* Nach dem Sturm war es sehr ruhig.
rund	*kreisförmig:* Die Erde ist rund.

:: S ::

der Schadstoff, -e	*Substanz, die nicht umweltfreundlich ist (CO_2 usw.)*
schadstoffarm	*enthält wenige nicht umweltfreundliche Substanzen*
der Schauspieler, -/die Schauspielerin, -nen	*Person, die eine Rolle in einem Film oder Theaterstück spielt:* Franka Potente ist die Schauspielerin, die die Rolle der Lola in *Lola rennt* spielt.
der Scheiterhaufen, -	*Holzstücke, die übereinander liegen und angezündet werden und auf denen früher Leute verbrannt wurden:* Im Mittelalter wurden Frauen, die man für Hexen hielt, auf dem Scheiterhaufen verbrannt.
scheitern, ist gescheitert	*etw. hat nicht funktioniert; man hat mit etw. keinen Erfolg gehabt:* Die Hoffnung auf ein vereintes Deutschland scheiterte 1961 definitiv mit dem Mauerbau.
schießen (schießt), schoss, hat geschossen	*mit einer Waffe eine Person oder ein Objekt treffen:* Er schoss mit einer Pistole auf ihn.
schlagen (schlägt), schlug, hat geschlagen	*jmdn. mit einem Objekt oder der Hand treffen, um ihm wehzutun; jemanden besiegen:* Holland hat Deutschland im Fußball geschlagen.
das Schlagwort, die Schlagwörter	*ein Begriff, der eine Periode (die Weimarer Republik), Richtung (Kunst, Politik usw.) charakterisiert:* Wenn ich an die Grünen denke, fallen mir die Schlagwörter „Umweltschutz", „Gleichberechtigung" und „multikulturelle Gesellschaft" ein.

schließen (schließt), schloss, hat geschlossen	*zumachen; eine Verbindung herstellen:* eine Ehe schließen.
die Schlussfolgerung, -en	*das Fazit, das Resultat*
schmökern, hat geschmökert (*ugs.*)	*lesen*
schneiden (schneidet), schnitt, hat geschnitten: einen Film schneiden	*aus dem ganzen Filmmaterial Teile nehmen und sie zu einer Version für das Publikum zusammenfügen*
der Schriftsteller, -/die Schriftstellerin, -nen	*eine Person, die literarische Werke schreibt; ein Autor*
die Schuld (*nur Sg.*)	*konkrete oder moralische Verantwortung für eine schlechte Tat:* Ein Mörder muss mit seiner Schuld leben.
die Schulden (*Pl.*)	*Geld, das man jmdm. zurückzahlen muss*
schuldig	*wenn man konkret oder moralisch für eine schlechte Tat verantwortlich ist:* Der Mann hat den Mord gestanden – er ist schuldig.
schützen, hat geschützt	*verhindern, dass etw. Schlimmes passiert:* Wir müssen die Umwelt schützen.
schwach	*nicht stark*
die Schwäche, -n	*Gegenteil von Stärke*
schwanger	*wenn eine Frau ein Baby erwartet*
schweigen (schweigt), schwieg, hat geschwiegen	*nichts sagen; still sein*
schwören (schwört), schwor, hat geschworen	*(unter Eid) sagen, dass etw. wahr ist:* Ich schwöre dir, dass C. D. Friedrich ein Romantiker war.
die SED	*Sozialistische Einheitspartei Deutschlands; die einzige Partei in der DDR*
selten	*nicht oft; nicht häufig:* Ich gehe nur selten ins Kino.
senkrecht	*≈ vertikal*
setzen, hat gesetzt: in Brand setzen	*ein Feuer legen, etw. abbrennen*
sorgfältig	*sehr genau:* Wenn man einen Text sorgfältig lesen soll, kann man ihn nicht bloß überfliegen.

die Spannungen (Pl.)	*Konflikte, Schwierigkeiten, Streit*
sparsam	*wenn man nicht viel Geld ausgibt:* Ich muss sparsam sein, weil ich arbeitslos bin.
sperren, hat gesperrt	*die Weiterfahrt oder den Durchgang verhindern:* Mit dem Bau der Berliner Mauer sperrte die DDR den Zugang der Ostdeutschen nach Westdeutschland.
der Spitzel, -	*Person, die eine andere Person beobachtet und Gespräche mithört, ohne dass die andere Person es weiß*
der Staat, -en	*ein Land als politisches System*
staatlich	*gehört dem Staat, vom Staat verwaltet*
die Staatsangehörigkeit	*rechtliche Zugehörigkeit zu einem Land, ≈ Staatsbürgerschaft:* Ich habe einen österreichischen Pass und so habe ich die österreichische Staatsangehörigkeit.
der Staatsbürger, -/die Staatsbürgerin, -nen	*Person, die die Staatsangehörigkeit eines Landes hat:* Arnold Schwarzenegger war früher österreichischer Staatsbürger, aber jetzt ist er amerikanischer Staatsbürger.
die Staatsbürgerschaft	*rechtliche Zugehörigkeit zu einem Land, ≈ Staatsangehörigkeit:* Ich habe einen österreichischen Pass und so habe ich die österreichische Staatsbürgerschaft.
stammen (aus), hat ... aus ... gestammt	*kommen aus:* Anselm Kiefer stammt aus dem süddeutschen Donaueschingen.
ständig	*permanent, immer*
die Stasi	*Abkürzung für „Ministerium für Staatssicherheit" in der DDR*
statt•finden (findet ... statt), fand ... statt, hat stattgefunden	*zu einer bestimmten Zeit an einem bestimmten Ort passieren:* Der Deutschkurs findet um 11 Uhr statt.
staunen, hat gestaunt	*überrascht sein:* Ich habe sehr gestaunt, als plötzlich meine Eltern vor der Tür standen.
stehen (für + *Akk.*) (steht ... für ...), stand ... für ..., hat ... für ... gestanden	*repräsentieren, symbolisieren:* Wofür steht das Wort „Milch" in der „Todesfuge"?
stehlen (stiehlt), stahl, hat gestohlen	*etw. nehmen, das jmd. anderem gehört:* Manni will Geld in einem Supermarkt stehlen.

stellen, hat gestellt: ein Bein stellen	*das Bein in den Weg einer anderen Person stellen, sodass diese Person darüber stolpert und fällt*
die Stellungnahme, -n	*öffentlich die eigene Meinung zu einem Thema sagen:* Die Stellungnahme des Politikers wurde positiv aufgenommen.
sterben (stirbt), starb, ist gestorben	*aufhören zu leben*
das Stichwort, -e (*mst. Pl.*)	*einzelne Wörter und Satzfragmente, die man notiert, um sich später zu erinnern*
die Stimmung, -en	*der seelische Zustand einer Person; die Laune; die Atmosphäre*
der Streik, -s	*eine Protestaktion, bei der eine Gruppe von Menschen für eine bestimmte Zeit nicht arbeitet, um bestimmte Konditionen (mehr Geld usw.) zu bekommen*
streiken, hat gestreikt	*eine Gruppe von Menschen organisiert sich und beschließt für eine bestimmte Zeit nicht zu arbeiten, weil sie bestimmte Forderungen (mehr Geld usw.) hat*
streiten (streitet), stritt, hat gestritten	*einen Disput haben*
der Strich, -e	*eine Linie, die man mit einem Stift macht:* Ein Strichmännchen ist eine Figur, die nur aus Strichen gezeichnet wird.
die Strophe, -n	*ein Teil eines Gedichtes oder Liedes:* Matthias Claudius' Gedicht Der Mond ist aufgegangen hat fünf Strophen.
Sturm und Drang	*eine literarische Richtung in der zweiten Hälfte des 18. Jahrhunderts, die Gefühle und den Wunsch nach Freiheit betonte*
subtil	*man beachtet alle kleinen Unterschiede und Nuancen; nicht sehr direkt sein, sondern etw. nur andeuten:* Die Kritik in diesem Gedicht ist sehr subtil.
synchronisiert: die synchronisierte Version	*wenn Schauspieler im Film eine andere Sprache sprechen:* In Deutschland werden alle ausländischen Filme synchronisiert.

:: T ::

der Täter, -	*jmd., der eine böse Tat begangen hat und der jmdn. zum Opfer gemacht hat:* Der Täter stahl das Geld der alten Dame und dann lief er davon.
die Tätigkeit, -en	*der Beruf; die Aktivität*

der Teil, -e	*ein Stück, eine Portion*
teilen, hat geteilt	*etw. in Stücke zerlegen:* Nach dem Krieg wurde Deutschland geteilt.
teil•nehmen (nimmt ... teil), nahm ... teil, hat teilgenommen	*partizipieren*
die Teilung	*das Zerlegen in Stücke/Portionen:* Die offizielle Teilung Deutschlands dauerte bis 1990.
(in) Teilzeit arbeiten	*nicht 100 % arbeiten, sondern weniger*
die Telefonzelle, -n	*ein sehr kleines Haus, eine Kabine, in der ein öffentliches Telefon ist*
der Trabi, -s, der Trabant, -en	*Automodell, das in der DDR hergestellt wurde; das typische DDR-Auto*
traurig	*nicht glücklich:* Als Goethes Frau Christiane starb, war er sicher sehr traurig.
treffend	*etw. passt genau:* Der Zeuge gab eine treffende Beschreibung des Täters.
der Treffpunkt, -e	*der Ort, an dem zwei oder mehrere Personen zusammenkommen*
trennen, hat getrennt	*etw. nicht zusammen lassen, etw. räumlich auseinander bringen:* Wenn man recycelt, muss man unterschiedliche Abfallprodukte trennen und in unterschiedliche Behälter geben.
sich trennen, hat sich getrennt	*auseinandergehen, nicht mehr zusammen sein:* Die *Comedian Harmonists* mussten sich trennen, da die jüdischen Mitglieder Deutschland verlassen mussten.
das Treppenhaus, die Treppenhäuser	*mehrere Stufen, die die Etagen in einem Haus verbinden*

überfahren (überfährt), überfuhr, hat überfahren	*über einen Menschen oder ein Tier mit einem Fahrzeug (Auto, Bus usw.) fahren und so verletzen oder töten:* In einem Szenario von *Lola rennt* hat ein Rettungswagen Manni überfahren.
überfahren werden (wird überfahren), wurde überfahren, ist überfahren worden	*(Pass.) ein Fahrzeug (Auto, Bus usw.) fährt über jmdn. und verletzt oder tötet jmdn.:* In einem Szenario von *Lola rennt* wird Manni von einem Krankenwagen überfahren.

überfallen (überfällt), überfiel, hat überfallen	*jmdn. plötzlich mit Waffen bedrohen und etw. fordern:* In einem Szenario von *Lola rennt* hat Lola beschlossen, eine Bank zu überfallen.
überfliegen (überfliegt), überflog, hat überflogen	*einen Text schnell und nicht im Detail lesen, sondern nur bestimmte Stichworte oder Elemente suchen*
die Überleitung, -en	*Der Bereich zwischen zwei Phasen*
übernachten, hat übernachtet	*schlafen:* Im Urlaub haben wir in einem Hotel übernachtet, weil alle Ferienhäuser schon voll waren.
überwachen, hat überwacht	*spionieren*
der Überwachungsstaat, -en	*Staat, der die Menschen, die in diesem Staat leben, überwacht und kontrolliert*
um•bringen (bringt ... um), brachte ... um, hat umgebracht	*jmdn. töten*
umgangssprachlich	*so sprechen Leute in inoffiziellen Situationen*
der Umriss, -e	*wenn man nur den Rand einer Person/eines Objektes sehen kann:* In der Dunkelheit konnte ich nur die Umrisse des Mannes sehen.
um•tauschen, hat umgetauscht	*eine Währung gegen eine andere tauschen:* Wenn man 100 Euro umtauscht, bekommt man zur Zeit 147 US-Dollar dafür.
die Umwelt (*nur Sg.*)	*die Welt, in der wir leben, also die Luft, das Wasser, die Bäume, die Tiere, die Menschen usw.*
umweltbewusst	*wenn man so handelt, dass es gut für die Umwelt ist:* Da ich sehr umweltbewusst bin, habe ich mir ein umweltfreundliches Hybrid-Auto gekauft.
umweltfreundlich	*was gut für die Umwelt ist:* Ein Auto mit einem Elektromotor ist umweltfreundlich.
die Umweltplakette, -n	*ein Sticker, der anzeigt, dass ein Auto beim Fahren keine gefährlichen Emissionen produziert*
der Umweltschutz (*nur Sg.*)	*Maßnahmen, um die Umwelt in gesunder Form zu erhalten*
um•ziehen (zieht ... um), zog ... um, ist umgezogen	*die Wohnung oder den Wohnort ändern/wechseln*

unangenehm	*etw., was nicht so ist, wie man es gern hat und eine negative Reaktion bewirkt:* Mein Hotelzimmer roch sehr unangenehm und mir wurde schlecht.
ungewöhnlich	*anders, als man es erwartet hat/gewöhnt ist:* Lola hat eine ungewöhnliche Haarfarbe.
untergeordnet: eine untergeordnete Rolle spielen	*weniger wichtig sein*
sich unterhalten (unterhält sich), unterhielt sich, hat sich unterhalten	*miteinander sprechen; Konversation betreiben*
die Unterkunft, Unterkünfte	*Zimmer, in dem man schlafen kann, wenn man auf Reisen ist, z.B. ein Hotel*
der Unterschied, -e	*ein Merkmal, das bei zwei Personen, Objekten, Dingen usw. nicht gleich ist:* Es gibt Unterschiede zwischen der deutschen und der türkischen Kultur.
unterzeichnen, hat unterzeichnet	*den Namen unter ein Dokument schreiben, unterschreiben*
der Urlaub, -e	*eine gewisse Zeitspanne, in der man nicht arbeiten muss:* Mein Vater und meine Mutter können im Sommer nie Urlaub bekommen.
der Urlaub: auf/in den Urlaub fahren (fährt), fuhr, ist gefahren	*an einen Ort fahren, um sich dort zu erholen und etwas Neues zu erleben:* Viele Amerikaner fahren gern nach Europa in den Urlaub.
das Urlaubsziel, -e	*der Destinationsort des Urlaubs:* Ich fahre nächste Woche in den Urlaub und mein Urlaubsziel ist Gran Canaria.

die Verabredung, -en	*ein Treffen, das man mit jmdm. ausgemacht hat*
sich verabschieden, hat sich verabschiedet	*„Auf Wiedersehen" sagen:* Ich muss mich verabschieden, denn ich muss jetzt nach Hause gehen.
verändern, hat verändert	*etw. anders machen*

die Veränderung, -n	*der Prozess des anders Machens:* Eine Krise führt oft zu Veränderungen.
verbessern, hat verbessert	*etw. besser (schöner, produktiver usw.) machen*
verbieten, (verbietet), verbot, hat verboten	*jmdm. sagen, dass er etw. nicht tun darf*
das Verbot	*Regel, die besagt, dass man etwas nicht tun darf:* Seit einigen Jahren gibt es in vielen Ländern Europas Rauchverbote.
der Verbrauch (*nur Sg.*)	*das, was man benutzt, was man konsumiert:* Der Verbrauch von Benzin ist derzeit hoch.
verbrauchen, hat verbraucht	*konsumieren, benutzen*
verbrennen (verbrennt), verbrannte, hat verbrannt	*etw. durch ein Feuer zerstören:* Im Dritten Reich wurden die Bücher vieler Autoren verbrannt.
verbringen (verbringt), verbrachte, hat verbracht: den Urlaub verbringen	*für eine bestimmte Zeit an einem Ort zur Erholung sein:* Meine Familie verbringt den Urlaub immer in den österreichischen Alpen.
verdienen, hat ... verdient	*Geld bekommen:* Ich verdiene mir ein bisschen Geld durch Babysitting.
verfassen, hat verfasst	*sich einen Text ausdenken und aufschreiben*
die Verfassung, -en	*das Grundgesetz; Gesetze, die einen Staat funktionsfähig machen:* Wie heißt die amerikanische Verfassung?
die Vergangenheitsbewältigung (*nur Sg.*)	*die Vergangenheit innerlich verarbeiten und analysieren*
vergessen (vergisst), vergaß, hat vergessen	*sich nicht an etw. erinnern; etw. nicht mehr wissen*
der Vergleich, -e: im Vergleich zu	*das Betrachten zweier oder mehrerer Personen oder Objekte, um Ähnlichkeiten oder Unterschiede zu finden und diese zu verbalisieren:* Im Vergleich zum Grand Canyon ist Bryce Canyon relativ klein.
vergleichen (vergleicht), verglich, hat verglichen	*man betrachtet zwei oder mehr Personen oder Objekte, um Ähnlichkeiten oder Unterschiede zu finden*
sich verhalten (verhält sich), verhielt sich, hat sich verhalten	*sich benehmen*

verharmlosen, hat verharmlost	*etw. weniger schlimm darstellen, als es wirklich war:* Du verharmlost dieses Examen, wenn du sagst, es war nicht so schlimm. Es war schrecklich.
der Verkehr (*nur Sg.*)	*das System der Straßen und der Transportmittel (Autos, Busse usw.), die sich auf den Straßen bewegen*
verlangen, hat verlangt	*jmdm. klar und deutlich sagen, dass man etw. haben will:* Lola verlangte in der Bank 100.000 DM.
verlassen (verlässt) verließ, hat verlassen	*von einem Ort weggehen; von einer Person weggehen:* Er verließ seine Frau nach 20 Jahren Ehe.
vermeiden, (vermeidet), vermied, hat vermieden	*etw. oder jmdm. aus dem Weg gehen, etw. nicht tun.* Ich vermeide es, Plastikflaschen zu benutzen.
vermindern, hat vermindert	*kleiner machen; reduzieren*
vermuten, hat vermutet	*raten:* Er war ein Dichter der Klassik, ist sehr alt geworden und hat *Faust* geschrieben. Vermuten Sie, wer das ist.
veröffentlichen, hat veröffentlicht	*publizieren*
verreisen, ist verreist	*zur Erholung oder beruflich an andere Orte oder in andere Länder fahren:* Mein Vater muss in seinem Beruf viel verreisen.
verringern, hat verringert	*kleiner machen, weniger werden*
versorgen, hat versorgt	*das Bereitstellen von etw. für jmdn, der es braucht:* Während der Blockade wurde Berlin aus der Luft mit Lebensmitteln versorgt.
die Versorgung	*sich darum kümmern, dass jmd. etw. bekommt, was er/sie braucht:* Während der Blockade geschah die Versorgung Berlins mit Lebensmitteln aus der Luft.
versprachlichen, hat versprachlicht	*etw. (eine Tabelle usw.) in Worte umsetzen*
versprechen (verspricht), versprach, hat versprochen	*jmdm. sagen, dass man etw. bestimmt tun oder nicht tun wird:* Rotkäppchen versprach der Mutter, nicht vom Weg abzugehen.
verstehen (versteht), verstand, hat verstanden	*die Bedeutung gesprochener oder geschriebener Worte erkennen:* Es tut mir leid, aber ich verstehe nicht, was du meinst.
verurteilen, hat verurteilt	*jmdn. vor Gericht schuldig sprechen; jmdn. sehr kritisieren*
vervollständigen, hat vervollständigt	*etw. komplettieren, komplett machen*

die Verwaltung	*die Administration*
verwandeln, hat verwandelt	*etw. umändern, abändern:* Die Hexe verwandelte den Frosch in einen schönen Prinzen. Verwandeln Sie die Stichworte in einen Aufsatz.
verwanzt	*mit Abhörmikrofonen versehen:* Wenn eine Wohnung verwanzt ist, kann man alle Gespräche mithören.
verweisen (auf + *Akk.*) (verweist ... auf ...), verwies ... auf ..., hat ... auf ... verwiesen	*auf etw. hinweisen, etw. betonen:* Wenn Sie Kiefers Bild *Dein goldenes Haar, Margarete* verstehen wollen, kann ich Sie auf Paul Celans Gedicht *Die Todesfuge* verweisen.
verzichten (auf + *Akk.*), hat auf ... verzichtet	*etw. nicht machen, was man eigentlich gerne machen möchte:* Ich wollte ein Jahr ins Ausland gehen, aber da meine Mutter krank war, verzichtete ich darauf.
die Volksabstimmung, -en	*≈ das Referendum*
die Vorbereitung, -en	*was man vor einem Ereignis tut, z.B. Planung, Einkauf, Lernen ...:* Die Vorbereitungen für die Party haben lange gedauert.
der Vordergrund (*nur Sg.*)	*die Elemente eines Bildes, einer Landschaft usw., die für den Betrachter am nächsten sind:* Auf Familienfotos stehen die Familienmitglieder meistens im Vordergrund und im Hintergrund sieht man ein Haus, einen Baum, ein Zimmer usw.
vorgegeben sein	*etw. ist schon als Ausgangspunkt/Basis da:* Bei einem Backmix sind die meisten Zutaten schon vorgegeben; man muss sie nur vermischen und den Kuchen backen.
vor•haben (hat ... vor), hatte ... vor, hat vorgehabt	*planen:* In den nächsten Ferien habe ich eine Weltreise vor.
vor•kommen (kommt ... vor), kam ... vor, ist vorgekommen	*etw. ist vorhanden, präsent:* Das Wort „Milch" kommt oft in Celans *Todesfuge* vor.
die Vorladung, -en	*eine offizielle Aufforderung, bei einer Behörde zu erscheinen:* eine Vorladung zum Gericht
vor•schlagen (schlägt ... vor), schlug ... vor, hat vorgeschlagen	*in einer Situation eine Option geben:* Es gibt viele Möglichkeiten zu reisen, aber ich schlage das Flugzeug vor.
vor•stellen (stellt ... vor), stellte ... vor, hat vorgestellt	*eine Idee, ein Produkt, eine Person usw. präsentieren*

sich (*Akk.*) vor•stellen (stellt sich ... vor), stellte sich ... vor, hat sich vorgestellt	*sich präsentieren; jmdm. sagen, wer man ist/wie man heißt:* Darf ich mich vorstellen? Mein Name ist Robert Biberti.
sich (*Dat.*) etw. vor•stellen (stellt sich ... vor), stellte sich ... vor, hat sich vorgestellt	*sich ein Bild von etw. machen, was man noch nicht kennt:* Kannst du dir vorstellen, wie es wäre, wenn Deutschland heute noch geteilt wäre?
vor•täuschen, hat vorgetäuscht	*so tun, als ob:* Ich habe meine Freude nur vorgetäuscht, in Wirklichkeit hat mir das Geschenk nicht gefallen.
der Vorteil, -e	*der positive Aspekt*
das Vorurteil, -e	*Meinung von einer Person, ohne die Person zu kennen:* ein Vorurteil gegen Ausländer, Menschen anderer Religionen usw. haben
vor•werfen (wirft ... vor), warf ... vor, hat vorgeworfen: jmdm. etw. vorwerfen	*jmdm. sagen, dass er etw. falsch gemacht hat:* Manni wirft Lola vor, dass sie zu spät gekommen ist.

waagerecht	≈ *horizontal*
der Wachmann, die Wachmänner	*Person, die für die Sicherheit zuständig ist:* der Wachmann einer Bank
wachsen (wächst), wuchs, ist gewachsen	*größer werden:* ein Kind wächst, eine Nation wächst
die Waffe, -n	*ein Instrument, mit dem man kämpft:* Pistole, Messer, nukleare Waffen usw.
die Währungsreform, -en	*wenn man das Geldsystem eines Landes (die Münzen und Geldscheine) ändert, reformiert, um es zu stabilisieren (bei einer Inflation z.B.)*
der Wald, die Wälder	*eine Ansammlung von vielen Bäumen:* der Schwarzwald
wandern, ist gewandert	*eine relativ lange Strecke zu Fuß gehen (mst. außerhalb der Stadt und mst. um sich zu erholen):* In den Ferien sind wir immer in den Alpen gewandert.
weinen, hat geweint	*Tränen in den Augen haben*

die Wellness	*Trend, bei dem es um Entspannung geht. Meistens wird die Entspannung durch Behandlungen wie Massagen und leichte sportliche Betätigungen wie Schwimmen erreicht.*
die Weltwirtschaftskrise	*wenn die internationale Wirtschaft in der Krise ist*
die Wende (*nur Sg.*)	*Zeitpunkt, an dem sich etwas ändert*
das Werk, -e	*das Opus eines Künstlers:* Mozarts Werke sind im Köchelverzeichnis zusammengefasst.
widersprechen (widerspricht), widersprach, hat widersprochen	*nicht der gleichen Meinung sein und es sagen; eine Meinung für falsch erklären*
wiedervereinigen, hat wiedervereinigt	*Länder oder Menschen wieder zusammenbringen; wieder eine Einheit sein:* Deutschland wurde 1990 wiedervereinigt; aus der Bundesrepublik und der DDR wurde wieder ein Land.
die Wiedervereinigung (*nur Sg.*)	*der erneute Zusammenschluss von Ländern oder Menschen:* Die Wiedervereinigung Deutschlands war ein historischer Moment.
die Wiese, -n	*ein Stück Land, auf dem Gras und Blumen wachsen*
wirtschaftlich	*die Wirtschaft betreffend*
das Wirtschaftswunder	*der schnelle Wiederaufbau und die besonders positive Entwicklung der deutschen Wirtschaft nach dem Zweiten Weltkrieg*
witzig	*lustig:* Über den Film *Deutschland, bleiche Mutter* kann man nicht lachen; er ist nicht witzig.
das Wort, die Wörter: zu Wort kommen	*etw. sagen können; einen mündlichen Beitrag leisten können:* Mein Diskussionspartner war so dominant, dass ich gar nicht zu Wort gekommen bin.
wunderbar	*toll, großartig:* Goethe hat viele wunderbare Werke geschrieben; *wie ein Wunder:* Auf wunderbare Weise fanden Hänsel und Gretel am Ende des Märchens den Weg nach Hause.
sich wundern (über + *Akk.*), (wundert sich ... über ...), wunderte sich ... über ..., hat sich ... über ... gewundert	*überrascht sein; über etw. erstaunt sein:* Es wundert mich, dass Biberti Harrys Angst vor den Nazis nicht verstanden hat.

:: Z ::

zeichnen, hat gezeichnet	*ein Bild mit einem Stift (Bleistift, Kreidestift usw.) malen*
die Zeichnung, -en	*ein Bild, das mit einem Stift (Bleistift, Kreidestift usw.) gemalt wird*
die Zeile, -n	*eine Reihe geschriebener Wörter in einem Text:* Shakespeares Sonette haben gewöhnlich 14 Zeilen.
das Zeitalter, -	*die Epoche, ein gewisser Zeitabschnitt:* Im Zeitalter der modernen Technologie fliegt fast jeder mit dem Flugzeug in Urlaub.
die Zeitleiste, -n	*eine Linie, auf der chronologische Ereignisse eingetragen werden*
zerschneiden (zerschneidet), zerschnitt, hat zerschnitten	*etw. mit einer Schere oder einem Messer in Teile/Stücke zerlegen*
zögern, hat gezögert	*etw. nicht sofort tun, weil man nicht weiß, ob es richtig ist oder weil man Angst hat:* Die Braut zögerte, bevor sie „Ja" sagte.
(etw.) zu•geben (gibt ... zu), gab ... zu, hat zugegeben	*sagen, dass man etw. Falsches oder Schlechtes getan hat, obwohl man es eigentlich nicht sagen will*
die Zukunft (*nur Sing.*)	*die Zeit, die komen wird:* In Zukunft wird es mehr Alternativenergien geben.
zu•nehmen (nimmt ... zu), nahm ... zu, hat zugenommen	*mehr Volumen oder Masse bekommen:* Ich habe über Weihnachten 10 Kilo zugenommen. Die Zahl der Computerviren nimmt ständig zu.
zu•ordnen (ordnet ... zu), ordnete ... zu, hat zugeordnet	*etw. in Kategorien einteilen, ≈ ein•ordnen*
zurück•gehen (geht ... zurück), ging ... zurück, ist zurückgegangen	*man geht von Punkt A nach B und geht wieder nach A; kleiner/weniger werden:* Wann geht die Zahl der Arbeitslosen zurück?
zurück•kehren (kehrt ... zurück), kehrte ... zurück, ist zurückgekehrt	*wieder an einen Ort kommen:* Viele ausländische Arbeitnehmer kehren wieder in ihre Heimat zurück.
zusammen•tragen (trägt ... zusammen), trug ... zusammen, hat zusammengetragen	*Objekte oder Ideen sammeln*

sich zu•wenden (wendet sich … zu), wandte/ wendete sich … zu, hat sich zugewandt/ zugewendet	*sich in die Richtung einer Person drehen:* Als ich lachte, wandte der Professor sich mir zu.; *sich interessieren für:* Schon als Kind wandte sich Mozart der Musik zu.
zwingen (zwingt), zwang, hat gezwungen	*jmd. wird durch Gewalt oder eine Form von Druck dazu gebracht etw. zu tun:* Meine finanzielle Lage zwang mich, mein Haus zu verkaufen.

Index

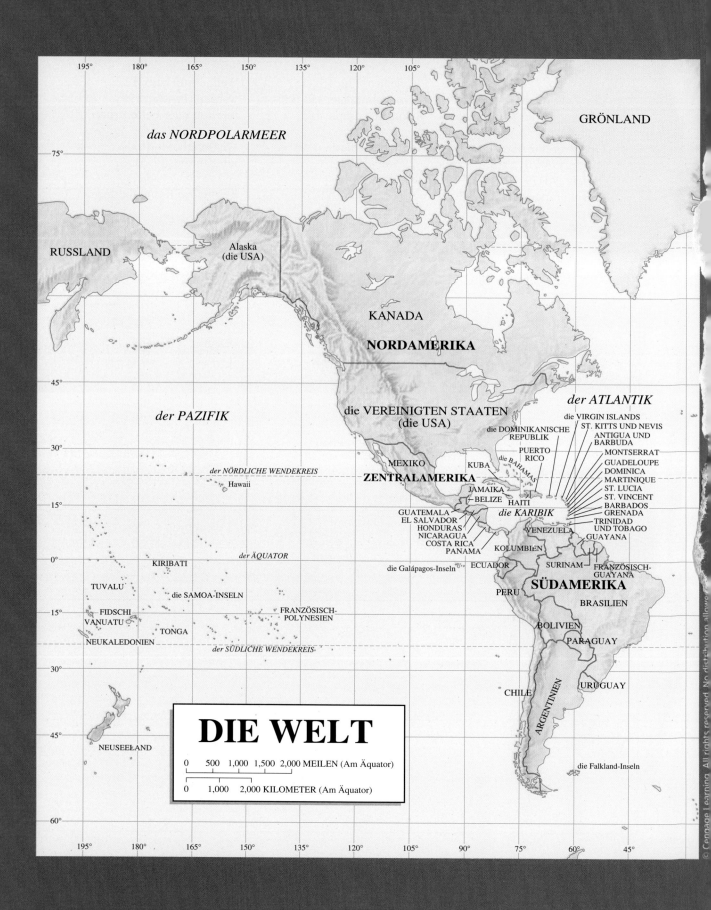

DIE WELT

das NORDPOLARGEBIET

15°   0°   30°   45°   60°   75°   60°   105°   120°   135°

die NORDSEE

ISLAND

NORWEGEN
SCHWEDEN
FINNLAND

RUSSLAND
(die RUSSISCHE FÖDERATION)

das VEREINIGTE
KÖNIGREICH

IRLAND

DEUTSCHLAND
EUROPA*
ÖSTERREICH

die SCHWEIZ

KASACHSTAN

die MONGOLEI

ASERBAIDSCHAN
GEORGIEN
USBEKISTAN
KIRGISTAN
ARMENIEN
TURKMENI-
STAN
TADSCHIKISTAN

ASIEN

NORD-KOREA
SÜD-KOREA
JAPAN

die KANARISCHEN
INSELN

SYRIEN

der NAHE
OSTEN
IRAN

AFGHANI-
STAN

CHINA

MAROKKO

TUNESIEN

ZYPERN
LIBANON
ISRAEL

IRAK

30°

ALGERIEN

WESTSAHARA
MAURETANIEN

LIBYEN

ÄGYPTEN

JORDANIEN

KUWAIT

KATAR

SAUDI-
ARABIEN

PAKISTAN

BHUTAN
NEPAL

INDIEN

LAOS

MYAN-
MAR

TAIWAN

BANG-
LADESCH

die PHILIPPINEN

15°

GUINEA-BISSAU
SENEGAL MALI
GAMBIA

AFRIKA

NIGER

TSCHAD

ERITREA

JEMEN OMAN

die VEREINIGTEN
ARABISCHEN
EMIRATE

THAILAND

VIETNAM

GUINEA

BURKINA
FASO

NIGERIA

SUDAN

DSCHIBUTI

SRI LANKA

KAMBODSCHA
BRUNEI

PAPUA-
NEUGUINEA

SIERRA
LEONE
LIBERIA

GHANA

TOGO
BENIN

KAMERUN

GABUN

UGANDA

DEMO-
KRATISCHE
REPUBLIK
KONGO

ÄTHIOPIEN

KENIA

SOMALIA

der ÄQUATOR

MALAYSIA

SINGAPUR

INDONESIEN

0°

die
ELFENBEINKÜSTE

RUANDA

BURUNDI

REP.
KONGO

TANSANIA

der INDISCHE OZEAN

15°

ÄQUATORIALGUINEA

die ZENTRALAFRIKANISCHE
REPUBLIK

NAMIBIA

ANGOLA

SAMBIA

SIMBABWE

MALAWI

MOSAMBIK

MADAGASKAR

BOTSUANA

SWASILAND

AUSTRALIEN

SÜDAFRIKA

LESOTHO

Tasmanien

45°

das SÜDPOLARGEBIET   * Die Europa-Karte zeigt die europäischen Länder im Detail

60°

15°   0°   15°   30°   45°   60°   75°   90°   105°   120°   135°

EUROPA und NORDAFRIKA
✪ Hauptstadt
◉ Landeshauptstadt
• Stadt

ISLAND
Reykjavik

Arctic Circle

NORWEGEN
SCHWEDEN
FINNLAND
Oslo
Stockholm
Helsinki
St. Petersburg
Tallinn
ESTLAND
RUSSLAND
LETTLAND
Riga
Moskau

die NORDSEE

NORDIRLAND
SCHOTTLAND
Edinburgh
Belfast
Dublin
IRLAND
GROSSBRITANNIEN
DÄNEMARK
Kopenhagen
die OSTSEE
Königsberg
LITAUEN
Vilnius
Minsk
BELARUS

WALES
ENGLAND
Cardiff
London
Amsterdam
die NIEDERLANDE
Den Haag
Berlin
(ZU RUSSLAND)
POLEN
Warschau
Kiew
die UKRAINE

der ATLANTIK

der ÄRMELKANAL
Brüssel
Bonn
BELGIEN
DEUTSCHLAND
Prag
LUXEMBURG
Luxemburg
TSCHECHIEN
die SLOWAKEI
Paris
Wien
Bratislava
MOLDAU
Chisinau
FRANKREICH
LIECHTENSTEIN
Bern
Budapest
Vaduz
ÖSTERREICH
UNGARN
RUMÄNIEN
die SCHWEIZ
SLOWENIEN
Ljubljana
Zagreb
Belgrad
Bukarest
ITALIEN
KROATIEN
BOSNIEN-
HERZEGOWINA
das
SCHWARZE
MEER
PORTUGAL
Madrid
Sarajevo
SERBIEN
BULGARIEN
Lissabon
KORSIKA
Rom
MONTENEGRO
Sofia
Istanbul
SPANIEN
MALLORCA
Skopje
MAZEDONIEN
Ankara
Tirana
die TÜRKEI
SARDINIEN
ALBANIEN
die STRASSE von GIBRALTAR
GRIECHENLAND
Athen
Rabat
Algier
das
MITTELMEER
SIZILIEN
KRETA
MAROKKO
ALGERIEN
TUNESIEN
Tunis

Meilen
0   400
Kilometer
0   400

Tripoli
LIBYEN
A F R I K A